마르크스와 세계경제

국립중앙도서관 출판예정도서목록(CIP)

마르크스와 세계경제 / 지은이: 정성진. -- 서울 : 책갈피,
2015
    p. ;   cm. -- (책갈피 아카데미 총서 ; 5)

참고문헌과 색인수록
ISBN 978-89-7966-115-6 93320 : ₩16000

마르크스 경제학[--經濟學]
국제 경제[國際經濟]

320.17-KDC6
335.4-DDC23   CIP2015030132

마르크스와 세계경제

정성진 지음

책갈피

마르크스와 세계경제

지은이 I 정성진

펴낸곳 I 도서출판 책갈피
등록 I 1992년 2월 14일(제2014-000019호)
주소 I 서울 성동구 무학봉15길 12 2층
전화 I 02) 2265-6354
팩스 I 02) 2265-6395
이메일 I bookmarx@naver.com
홈페이지 I http://chaekgalpi.com

첫 번째 찍은 날 2015년 10월 31일

ⓒ 정성진 2015

값 16,000원

ISBN 978-89-7966-115-6
잘못된 책은 바꿔 드립니다.

차례

표 차례

그림 차례

일러두기

1. 인명과 지명 등의 외래어는 최대한 외래어 표기법에 맞춰 표기했다.
2. 《 》부호는 책과 잡지를 나타내고 〈 〉부호는 신문, 주간지를 나타낸다. 논문은 " "로
   나타냈다.
3. [ ]는 인용문에서 지은이가 독자의 이해를 돕거나 문맥을 매끄럽게 하려고 덧붙인
   것이다.

머리말

이 책은 21세기 마르크스주의 세계경제론을 새롭게 정립하려는 시도다. 1991년 소련·동유럽 블록이 붕괴하기 전 마르크스주의 세계경제론은 대체로 제국주의론을 한 축으로 하고, 종속이론을 다른 한 축으로 하는 구도로 형성돼 있었다.

20세기 초 카우츠키, 힐퍼딩, 부하린, 레닌, 로자 룩셈부르크 간의 논쟁을 중심으로 성립했던 마르크스주의 제국주의론은 1960년대 말 1970년대 초 당시 서유럽과 일본의 부흥과 미국 추격에 따른 선진 자본주의 국가들의 상호 간 경제적·정치군사적 경쟁의 성격을 어떻게 해석할 것인가를 두고 재현됐다. 다른 한편 제2차세계대전 후 제3세계 신생독립국의 경제성장의 성격과 전망을 둘러싸고 그 종속성과 자본주의 세계체제 내에서 발전의 한계를 주장하는 종속이론이 1960년대 이후 등장했다.

하지만 이와 같은 기존의 마르크스주의 세계경제론의 구도는 1980년대 무렵부터 세계화가 본격화되고 신흥공업국이 대두하면서 와해되기 시작했다. 1980년대 이후, 특히 1991년 소련·동유럽 블록 붕괴 이후 세계화가 가속화되면서 고전적 제국주의론의 핵심인 제국주의 간 경쟁 명제의 타당성이 의문시됐다. 또 아시아의 '네 마리 용'으로 상징되는 신흥 공업국의 고도성장의 현실은 자본주의 세계체제에서 발전도상국 경제성장의 한계와 종속성을 주장하는 종속이론으로 설명하기 어려운 것으로 드러났다. 게다가 1991년 소련·동유럽 블록이 붕괴하고 '자본주의 이외 대안 부재론'(TINA)과 주류 세계화 담론이 득세하면서 마르크스주의 세계경제론은 지나간 역사의 유물이 돼 버린 듯했다.

하지만 소련·동유럽 블록 붕괴 이후 신자유주의로 전일화된 세계가 주류 세계화 담론이 말하는 '새로운 세계질서'(New World Order), 번영과 평화의 지구촌이 아니라, 1990~1991년 걸프 전쟁, 1997년 동아시아 경제 위기와 1998~1999년 코소보 전쟁, 2001년 9·11 대미 테러와 닷컴 불황, 2003년 이라크 전쟁 등에서 보듯이, 위기와 전쟁으로 점철된 시대라는 것이 이내 드러났다. 신자유주의 세계화 과정에서 경제 위기와 전쟁, 불평등과 양극화, 생태 위기가 도리어 심화되자, 이에 대한 대중적 저항이 1999년 '시애틀 전투' 이후 대안세계화운동과 반전운동, 유럽에서 반자본주의 급진 좌파의 약진, 라틴아메리카에서 '21세기 사회주의' 등으로 확산됐으며, 주류 세계화 담론에 대한 비판과 대안 모색이 활발해지기 시작했다.

지난 세기말 및 21세기 초 마르크스주의 세계경제론의 새로운 전개는 이와 같은 '세계화에 대한 불만'의 고조를 배경으로 한다. 이 시기에 출판된 브레너(R Brenner)의 《글로벌 격변의 경제학》(1998), 하트(M Hardt)와 네그리(A Negri)의 《제국》(2000), 하비(D Harvey)의 《신제국주의》(2003), 아리기(G Arrighi)의 《베이징의 애덤 스미스》(2007)는 21세기 마르크스주의 세계경제론의 부활을 알리는 신호탄들이었다.

실제로 21세기 들어 마르크스주의 세계경제론은 신제국주의론, 네오그람시안 국제정치경제학(Neo-Gramscian International Political Economy), 정치적 마르크스주의(Political Marxism), 개방적 마르크스주의(Open Marxism), 미국 최강제국주의(U.S. Super-imperialism), 글로벌 자본주의(global capitalism) 등 다양한 접근들 간의 활발한 상호논쟁에서 보듯이, 20세기 마르크스주의 세계경제론에 고질적이었던 '독점과 종속'의 문제설정(국가독점자본주의론 vs 종속이론) 또는 '일국자본주의 vs 일국사회주의'의 문제설정에서 탈각해 완전히 새로운 지평에서 전개되고 있다.

이 책은 그동안 필자가 나름대로 추구해 온 마르크스주의 세계경제론 연구, 즉 마르크스의 국제가치론과 세계시장공황론을 중심으로 한 마르크스의 경제학 비판 플랜 후반체계(국가-외국무역-세계시장공황)의 구체화 작업을 통해 21세기 마르크스주의 세계경제론의 르네상스에 기여하려는 시도다.

이 책은 서장과 3부 7장으로 구성돼 있다. 먼저 서장 "마르크스주의 세계경제론의 방법"에서는 기존의 마르크스주의 경제학에서 미완의 프런티어 분야인 마르크스의 경제학 비판 플랜 후반체계의 구체화를 중심으로 마르크스주의 세계경제 연구방법론을 제시한다.

1부 "이론: 마르크스의 '후반체계'"에서는 마르크스의 세계시장공황론(1장)과 국제가치론(2장)을 체계적으로 재구성하는 방식으로 후반체계를 이론적으로 전개한다.

2부 "분석: 글로벌 자본축적의 모순과 위기"에서는 마르크스의 국제가치론과 세계시장공황론을 세계적 양극화(3장)와 21세기 미국 제국주의(4장) 및 최근 유로존 위기(5장) 분석에 적용한다.

3부 "대안: 국제주의 노동자 연대"에서는 1914년 제1차세계대전 당시 트로츠키의 평화강령과 유럽합중국 대안(6장) 및 1999년 시애틀에서 분출했던 대안세계화운동 이념(7장)을 재조명하는 방식으로 자본주의 세계경제에 대한 마르크스주의적 대안을 모색한다. 요컨대 마르크스의 후반체계를 이론적으로 전개해 21세기 세계경제의 모순과 위기 분석에 적용하고 이를 통해 노동자 국제주의 대안을 도출하는 것이 이 책의 골자다.

각 장의 주요 내용은 다음과 같다.

1장 "마르크스의 세계시장공황론"은 이 책의 중심 논문으로서 마르크스의 세계시장공황론을 구체적으로 전개한 것이다. 19세기 중반 마르크스는 동시대의 공황을 세계시장공황이라는 시각에서 파악했으며, 세계시장공황의 구체적 분석을 자신의 경제학 비판 플랜 후반체계의 최종 과제로 설정했다. 하지만 마르크스 이후 대부분의 마르크스주의자들은 마르크스의 후반체계 프로젝트를 발전시키는 대신, 이를 단계론 혹은 현상분석의 영역으로 치부했다. 이로부터 마르크스 이후 마르크스주의 공황론의 역사는 마르크스가 구상했던 세계시장공황론의 구체화가 아니라, 과소소비설, 불비례설, 이윤율저하공황설 간의 논쟁에서 보듯이, 마르크스의 경제학 비판 플랜의 전반부, 혹은 그 일부분일 뿐인 《자본론》의 추상 수준에서 공황의 필연성을 도출하려는 시도들을 중심으로 전개됐다. 하지만 이 장에서는 자본주의에서 공황의 필연성은 《자본론》의 추상 수준에서는 완전하게 구체화될 수 없으며, 이를 위해서는 세계시장공황을 종착점으로 하는 후반체계로의 논리적 상향이 필수적임을 밝힌다. 아울러 마르크스의 경제학 비판 플랜에서 세계시장공황론의 위상을 재검토하고, 1857년 공황에 대한 마르크스의 분석에 기초해 세계시장공황론의 주요 요소들을 재구성한다. 또 이 장에서는 마르크스의 세계시장공황론의 관점에서 2007~2009년 글로벌 경제 위기에 대해 하나의 설명을 제시했는데, 이에 따르면 이번 위기는 세계적 규모에서 이윤율의 저하와 자본의 과잉축적에서 비롯된 생산과 소비의 모순 및 현실자본과 화폐자본 축적의 모순의 중층결정의 산물로 설명될 수 있다.

2장 "마르크스 국제가치론의 재조명"에서는 세계시장공황론과 함께 마르크스의 경제학 비판 플랜 후반체계의 핵심 이론인 국제가치론의 재구성을 시도한다. 이 장의 초고는 1984년 출판된 것이어서, 당시 마르크스주의 진영의 통념이었지만 오늘날은 필자가 단절한 단계론과 논리역사주의의 요소를 포함하고 있다. 하지만 이 장은 당시는 이단적 소수설이었던 국제적 생산가격론의 타당성을 논증했다는 점에서, 그리고 마르크스의 경제학 비판 플랜 후반체계의 구체화라는 이후 필자의 연구의 지침이 된 논문이라는 점에서, 여전히 현재성을 갖는다. 실제로 마르크스의 국제가치론은 1980년대 '정통' 마르크스주의가 득세하면서 종속이론과 함께 한동안 역사의 휴지통으로 들어간 듯했지만, 21세기 들어 세계적 양극화와 글로벌 가치사슬의 현실을 설명할 수 있는 강력한 이론으로 다시 부상하고 있다.

이 장에서는 먼저 그동안 일방적으로 거부돼 왔던 국제적 생산가격설을 시장생산가격 이론의 관점에서 수정해 국제적 시장가치설과 논리적으로 연결한다. 또 간접적용설의 국제적 시장가치와 직접적용설의 국제적 시장가치 및 국제적 시장생산가격은 상호배타적 개념들이 아니라, 세계자본주의의 발전단계에 논리적으로 조응하는 개념들임을 보인다. 이와 함께 생산양식의 접합이론에 기대어 세계자본주의의 중심부와 주변부 간의 불평등교환을 주변부 노동력의 초과착취, 즉 가치 이하로의 임금 지불이라는 측면에서 설명했다.

3장 "세계적 양극화: 마르크스 가치론적 관점"은 세계적 양극화 현상에 관한 통계자료를 검토하고 이를 마르크스의 국제가치론에 기초해 설명한다. 먼저 세계화가 선진국과 발전도상국 간의 격차를 축소하면서 세계적 불평등을 감소시키고 있다는 신고전파 주류 경제학의 주장은 사실과 부합되지 않으며, 특히 세계적 불평등 감소론자들이 애용하는 구매력평가(PPP) 조정을 한 세계 국민소득 통계는 국가 간 불평등을 측정하는 자료로서 부적합함을 보인다. 나아가 세계적 양극화 현상은 신자유주의 경제정책이나 금융화의 결과이기에 앞서, 자본주의 발전 그 자체의 산물이며, 이는 마르크스의 국제가치론에 의거할 때 가장 잘 설명될 수 있다고 주장한다. 세계시장에서는 신고전파 주류 경제학의 비교우위의 원리가 아니라 절대생산비에 기초한 경쟁 우위의 원리가 관철되어, 마르크스가 말한 '세계시장에서 가치법칙의 수정'의 약화와 함께 가치사슬의 공간적 집적 현상이 나타나고, 이로부터 빈국에서 부국으로의 가치이전이 증가하고, 부국과 빈국 간의 양극화가 심화된다.

4장 "21세기 미국 제국주의: 마르크스주의적 분석"의 초고는 2003년 미국의 이라크 침공과 반전운동의 세계적 고조의 정세에서 쓰인 것으로, 21세기 미국의 대외정책이 주류의 세계화 담론이나 일부 진보 좌파 진영이 애호하는 하트와 네그리의 《제국》이 아니라 마르크스의 경제학 비판 플랜 후반체계의 구체화를 핵심으로 한 제국주의론으로 잘 설명될 수 있음을 보인다. 또 월러스틴의 세계체제론이나 네오그람시안 국제정치경제학의 주장과는 달리, 1980년대 이후 미국 제국주의의 권력은

'달러-월스트리트 체제'(Dollar-Wall Street Regime)의 성립과 함께 재편·강화됐음을 보인다. 이 장에서는 지난 세기말 및 21세기 이후 각종 다자간 국제기구의 대두는 이른바 '글로벌 거버넌스'의 출현을 뜻하는 것이 아니라, 세계화 조건에 미국 제국주의의 세계적 헤게모니가 관철되는 새로운 형식일 뿐임을 지적한다. 이와 함께 21세기 미국 제국주의의 세계적 헤게모니의 재편·강화는 내적 모순의 심화를 수반하고 있음을 보인다.

5장 "세계화의 모순과 유로존 위기"에서는 마르크스의 세계시장공황론의 관점에서 유로존 위기의 원인과 대안을 검토한다. 먼저 유럽연합과 유럽화폐통합이 신자유주의 세계화와 유럽 제국주의 프로젝트의 모순적 산물로서 위기의 경향을 처음부터 내포하고 있었음을 밝힌다. 또 유로존 위기를 경상수지 적자와 재정 적자라는 '쌍둥이 적자'의 누적, 유로존 주변부 나라들의 경쟁력 약화, 불평등 심화, 금융화, 제도적 부정합 등에서 찾는 기존 견해를 비판적으로 검토하고, 그리스 위기를 사례로 하여 유로존 위기의 근본적 원인은 실물경제에서 이윤율 저하 경향임을 보인다. 아울러 유로존 위기에 대한 국가의 대응과 신자유주의의 재구축 과정 및 이에 맞선 진보 좌파 진영의 대응을 검토하고 마르크스주의적 대안을 모색한다.

6장 "제1차세계대전과 트로츠키의 대안"에서는 제1차세계대전 당시 트로츠키의 대안을 재조명한다. 1914~1916년 트로츠키는 당조직론에서는 물론 전략·전술에서도 레닌과 사사건건 대립했다. 이 때문에 이 시기는 트로츠키를 반레닌주의 이단으로 모는 스탈린주의자들에게는 레닌과 트로츠키의 차이를 극대화할 수 있는 자료를 풍부하게 제공한다.

실제로 평화강령과 유럽합중국 슬로건을 중심으로 한 제1차세계대전 시기 트로츠키의 대안에 대해 당시 레닌은 평화주의, 혹은 카우츠키의 초제국주의의 오류를 범한 것이라고 비판했으며, 이런 비판은 그 후 스탈린주의자들에 의해 되풀이돼 왔다. 하지만 이 장에서는 제1차세계대전 시기 트로츠키의 대안은 고전 마르크스주의 혁명 전략의 핵심인 이행기강령의 구체화라는 점을 고려할 때, 이런 비판은 근거가 없음을 밝힌다. 나아가 평화강령과 유럽합중국 슬로건을 중심으로 한 제1차세계대전 시기 트로츠키의 대안은 최근 유로존 위기와 우크라이나 전쟁 등 정세에서 반전 급진 좌파의 대안으로 다시 환기되고 있는 데서 보듯이, 자본의 세계화와 그에 따른 모순이 그때보다 훨씬 더 진전, 격화되고 있는 21세기 오늘날에도 현재성을 갖는다고 주장한다.

7장 "대안세계화운동의 이념과 마르크스주의"에서는 1999년 시애틀 전투 이후 대두한 대안세계화운동의 주요 이념을 지역생태주의, 제3세계 민족주의, 글로벌 케인스주의, 자율주의, 사회운동적 노동조합주의, 사회주의 등으로 유형화해 검토한다. 특히 마르크스주의적 관점에서 대안세계화운동의 주요 이념의 특징과 기여 및 한계를 논의하고, 이를 통해 21세기 사회운동의 발전 방향을 모색한다. 이를 위해 대안세계화운동의 주요 이념을 구성하고 있는 상품화, 상품물신성, 금융화, 탈상품화, 공유지 탈환, 대항헤게모니, 네트워크 등의 개념들을 마르크스의 경제학 비판의 관점에서 검토하고, 대안세계화운동과 마르크스주의의 접합 가능성을 탐색한다.

이 책에서 전개되는 마르크스의 경제학 비판 플랜 후반체계의 구체화에 기초한 21세기 세계경제의 이론과 분석 및 대안 모색 작업은 필자

개인뿐만 아니라 2007년 이후 필자가 경상대학교 사회과학연구원과 대학원 정치경제학과를 중심으로 기획하고 참여한 여러 공동연구들에서도 수행돼 왔으며, 앞으로도 계속될 것이다. 이와 관련해 독자 여러분의 기탄없는 비판과 조언을 기대한다.

끝으로 이 책이 나오는 데 도움을 주신 여러분께 감사드린다. 이 책의 초고 상당 부분은 필자가 연구책임자로 수행했던 경상대학교 사회과학연구원의 한국연구재단 대학중점연구소 연구과제 '대안세계화운동과 대안사회경제모델 연구'의 산물인데, 이 연구에 공동연구원으로 참여했던 김공회, 김어진, 김영석, 김영수, 김의동, 김정주, 김창근, 이정구, 장귀연, 장대업, 장상환, 장시복, 정진상, 최상한, 하태규, 하트랜스버그 (M Hart-Landsberg), 패트릭 본드(P Bond), 웨스트라(R Westra) 교수의 기여에 감사드린다. 또 초고 일부에 대해 논평해 준 고(故) 김수행, 고(故) 정운영, 김세균, 이정우, 이채언, 김성구, 고정갑희, 심광현, 이재희, 조정환, 곽노완, 류동민, 김경미, 클라크(S Clarke), 크래트케(M Krätke), 샤저(G Sharzer) 교수와, 초고 일부를 국내외 학술대회에서 발표하거나 출판할 수 있는 기회를 준 노동자연대, 서울대 라틴아메리카 연구소, 도서출판 까치, 한울, 한국사회경제학회, 한국정치학회, 역사유물론 대회, 《마르크스주의 연구》, 《민주사회와 정책연구》, 서봉만, 이국봉, 모리 겐지(守健二), 이시쿠라 마사오(石倉雅男), 황웨이리(黃韋力), 콩밍안(孔民安), 밀러(O Miller), 캠플링(L Campling), 무스토(M Musto), 헤커(R Hecker) 교수, 초고 전체를 읽고 조언해 준 이진 씨에게 감사드린다. 또 이 책에서 이용한 통계자료 일부를 제공해 준 로버츠(M Roberts), 라파비차스(C Lapavitsas), 마니아티스(A Maniatis) 교수에게 감사드린다.

이 책은 2005년 출판된 《마르크스와 한국 경제》의 자매편으로 책갈피에서 곧 펴낼 예정이었다. 10년 지각을 탓하지 않고 흔쾌히 출판을

맡아 준 책갈피 김태훈 대표에게 감사드린다. 또 이 책을 출판하기 위해 2011년도 경상대학교 발전기금재단 연구비 지원을 받았음을 밝힌다. 이 책이 마르크스의 경제학 비판 플랜 후반체계의 구체화 작업과 노동자 국제주의 정치의 발전에 조금이라도 기여할 수 있기 바란다.

2015년 10월 25일
정성진

서장
마르크스주의 세계경제론의 방법

1. 문제 제기

세계화에 관한 인문사회과학계의 주류적 접근은 세계화를 자본주의 역사에서 질적으로 새로운 국면으로 간주하는 획기적 변화론(epochal shift), 세계가 하나의 지구촌으로 수렴한다는 '전 지구화 담론'(globalism) 및 '세계화 이외 대안 부재론'(TINA: There is no alternative)으로 요약될 수 있다. 그러나 2007~2009년 세계경제 위기는 오늘날 세계가 자본주의의 운동법칙을 초월한 어떤 새로운 세계로 접어들었음을 주장하는 획기적 변화론에 의문을 제기한다. 또 이번 세계경제 위기 속에서 미국·중국 간의 헤게모니 경쟁 격화, 러시아의 재부상, 중동의 불안정화와 이슬람국가의 대두 등의 사태는 '전 지구화 담론'의

이 장은 정성진(2010b)을 보완한 것이다.

주장과 달리 세계화가 민족국가들 간의 지정학적 경쟁을 불식하는 것이 아니라는 점을 보여 주고 있다. 아울러 1999년 '시애틀 전투' 이후 대안세계화운동의 대두, 유럽에서 반자본주의 급진 좌파의 약진 및 라틴아메리카에서 '21세기 사회주의'의 확산 등은 세계화에 관한 주류 담론이 공유하는 TINA가 아니라 TATA(There are thousands of alternatives), 즉 자본주의적 세계화와 다른 수천 개의 대안과 이를 열망하는 대중운동이 강력하게 존재하고 있음을 보여 준다. 이를 배경으로 주류 세계화론에 비판적인 접근들이 다수 제출됐다. 하트(M Hardt)와 네그리(A Negri)의 《제국》과 《다중》, 콕스(Cox, 1987) 등의 네오그람시안(Neo-Gramscian) 국제정치경제학(Bieler et al, 2006), 로빈슨(W Robinson, 2004; 2014) 등의 '글로벌 자본주의 접근' 등은 그 대표적인 것들이다. 하지만 세계화에 대한 비주류적 접근들은 세계화의 모순과 한계를 정당하게 인식하고 있음에도 불구하고, 대부분의 경우 주류적 접근과 마찬가지로 세계화를 자본주의 역사에서 획기적으로 새로운 국면으로 간주하고 이른바 '일국적' 시대와 '글로벌' 시대를 이분법적으로 대립시킨다. 뿐만 아니라, 이들 중 상당수는 주류적 접근과 마찬가지로 자본주의에서 '다수국가'(many states) 및 이들 간의 지정학적 경쟁이라는 현실을 부정하거나 주변화하고, '제국', '초국적 자본가계급'(transnational capitalist class), '초국민 국가'(transnational state) 등을 주장한다. 하지만 이와 같은 세계화에 대한 비주류적 접근들의 주요 주장들은 자본의 세계성과 민족국가의 변증법에 대한 인식과 상이할 뿐만 아니라 자본주의의 역사적 현실과 부합하지 않는다(캘리니코스, 2011).

세계화에 대한 기존의 주류적 담론은 물론 이를 비판하는 비주류적 접근도 공유하고 있는 세계화 단계론 및 전 지구화 담론과 달리, 세계화 시대의 세계가 자본주의의 역사를 넘어선 획기적으로 새로운 어떤 세계가 아니라, 자본주의의 모순과 역사적 경향이 여전히 작동하고 있는 세계임을 입증하는 것이 필요하다. 구체적으로 세계화란 자본축적의 모순과 위기의 전 지구화이자 자본과 노동의 대립을 중심으로 한 자본주의적 계급구조와 계급투쟁의 전 지구화일 뿐이라는 것, 즉 세계화란 자본의 내재적 경향일 뿐 아니라 계급구조와 국가를 포함한 자본축적 체제 자체의 필수적 구성 요소이고 전제라는 점을 입증해야 한다. 이를 위해서는 마르크스의 경제학 비판과 계급이론을 업데이트·확장·종합하고, 이에 근거해 세계화와 자본축적 체제의 모순 및 계급구조의 변화를 분석하는 방법이 필요하다. 즉 마르크스의 경제학 비판의 핵심적 문제의식을 자본축적과 계급구조의 상호작용 혹은 '중층결정'(overdetermination)에 대한 인식이라고 파악하고, 세계화 과정에서 자본축적 체제의 모순과 계급구조의 변동 과정을 상호 연계시켜 총체적으로 연구하는 것이 필요하다. 이와 같은 연구방법은 세계화에 대한 기존의 주류적 접근은 물론 비주류적 접근에서도 시도되지 않은 새로운 연구방법이다. 이를 통해 자본축적 체제와 계급구조에 대한 기존 주류 및 비주류 접근이 공유했던 두 상반된 편향, 즉 계급분석을 누락한 채 자본축적 체제 그 자체의 구조 연구에 매몰되는 경제주의적 편향이나, 자본축적 체제의 모순 분석을 결여한 채 계급 혹은 계층 분류로 시종했던 실증주의적, 주의주의적 편향을 동시에 정정할 수 있을 것으로 기대된다.

2. 마르크스의 경제학 비판 플랜 후반체계의 방법론

세계화와 자본축적 체제의 모순적 상호작용을 마르크스의 경제학 비판의 방법에 의거해 총체적으로 연구하려는 필자의 연구방법은 구체적으로 (1) 마르크스 국제가치론의 확장을 통한 세계적 양극화 과정 분석, (2) 마르크스의 경제학 비판 플랜의 후반체계에 의거한 제국주의론의 재구성, (3) 마르크스 공황론의 글로벌 자본주의 위기론으로의 확장으로 구성된다.

1) 마르크스의 국제가치론의 확장과 세계적 양극화의 해명

마르크스 가치론의 세계적 확장을 위해서는 일국적 차원에서 전개된 가치법칙이 세계시장에서는 어떻게 수정되는가, 나아가 그런 과정에서 잉여가치 생산과 축적의 모순이 복수의 민족국가를 매개로 하여 어떻게 심화되는가 등을 밝히는 것이 필요하다(김공회, 2012). 이를 위해 먼저 마르크스의 가치론을 세계시장의 영역으로 확장시키고 발전시킨 국제가치론에 기초해 세계적 차원의 자본축적을 규제하는 법칙과 세계적 양극화 경향을 비롯한 세계화의 모순을 분석해야 한다.

1857~1858년 마르크스는 《정치경제학 비판 요강》을 쓰면서 앞으로 자신이 경제학 비판을 어떻게 수행할 것인지에 관한 일종의 연구계획, 즉 오늘날 우리가 '경제학 비판 플랜'이라고 부르는 것을 제시한다. 이것은 마르크스의 향후 연구계획이기도 하지만, 자본주의를 구성하는 핵심 요소들의 관계에 대한 마르크스의 이해 방식을 보여 준다.《정치경제학 비판을 위하여》(1859)의 서문에 제시된 플랜에 따르면 마르크스의 경제학 비판은 '자본-토지소유-임금노동'을 내용으로 하는 '전반부', 혹은 전반체계와 '국가-외국무역-세계시장공황'을 다루는 '후반부', 혹은 후반체계로 구성될 예정이었다. 마르크스는 생전 이 후반부에 대한 연구를 충분히 진행하지 못했고, 이 때문에 후반부가 마르크스의 이론체계 전체에서 갖는 위상에 대한 논쟁이 계속돼 왔다.[1] 예컨대 마르크스가 경제학 비판 플랜 '전반체계'(자본-토지소유-임금노동)에서 정식화한 가치론

을 '후반체계'(국가-외국무역-세계시장공황)로 확장하는 것을 핵심으로 하는 국제가치론 관련 논쟁은 그 대표적 예다.[2] 하지만 마르크스의 국제가치론은 등가교환에 기반한 세계화가 세계적 차원에서 불평등을 심화하는 메커니즘을 낳고, 글로벌 축적 체제가 양극화와 공황을 심화시키는 점을 설명할 수 있는 관점을 제공한다. 이와 관련해 그동안 주로 국제적 부등가교환에 관한 이론으로 축소 해석됐던 마르크스의 국제가치론을 글로벌 자본축적 체제의 이론으로 발전시킬 필요가 있다.

2) 마르크스의 경제학 비판 플랜 후반체계에 의거한 제국주의론의 재구성

마르크스의 경제학 비판 플랜 후반체계는 세계화로 특징지어지는 오늘날 자본주의를 이론화하는 데 유용한 시각을 제공한다. 반면, 기존의 마르크스주의 경제학은 자본주의의 글로벌한 측면을 제국주의론이라는 틀로 이론화해 왔다. 하지만 기존의 다양한 마르크스주의 제국주의론들은 대부분 마르크스의 경제학 비판 플랜 후반체계의 이론적 자원을 충분히 활용하지 못했으며, 그 결과 이와 부합되지 않는 각종 단계론적·유형론적 논의로 귀결되고 말았다.[3] 국가독점자본주의론과 조절이론은 물론, 자율주의의 '제국론', 네오그람시안 국제정치경제학, 로빈슨의 글로벌 자본주의 접근 등 기존의 좌파 현대자본주의론 및 세계화 담론이 대부분 공유하는 이른바 '일국적 축적 체제'에서 '글로벌 축적 체제'로의 이행이라는 도식이 바로 그것이다.[4] 하지만 마르크스의 경제학 비판 플랜 후반체계의 문제의식에서 보면 자본주의 체제와 자본 운동 그 자체는 처음부터 오늘날까지 글로벌 축적 체제 혹은 세계적 자본축적 체제였다. 이로부터 필자는 마르크스가 경제학 비판 플랜 전반부에서 정식화한 가치론과 자본축적 이론에 기초해 후반체계를 구체화하는 방식으로 마르크스주의 제국주의론을 재구성해야 한다고 생각한다. 〈그림 0-1〉에서 보듯이, 필자는 자본축적과 계급구조가 주된 연구대상인 전반체계 (및 이를 구성하는 3개 범주, 즉 자본, 토지소유 및 임금노동)와 세계화가 주된 연구대상인 후반체계 (및 이를 구성하는 3개 범주, 즉 국가, 외국무역 및 세계시장공황)가 상호규정 혹은 중층결정 관계에 있다는 인식이 마르크스주의 세계경제론 연구의 출발점이 돼야 한다고 본다.[5]

〈그림 0-1〉 마르크스의 경제학 비판 플랜 '후반체계'의 구체화

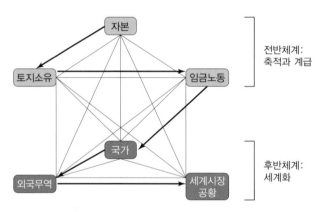

주:
1) 화살표는 마르크스가 구상했던 '경제학 비판'의 서술 순서를 나타냄.
2) 실선은 각 범주들 간의 중층결정 관계를 나타냄.

3) 마르크스 공황론의 글로벌 자본주의 위기론으로의 확장

2007~2009년 세계경제 위기는 1980년대 이후 세계화가 말 그대로 글로벌 위기, 즉 세계자본주의 체제 자체의 위기로 귀결됐음을 보여 준다. 이는 세계화의 모순을 연구하기 위해서는 일국자본주의의 위기 분석을 넘어서 글로벌 자본주의 체제의 위기 메커니즘을 분석할 필요가 있음을 시사한다(Gills, 2010a). 그러나 주류 사회과학은 자본주의 체제

의 위기 자체를 부정하고 있으며, 마르크스주의 입장에서 제출되고 있는 여러 공황론의 경우 자본주의 체제의 위기를 이론화하고 있지만, 과소소비설이든, 불비례설이든, 이윤율저하설이든, 대부분 일국자본주의 위기론에 머무르고 있으며, 이를 글로벌 자본주의 위기론으로 확장하려는 시도는 거의 이뤄지지 않았다. 그런데 이처럼 일국자본주의 공황론에 한정된 기존의 마르크스주의 공황론은 마르크스의 경제학 비판 플랜, 특히 후반체계의 문제의식, 즉 자본축적의 모순이 국가와 외국무역을 매개로 세계시장공황으로 귀결된다는 관점을 제대로 살리지 못한 것이다. 또 기존의 공황론은 대체로 케인스주의적 금융화론, 금융위기론의 틀에 갇혀서 금융화와 금융 위기 자체가 자본축적 체제의 산물이라는 점을 정당하게 고려하고 있지 못하다. 마르크스의 경제학 비판 플랜 후반체계의 문제의식을 발전시켜 마르크스의 공황론을 글로벌 자본주의 위기론으로 확장함으로써, 기존의 마르크스주의 공황론과 좌파 케인스주의 금융위기론의 한계를 극복하고 자본축적 체제의 모순이 경제 위기와 생태 위기의 복합 위기로서 전 지구적 위기로 심화되는 메커니즘을 해명할 수 있을 것이다.

마르크스의 경제학 비판의 방법에 의거해, 세계화 국면에서 자본축적 체제의 특수성 및 모순과 위기를 분석할 경우, 구체적으로 〈그림 0-2〉에서 제시된 토픽들이 연구돼야 한다. 먼저 글로벌 자본축적 체제의 '내용규정'인 생산력 구조의 특수성과 자본축적 체제의 '형태규정'인 생산관계의 특수성이 분석돼야 한다. 즉 〈그림 0-2〉에서 보듯이, 자본축적 체제의 '내용규정'으로서 생산력 구조의 특수성 분석에 해당되는 세계화와 IT, 서비스화 혹은 지식경제화의 관련이 분석돼야 한다. 또 글로벌 자본축적 체제의 '형태규정'으로서 생산관계의 특수성이 분석돼야 하는데, 이에 해당하는 것이 국제무역, 초국적자본과 글로벌 생산네트워

〈그림 0-2〉 마르크스주의 세계경제론의 연구주제

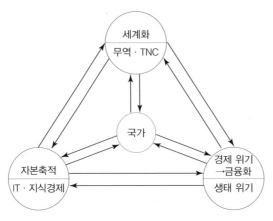

주: 화살표는 규정의 방향을 나타냄.

크, 금융화 등의 주제다. 여기에서는 세계화 국면에서의 생산관계의 특수성, 즉 세계화 국면에서 '다수자본'의 경쟁의 특수한 존재형태들이 분석돼야 하며, 특히 글로벌 무역 체제가 글로벌 축적 체제 및 전 세계적 차원에서 고용과 소득에 미친 영향 등이 마르크스의 국제가치론에 기초해 연구돼야 한다. 이와 함께 초국적기업이 세계적 차원에서 조직하는 노동과정(=가치증식과정)의 새로운 형태로서 글로벌 생산네트워크 및 글로벌 상품사슬(global commodity chain) 혹은 글로벌 가치사슬(global value chain)이 연구돼야 한다.[6] 또 글로벌 자본축적 체제 유지를 위한 정치군사적 상부구조로서 국가를 분석해야 하는데, 특히 세계화와 민족국가의 관계가 분석돼야 한다. 세계화 국면에서도 국가는 자본축적 체제의 유지를 위한 정치군사적 상부구조로서 필수적이며, 이에 따라 지정학적 경쟁(제국주의) 역시 필연적임을 마르크스의 경제학 비판 후반체계의 관점에서 입증해야 한다. 또 자본축적 체제에 필연적인 총체적 모순과 위기 경향의 분석, 즉 세계화와 세계경제 위기 및 생태 위기의 관계가 분석돼야 한다. 여기에서는 세계화 국면이 기존의 주류 세계화 담론에서 주장하듯이 자본축적 체제의 모순과 위기 경향이 소멸하는 이른바 '위대한 조절'(Great Moderation)의 국면이기는커녕, 이들이 전 지구적 차원으로 극한적으로 확대되고, 나아가 축적 체제의 모순이 자본 체제 내부의 모순을 넘어 자본축적 체제의 외적 기반인 자연환경과의 충돌로까지 치닫고 있는 과정임을 마르크스의 공황론을 확장 적용해 입증해야 한다. 요컨대 세계화가 글로벌 축적 체제의 모순을 전 세계적 차원에서 확대재생산하고 있다는 점이 입증돼야 한다.

3. 맺음말

21세기 마르크스주의 세계경제론의 주된 내용은 세계화와 자본축적 체제 및 국가 간의 상호규정 혹은 중층결정 관계를 명시적으로 고려해 세계화에 대한 총체적·역사유물론적 분석을 수행하는 것이 돼야 한다. 마르크스의 경제학 비판 방법에 의거한 제국주의론의 재구성과 마르크스 공황론의 글로벌 자본주의 위기론으로의 확장 및 마르크스 국제가치론의 확장을 통한 세계적 양극화의 메커니즘 해명은 그 필수적 요소들이다. 이를 통해 오늘날 양극화와 세계 대공황, 생태 위기를 초래하고 있는 자본주의적 세계화를 대체할 수 있는 대안세계화운동과 사회주의 세계화 방안이 구상될 수 있을 것이다. 마르크스의 경제학 비판 후반체계의 구체화에 기초한 세계화 과정에서 자본축적 체제의 모순과 위기에 대한 연구로부터 20세기 마르크스주의에 고질적이었던 '일국자본주의-일국사회주의'의 문제설정을 탈각하고 초민족적 연대와 노동자 국제주의에 기초한 세계 연속혁명의 대안, 진정한 공산주의 대안이 모색될 수 있을 것이다. 이를 통해 마르크스와 엥겔스가 《공산당 선언》(1848)에서 정식화했던 세계화의 진보적 잠재력이 해방될 수 있는 조건을 이론적·실증적으로 확인하고, 그동안 세계화 담론이 조장·유포했던 TINA, 즉 '세계화 이외 대안 부재론' 혹은 '자본주의 이외 대안 부재론'을 논파함으로써, 인류 역사의 진보에 대한 낙관주의를 회복할 수 있을 것이다.

제1부 이론: 마르크스의 '후반체계'

1장
마르크스의 세계시장공황론

1. 서론

과도한 세계화 혹은 신자유주의 세계화, 금융 세계화가 이번 2007~2009년 글로벌 경제 위기의 원인이 됐다는 주장은 진보진영의 통념이 된 듯하다. 예컨대 길스는 다음과 같이 주장한다. "자본 논리, 신자유주의, 그리고 (쇠퇴하는) 미국 헤게모니를 통해 표현되는 세계화가 현재의 글로벌 위기를 불가피하게 초래했다"(Gills, 2010b: 284).[1] 이런 통념을 공유하는 논자들은 또 명시적 혹은 묵시적으로 세계화에 대한 사회적·국가적 규제를 공황에 대한 처방으로 제시하는 경향이 있다.

그러나 이처럼 세계화가 진전된 다음에 공황이 발발했다는 주장은 다음과 같은 측면에서 의문시된다. 첫째, 세계화와 공황을 관련시킬

이 장은 정성진(2012)을 보완한 것이다.

수는 있다 할지라도, 세계화가 자본주의 발전의 특정 국면에, 예컨대 20세기 초나 20세기 말에 급격하게 진전됐다고 이해하는 것은 문제다. 자본주의는 역사적으로 처음 출현할 때부터 일국적·지역적이 아니라 세계적 현상, 세계적 경향이었기 때문이다. 본펠트가 지적했듯이 "자본주의적 축적의 세계적 성격과 국가의 민족 형태 간의 모순은 새로운 현상이 아니라 자본주의가 출현했을 때부터 특징적인 것이다"(Bonefeld, 2002c). 실제로, 2007~2009년 글로벌 경제 위기나 1930년대 대공황뿐 아니라, 그 전의 이른바 '산업자본주의 단계', 즉 19세기 중반의 자본주의 공황 역시 진정한 의미에서 세계적 규모에서 전개된 공황이었으며,[2] 마르크스의 표현을 따르자면, 세계시장공황이었다. 둘째, 세계화를 공황의 원인으로 보는 접근은 세계화와 공황 간의 중층적 인과관계를 일면화하는 것이다. 마르크스가 《자본론》 3권 3편에서 외국무역을 이윤율 저하 경향에 대한 상쇄요인으로 고려했다는 사실은 세계화도 자본주의 공황에 대한 자본과 국가의 대응으로 간주할 수 있게 한다. 실제로 지난 세기말 세계화는 1970년대 이후 자본주의의 장기불황, 구조적 위기에 대한 대응으로 설명될 수 있다(Brenner, 2006a; 2009). 셋째, 세계화가 2007~2009년 글로벌 경제 위기의 원인이라고 보는 견해들은 공황의 원인이 자본주의 체제 자체가 아니라 자본주의의 특정한 형태, 즉 사회적·국가적으로 규제된 자본주의가 아니라, "고삐 풀린" 자본주의, 자본주의의 세계화된 형태, 즉 신자유주의적 금융자본주의에 있다고 전제함으로써 대안을 자본주의의 폐지가 아니라 개혁으로 설정하는 개혁주의로 쏠리게 된다. 이 장에서는 세계화와 공황을 자본주의 생산양식 자체의 내재적 경향으로 파악하고, 마르크스의 세계시장공황론의 체계화를 통해 세계화와 공황의 연관을 연구하는 방법을 제안할 것이다.

마르크스가 1857~1858년 집필한 《정치경제학 비판 요강》(이하 《요강》)에서 처음 구상한, 모두 6부작으로 이뤄질 자신의 '경제학 비판' 체계 플랜(이하 '플랜', 〈표 1-1〉 참조)에 따르면, 공황은 6부작의 후반부(IV 국가, V 외국무역, VI 세계시장과 공황) 마지막 책, 즉 'VI 세계시장과 공황'에서 세계시장공황론으로 전면적으로 다뤄질 예정이었다. 하지만 마르크스 이후 마르크스주의 경제학자들은 대체로 이 마르크스의 플랜 후반부, 특히 그 마지막 책 'VI 세계시장과 공황'에 대해 한때의 구상 이상의 비중을 두지 않았다. 실제로 마르크스주의 공황론의 역사는 과소소비설, 불비례설, 이윤율저하공황설 간의 논쟁으로 전개돼 왔는데, 이들은 서로 격렬하게 대립하면서도, 마르크스의 플랜 마지막 책 'VI 세계시장과 공황'에 그다지 주목하지 않았다는 점에서는 공통적이었다. 그간의 마르크스주의 공황론은, 다양한 색조에도 불구하고, 대체로 '일국 공황론'으로 편향돼 공황의 세계적 차원은 대체로 사상되거나 주변화됐다. 이는 2007~2009년 글로벌 경제 위기가 진정한 의미에서 세계시장공황임에도 불구하고, 이에 대한 대표적인 마르크스주의적 연구성과로 간주되는 뒤메닐과 레비(Duménil and Lévy, 2011), 샤이크(Shaikh, 2011), 모훈(Mohun, 2012)이나 클라이먼(Kliman, 2012a)에서 분석 범위가 미국 경제에 한정돼 있다는 사실에서도 알 수 있다. 마르크스주의 공황론의 '일국 공황론'적 편향은 이윤율의 추이 분석과 같은 방식으로 마르크스주의 공황론을 현상분석에 적용할 경우 의존할 수밖에 없는 통계자료인 국민계정이 기본적으로 일국적 체계라는 것에서 비롯된 측면도 있다.[3]

물론 마르크스의 세계시장공황 개념 혹은 공황의 세계적 차원에 주목한 마르크스주의적 연구가 전혀 없지는 않다. 일본에서는 제2차세계대전 이전부터 주로 마르크스의 국제가치론 연구자들을 중심으로,[4] 또 서독에서도 1970년대 초 '자본논리학파'가 주도했던 '세계시장 논쟁'에서 보듯이,[5] 마르크스의 플랜, 후반체계 및 세계시장공황에 대한 연구가 심도 있게 이뤄졌다. 하지만 일본 마르크스주의 경제학계에서도 다수는, '강좌파' 계열의 '정통파' 공황론 연구자들이든, '노농파' 계열의 '수정주의' 공황론 연구자들이든, 마르크스의 세계시장공황론의 의의 자체를 부정하거나, 립서비스 정도로밖에 그 중요성을 인정하지 않았으며, 세계시장공황론의 이론적·실증적 구체화는 거의 진전되지 못했다. 또 서독의 경우도 소련·동유럽 블록의 붕괴 이후 마르크스주의 연구 자체가 급격히 소멸하면서 '자본논리학파'가 제안했던 "자본의 세계시장 운동"을 중심으로 한 제국주의론과 공황론의 재구성 프로젝트도 "실종"됐다 (Nachtwey and Brink, 2008: 37).

하지만 지난 세기말 이후 세계화의 진전과 함께 공황이 오히려 심화되면서 마르크스의 세계시장 및 세계시장공황론에 대한 관심이 부활하기 시작했다. 후술되듯이, 브레너의 장기불황론(Brenner, 2006a)은 마르크스의 세계시장공황론에 분명하게 근거하고 있지는 않지만, 마르크스의 세계시장공황론을 현상분석 수준에서 사실상 구현한 획기적 저작이다. 브레너와 대립적인 세계체제론 논자인 아리기(2008)의 장기파동론 역시, 마르크스의 세계시장공황론을 명시적으로 참조하고 있지는 않지만, 자본주의 경제의 역사를 세계적 규모에서 장기파동의 전개 과정으로 설명한다는 점에서, 넓은 의미에서 마르크스의 세계시장공황론의 문제의식을 공유하고 있다. 한편 자율주의자 네그리는 《요강》을 독해하면서, 마르크스에서 세계시장공황 개념의 중심적 의의를 간파한 바 있으며, 개방적 마르크스주의자(Open Marxism) 본펠트와 헤겔주의 마르크스주의자 스미스도 마르크스의 세계시장 범주에 의거해 세계화 담론을 비판한 바 있다.[6] 그리고 2007~2009년 글로벌 경제 위기 이후에는 제숍(Jessop, 2012), 김공회(Gimm, 2012) 등에서 보듯이, 마르크스의 세계시장 및 세계시장공황론 연구가 본격적으로 재개되고 있다.[7]

마르크스가 자신의 플랜의 최종적 과제로 강조했던 세계시장공황론이 그동안 마르크스주의 경제학의 역사에서 오랫동안 주변화 혹은 "실종"됐던 이유는 무엇일까? 이는 다음과 같이 생각될 수 있다. 첫째, 대부분의 마르크스주의 경제학자들은 마르크스 자신이 1857~1858년 《요강》을 쓴 다음, 새롭게 1861~1863년 《자본론》 초고를 집필하면서 1857~1858년 플랜 자체를 포기했다고 간주한다. 즉 마르크스 자신이 세계시장공황론 저술 계획을 포기했다는 것이다. 둘째, 마르크스가 '플랜'을 포기하지 않았고 단지 수정했을 뿐이라고 해석하는 논자들, 혹은 마르크스가 '플랜'을 변경하지 않았다고 해석하는 논자들도 상호 간의 논쟁에도 불구하고, 마르크스의 세계시장공황론은 경쟁과 신용, 국가와 외국무역 등을 고려한 매우 구체적인 추상 수준, 이른바 '단계론' 혹은 '현상분석'의 추상 수준에서 논의돼야 하며, 《자본론》과 같은 '원리론'의 추상 수준에서 논의될 수는 없다는 데서는 대체로 의견이 일치한다. 셋째, 마르크스가 플랜을 변경하지 않았으며, 또 세계시장공황론이 《자본론》의 논리적 '상향'을 통해 '원리론' 수준에서 구성될 수 있다고 생각하는 논자들도 《자본론》의 공황론을 경쟁과 신용을 고려해 '전반체계'의 추상 수준에서 구체화하는 작업에 매몰돼, 국가와 외국무역, 세계시장을 고려한 후반체계 차원으로 공황론을 구체화하는 데까지는 나아가지 못했다.

하지만 필자는 마르크스가 《자본론》 초고를 집필하면서 《요강》의 플랜을 변경한 것은 사실이지만, 플랜 전체를 폐기한 것은 아니며, 특히 세계시장공황론을 자신의 플랜의 최종 결론 부분에 할애하겠다는 《요강》의 계획을 포기하지 않았다고 생각한다. 필자는 이를 1857년 공황에 대한 마르크스의 분석 사례와 《자본론》 초고 등에 단편적으로 제시돼 있는 마르크스의 세계시장공황론을 재구성하는 방식으로 입증할 것이다. 먼저 2절에서는 마르크스의 플랜과 후반체계 및 세계시장공황 개념을 검토할 것이다. 3절에서는 1857년 공황에 대한 마르크스의 분석을 검토함으로써 마르크스가 현실 공황을 항상 세계시장공황의 관점에서 분석하려 했음을 보일 것이다. 4절에서는 《자본론》 3권 3편 및 5편의 이윤율 저하 경향 법칙과 현실자본과 화폐자본의 축적의 모순에 관한 논의에 화폐와 신용 요인 및 '후반체계'의 범주들을 명시적으로 도입하고 세계적 규모로 확장하는 방식으로 마르크스의 세계시장공황론을 구체화하고, 이를 2007~2009년 글로벌 경제 위기를 설명하는 데 적용할 것이다.[8]

2. 마르크스의 '경제학 비판' '후반체계'와 세계시장공황 개념

1) 마르크스의 '경제학 비판' '후반체계'

마르크스의 플랜은 1857~1858년 《요강》에서 처음 제시된 다음 1859년 《경제학 비판》에 출판됐으며, 이후에도 1867년 《자본론》 1권 출판에 이르기까지 각종 편지들에서 다시 수정·변경된다. 그중 대표적인 것들을 열거하면 다음과 같다.

플랜 A: 편별 구분은 명백히 다음과 같이 돼야 한다. 즉 (1) 일반적 추상적 규정들. 그것들은 따라서 다소 모든 사회형태들에 존재하지만, 그것도 이상에서 설명한 의미에서. (2) 부르주아 사회의 내적 편제를 이루고, 또 기본적 계급들이 그 위에 존립하고 있는 범주들. 자본, 임노동, 토지소유. 그것들의 상호 관련. 도시와 농촌. 3대 사회계급. 이 3계급 사이의 교환. 유통. 신용 제도(사적). (3) **부르주아 사회의 국가형태로의 총괄**. 자기 자신에 대한 관련에서의 고찰. '비생산적' 계급들. 조세. 국채. 공신용. 인구. 식민지. 이민. (4) 생산의 국제적 관계. 국제분업. 국제적 교환. 수출입. 환율. (5) **세계시장과 공황**(Der Weltmarkt und die Krisen)(마르크스, 2000: I-80. 강조는 필자).

플랜 B: 교환가치, 화폐, 가격이 고찰되는 제1절에서 상품들은 언제나 주어진 것으로 현상한다. … 그러나 이 상품 세계는 자신에 의해서 자신을 뛰어넘어 생산관계로 정립돼 있는 경제적 관계로 나아간다. 따라서 생산의 내적 구조가 제2절을, 국가에서의 총괄이 제3절을, 국제관계가 제4절을, 세계시장은 생산이 그것의 각 계기와 더불어 총체로 정립되지만 동시에 모든 모순이 진행되게 되는 종결을 이룬다. 그러면 세계시장은 다시 전체의 전제이자 이것의 담지자를 이룬다. 그러면 **공황**은 전제의 일반적 초월이자 새로운 역사적 형체를 채택하라는 촉구다(마르크스, 2000: I-219. 강조는 필자).

플랜 C: I. (1) 자본의 일반적 개념. (2) 자본의 특수성, 즉 유동자본, 고정자본. (생활수단으로서의, 원료로서의, 노동용구로서의 자본.) (3) 화폐로서의 자본. II. (1) **자본의 양. 축적.** (2) **그 자신으로 측정된 자본. 이윤. 이자. 자본의 가치.** 즉 이자 및 이윤으로서의 그 자신으로부터 구별된 자본. (3) 자본들의 유통. (α) 자본과 자본의 교환. 자본과 소득의 교환. 자본과 **가격들.** (β) **자본들의 경쟁.** (γ) **자본들의 집적.** III. 신용으로서의 자본. IV. 주식자본으로서의 자본. V. **금융시장으로서의 자본.** VI. 부의 원천으로서의 자본. 자본가. 자본 다음에는 토지소유를 취급할 것이다. 토지소유 다음에는 임노동. 이 세 가지가 모두 전제된 후, 이제 그 내적 총체성에서 규정된 유통으로서의 **가격들의 운동.** 다른 한편에서는 생산이 그 세 가지 기본적 형태와 유통의 전제들의 형태로 규정된 것으로서의 세 가지 계급. 다음에는 **국가.** (국가와 부르주아 사회. - 조세. 또는 비생산적 계급들의 존재. - 국채. - 인구. - 외측으로 향하는 국가, 즉 식민지. 외국무역. 환율. 국제적 주화로서의 화폐. - 마지막으로 세계시장. 부르주아 사회가 국가를 넘어 확대되는 것. 공황. 교환가치에 입각한 생산양식과 사회형태의 해체. 개인적 노동을 사회적 노동으로서 또 그 반대로 현실적으로 규정하는 것)(마르크스, 2000: I-263. 밑줄은 마르크스. 강조는 필자).

플랜 D: 나는 부르주아 경제체제를 다음 순으로 고찰한다. 즉, 자본, 토지소유, 임노동, 그리고 국가, 외국무역, 세계시장의 순서로 고찰한다. 앞의 세 제목 아래 나는 근대 부르주아 사회를 나누고 있는 3대 계급의 경제적 생활조건들을 연구한다. 다른 세 제목 사이의 연관은 바로 눈에 띈다. 제1책에서는 자본을 다루는데 그 가운데 제1부는 다음 장들로 구성된다. 제1장 상품; 제2장 화폐 또는 단순유통; 제3장 자본일반. 첫 번째 두 장이 이 소책자의 내용을 이룬다(마르크스, 1988: 5. 강조는 마르크스).

로스돌스키는 1857~1858년 마르크스의 플랜의 다양한 판본들을 다음 〈표 1-1〉과 같이 요약했다.

앞의 플랜들 중 플랜 A, 플랜 B, 플랜 C는 모두 《요강》에 있는 플랜들로서 2개월의 간격에 걸쳐 집필됐는데, 이들은 모두 세계시장과 공황을 바로 연결시키면서 공황을 플랜의 최종 결론으로 기획하고 있음을 알 수 있다. 한편 플랜 A의 경우 국가는 "부르주아 사회의 국가형태로의 총괄"로 파악됨에 비해, 플랜 C에서 국가는 "외측으로 향하는 국가"로 파악되고 있다. 무라오카에 따르면, 마르크스의 플랜에서는 "국가를 말하자면 원리적으로 파악하는 부분과 그것을 전제로 한 위에서 복수의 국가를, 따라서 국가 대 국가를 고찰한 부분으로 이분한 것", 즉 "마르크스의 '국가'는 '국가일반'과 '외측으로 향하는 국가'로 이분"되는 것을 알 수 있다(村岡俊三, 1985a: 124).

<표 1-1> 마르크스의 '경제학 비판' 체계 플랜

I 자본
a) 자본일반
1) 상품
2) 화폐(또는 단순한 유통)
3) 자본
1. 자본의 생산과정
2. 자본의 유통과정
3. 양자의 통일 또는 자본과 이윤, 이자
b) 자본들의 경쟁
c) 신용
d) 주식자본
II 토지소유
III 임노동
IV 국가
V 외국무역
VI 세계시장(과) 공황

주: 이 표는 로스돌스키(2003: 40)가 1858년 4월 2일 마르크스가 엥겔스에게 보낸 편지에 제시된 플랜 (Marx, 1983: 298)을 중심으로 작성한 것이다.

마르크스는 《요강》뿐 아니라 《자본론》에서도 세계시장과 공황을 자본일반의 추상 수준에서 기획하고 서술하려고 했다. 마르크스는 《자본론》 3권 제6장 '가격변화의 효과'에서 세계시장의 연구방법을 아래와 같이 제시하고 있다.

세계시장은 일반적으로 자본주의적 생산양식의 기초를 이루고 그 생활환경을 이루고 있다. 그러나 이런 자본주의적 생산의 더 구체적인 형태들을 포괄적으로 서술하는 것은 자본의 일반적 성질을 파악한 다음에야 가능하다. 또 이와 같은 형태들의 서술은 이 저작의 계획 밖의 것이며, 만약 속권이 가능하다면 그것에 속하는 것이다(마르크스, 2004b: 127. 강조는 필자).

마르크스는 또《자본론》초고를 집필 중이었던 1862년 12월 28일 쿠 겔만에 보낸 편지에서도 다음과 같이 말했다.

이것은 제1분책의 속편이지만,《자본》이라는 제목으로 독립적으로 간행될 것이고, '경제학 비판'은 단지 부제가 될 것이다. 사실 그것은 제1부 제3장 으로 예정된 것, 즉 '자본일반'을 포함할 것이다. 이 때문에 자본들의 경쟁 이나 신용제도는 그것에 포함되지 않는다. 영국인들이 '경제학 원리'라고 부른 것이 이 책에 포함된다. 이것은 (첫 번째 부분과 함께) 핵심적 부분이 며, 이것에 후속되는 것의 전개는 (예컨대 다양한 국가형태와 다양한 사회 경제구조 간의 관계 등을 제외한다) 누구라도 이미 주어진 것을 토대로 한 다면 쉽게 수행할 수 있을 것이다(Marx, 1985: 435. 강조는 필자).

위의 마르크스의 문장은 마르크스가 국가, 외국무역, 세계시장으로 구성되는 후반체계도 "이미 주어진 것", 즉 자본, 토지소유, 임노동의 전 반체계의 '상향'으로서, 즉 논리적 구체화로서 집필하려고 구상했음을 보여 준다. 이런 구상을 발전시키는 것은 마르크스주의 경제학의 과제 일 것이다. 그러나 기존의 마르크스주의 경제학은, 레닌의《제국주의론》 이나 구소련 동유럽의 스탈린주의 경제학 교과서에서 보듯이, 대부분 마르크스의 후반체계를 전반체계의 논리적 '상향'으로서가 아니라 질적 으로 추상 수준을 달리하는 단계론 혹은 현상분석의 대상으로 간주했 다. 이로부터 마르크스주의 현대자본주의론에서 마르크스의 후반체계 의 이론적 의의는 주변화됐다(Nachtwey and Brink, 2008).[9] 일본의 우 노학파도 마르크스의 후반체계를 단계론 혹은 현상분석의 주제로 삼는 다는 점에서는 스탈린주의 국가독점자본주의론과 마찬가지다. 실제로 우노 코조 자신이 이른바 '원리론'에 외재적인 국가나 비자본주의적 영역과의 교환을 포함하는 국제관계 등에 관한 이론은 '원리론'과는 별도의 '단계론'에서 고찰돼야 한다고 주장하고, 마르크스의 플랜은 '원리론'과 '단계론'의 구별을 무시한 것으로 문제가 있다고 비판했다(宇野弘藏, 1962: 3~64). 그러나 이와 같은 우노의 주장은 마르크스 자신이 가장 완성된 경제학 비판 저작인 《자본론》 1권 22장 "임금의 국민적 차이"에서 세계시장에 대한 가치론적 접근 즉, 세계시장에서 가치법칙의 수정에 관한 이론적 정식화를 제시했다는 사실을 고려할 때 근거가 없다.

2) 마르크스의 세계시장 개념과 국제가치론

마르크스는 자신의 저작에서 세계시장이라는 용어를 무수히 사용하고 있음에도 불구하고 이를 명확하게 개념적으로 정의한 곳은 없다. 이로부터 마르크스의 세계시장이라는 개념이 복수의 국민적 시장들, 혹은 국민경제들의 단순한 총합과 동일한 것인지, 아니면 이와 별도의 범주, 즉 국내·국제 유통 모두에 걸친 복합적 총체인지, 또 이와 관련해, 마르크스의 《자본론》이 국민경제를 대상으로 한 것인지, 혹은 세계시장의 추상으로서 자본주의 사회를 대상으로 한 것인지가 쟁점이 돼 왔다. 그런데 마르크스가 《요강》에서 "세계시장. 부르주아 사회가 국가를 넘어 확대되는 것"(마르크스, 2000: I-263. 강조는 필자), "세계시장은 국외에 존재하는 외국시장들에 대해서는 국내시장일 뿐만 아니라, 동시에 다시 자국 시장의 구성부분들로서 모든 외국시장들의 국내시장"(마르크스, 2000: I-284. 강조는 필자)이라고 쓴 것, 또 《자본론》 1권 22장 "임금의 국민적 차이"에서, "개개의 나라들을 그 구성부분으로 하는 세계시장"(마르크스, 1991: 707. 강조는 필자)이라고 쓴 것은, 마르크스가 세계시장을 국민경제들의 단순한 총합이 아닌 별도의 실체로 간주했음을 보여 준다.[10] 마르크스는 결코 국민경제를 자립적 운동체로 파악하거나 《자본론》의 추상 수준으로 설정하지 않았다.

　마르크스는 자본주의가 국가형태에 의해 총괄되는 것에서 기인하는 국민성과 함께 그것을 넘어서는 세계성을 동시에 갖는다고 인식했다. 이와 같은 자본주의의 세계성에 대한 인식은, 일부 논자들이 주장하듯이, 《공산당 선언》, 《독일 이데올로기》, 《요강》 등 초기 혹은 중기 마르크스에 한정된 것이 아니라, 《자본론》을 비롯한 '성숙한 마르크스'의 사상에서도 핵심적이다. 따라서 우노 혹은 키노시타처럼 자본주의가 근대 민족국가의 틀 아래서 자립적으로 완결된다고 보는 것은 마르크스의 견해와는 다르다. 마르크스의 《자본론》은 국민경제 내지 국경이라는 틀을 갖지 않는 시장 일반을 대상으로 한 것으로서, 세계시장의 추상물이다(佐々木隆生, 1985: 325).

　세계시장을 창출하는 경향은 자본 개념 그 자체에 직접 주어져 있다. 어떤 한계도 극복돼야 할 제한으로 나타난다(마르크스, 2000: II-18. 강조는 필자)

　마르크스는 《잉여가치학설사》 3권에서 플랜의 전반부에서 정식화된 가치, 추상적 노동과 같은 자본주의 생산양식의 기본 범주들이 세계시장의 기초 위에서만 완전한 의미를 갖게 된다고 봤다.

　그러나 단지 외국무역만이, 시장의 세계시장으로의 발전만이, 화폐를 세계화폐로 발전시키고, **추상적 노동**을 사회적 노동으로 발전시킨다. 추상적인 부, 가치, 화폐 — 따라서 **추상적 노동**은 구체적 노동이 다양한 노동양식의, 세계시장을 포괄하는, 총체로 발전하는 것과 마찬가지 정도로 발전한다. 자본주의적 생산은 **가치**, 즉 생산물에 포함돼 있는 노동의 사회적 노동으로의 발전에 기초하고 있다. 그러나 이것은 오로지 **외국무역과 세계시장**

이라는 기초 위에서만 가능하다. 이 때문에 이것은 자본주의적 생산의 전제이기도 하고 결과이기도 하다(Marx, 1972: 253. 밑줄은 마르크스. 강조는 필자).

세계시장에서 각국 자본들은 세계시장가격(=국제적 시장가치 가격)으로 생산수단을 수입하고 상품 수출을 하지만, 고용, 즉 노동력 구매는 각국별로 편성된 노동시장에서 각국별 임금(=국민적 노동력 가치)으로 수행하고, 이로부터 잉여노동 추출도 각국별로 이뤄지고, 각국별로 상이한 착취율이 성립한다. 즉 세계시장에서는 "노동력 이외의 상품들은 '세계무역'에 의해 세계시장가격으로 구입하고(M-Pm), 판매한다(C′-M′)는 것이다. 이 경우 포인트는 수출입이 아니라 가격이 세계시장가격이라는 점이다"(村岡俊三, 1985a: 141). 이처럼 세계시장이 실체적으로 존재한다면 국제가치는 국민적 노동의 교환비율이나 국민적 가치 상호 간의 국제가치 관계 수준을 넘어서 "세계노동"이라는 사회적 실체를 갖는 것으로 봐야 한다. 즉 "개인들이 생산하는 상품, 서비스는 세계의 타인에 쓸모 있는 한에서 사용가치이며, 또 세계적 규모에서 추상적 인간노동(=세계적 노동의 평균단위)의 일정량이 응고한 것으로서 가치다"(村岡俊三, 1997: 379).

마르크스는 세계시장을 고정불변의 범주가 아니라, 자본주의 발전과 함께 계속 확장·심화되는 것으로 간주하면서도, 세계시장에서는 복수의 국민적 이윤율이 존재한다고 봤다. 마르크스는 《자본론》 3권 2편 8장 "다른 생산부문의 다른 자본구성과 이로부터 나오는 이윤율의 차이"에서 다음과 같이 말했다.

이것은 여러 국민적 이윤율을 서로 비교하는 경우에는 특히 중요하다. 가령 유럽의 어떤 나라에서는 잉여가치율이 100퍼센트고 노동자는 반일은 자신을 위해 노동하고 반일은 자신의 고용주를 위해 노동한다고 하자. 아시아의 어떤 나라에서는 잉여가치율은 25퍼센트고 노동자는 1일의 4/5는 자신을 위해 노동하고 1/5은 자신의 고용주를 위해 노동한다고 하자. 하지만 유럽 나라에서는 국민적 자본의 구성은 84c+16v이고, 아시아의 나라에서는 충용된 기계 등이 적어서, 일정한 시간에 일정량의 노동력에 의해 생산적으로 소비되는 원료가 상대적으로 적기 때문에 구성은 16c+84v라고 하자. 그렇다면 다음과 같이 계산된다. 유럽 나라에서는 생산물 가치는 84c+16v+16s=116이며, 이윤율은 16/100=16퍼센트다. 아시아 나라에서는 생산물 가치는 16c+84v+21s=121이며, 이윤율은 21/100=21퍼센트다. 즉 잉여가치율은 아시아의 나라가 유럽 나라의 1/4임에도 불구하고, 이윤율은 전자 쪽이 후자보다 25퍼센트 이상 높다. 캐리(Carey)와 바스티아(Bastiat) 등은 물론 전혀 반대의 결론을 내릴 것이다(마르크스, 2004b: 179).

마르크스가 이윤율의 균등화 경향의 작용 범위를 세계시장으로까지 확장했는지의 여부는 쟁점이다. 위에 인용한 마르크스의 문장은 무라오카가 해석한대로, 마르크스가 "복수의 국민적 이윤율의 병존"(村岡俊三, 2009: 144)을 자본주의 세계시장의 구조적 특징으로 본 것으로 해석할 수 있다. 이와 관련해 마르크스는 《자본론》 3권 3편 14장 "상쇄요인들"에서 다음과 같이 말했다.

이와 같이 [외국의] 어떤 부문에 투하된 자본이 생산해 본국에 가져오는 높은 이윤율이, 왜 본국에서, 독점에 의해 방해되지 않는 한, **일반적 이윤율의 평균화**에 참가해 그만큼 일반적 이윤율을 높이는 것으로 되지 않는가, 그

것은 [리카도에게는] 이해되지 않았다(마르크스, 2004b: 285. 강조는 필자).

마르크스는 위 문장에서 자본수출을 통한 이윤 송금에 의해 일반적 이윤율이 상승, 평균화된다고 말했는데, 이때 일반적 이윤율은 자본수출국의 이윤율이며, 세계적 이윤율은 아니다. 무라오카는 이로부터 "국민적 이윤율들이 상이하다는 사실 속에 대외직접투자는 이미 고려돼 있으며, 그 의미에서 이것은 [국민적 이윤율들의 차이] 균형 상태를 보이는 것이다"(村岡俊三, 1985b: 282)라고 주장한다. 즉 위의 문장은 마르크스가 일반적 이윤율의 균등화의 범위를 국민경제로 한정했음을 보여 준다는 것이다.[11] 그런데 무라오카처럼 이윤율의 균등화 경향은 국민적 범위에서만 작동하며, 세계적 수준에서는 상이한 복수의 국민적 이윤율이 존재하므로, 세계시장에서는 국제적 시장가치는 성립한다 할지라도, 이윤율의 국제적 균등화에 기초한 국제적 생산가격은 성립할 수 없다고 보는 것은, 마르크스주의 국제가치론 다수설의 관점이다.[12]

이에 반해 그로스만은 위에서 인용한 《자본론》 3권 8장 마르크스의 문장에서 국민적 이윤율의 차이를 균형 이전 상태로 간주하고, 균형 상태는 이윤율의 국민적 차이를 배경으로 한 자본의 국제이동 및 이로부터 비롯된 이윤율의 국제적 균등화와 국제적 생산가격의 성립 경향 및 국제적 가치이전이라고 봤다.[13] 필자는 이와 같은 그로스만의 해석이 타당하다고 생각한다. 필자는 복수의 민족국가의 병존과 마찬가지로 이윤율의 국제적 균등화 경향, 즉 국제적 생산가격 형성 경향은 자본주의 세계시장에 내재한 경향이라고 생각한다. 즉, 마르크스는 자본주의 발전에 따라 세계시장에서 이윤율의 균등화, 즉 국제적 평균이윤율 및 국제적 생산가격의 성립 경향을 배제하지 않았다는 것이 필자의 생각이다.[14]

실제로 마르크스는 《자본론》 3권 20장 "상인자본의 역사적 고찰"에서 국제적 생산가격의 성립 경향, 따라서 이윤율의 국제적 균등화 경향을 배제하지 않았다.

> 산업자본가는 끊임없이 세계시장에 직면해, 자기 자신의 비용가격을 국내의 시장가격과 비교할 뿐만 아니라 세계 전체의 시장가격과 비교해야만 한다(마르크스, 2004b: 407)[15]

마르크스는 《잉여가치학설사》 2권에서도 다음과 같이 말했다.

> 상업적 투기가 처음부터 존재하고 생산이 세계시장을 목적으로 이뤄지는 곳, 즉 자본주의적 생산양식이 존재하는 곳에서는 … 이런 조건이 존재하는 한, 아무것도 비용가격이 시장가치를 규제하는 것을 방해할 수 없다(Marx, 1968: 302~303).

마르크스에게 세계시장은 노동시장의 국민성을 매개로 국내 유통과 국제 유통의 두 수준으로 구체화된다. 마르크스의 후반체계에서 세계시장은 이와 같은 구체성을 전제로 국민들의 국내시장과 국민들 간의 국제시장을 포괄하는 복합시장으로 파악된다. 무라오카에 따르면, 마르크스의 세계시장은 "지구상의 지역들이 '국가형태'로 총괄되고, '국민경제'들로 편성되는 시장", 즉 "상품화폐유통은 '세계상업'으로 세계적 규모에서 전개되는 것에 비해, 노동시장만은 국가들이 노동력의 국경 이동을 원칙적으로 금지하기 때문에 국민적으로 되며, 또 '세계상업'에 관해서는, 국가들이 자국에서 유통하는 세계(시장)화폐에 '국민적 제복'을 착용시킨 시장"(村岡俊三, 2009: 142)으로 정의된다. 즉, "세계시장은 국경 내에서, 국경 간에서, 그리고 국경을 넘어선 자본주의 생산의 '정언명령'

(categorical imperative)이다. … 세계시장은 구별되는 국민경제들의 총합이 아니다. 세계시장은 국민경제들의 순결성을 약화시키는 최근의 힘도 아니다. 그와 같은 '순결성'은 존재한 적도 없는데, 이는 세계시장이 '국민경제들'의 '정언명령'이기 때문이다"(Bonefeld, 2006b: 50, 53).

3) 마르크스의 '경제학 비판' 체계 플랜과 세계시장공황

마르크스는 《요강》에서 자본의 세계시장 창출 경향을 "자본의 문명화 경향"(마르크스, 2000, II-20, 26)의 핵심으로 보면서도, 동시에 세계시장은 자본주의의 모순이 전면적으로 작동하는 공간이라고 봤다.

세계시장은 생산이 그것의 각 계기와 더불어 총체로 정립되지만 동시에 모든 모순이 진행되게 되는 종결을 이룬다(마르크스, 2000: I-219. 강조는 필자).

마르크스는 앞서 인용한 《요강》에 제시된 플랜 A, 플랜 B, 플랜 C에서 보듯이, 자신의 '경제학 비판' 체계를 세계시장공황론으로 결론지으려 했다. 실제로 《요강》은 이미 도입부, 즉 "바스티아와 캐리"부터 논의 수준이 진정으로 글로벌하며, 세계시장공황의 관점이 전면에 돌출해 있다.

일정한 국경 안에서나 부르주아 사회의 일반적 관계들의 추상적 형태에서, 그[캐리]의 눈에는 조화롭게 보인 모든 관계들, 즉 자본의 집적, 분업, 임노동 등이 가장 발전된 형태로 ― 그 세계시장 형태로 ― 출현하는 경우에는, 세계시장에서 영국의 지배를 낳는 내적 관계들로서, 또 파괴적 작용을 미치는 것으로서는, 이 영국의 지배의 결과이기도 한 것 같은 내적 관계들로서, 그의 눈에는 부조화스러운 것으로 나타난다. … 캐리가 이해하지 못한 것은 이 세계시장적 부조화가 경제학의 범주들 가운데 추상적 관계들로서 고정돼 있는 부조화의, 혹은 또 극히 소규모로 지방적으로 존재하는 부조화의 궁극적인 적절한 표현에 지나지 않는다는 점이다(마르크스, 2000: I-37~38. 강조는 필자).

또 청년 마르크스의 세계관, 즉 '세계자본주의-세계시장공황-세계혁명(지양/이행)' 테제는 《요강》에서도 다음과 같이 명시적으로 견지되고 있다.

세계시장의 자립화는 화폐관계(교환가치)의 발전과 더불어 성장하며 그 역도 성립하기 때문에, 생산과 소비에서의 일반적 연관과 전면적 의존은 소비자들과 생산자들의 상호 독립 및 무관심성과 동시에 성장하기 때문에, 그리고 이 모순이 공황 등에 이르기 때문에, 이 소외가 발전됨에 따라 동시에 소외 그 자신의 지반 위에서 소외를 <u>지양</u>하려는 시도가 있게 된다. … <u>세계시장</u>에서 모든 사람과 <u>개인의 연관</u>, 그러나 동시에 <u>개인들 자신으로부터 이 연관의 독립성</u>은 이미 세계시장의 형성이 그 자신으로부터 이행의 조건을 이미 포함하는 수준으로 발전했다(마르크스, 2000: I-142~143. 밑줄은 마르크스, 강조는 필자).[16]

마르크스는 1859년 출판한 《경제학 비판》에서도 세계시장공황이란 용어를 사용했다.

화폐가 부의 유일한 현존이라는 사실은 모든 소재적 부의 현실적 가치 감소와 무가치성에서 드러난다. … 세계시장공황의 이 특수한 국면은 화폐공황으로 알려져 있다. … 19세기 동안의 상업공황, 즉 1825년과 1836년의 대공황들은 … 대규모 세계시장의 폭풍우였던 바, 여기에서는 그 연원과 방어책이 부르주아적 생산과정의 가장 피상적이고 가장 추상적인 영역, 화폐유통의 영역 내에서 구해지던 부르주아적 생산과정의 모든 요소의 불화가 해제된다(마르크스, 1988: 141, 180. 강조는 필자).

《공산당 선언》,《독일 이데올로기》등 초기 마르크스 저작들에 중심적인 '세계자본주의-세계시장공황-세계혁명' 테제[17]는 '성숙한 마르크스'의 등장을 알리는《요강》에서도 여전히 견지되고 있을 뿐만 아니라, 초기와는 달리 가치론에 기초해, 또 1857~1858년 공황에 대한 경험적 연구에 근거해 구체화됐다. 그런데 마르크스가 자신의 플랜 최종 항목에 공황을 명시한 것, 즉 공황을 세계시장공황으로 명기한 것은 앞에서 인용한 플랜 A(이는 1857년 집필한 "《요강》에의 서설"(='노트 M')에 포함된 것이다), 플랜 B(이는 "《요강》자본에 관한 장"(='노트 II')에 포함된 것이다)뿐이며, 시기적으로 조금 뒤에 쓴 1857~1858년의 편지나 1859년 출판된 《경제학 비판》 서언"에서 제시된 플랜 D에서는 최종 항목은 단지 '세계시장'이라고만 돼 있고, 공황이라는 단어는 추가돼 있지 않다. 하지만 이는 요시하라가 지적하듯이, "단지 표기의 단순화 내지 설명의 할애 이상의 것은 아니며"(吉原泰助, 1997: 4), 마르크스가 공황에 관한 본격적 서술을 자신의 '경제학 비판'의 최종 결론에 할당하려는 계획, 즉 공황을 세계시장공황으로 서술하려 했던 계획의 변경을 의미하는 것은 아니다. 실제로《요강》이후에도 즉《잉여가치학설사》나《자본론》에서도 마르크스는 동시대의 현실 공황을 검토할 때면 언제나 이를 글로벌한 관점에서, 즉 세계시장공황으로 접근했다.

마르크스는《잉여가치학설사》2권에서도 세계시장공황이라는 용어를 사용했다.

[리카도는] 일국에서 **과잉생산**은 불가능하다고 주장함으로써 애덤 스미스를 논박하려 했다. … 리카도는 생산 규모가 결코 임의로 선택되는 것이 아니라는 것, 자본주의 생산이 발전하면 할수록 직접적 수요와 무관한 규모로 생산하도록 강제되는 세계시장의 부단한 확대에 의존하게 된다는 것을 간과했다. 리카도는 자본가는 이윤, 잉여가치를 위해서가 아니라 직접적으로 소비를 위해 사용가치를 생산한다는 장바티스트 세의 진부한 가정 — 자신의 가정 — 에 기댔다. 리카도는 상품은 화폐로 전화돼야만 한다는 사실을 간과했다. 노동자들의 수요는 충분하지 않다. … 자본가들 상호 간의 수요도 마찬가지로 불충분하다. … 세계시장공황에서 부르주아 생산의 모순과 적대는 충격적으로 드러난다. … 자본주의적 생산의 가장 복잡한 현상은 세계시장공황이다. … 세계시장공황은 부르주아 경제의 모든 모순의 현실적 총괄 및 폭력적 조정으로 파악돼야 한다. 따라서 이 공황에서 총괄되는 개개의 계기들은 부르주아 경제의 어떤 부면에서도 나타나고 발전되는 것이어야만 한다. 그리고 우리가 부르주아 경제 속으로 다시 돌진해 들어가면 들어갈수록, 한편에서는 이 모순의 새로운 규정들이 설명돼야만 하고, 다른 한편에서는 그러한 규정의 더 추상적인 형태가 더 구체적인 형태 속에 재현하고, 또 그 가운데 포함돼 있다는 것이 증명돼야만 한다(Marx, 1968: 468, 500, 501, 510. 강조는 필자).

즉, 마르크스는 《잉여가치학설사》에서도 공황을 '일국 공황'이 아니라 세계시장공황의 차원에서 이론화해야 함을 강조하고 있을 뿐만 아니라, 세계시장공황이라는 구체적 현상을 설명하기 위해서는 자본의 일반적 분석에서 제시된 공황의 추상적 규정들을 구체적 형태 속에 재현, 즉 구체화하는 방법론을 채택할 필요가 있다는 중요한 언급을 하고 있다. 나아가 마르크스는 가장 완성된 경제학 비판 저작인 《자본론》1권 15장 "기계와 대공업" 7절 "기계제 생산의 발전에 따른 노동자의 축출과 흡수. 면공업에서의 공황"에서 기계제 대공업이 세계시장을 창출하는 과정에서 필연적으로 세계시장공황을 야기하게 된다는 점을 강조했다.

공장제도가 어느 정도까지 보급돼 일정한 성숙도에 도달하자마자, 특히 공장제도 자신의 기술적 기초인 기계설비 자체가 또 다른 기계에 의해 생산되는 것으로 되자마자, 석탄이나 철의 생산 및 금속의 가공 및 운수업이 변혁되고, 한마디로 말해서 대공업에 조응하는 일반적 생산조건들이 형성되자마자, 이 경영양식은 원료와 구매시장에서만 제한을 발견하는, 하나의 **탄력성, 즉 돌발적이며 비약적인 확장능력**을 획득한다. … 기계제품의 싼 가격과 운수교통수단에서의 변혁은 **외국시장을 정복하기 위한 무기**가 된다. … 공장제의 거대한 돌발적 확장 가능성과 **세계시장에 대한 그 의존성**은 필연적으로 열병적 생산과 그것에 이어진 시장의 과잉공급을 낳고 시장의 수축과 동시에 마비 상태가 나타난다. 산업의 생활은 중위의 활황, 번영, 과잉생산, **공황**, 불황이라는 시기들의 계열로 전화한다(마르크스, 1991: 570~571, 573. 강조는 필자).[18]

면화공황 시의 기계의 급속한 개선은 영국 공장주들로 하여금 미국 남북전쟁 후 순식간에 그 제품으로 **세계시장을 다시 범람**시킬 수 있게 했다. 직물은 이미 1866년 하반기에 이르러 거의 팔리지 않게 됐다. 그리하여 중국과 인도로 상품 위탁판매가 시작됐는데, 이것이 또한 과잉을 한층 더 심하게 한 것은 물론이다(마르크스, 1991: 550~551. 강조는 필자).

즉 마르크스는 완성된 경제학 비판 저작인 《자본론》 1권에서 동시대의 현실 공황을 분석하면서 주기적 공황은 항상 세계시장공황 형태로 발발한다고 말했다. 마르크스는 《자본론》 1권 25장 "자본주의적 축적의 일반법칙" 5절 "자본주의적 축적의 일반법칙의 예증"에서도 세계시장과 공황의 관련에 대해 다음과 같이 언급했다.

1866년의 공황은 런던에 가장 격심한 타격을 줬으며, 이로 말미암아 세계 시장의 중심인 런던에서 극빈자의 수가 1866년에는 1865년에 비해 19.5퍼 센트, 1864년에 비해 24.4퍼센트 증가했고, 1867년의 첫 몇 개월 동안에는 1866년에 비해 더욱더 증가했다(마르크스, 1991: 823. 강조는 필자).

이상의 논의로부터 우리는 마르크스가 세계시장공황을 자신의 플랜의 최종 항목으로 배정했음에도 불구하고, 원래 플랜에 따르면 '자본일반' 혹은 '전반체계'에 해당될 뿐인 《자본론》 및 그 초고들에서 세계시장공황에 대한 상당한 분석을 앞당겨 수행했음을 확인할 수 있다. 마르크스는 1861~1863년 《자본론》 초고, 즉 《잉여가치학설사》 집필이 마무리될 무렵 1857~1858년 《요강》의 원래 플랜과는 달리 《자본론》에 '자본일반'만이 아니라 경쟁과 신용의 주요 부분을 포함시켰으며, 이에 따라 《자본론》의 틀 안에서도 산업순환론과 공황론을 상당 정도로 구체화했다.

그런데 우노학파의 경우 이와 같은 마르크스의 플랜 변경을 사실상 플랜 폐기로 이해하고, 원래 플랜에 따르면 후반체계 결론 부분에 배치됐던 공황론의 원리론적 부분은 전반체계의 자본 부분, 즉 《자본론》에 편입·완결됐으며, '후반체계'의 공황론은 공황의 '원리론'이 아니라, '단계론' 혹은 '현상분석'의 대상이라고 주장한다.[19] 우노학파가 《자본론》에 제시된 마르크스의 공황론을 이론적으로 더 발전시킬 필요성, 즉 이를 논리적으로 상향하는 방식으로 세계시장공황론을 구체화할 필요성을 인정하지 않는 것은 이 때문이다.[20] 하지만 필자는 마르크스의 '플랜 변경'을 '플랜 폐기'와 동일시하는 것은 사실과 부합하지 않는다고 생각한다. '플랜 폐기'설의 원조라고 할 수 있는 그로스만은 마르크스가 1861~1863년 《자본론》 초고를 작성하면서 1857~1858년 《요강》 단계의 플랜을 완전히 폐기했다고 주장하면서, 이는 마르크스가 그사이의 집중적인 경제학 연구를 통해서, 《요강》 단계의 6부 플랜은 이른바 "인식"의 시점이 아닌 "소재"의 시점에서 나열된 미숙한 플랜임을 깨달았기 때문이라고 주장했다.[21] 하지만 필자는 이와 같은 우노학파 혹은 그로스만의 '플랜 폐기'설은 마르크스를 왜곡하거나 적어도 오독한 것이라고 생각한다. 우선 마르크스의 1857~1858년 6부 플랜의 구성이 '소재'의 시점에서 나열된 것이라는 그로스만의 주장은 이 6부 플랜이 《요강》 서설"의 변증법적 서술의 필수적 부분으로 포함돼 있다는 사실을 보지 못한 것이다. 60년 전 쿠루마가 지적했듯이, 마르크스에서 "공황은 자본가적 생산의 모순의 발전을 추적하는 이론체계의 어떤 중간 지점에서 해명될 수 있는 것은 아니며, 그 모든 모순이 전개된 다음에, 최후의 지점에서, 비로소 종합적으로 해명될 수 있다"고 보는 것이 타당하다(久留間鮫造, 1965: 215).[22]

또 마르크스가 공황론을 '후반체계'의 최종 항목으로 예정했다는 사실을 근거로 《자본론》 및 그 초고들에 제시된 마르크스의 공황론의 완성도를 부당하게 과소평가하거나 혹은 그 추상 수준을 과대평가하는 것, 예컨대 《자본론》에도 공황론은 있지만, 이는 '자본일반'이라는 높은 추상 수준의 논의이므로, 그 자체 고유한 공황론에는 한참 미치지 못한다는 김성구(2008a) 등 일부 '플랜 불변설' 논자들의 해석 역시 《자본론》의 공황론에 대한 정당한 평가라고 보기 힘들다. 후술되듯이, 《자본론》 및 그 초고들에 제시된 공황론에는 '자본일반'의 추상 수준을 넘어서는 다수자본의 경쟁, 화폐 신용, 환율의 계기를 고려한 공황, 산업순환의 필연성 및 세계시장공황 메커니즘의 주요 요소들이 제시돼 있기 때문이다. 따라서 마르크스주의 공황론의 과제는《자본론》의 공황론을 완결된 것으로 간주하거나, 혹은 반대로 마르크스의 공황론은 완전히 새로 서술돼야 한다고 주장하는 것이 아니라, 한편에서는《자본론》을 중심으로 제시된 마르크스의 공황론의 주요 요소들을 마르크스 자신의 논리적 '상향' 방법을 '후반체계'까지 적용·확장하고, 다른 한편에서는 마르크스 자신이 수행했던 현실의 세계시장공황 분석 사례를 참고해, 말하자면 '전반체계'에 기초한 '후반체계'의 구체화라는 방식으로 세계시장공황론을 구성하는 것이 돼야 한다.[23]

3. 마르크스의 세계시장공황 분석의 사례:
   1857년 공황을 중심으로

마르크스가 1857~1858년 플랜에서 자신의 공황론을 세계시장공황론으로 구상했던 배경에는 무엇보다 1857~1858년의 공황이 최초의 세계시장공황이었다는 사실이 깔려 있다.[24] 마르크스는 1847년 공황이 1848년 혁명으로 이어졌듯이 1857~1858년 공황도 새로운 혁명으로 이어질 것이라는 기대와 흥분 속에《요강》을 집필했다.

마르크스는 1857~1858년《요강》을 집필했던 같은 기간에, 1857~1858년 공황의 실제 전개과정을 곡물 가격 추이, 수출·수입 동향 등에 관한 통계수치 정리를 포함해, 면밀하게 추적·정리하는 발췌 노트를 작성했다. 흔히《공황 노트》라고 알려진 이 노트는《1857년 프랑스》,《1857년 공황 노트》,《상업공황 노트》등 모두 3권으로 구성돼 있는데,

이들은 *MEGA2* IV부 14권으로 곧 출판될 예정이다(Krätke, 2008).[25] 타마오카 외(Tamaoka et al, 2012)에 따르면, 이《공황 노트》에는 마르크스 자신의 말은 거의 없고, 대부분 〈이코노미스트〉 등 신문 잡지의 발췌, 스크랩으로 이뤄져 있다. 따라서 일각에서 기대하듯이, 이《공황 노트》가 출간된다고 해서, 이론적 측면에서 마르크스의 공황론의 어떤 새로운 면모가 드러날 것 같지는 않다. 하지만《공황 노트》는 마르크스가 1857~1858년 공황을 얼마나 중시했는지, 그리고 얼마나 이 공황을 세계시장공황이라는 관점에서 면밀히 관찰했는지를 잘 보여 준다. 실제로 마르크스는 이《공황 노트》를 같은 시기에 집필한 〈뉴욕 데일리 트리뷴〉의 1857~1858년 현실 공황 분석에 관한 논설을 위해서는 물론,《요강》에서 공황론의 이론화를 위해서도 필수적 자료로 이용했다.[26]

실제로 다음 〈표 1-2〉에 제시된 1857~1858년 마르크스의《공황 노트》의 주요 목차는 마르크스가 1857~1858년 공황의 구체적 분석에서 글로벌한 관점을 견지했음은 물론, 목화·양모 등 원료 가격의 추이, 수출입, 환율 등 실물경제의 구체적 데이터에 대해서도 매우 세밀하게 연구했음을 잘 보여 준다.

마르크스가 플랜에서 제시한 세계시장공황 개념은 결코 한번 자신의 향후 연구계획으로 그려 본 것이 아니라, 세계혁명의 임박을 알리는 사상 최초의 세계시장공황에 직면해 또 이 정세에 대한 엄밀하고 체계적인 자료 수집과 분석에 기초해 이뤄진 것으로서 마르크스가 평생 유지했던 개념이다.

마르크스는 1857년 11월부터 1858년 2월까지 〈뉴욕 데일리 트리뷴〉에 기고한 논설들에서도 1857~1858년 공황을 분명하게 세계시장공황으로 이해했다.

〈표 1-2〉 마르크스의 1857~1858년 《공황 노트》의 주요 목차

1857년 프랑스	1857년 공황 노트	상업공황 노트
– 1857년 10월 22일부터	I) 파산	I) 화폐시장
12월 17일까지	II) 화폐시장	1) 화폐시장
– 주가	1) 영국은행	2) 지금 시장
– 프랑스은행	2) 런던 대출시장	α) 지금 유출입
– 프랑스 무역	3) 지금 시장	β) 은 가격과 변동
– 프랑스은행	a) 지금 유출입	γ) 외환
– 프랑스 곡물 무역	b) 은 가격	3) 대출시장
– 수출입	c) 외환	4) 파산
– 프랑스 무역	4) 증권시장	5) 증권시장
– 정부 정책	a) 국채(Consols)	α) 공적 자금
이탈리아	b) 철도–주식은행–광산주	β) 주식시장
스페인	III) 생산물 시장	II) 생산물 시장
– 주가	섬유 원료	1) 섬유 원료
– 라인강 하역량	1) 목화	α) 목화
– 프랑스 무역	2) 실크	β) 실크
– 철도	3) 양모	γ) 양모
– 북유럽 수출	4) 대마와 아마	δ) 대마와 아마
– 프랑스 증권거래소	비섬유 원료	2) 금속
– 프랑스 국가 수입	a) 금속	3) 가죽과 고무
	b) 가죽과 고무	4) 민싱가
	c) 민싱가(Mincing Lane)	5) 마르크가
	d) 마르크가(Mark Lane)	III) 공업시장
	IV) 공업시장	IV) 노동시장
	노동시장	V) 기타
		미국
		중국과 인도
		호주
		브라질

자료: Mori(2012).

영국의 제조업은 너무나 팽창해서 외국시장이 수축되면 전반적으로 붕괴할 것이며 이는 영국 전체의 사회·정치적 상태에 격변을 초래할 것이다. 1837년과 1839년 미국의 공황은 영국의 수출을 1830년 12,425,601파운드에서 1837년 4,695,225파운드로, 1838년에는 7,585,760파운드로, 1842년에는 3,562,000파운드로 감소시켰다(Marx, 1986a: 383~384).

진실은 영국이 유럽 대륙과 미국 양쪽에서 해외 투기에 많이 참여했다는 것이고, 국내에서 그들의 과잉자본은 주로 공장에 투자됐다는 것, 그래서 이전 어느 때보다 현재의 격변은 산업공황이라는 성격을 띠고 있으며 따라서 국가적 번영의 뿌리 자체에 타격을 가하고 있다는 것이다. 유럽 대륙에서 전염은 한 방향에서는 스웨덴에서 이탈리아로, 다른 한 방향에서는 마드리드에서 부다페스트로(Marx, 1986b: 390).

미국의 붕괴에 대한 영국의 최초의 반작용이 생산물 시장의 일반적 침체를 수반하고, 한참 후 제조업의 침체로 이어지는 화폐공황으로 나타났다면, 현재는 산업공황이 전면에 나타나고 화폐적 곤란은 배경으로 밀려나 있다(Marx, 1986c: 401).

1857~1858년 공황을 세계시장공황으로 규정하고 이를 이론화하려는 마르크스의 노력은《자본론》2권 16장 "가변자본의 회전"에서도 보인다.

예컨대 철도의 부설과 같이 1년 또는 그 이상의 긴 시간 동안 생산수단도 생활수단도 제공하지 않으며 또 어떤 유용효과도 제공하지 않으면서, 연간 총생산물 중에서 노동과 생산수단과 생활수단을 끌어내는 사업부문[은] … **화폐시장을 압박하게 되는데** … [이는] 장기간에 걸쳐 대규모의 화폐자본 투하가 이런 사업들에서는 항상 필요하기 때문이다. … 생산자본의 요소들은 계속 시장으로부터 끌려나오며, 그 대신에 화폐등가만이 시장에 투입되므로, 유효수요가 그 자체로부터는 어떤 공급요소도 제공함이 없이 증가한다. 이 때문에 생활수단 및 생산재료의 가격이 등귀한다. … 그러나 이 식료품은 1년 안에 갑자기 증가될 수 없기 때문에 그것의 수입이 증가하며, 그리고 기호품 일반(커피, 사탕, 포도주 등)과 사치품의 수입이 증가한다. 그 결과 수입업의 이 부분에서 과잉수입과 투기가 생긴다. 이와는 반대로 생산을 급속히 증가시킬 수 있는 산업부문들(진정한 제조업, 광업 등)에서는 가격의 등귀로 인해 돌연한 확대가 일어나며 이에 뒤이어 곧 붕괴가 닥친다(마르크스, 2004a: 375~376. 강조는 필자).

마르크스는 《자본론》 3권 30장 "화폐자본과 현실자본: I"에서 1857년 공황의 전개과정을 요약하면서 세계시장공황의 주요 요소를 총괄적으로 제시했다.

1857년에 미국에서 공황이 일어났다. 영국에서 미국으로 금이 유출됐다. 그러나 미국에서 거품이 터지자, **영국에 공황이 도래했고, 미국에서 영국으로 금이 유출됐다.** 영국과 유럽 대륙 사이에서도 마찬가지였다. 일반적 공황의 시기에는 국제수지는 어떤 나라에 대해서도, 적어도 상업이 발전하고 있는 어떤 나라에 대해서도, 적자인데, 그러나 언제나 차례대로, 마치 **연속발사**(volley firing)의 경우와 같이, 지불의 순서가 되면, 적자가 된다. 그리고 일단 가령 영국에서 일어난 공황은 이런 지불기한의 차례가 되면 단기간에 곤경에 처하고 만다. 여기에서 **모든 나라들이 과잉수출(즉 과잉생산)했고 또 과잉수입(따라서 과잉거래)했으며, 모든 나라에서 물가가 등귀하고 신용이 지나치게 팽창했다는 점이 명백해진다.** 그리고 어떤 나라에서도 동시에 붕괴가 일어난다. 거기에서 금의 유출이라는 현상이 어떤 나라에서도 차례로 일어나고 그것은 바로 그 일반성에 의해 다음과 같은 것을 보여 준다. (1) 금의 유출은 공황의 단순한 현상이며, 그 원인은 아니라는 것, (2) 이 금 유출이 각국을 엄습하는 순서는 단지 총결산을 하는 차례가 언제 각국에 도래하는가, 공황의 시기가 언제 오게 되며, 공황의 잠재적 요소들이 각국에서 언제 폭발하게 되는가를 가리킬 뿐이라는 점(마르크스, 2004b: 607. 강조는 필자).

마르크스는 위의 인용문에서 2007~2009년 글로벌 경제 위기가 발발하기 150년 전인 1857~1858년 공황의 전개과정을 세계시장공황의 관점에서 입체적으로 묘사하면서 다음과 같은 점들을 강조했다. (1) 세계시장공황은 각국의 "과잉수출"과 "과잉수입"을 그 구성부분으로 하는 세계적 규모에서 "과잉생산"의 결과다. (2) 개별 국가들은 그 자신의 공황의 "잠재적 요소"들을 갖고 있으며, 차이는 있지만, 조만간 공황의 날이 도래한다. (3) 가치증식에 의한 제한들을 넘어선 재생산과정의 확장은 불가피하게 과잉수입(과잉수출)을 수반하고, 한 나라에 대한 과잉수입(과잉수출)은 타국에 대해 과잉수출(과잉수입)을 뜻하기 때문에, 모든 나라가 "과잉으로 수출하고 과잉으로 수입"하는 것이 되고, 한 나라에서의 파탄은 다른 모든 나라로 파급된다. (4) 이와 같은 관계는 "국제수지"의 변동에 따른 순차적 "연속발사" 형태의 "금 유출"에 의해 매개되는 세계시장공황으로 나타난다. 그 의미에서 "금 유출은 공황의 단순한 현상이며, 그 원인은 아니다."[27]

또 마르크스는 금 유출은 그 자체로는 규정적인 공황의 원인을 이루는 것은 아니지만, 단지 공황의 수반 현상으로 치부해서도 안 된다고 봤다. 왜냐하면 금 유출이 산업순환의 어떤 특정 국면, 즉 "공황의 잠재적 요소들"이 성숙하고 있는 어떤 국면에 발생하면 그것은 과정에 "중대한 영향"을 미치기 때문이다(富塚良三, 1997: 138). 나아가 마르크스는 금 유출이 순환과정에 어떤 작용을 미치는지 알기 위해서는 중앙은행의 지하실에 잠자는 "금속준비"가 "모든 신용제도의 회전축"을 이루는 것을 파악하는 것이 중요하다고 봤다. 마르크스는 《자본론》 3권 35장 "귀금속과 환율"에서 "금의 국외 유출은 … 상황이 다시 공황으로 접근하고 있다는 것을 미리 경고하는 것"임과 동시에, 국외로의 금 유출은 국내로의 금 유출과 함께 이자율의 급등을 야기하고 성숙되고 있던 "공황의 잠재적 요소들"의 현실화 혹은 이미 발현하고 있는 공황을 격화시키는 역할을 한다고 봤다(마르크스, 2004b: 701).

《자본론》 3권 35장 "귀금속과 환율"을 비롯한 마르크스의 현실 공황 분석은 마르크스가 금의 국제이동과 환율 변동이 현실 공황 발생에서 매우 중요한 역할을 한다고 생각했음을 보여 준다. 마르크스가 1857~1858년 공황에서 결정적으로 중시한 금의 국제이동은 공황이 결코 자본일반 혹은 '전반체계'에서 완결될 수 없는 '후반체계' 내지 세계시장 수준으로의 논리적 '상향'을 필요로 하는 주제임을 잘 보여 준다. 금의 국제이동, 유출입은 단일시장을 전제로 한 공황의 원리론 수준에서는 제기될 수 없기 때문이다.[28]

4. 마르크스의 세계시장공황론의 구체화를 통한 세계화와 공황의 연구방법 모색

마르크스 공황론에서 세계시장공황 개념이 갖는 중심적 의의에도 불구하고, 자본주의 공황에 대한 기존의 마르크스주의 연구에서 이를 이론적·실증적 측면에서 명시적으로 고려한 연구는 소수다. 최근 마르크스주의 공황론의 연구성과를 사전적으로 개관한 클라크(Clarke, 2012)에서도 마르크스의 세계시장공황 개념은 언급조차 되고 있지 않다. 이

점에서 브레너의 장기불황론(Brenner, 2006a)은 예외적이다. 브레너는 이 저작에서 마르크스의 세계시장공황론을 명시적으로 전제하고 있지 않음에도 불구하고, 자신이 비판하는 세계체제론 이상으로 글로벌한 시각에서, 세계시장에서 경쟁과 이에서 비롯된 세계적 규모에서의 과잉생산과 이윤율 저하 및 국제수지와 환율 변동을 매개로 한 공황의 세계적 확산 메커니즘 분석이나 금융화와 거품 형성 및 붕괴를 이윤율 저하 공황에 대한 자본의 신자유주의적 대응의 결과로 설명하는 데서 보듯이, 마르크스가 《자본론》에서 예시했던 세계시장공황론의 주요 요소들을 사실상 성공적으로 구현하고 있다.

2007~2009년 글로벌 경제 위기 이후에는 이바노바(Ivanova, 2011), 제솝(Jessop, 2012), 무라오카(村岡俊三, 2009) 등이 마르크스의 세계시장공황론을 원용해 이번 위기에 대한 분석을 시도하고 있다. 이바노바 논문의 요지는 "대불황[2007~2009년 글로벌 경제 위기]의 기원은 금융화된 미국 중심 핵심부와 상품생산 주변부 간의 공생관계로 표현되는 글로벌화된 생산 및 이에 대응한 분업 체제의 분석 속에서만 완전하게 이해될 수 있다"(Ivanova, 2011: 854)는 것이다. 하지만 이바노바는 실제 분석에서 미·중 간의 글로벌 불균형(global imbalance)에서 2007~2009년 글로벌 경제 위기의 원인을 찾는 기존의 연구들에 새롭게 보태는 것이 없으며, 이론 부분에서도 마르크스의 세계시장공황론을 전혀 언급하고 있지 않다. 또 제솝(Jessop, 2012)은 마르크스의 세계시장공황론이 2007~2009년 글로벌 경제 위기를 설명하는 데서 필수적이라는 점을 강조하면서도, 공황의 가능성에 관한 논의일 뿐인 마르크스의 화폐의 기능에 관한 논의로부터 현실 세계시장공황의 설명으로 비약한다는 점에서 문제가 있다.

한편 무라오카(村岡俊三, 2009)는 마르크스의 세계시장공황론의 주요 범주들을 (1) 세계시장상품·세계화폐, (2) 세계적 노동의 평균단위, (3) 임금의 국민적 차이, (4) 각국 자본들의 가치증식, (5) 각국 자본들의 축적과 국제분업 외국무역, (6) 각국 노동자의 상태, (7) 복수의 국민적 이윤율의 병존, (8) 이자율의 국민적 차이, (9) 국제수지와 귀금속·환율 등으로 정리하고, 특히《자본론》3권 3편 및 5편에서 전개된 현실자본의 과잉축적과 화폐자본의 과잉축적 간의 모순의 논리에 주로 기초해, 세계시장공황의 궁극적 원인은 "각국별 '자본의 과잉'을 그 일익으로 하는 현실자본의 세계적 규모에서의 '자본의 과잉' 및 그것에 근거한 상품의 과잉이며, 금의 유출입은 그 현상형태"(村岡俊三, 2009: 148)라고 규정한다.[29] 무라오카는 2007~2009년 글로벌 경제 위기의 배경으로 1971년 브레턴우즈 체제의 붕괴 이후 고정환율제도에서 변동환율제도로의 이행을 매우 중시하며, 특히 변동환율제도하에서 상품화폐 유통의 불확실성 증대와 자본과잉 및 고전적 금리재정 거래의 종언과 국제금융 거래 및 미국 금융시장의 비대화가 이번 위기를 촉발시킨 중요한 요인이었다고 본다.

무라오카의 논의는 2007~2009년 글로벌 경제 위기와 관련해 현재까지 제출된 마르크스주의 세계시장공황론 중에서 가장 진전된 것으로 보인다. 하지만 다음과 같은 점들은 논쟁의 여지가 있다. 첫째, 세계시장에서 작용하는 가치법칙을 국제시장가치 수준으로 한정하고 이윤율의 국제적 균등화 경향에 기초한 국제적 생산가격의 형성 경향을 인정하지 않은 것은 문제다. 전술했듯이, 복수의 민족국가의 병존의 전제하에서도 이윤율의 국제적 균등화 및 국제적 생산가격의 형성 경향이 작동할 수 있다. 둘째, 세계시장공황론의 구체화의 단초를 세계적 규모에서 형성되는 현실자본의 과잉축적 및 이윤율 저하에서 찾은 것은 타당하지만, 이때 이윤율 저하를 우노학파 공황론처럼 자본의 절대적 과잉생산, 즉 호황 말기 임금 급등에 의한 이윤율 저하에서 찾은 것은 문제다. 마르크스에서 과잉축적은 일반적으로 자본의 유기적 구성의 고도화에 기인한 이윤율 저하에서 비롯되며 자본의 절대적 과잉생산에 따른 임금 급등에 기인한 이윤율 저하 공황은 예외적 현상이다.[30] 셋째, 무라오카는 자신이 재구성한 마르크스의 세계시장공황을 2007~2009년 글로벌 경제 위기에 적용하면서 이번 위기의 특징을 마르크스의 세계시장공황론에서 예상한 "연속발사" 형태가 아니라 "세계 동시 공황"의 형태로 전개되는 데서 찾고, 그 원인을 세계화에서 찾는 것 역시 이론적·사실적 측면에서 의문이 제기될 수 있다. 후술되듯이, 세계화에도 불구하고 자본주의에 내재적인 민족국가의 복수성, 다수국가의 지정학적 경쟁이 지양될 수 없다면, 세계시장공황 역시 세계화 국면에서도 무라오카가 말한 "세계 동시 공황"이 아니라 마르크스가 말한 "연속발사" 형태로 전개되는 것이 일반적이라고 봐야 한다. 이는 세계화 국면의 공황으로 예시되는 1997~1998년 동아시아 경제 위기나, 이번 2007~2009년 글로벌 경제 위기, 특히 최근의 유로존 위기에서 분명하게 입증된 것으로 보인다.[31]

이하에서 필자는 마르크스의 《자본론》 3권 3편의 이윤율 저하 경향 법칙론에서 출발해, 이를 《자본론》 3권 5편의 현실자본과 화폐자본의 축적의 모순에 관한 논의로 보충하고, 여기에 플랜 후반체계의 범주들, 특히 국가의 대응 및 다수국가의 경쟁의 범주들을 도입해 논리적으로 '상향'하는 방식으로 마르크스의 세계시장공황론을 구체화할 것이다. 나아가 마르크스의 세계시장공황론을 2007~2009년 글로벌 경제 위기를 설명하는 데 적용함으로써 신자유주의 세계화 혹은 금융 세계화를 2007~2009년 글로벌 경제 위기의 주요 원인으로 보는 진보진영의 통념을 비판적으로 극복할 것이다.

우선 세계화와 공황의 인과관계와 관련해 마르크스의 세계시장공황론의 문제의식을 도시하면 아래 〈그림 1-1〉과 같다. 〈그림 1-1〉에서 보

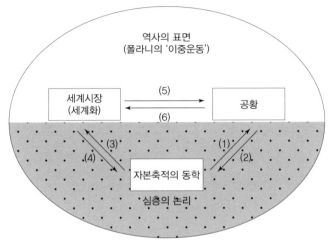

〈그림 1-1〉 세계화와 공황 및 자본축적의 중층결정

역사의 표면
(폴라니의 '이중운동')

세계시장
(세계화)

(5)

(6)

공황

(3)

(4)

(1)

(2)

자본축적의 동학

심층의 논리

주:

(1) 자본축적의 모순의 심화 결과 공황 발생

(2) 공황 과정에서 자본축적의 재개 조건 정비

(3) 자본축적의 결과로서 세계시장의 창출과 확대

(4) 자본주의의 전제로서 세계시장

(5) 세계시장의 확대(세계화) 과정에서 공황 격화

(6) 공황에 대한 대응, 혹은 상쇄요인으로서 세계시장의 창출과 확대

듯이 진보진영의 통념은 '세계화 ⇄ 공황'이라는 세계화와 공황의 '중층
적·누적적 인과관계', 즉 한편에서는 세계화가 공황을 격화시키지만(화
살표 5번), 다른 한편에서는 공황에 대한 자본의 대응 과정에서 세계화
가 억제되거나 촉진되는 관계(화살표 6번), 다시 말해 '역사의 표면'에
드러나는 폴라니(K Polanyi)적 "이중운동"을 특권화한다. 반면 마르크스
의 세계시장공황론은 이와 같은 세계화와 공황의 '이중운동'이 자본주
의 생산양식의 '심층'에 내재적인 경향, 즉 자본축적의 모순적 동학의 산
물(화살표 1번과 3번)임을 강조한다. 이와 같은 마르크스의 세계시장공
황론의 문제설정은 세계화를 자본주의 발전의 새로운 획기, 혹은 단계
로 간주하는 단계론적 접근과 근본적으로 구별된다.[32]

이제 마르크스의 이윤율 저하 경향 법칙에서 출발해 세계시장공황까지 논리적 '상향'을 통해 마르크스의 공황론을 구체화하는 데 필요한 기본적 요소들을 도식화해 보면 다음 〈표 1-3〉과 같다.

〈표 1-3〉 마르크스의 '경제학 비판' 체계 플랜과 세계시장공황론의 구체화

	6부작 플랜		《자본론》	공황의 계기	발현형태	추상 수준
전반	자본	자본일반	화폐	유통수단의 모순	과잉생산 공황	공황의 가능성
				지불수단의 모순	화폐공황	
			자본축적	자본구성 불변 및 고도화 축적	이윤율 저하 공황	공황의 발전된 가능성
			자본회전	고정자본 갱신	주기적 산업순환	
			재생산표식	부문 간 불비례	불비례 공황	
		다수 자본과 경쟁	이윤율 저하	이윤율 저하	자본의 절대적 과잉생산	공황의 필연성
				생산과 소비 모순	과소소비 공황	
			이자 신용	현실자본 축적과 화폐자본 축적의 모순	신용공황 및 주기적 산업순환	
			본원적 축적	사유화		
	토지소유		국제가치	국제가치이전		
	임노동					
후반	국가	국가일반	중앙은행	공황 대응	세계시장공황	
	외국무역	다수국가	국제가치	이윤율 저하		
	세계시장공황		귀금속과 환율	금 유출입		

　〈표 1-3〉에서 보듯이, 세계시장공황은 공황의 '가능성', '발전된 가능성' 및 '필연성'에 관한 논의들로 점차 구체화되는 마르크스의 공황론 체계의 최종 결론에 위치하고 있다. 〈표 1-3〉에 제시된 마르크스의 세계시장공황론 체계의 관점에서 보면, 제숍(Jessop, 2012)처럼 화폐의 기능에 관한 논의, 즉 '공황의 가능성'에 관한 논의에서 곧바로 세계시장공황론으로 비약한다든가, 혹은 토미츠카 등처럼 《자본론》 2권 3편 재생산표식에 관한 논의, 즉 '공황의 발전된 가능성'에 관한 논의를 특권화

해 세계시장공황론을 구성하는 것은 공황의 메커니즘에 대한 마르크스의 체계적 인식과 상충된다.[33] 이제 〈표 1-3〉에 제시된 세계시장공황으로의 논리적 '상향'의 매개 범주들, 즉 (1) 현실자본의 과잉축적과 이윤율 저하 경향, (2) 현실자본과 화폐자본의 과잉축적의 모순 심화, 소위 '금융화', (3) 국가의 대응, (4) 다수자본의 모순과 글로벌 불균형의 심화의 주요 요소들을 살펴보자.

1) 현실자본의 과잉축적과 이윤율 저하 경향

마르크스는 《자본론》 3권 3편 15장 "법칙의 내적 모순들의 전개"에서 이윤율의 저하가 공황을 초래한다고 다음과 같이 명확하게 말하고 있다.

> 그런데 총자본의 가치증식률(즉 이윤율)은 자본주의적 생산의 유일한 박차이기 때문에 (자본의 가치증식이 자본주의적 생산의 유일한 목적인 것과 마찬가지로) 이윤율의 저하는 새로운 독립적 자본의 형성을 느리게 하여 자본주의적 생산과정의 발달을 위협하는 것으로 나타난다. 이윤율의 저하는 과잉생산·투기·공황을 촉진해 과잉인구와 과잉자본의 병존을 일으킨다. … 이윤율의 저하와 함께 노동을 생산적으로 사용하기 위해 개별 자본가가 가져야 할 자본의 최소한도도 증대한다. … 이 집적의 증가는 어느 일정한 수준에 달하면 다시 이윤율의 새로운 저하를 일으킨다. 그리하여 소규모로 분할된 많은 자본들은 모험적인 길에 들어서지 않을 수 없게 돼 투기·신용사기·주식사기·공황이 발생하게 된다. … 노동생산성의 발달은 하나의 법칙으로서 이윤율의 저하를 내포하는데, 이 이윤율의 저하는 어느 일정한 시점에 생산성의 발달 그 자체에 매우 적대적으로 대항하며, 따라서 공황에 의해 끊임없이 극복돼야만 한다. … 자본주의적 생산양식 안에서 발달하는 거대한 생산력(인구에 비한), 그리고 이것과 동일한 비율은 아니

더라도 인구보다 훨씬 더 빨리 증가하는 자본가치(소재적 실체뿐만 아니라)는 이 거대한 생산력이 작용하는 기초와 모순하게 되며(왜냐하면 이 기초가 부의 증대에 비해 점점 더 좁아지기 때문이다), 그리고 이 증대하는 자본의 가치증식 조건들과 모순하게 된다. 여기에서 **공황**이 발생한다(마르크스, 2004b: 290, 301, 310, 320. 강조는 필자).

이처럼 마르크스 자신이 이윤율 저하와 공황을 명시적으로 연결했음을 고려하면, 크래트케(Krätke, 2012)가 마르크스 자신은 이윤율 저하로 현실 공황을 설명한 적이 없다고 주장하는 것은 근거 없다. 마르크스의 이윤율 저하 경향 법칙을 현실 공황 분석에 적용한 연구들은 국가별로는 상당 분량 축적돼 있는데, 브레너(Brenner, 2006a), 클라이먼(Kliman, 2012a), 카르케디(Carchedi, 2011) 등은 그 대표적인 것들이다. 이와 같은 마르크스의 이윤율 저하 경향 법칙을 세계시장공황 분석으로 구체화하기 위해서 필수적인 작업은 그동안 일국 수준에서 시도됐던 이윤율 저하 경향의 실증 작업을 세계적 규모로 확장하는 것이다. 이와 관련해 브레너(Brenner, 2006a)는 1970년대 이후 장기불황의 배후에 세계적 규모에서 이윤율의 저하가 있었음을 미국, 일본, 독일의 이윤율 추이 분석을 통해 입증한 바 있다. 또 클라이먼(Kliman, 2012b)은 미국 초국적기업의 해외직접투자 수익률의 분석을 통해 2007~2009년 글로벌 경제 위기에 선행한 시기에 이윤율의 저하가 세계적 규모로 일어났음을 실증했다. 또 리 외(Li et al, 2007)와 로버츠(Roberts, 2015)는 세계 주요 국가들의 국민계정 및 자본스톡 데이터를 통합해 '세계 이윤율'(world rate of profit)도 추정했는데, 〈그림 1-2〉에서 보듯이, '세계 이윤율'은 1960년대 이후 장기 저하 추세를 보였으며, 1970년대 후반 이후 소폭 회복됐지만, 이 회복 추세 역시 1990년대 이후 중단되고 다시 G7

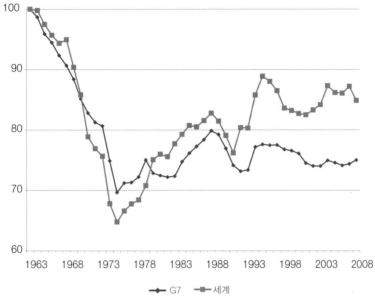

〈그림 1-2〉 세계 이윤율(1963년=100)

자료: Roberts(2015).

선진국들을 중심으로 하강 국면이 시작됐으며 이는 2007~2009년 글로벌 경제 위기 직전까지 계속됐다.

마르크스 공황론에서 이윤율 저하 경향 법칙의 중심성을 강조하는 논자들 중 근본주의 마르크스주의로 분류되는 그로스만, 마틱(P Mattick), 코고이(M Cogoy) 같은 논자들은 이윤율 저하와 공황을 직결시키는 경향이 있다. 물론 이윤율 저하가 공황을 '직접' 야기하는 경우도 있다. 하지만 이윤율 저하로부터 직접·무매개적으로 공황을 도출하는 것은 마르크스의 공황론의 취지와 부합되지 않는다. 이윤율저하공황론을 중심에 두면서도 마르크스의 플랜에 의거해 논리적으로 '상향' 구체화하는 작업이 필요하다.[34]

2) '금융화'

마르크스는 민족국가들 간의 경계의 완화와 금융의 발전이 세계시장의 발전에서 중요한 역할을 할 것으로 예상했다. 마르크스는 신용과 금융은 일국이 아니라 세계적 규모로 발전하며 이를 통해 세계시장을 확장·심화시킬 것이라고 봤다. 마르크스는 《요강》에서 다음과 같이 말했다.

> <u>신용체제</u> 전체는, 또 이것과 결부된 과잉거래, 과도투기 등은 유통의 제한 및 교환영역의 제한을 넓히고 뛰어넘으려는 필연성에 근거한다. 이것은 개인들 간의 관계에서보다도 <u>국민들 간의 관계</u>에서 대규모로 또 전형적 형태로 나타난다. 예컨대 <u>영국인</u>은 다른 국민들을 고객으로 붙잡기 위해서 이 국민들에게 <u>대부</u>할 수밖에 없다. 요컨대 영국의 자본가는 영국의 <u>생산적</u> 자본과 이중으로 교환하는 것이다. 즉 (1) 그 자신으로서, (2) 양키 등으로서, 혹은 기타 어떤 형태로든 그가 자신의 화폐를 투하하는 형태로(마르크스, 2000: II-28. 밑줄은 마르크스. 강조는 필자).

마르크스는 1865년에 집필한 《자본론》 2권 제1초고에서 과잉축적의 누적과정이 세계시장과 신용제도에 의한 상품의 화폐로의 전화의 선취의 형태들에 의해 매개되고 가속되면서 자기누적적으로 전개돼 세계시장공황을 초래한다고 말했다.

> 거기에서 <u>전반적 와해</u>, 공황이 발발한다. 그것이 눈으로 볼 수 있게 되는 것은 소비수요가, 즉 개인적 소비에 대한 수요가 <u>직접</u> 감퇴하는 것에 의해서가 아니라, 자본과 자본의 교환이 <u>자본의 재생산과정</u>이 축소하는 것에 의해서다. 이런 현상이 생겨나는 것은 <u>상품의 화폐로의 전화</u>가 ─ 세계시장과 신

용제도에 의해 — 최종 구매자로의 상품의 판매로부터 독립해 이뤄지기 때문이며, 즉 **상품의 화폐로의 전화**가 선취돼, 또 — 어떤 범위 내에서 — 그 현실의 개인적 소비의 과정으로부터 독립해 이뤄지기 때문이다. … 자본주의적 생산양식은 그 (생산)과정의 규모에 대해 불가결한 유통과정을 단축하는 형태를 신용에서 확보하며, 또 동시에 이 생산양식이 만들어 낸 세계시장은 구체적인 어떤 경우에도 이 형태의 작용을 감추고, 그것과 동시에, 이 형태의 확장을 향해, 그것에 비상한 활동의 장을 제공한다. … 대외무역은 사태를 조금도 변화시키지 않는다. 이 때문에 우리는 여기에서는 그것을 고려하지 않아도 된다. 하지만, 그것은 한편에서는 그것이 없는 경우에 재생산의 요소들 간에 있었던 엄밀한 비례관계를 파괴한다. 그 때문에 또 다른 한편에서는 재생산의 내재적 한도를 없애버린다(マルクス, 1982: 48~49, 268. 밑줄은 마르크스. 강조는 필자).

마르크스는 공황을 실물 생산의 측면에서 이윤율의 저하나 생산과 소비의 모순으로 설명하려 했기 때문에 금융공황을 핵심으로 하는 이번 2007~2009년 글로벌 경제 위기를 설명하는 데 한계가 있다는 주장이 흔히 제기된다.[35] 하지만 이런 주장은 현실 공황, 즉 공황의 현실성은 경쟁과 신용을 명시적으로 고려함으로써만 서술될 수 있다는 마르크스 자신의 다음과 같은 주장을 고려할 때, 근거가 없다.

현실적 공황은 단지 자본주의적 생산의 현실적 운동, 경쟁, 그리고 신용으로부터만 서술할 수 있다(Marx, 1968: 512).

마르크스는 《자본론》 3권 30장 "화폐자본과 현실자본: I"에서 현실 공황이 발발하는 데서 신용과 금융의 역할을 상세하게 분석했다.

재생산과정의 상호 관련 전체가 신용에 바탕을 두고 있는 생산체제에서는, 신용이 갑자기 정지되고 현금지불만이 통용된다면, 지불수단을 얻으려는 격렬한 쇄도의 형태로 공황이 발발할 수밖에 없다는 것은 분명하다. 그리하여 첫눈에는 모든 공황은 단순히 신용화폐공황인 것처럼 보인다(마르크스, 2004b: 604).

또《자본론》3권 29장 "은행자본의 구성부분들"에서 다음과 같은 마르크스의 문장은 2007~2009년 글로벌 경제 위기에서 주요한 역할을 한 신용파생상품을 예견한 듯하다.

이자 낳는 자본과 신용제도의 발달에 따라, 동일한 자본이나 심하게는 동일한 청구권이 각종 형태로 여러 사람들의 수중에서 나타나기 때문에 모든 자본은 두 배 또는 어떤 경우에는 세 배로 되는 것처럼 보인다. 이 '화폐자본'의 대부분은 순전히 가공적인 것이다(마르크스, 2004b: 581).

엥겔스도《자본론》1권 3장에서 화폐의 지불수단으로서의 기능에 대한 마르크스의 논의에 각주를 첨가해 신용의 탄력적 확장을 이용한 투기적 거래의 전개 및 그것의 붕괴가 초래하는 화폐 신용공황을, 일반적인 생산 상업공황의 특정 국면에서 발생하는 화폐공황과는 구별되는 종류의 화폐공황, 즉 "화폐자본이 그 운동의 중심이 되고 따라서 은행이나 주식거래소나 금융계가 그 직접적 부면이 되는"(마르크스, 1991: 171) 공황의 존재에 주의를 환기한 바 있다.

화폐와 신용이 공황에서 수행하는 역할에 대한 마르크스의 풍부하고 치밀한 논의를 고려할 때, 마르크스 공황론에서 금융에 대한 고려가 없다는 주장, 따라서 오늘날 글로벌 경제 위기를 설명하기 위해서는 마르크스보다 케인스나 민스키에 의존해야 한다는 일각의 주장은 아무런 근거가 없다.[36] 마르크스에서 특징적인 것은 현실 공황 발생에서 금융의 계기를 무시 혹은 경시한 것이 아니라 이를 이윤율의 저하와 연결한 것이다.[37]

3) 국가의 대응

마르크스는 현실 공황의 발발 및 대응에서 중앙은행을 비롯한 부르주아 국가의 역할을 매우 중시했다. 마르크스는 《자본론》 3권 35장 "귀금속과 환율"에서 "중앙은행은 신용제도의 회전축이며, 금속준비는 또 그 중앙은행의 회전축"(마르크스, 2004b: 704)이라고 규정하고, 금속준비는 다음과 같은 기능을 한다고 봤다. (1) "국제적 지불을 위한 준비금", 즉 "세계화폐의 준비금", (2) "팽창하거나 수축하는 국내적 금속통화를 위한 준비금", (3) "예금의 지불과 은행권의 태환을 위한 준비금"(마르크스, 2004b: 699). 마르크스는 또 《자본론》 1권 3장 "화폐 또는 상품유통"에서 이와 같은 금속준비가 수행하는 기능들 간에 "위험한 충돌"(마르크스, 1991: 179)이 발생할 가능성이 증대한다고 말했으며, 《자본론》 3권 30장 "화폐자본과 실물자본 I", 32장 "화폐자본과 실물자본 III"에서는 중앙은행의 신용공급이 공황의 도래를 지연시킬 수는 있다 할지라도 막을 수는 없다고 말했다.

여기에서 분명한 것은 재생산과정의 확장을 강요하는 이런 인위적 제도 전체가 어느 한 은행(예컨대 영란은행)에게 자기의 은행권으로 모든 투기꾼들의 부족자본을 공급하도록 하며, 그리고 모든 감가된 상품을 종래의 명목가치로 구매하도록 하는 것에 의해 구제되지는 않는다는 점이다. … 그리하여 상품들의 가치는 이 가치의 환상적·자립적 존재형태인 화폐를 보호하기 위해 희생된다. 어쨌든 화폐가치는 화폐 그것이 보증되는 동안에만 보증되는 것이다. … 은행에 대한 공신력이 동요되지 않는 한, 은행은 이런 경우 자기의 신용화폐를 증가시킴으로써 화폐공황을 완화할 수 있고 **신용화폐를 회수함으로써 화폐공황을 격화시킬 수 있다는 것은 분명하다.** … 국내에서는 이제 금속화폐가 필요 없다는 사실은 이른바 **국립은행들의 태환정지** (비록 모든 극단적인 경우에 유일한 긴급대책으로 채택되긴 하지만)에 의해 증명되고 있다(마르크스, 2004b: 605, 637~638. 강조는 필자).

위 인용문에서 마르크스는 중앙은행은, 공신력이 동요되지 않는 한, 신용화폐의 창출을 통해 공황을 완화할 수 있지만 이것은 화폐의 가치를 손상시킬 것이라고 봤다. 이와 같은 마르크스의 분석에서 2007~2009년 글로벌 경제 위기 과정에서 미국 연준의 양적 완화 정책이 연상된다.

2007~2009년 글로벌 경제 위기 이후 이른바 '국가의 귀환'과 함께, 진보진영에서도 케인스주의 혹은 국가독점자본주의론의 복권을 주장하는 이들이 늘어나고 있다. 하지만 마르크스의 세계시장공황론의 구체화를 위해서는 케인스주의나 국가독점자본주의론의 국가론이 아니라, 마르크스의 국가론, 즉 "부르주아 사회의 국가형태로의 총괄" 및 특히 플랜 후반체계의 국가론, 즉 "외측으로 향하는 국가"의 관점을 구체화하는 것이 필요하다. 특히 2007~2009년 위기에 대한 부르주아 국가들의 대응에 관한 이론과 분석, 예컨대 긴축정책과 국가 주도하에 자본주의 계급관계의 재구성 등에 관한 연구를 진전시키는 것이 필요하다.[38]

4) 다수국가의 모순 및 글로벌 불균형

마르크스의 세계시장공황론을 구성하는 데서 또 하나의 필수적 절차는 민족국가의 복수성 혹은 다수국가의 모순을 도입하는 것이다. 최근 전개된 마르크스주의 국가 논쟁에서는 자본주의에서 다수국가의 현실, 다수국가 간의 지정학적 경쟁의 현실을 자본의 논리, 다수자본의 경쟁으로부터 도출하는 것이 주요한 쟁점이었다. 자본에 대해 자본일반의 추상 수준과 다수자본의 추상 수준을 구별하는 것처럼, 국가에 대해서도 국가일반의 추상 수준과 다수국가의 추상 수준을 구별할 수 있기 때문이다.[39] 구체적으로 주류 국제관계론으로부터 "현실주의적 계기"(Realist Moment)를 도입하는 것이 마르크스의 역사유물론의 방법과 양립할 수 있는지의 문제, 트로츠키의 불균등결합발전의 논리를 초역사적으로 확장해 다수국가의 출현 및 이들 간의 지정학적 경쟁을 설명할 수 있을지의 문제가 논쟁되고 있다.[40] 하지만 최근 마르크스주의 국가 논쟁에서 현실주의 국제관계론 혹은 제국주의론의 문제의식은 과잉인 반면, 마르크스의 후반체계의 현재성에 대한 인식은 부족한 것으로 보인다. 뿐만 아니라 최근 마르크스주의 국가 논쟁에서 또 하나의 취약점은 공황론이 결여돼 있다는 것이다. 즉 다수국가의 모순, 지정학적 경쟁을 세계시장공황과 연계시키려는 문제의식이 부족한 것으로 보인다. 마르크스의 플랜 후반체계의 국가 개념, 특히 "외측으로 향하는 국가" 개념에 의거해 다수국가의 필연성을 도출하고, 다수국가의 지정학적 경쟁의 논리를 세계시장과 세계시장공황론으로 구체화, 논리적으로 '상향'하는 작업이 필요하다.

마르크스의 가치론에 기초해 환율 메커니즘을 구체화하고 이를 공황의 설명과 연관시키는 작업 역시 마르크스주의 세계시장공황론의 필수적 부분이다. 기존의 마르크스주의 공황 연구에서 환율 메커니즘을 현실 공황 분석에 적극적으로 도입한 연구는 브레너(Brenner, 2006a), 맥널리(2011), 라파비차스 외(Lapavitsas et al, 2012) 등이다.[41] 브레너(Brenner, 2006a)는 '일본과 독일의 수출주도 추격 성장 → 세계적 규모 과잉생산과 미국의 이윤율 저하 → 미국의 국제수지 악화 → 달

러 가치 저하와 엔·마르크화 가치 상승(플라자 합의(1985)) → 일본
과 독일의 이윤율 저하 → 달러 가치 상승과 엔·마르크화 가치 저하
(역플라자 합의(1995)) → 미국의 이윤율 저하 → IT 거품성장'의 논리
로 1970년대 이후 지난 세기말까지 세계시장공황의 전개과정을 설명한
다. 맥낼리(2011)는 1971년 미국 달러화의 금 태환 중지 선언 이후 국제
통화제도가 변동환율제도로 이행한 것이 세계경제의 불확실성과 불안
정성 및 공황을 격화시키는 요인이 됐다고 주장한다. 반면 라파비차스
(Lapavitsas et al, 2012)는 유로존 위기, 특히 그리스의 국가부도 위기는
유로화 통화 통합으로 인해 사실상 고정환율제도가 유로 범위에서 성립
한 조건에서 생산력의 국가별 불균등 발전이 초래한 "수출 경쟁력" 격차
의 심화 및 이로부터 비롯된 그리스와 같은 유로존 주변부 국가의 국제
수지 적자 심화 및 채무 증대에서 찾는다.[42]

마르크스의 세계시장공황론은 자본주의적 생산의 세계화를 오늘날
공황의 원인을 설명하는 데 필수적 요소로 고려한다는 장점이 있는 반
면, 민스키를 비롯한 케인스주의 경제학은 대부분 '일국 공황론'의 틀에
갇혀 글로벌 금융과 글로벌 생산의 공생 및 모순관계를 이론화하는 데
한계가 있다. 2007~2009년 글로벌 경제 위기 과정에서 다수국가의 모
순 및 글로벌 불균형에 관한 마르크스주의적 연구는 G20, '트로이카'(유
럽중앙은행-EU-IMF) 등 글로벌 거버넌스의 공황에 대한 대응 연구 등
으로 구체화될 필요가 있다.

5. 결론

진보진영의 논자들 다수는 2007~2009년 글로벌 경제 위기가 과도

한 세계화, 혹은 1980년대 이후 신자유주의 금융 세계화에서 비롯됐다고 주장한다. 이로부터 이들은 2007~2009년 글로벌 경제 위기에 대한 대책으로 세계화에 대한 사회적·국가적 규제, 즉 케인스주의적 혹은 국가자본주의적 처방을 제시한다. 그런데 세계화가 운운되기 훨씬 전인 19세기 중반에도 주기적 공황은 일상적이었다. 19세기 중반 마르크스는 동시대의 주기적 공황을 분석하고, 이것이 화폐나 신용 혹은 자본주의의 특정 형태가 아니라 자본주의 생산체제의 내적 모순에서 비롯된 것임을 논증했다. 나아가 마르크스는 동시대의 공황을 세계시장공황으로 규정했으며, 이와 같은 세계시장공황의 구체적 분석을 자신의 플랜의 후반부, 이른바 '후반체계'의 최종 과제로 설정했다. 하지만 마르크스 이후 대부분의 마르크스주의 경제학자들은 마르크스의 이와 같은 프로젝트를 발전시키는 대신, '후반체계'를 이론적 탐구 대상이 아니라 '단계론' 혹은 '현상분석'의 영역으로 치부했다. 이로부터 마르크스 이후 마르크스주의 공황론의 역사는 마르크스가 구상했던 세계시장공황론의 구체화가 아니라, 과소소비설, 불비례설, 이윤율저하공황설 간의 논쟁에서 보듯이, 마르크스의 플랜의 전반부, 혹은 그 일부분일 뿐인 《자본론》의 추상 수준에서 공황의 필연성을 도출하려는 시도들을 중심으로 전개됐다. 하지만 필자는 이 장에서 자본주의에서 공황의 필연성은 《자본론》의 추상 수준에서는 완전하게 구체화될 수 없으며, 이를 위해서는 세계시장공황을 종착점으로 하는 '후반체계'로의 논리적 '상향'이 필수적임을 밝혔다. 이와 함께 마르크스의 플랜에서 세계시장공황론의 위상을 재검토하고, 1857년 공황에 대한 마르크스의 분석에 기초해 세계시장공황론의 주요 요소들을 재구성했다. 끝으로 이렇게 재구성한 마르크스의 세계시장공황론에 기초해, 2007~2009년 글로벌 경제 위기에 대해 하나의 설명을 제시했다. 이에 따르면 2007~2009년 글로벌 경제 위기는 세계적 규모에서 작동하는 이윤율의 저하에서 비롯된, 세계적 규모에서 자본의 과잉축적의 결과 심화된, 세계적 규모에서 생산과 소비의 모순 및 현실자본과 화폐자본 축적의 모순의 중층결정의 산물로 설명될 수 있다. 2007~2009년 글로벌 경제 위기 정세에서 마르크스의 세계시장공황론의 적실성은 마르크스 사상에 중심적인 '세계자본주의-세계시장공황-세계혁명' 테제의 긴급한 현재성, 따라서 각종의 일국적 개혁주의적 변혁 프로젝트의 비현실성을 동시에 함축한다. 필자가 이 장에서 재구성한 마르크스의 세계시장공황론은 아직 가설 수준이며, 이를 더욱 체계화하고, 세계시장공황의 역사와 현실의 경험적 분석에 구체적으로 적용하는 것은 차후의 과제다.

2장

마르크스 국제가치론의 재조명

국제적 불평등교환에 관한 기존 학설은 국제적 생산가격설[1]과 국제적 시장가치설로 양극화돼 있으며, 후자는 다시 시장가치론의 적용방식에 따라 직접적용설[2]과 간접적용설[3]로 갈라진다. 국제적 생산가격설에서 불평등교환은 이윤율의 국제적 균등화에 기초한 가치로부터 생산가격의 괴리, 즉 부등가치교환으로 정의된다. 이에 반해 국제적 시장가치설에서는, 직접적용설과 간접적용설 간에 중요한 차이가 있기는 하지만, 불평등교환은 기본적으로 등가치, 부등노동량교환으로 정의된다.[4]

그동안의 논쟁의 경과를 보면, 종속이론과 함께 한때 유행했던 엠마누

이 장은 정성진(1984)을 보완한 것이다. 30여 년 전에 출판된 것이어서, 그사이 이 주제와 관련한 필자의 변화된 입장(예컨대 논리역사주의 및 단계론과의 단절) 등을 고려해 전면 개고하는 것도 방법이었지만, 마르크스의 경제학 비판 플랜 후반체계의 구체화라는 필자의 평생의 연구의 출발점이 된 논문이라는 의미가 있으며, 또 국제적 시장가치설의 한계를 지적하고 국제적 생산가격설의 타당성을 논증한 부분은 오늘도 여전히 현재성이 있다고 판단해서, 여기에서는 약간의 자구 수정만을 가해서 다시 실었다. 마르크스의 국제가치론에 대한 필자의 최근의 입장은 이 책 1장과 3장의 관련 논의를 참조할 수 있다.

엘, 아민 등의 국제적 생산가격설은 마르크스주의자들로부터의 맹렬한 공격[5]에 직면해 가치법칙에 기초한 불평등교환 해명을 아예 포기하거나,[6] 스라파류의 가격모델 조작으로 도피하는 등[7] 거의 이론적 진전을 보지 못한 반면, 국제적 시장가치설 내부에서는 나카가와의 논문을 계기로 직접적용설과 간접적용설 간의 공방이 재연되고 있음을 알 수 있다.[8]

이 장에서는 이런 논쟁사를 바탕으로 하면서 다음 세 측면에서 그간의 국제적 불평등교환 이론을 보완하려 한다.

첫째, 그동안 일방적으로 거부돼 오기만 했던 국제적 생산가격설을 시장생산가격(market price of production) 이론의 관점에서 수정해 국제적 시장가치설과 논리적으로 연결한다. 둘째, 간접적용설의 국제적 시장가치와 직접적용설의 국제적 시장가치 및 이 글에서 구성되는 국제적 시장생산가격은 결코 상호배타적 개념이 아니라 세계자본주의의 발전단계에 논리적·역사적으로 조응하는 개념들임을 보인다. 셋째, 그간의 논쟁에서는 중심부 자본과 주변부 자본 간의 교환인 일반 상품 교환에서의 불평등교환만 취급됐고, 중심부 자본과 주변부 노동 간의 교환인 노동력 상품 교환에서의 불평등교환에 관한 이론구성은 거의 방치된 상태였다. 이 장에서는 생산양식의 접합이론에 입각해 세계자본주의의 중심부와 주변부 간에 노동력 상품의 불평등교환이 발생하는 과정을 설명하고자 한다.

1. 중심부 자본주의와 주변부 자본주의 간의 불평등교환

1) 국제적 시장가치설의 쟁점

1950년대초 일본의 많은 정치경제학자들은 마르크스의 가치법칙의 수정에 관한 명제의 해석 및 시장가치론의 세계시장에의 적용방식을 둘러싸고 시장가치론의 직접적용설과 간접적용설로 양분돼 치열한 논쟁을 벌였다. 이 가운데 직접적용설은 상품가치에 관한 마르크스의 명제가 그대로 직접적으로 세계시장에도 적용된다고 생각하는 반면, 간접적용설은 세계시장에 있어서 가치법칙의 수정과 세계시장의 특수성을 강조한다. 우선 간접적용설은 세계시장에서의 자본과 노동의 이동제한, 경쟁제한 및 각 국민경제를 구성분자로 하는 복합시장으로서의 세계시장의 특수성을 강조한다. 특히 이들은 노동력시장(M-L)의 국민적 한계를 강조해, 각 국민경제의 노동은 서로 동등한 인간적 노동이 아니라고 주장한다(村岡俊三, 1976a: 37).[9]

그리하여 간접적용설은 세계시장에서는 국내시장에서와 마찬가지 논리로 사회적 가치를 규정할 수 없다고 하면서, 가치규정 자체에 일정한 변경을 가한다. 왜냐하면 간접적용설에서 "가치는 원래 개개의 시민사회=국민경제 내부의 범주"(木下悅二, 1982: 34)이기 때문이다. 그리하여 세계시장에서는 노동생산성의 가치규정적 의의가 변화하며 이에 따라 생산력 수준을 달리하는 나라의 국민적 노동이 단위시간에 생산하는 국제적 가치의 양은 각각 다르게 된다.

한 국민경제에서는, 평균 이상의 예외적 생산력을 갖는 노동은 단위시간당 더 많은 상품량을 생산하지만, 상품량 전체에 대상화된 노동량은 변화가 없기 때문에 상품 1단위의 개별적 가치는 적게 된다. 그러나 세계시장에서는 그렇지 않다는 것이다. 즉 중심부의 노동(예외적으로 높은 생산력을 갖는 노동)은 주변부의 노동보다 단위시간당 생산 상품량이 많을 뿐만 아니라, 생산한 국제적 가치 그 자체가 많다는 것이다. 따라서 중심부의 노동이 생산한 상품 1단위의 국제적 개별가치가 반드시 적게 되는 것은 아니다.

결국 이들은 마르크스의 생산력의 국민적 차이에 따른 가치법칙의 수

정의 의미를, 세계시장에서는 노동생산성의 차이가 노동이 생산하는 개별적 가치의 양을 상이하게 한다는 의미로, 즉 노동생산성의 가치규정적 의의의 변화로 파악한다. 즉 간접적용설은 '동일한 노동은 생산력이 아무리 변동한다고 하더라도, 동일한 시간에는 항상 동일한 가치량이 된다'는 노동가치론의 기본명제가 세계시장에서는 근본적으로 수정된다고 본 것이다. 세계시장에서는 주체적 조건(노동강도, 숙련)에 있어서 동등한 노동이 동일한 시간에 생산한 상품 총량에 대상화한 노동량은 노동의 객관적 조건(노동생산성)의 상이에 따라 달라지게 된다는 것이다. "노동가치설의 기본규정에 따른다면, 노동의 생산성은 원래 가치형성과는 무관함에도 불구하고 국제간에서는 노동의 국민적 생산성 격차에 따라, 상이한 나라에서 동일한 노동시장에 상이한 국제가치가 생산되는 것이다. 이것은 중대한 가치법칙의 수정이다"(木下悅二, 1982: 29).

이로부터 부터 각국의 국민적 가치는 그 자체로서는 국제적 시장가치를 형성하는 과정에 참여할 수 없다. 왜냐하면 각국의 국민적 가치는 세계시장에서는 국민적 생산성 격차에 따라 각각 다른 크기를 갖기 때문이다. 예컨대 중심부와 주변부의 국민적 생산성 격차가 3 대 1이면 상품 a의 국민적 가치가 중심부·주변부에서 모두 1h라 해도 세계시장에서는 중심부의 상품 a의 가치는 3배가 돼 3h가 되는 반면, 주변부의 상품 a의 가치는 여전히 1h라는 것이다. 이같이 세계시장에서 국민적 생산성 격차에 따라 달라진 혹은 '환원'된 국민적 가치를 간접적용설에서는 '국제적 개별가치'라고 부르고 있다. 간접적용설에서 국제적 시장가치를 형성하는 과정에 참여하는 것은 국민적 가치 그 자체가 아니라 국민적 가치를 국민적 생산성 격차에 따라 환원한 국제적 개별가치다. 즉 위의 예에서 상품 a의 국제적 시장가치는 국민적 가치 그 자체의 평균인 (1h+1h)÷2=1h가 아니라 국제적 개별가치의 평균인 (3h+1h)÷2=2h다.

그리하여 간접적용설의 국제적 시장가치는 다음 〈표 2-1〉과 같이 예시될 수 있다. 〈표 2-1〉에서 국민적 가치의 항에 나타나 있듯이 중심부는 주변부보다 a, b 두 부문에서 모두 생산성이 높다. 이들 각 부문의 생산성 격차를 평균한 국민적 생산성 격차는 중심부와 주변부 사이에서 3 대 1이다. 이 때문에 중심부의 국민적 가치는 세계시장에서 3배의 국제적 개별가치로 표현된다. 그 결과 중심부에서 b부문의 상품의 국제적 개별가치는 주변부의 그것보다 높아져서 중심부는 b부문에서는 우위를 상실하게 됐다. 바꿔 말하면 모든 부문에서 생산성이 낮음에도 불구하고 주변부는 b부문에서는 우위를 획득함으로써 중심부에 대한 수출이 가능해진 것이다.[10]

〈표 2-1〉 간접적용설의 국제적 시장가치

	국민적 가치[1]		국제적 개별가치		국제적 시장가치		국민적 시장가치[2]
	a	b	a	b	a	b	
중심부	10h	20h	30h	60h	35h	55h	3
주변부	40h	50h	40h	50h			1

주: 1) a, b 상품 1단위를 생산하는 데 필요한 노동시간.
　　2) 중심부와 주변부 간에서 a, b 각 부문의 생산성 격차를 가중평균한 것.

다음에 국제적 시장가치는 국제적 개별가치들의 가중평균치로 규정된다. 그러나 이는 국민경제에서 시장가치를 정의하는 식으로, 이를테면 강도 및 숙련도에서 세계적 평균도를 갖는 노동이 세계적 범위에 있어서 평균적인 생산조건에서 그 상품을 생산하는 데 필요한 노동시간으로 정의된다고는 할 수 없다. 세계시장에서는 평균적 강도라든가 평균적 생산성은 현실적으로 존재하지 않기 때문이다.

그렇다면 국제적 불평등교환은 어떻게 발생하는가? 그것은 다음의 두 계기를 통해 이뤄진다.

첫째, 중심부와 주변부 간의 생산성 격차에 근거해 각 국민적 가치가 국제적 개별가치로 전화되는 과정에서 부등노동량교환으로서의 불평등교환이 발생한다. 이 과정에서 예컨대 중심부의 생산성이 주변부보다 3배 높다는 이유만으로 중심부의 1 노동일은 주변부의 3 노동일과 교환되는 것이다. 이는 키하라의 표현을 빌면 "일종의 사회적·간접적 착취"이며 "노동의 완전한 상실이며 일방적 손실이다"(木原行雄, 1982a: 115, 109).

둘째, 국제적 시장가치로부터의 국제적 개별가치의 항상적인 괴리로부터 항상적인 부등노동량교환으로서의 불평등교환이 발생한다. 그러나 이 경우에는 중심부뿐 아니라 주변부도 비교우위 부문에서는 부등노동량교환을 통한 이익을 누릴 수 있게 된다. 하지만 그 이익은 첫째 계기의 부등노동량교환을 통한 주변부 노동자계급의 희생의 기초 위에서만 가능한 결과인 것이다.

이에 대해 직접적용설은 간접적용설이 마르크스의 노동가치론을 사실상 포기했다고 비판한다.[11] 예컨대 호소이는 "세계시장에서 노동생산성의 가치규정적 의의가 변화한다는 주장은 개별가치 개념에 근본적 수정을 가하는 것이며, 세계시장에서는 노동가치설 그 자체가 수정을 받는다는 주장과 다름없다. … 가치법칙의 수정이라 할지라도 … 노동생산성의 가치규정적 의의가 변화한다는 가치규정에서 논리의 수정, 가치법칙 그 자체의 수정이 주장되는 것은 아니다"고 하면서 간접적용설이 "노동가치설에 입각하는 한, 근거를 제시하는 것은 불가능"하다고 주장했다(細居俊明, 1980: 101, 103, 105).

그렇다면 직접적용설에서는 세계시장에서의 가치법칙의 수정은 어떻게 이해되는가? 호소이는 다음과 같이 말했다. "가치법칙의 수정이란 가치규정을 행할 때 적용되는 원리 그 자체의 변경은 아니며, 마르크스적인 노동가치설의 원리를 세계시장에 적용할 때 수반되는 상품의 가치규정적 노동의 변경을 의미함에 불과하다"(細居俊明, 1980: 98).[12] 즉 이들은 세계시장에서의 가치법칙의 수정을 국민적 평균노동도 세계시장에서는 사회적 가치를 규정하는 노동일 수 없게 된다는 것, 즉 가치량이 국민적 평균노동의 단순한 지속시간으로 측정될 수 없다는 것, 다시 말하면 가치법칙의 작용범위가 확대됨에 따라 가치규정적 노동이 국민적 평균노동에서 세계적 평균노동으로 이행한다는 것으로 이해한다. 그리하여 이들에 있어서는 가치법칙의 수정이라고 할지라도, 그것은 세계시장에서 상품의 사회적 가치의 규정이 국민경제에서와 마찬가지 논리로 주어지지 않는다는 의미는 아니며, 오히려 마찬가지 논리가 세계시장에서도 적용된다는 의미로 수정이 이해되고 있다. 이로부터 직접적용설은 세계시장에서 상품의 사회적 가치(국제적 가치)의 규정이 국민경제에서 사회적 가치(국민적 가치)의 규정과 마찬가지로 평균적 생산조건에서 상품의 생산에 필요한 노동시간(사회적 필요노동시간)으로 주어진다고 본다. 즉 국민경제에서 개별적 가치들의 평균으로서 시장가치를 규정하는 것과 마찬가지로, 각국의 상품의 국민적 가치를 그 상품의 국제적 개별가치로 파악하고, 그 평균으로 국제적 시장가치를 규정하는 것이다.

대표적인 직접적용설 논자로 평가되고 있는 나카가와는 다음과 같이 말했다. "세계시장에서는 한 상품의 가치는 세계적 또는 국제사회적으로 필요한 노동시간에 의해 규정된다. … 세계적 또는 국제사회적으로 필요한 노동시간에 의한 국제가치 규정의 법칙, 즉 국제가치 법칙이 관철된다. … 세계시장에선 상품의 국제가치의 크기는 그 상품의 생산에 세계적 또는 국제사회적으로 필요한 노동시간에 의해 규정되는 것이며, 국민사회적으로 필요한 노동시간에 의해 그것이 규정되는 것은 아니다.

따라서 세계시장에서는 동종 상품의 국제가치의 크기는 동일하다"(中川信義, 1981: 63).

바로 이 점에서 직접적용설은 국제적 시장가치의 실체인 '세계적으로 필요한 노동시간', '세계노동'의 개념을 완전히 부정하는 간접적용설과 예리하게 대립된다. 직접적용설이 국제사회적으로 필요한 노동시간, 세계노동 등의 개념을 주장하는 것은 세계시장의 특수성이나 복합시장적 성격보다는 세계시장의 단일시장적 성격을 더 중시하기 때문이다.

〈표 2-2〉 직접적용설의 국제적 시장가치

	국민적 가치		국제적 시장가치	
	a	b	a	b
중심부	10h	20h	25h	35h
주변부	40h	50h		

이제 직접적용설의 국제적 시장가치를 예시해 보면, 위의 〈표 2-2〉와 같다. 이를 앞의 〈표 2-1〉과 비교해 보면 국제적 시장가치 도출방식이 간접적용설과 다르다는 점을 한눈에 알수 있다. 우선 〈표 2-1〉에는 있는 국제적 개별가치 항이 〈표 2-2〉에는 없다. 즉 직접적용설에서 국제적 시장가치는 국제적 개별가치를 매개로 도출되고 있는 것이 아니라 국민적 가치로부터 직접 도출되고 있다. 또한 간접적용설에서는 국민적 가치단계에서의 중심부의 절대적 우위는 국제적 개별가치로의 환원과정에서 상대적 우위로 전환돼 중심부에도 열위 부문이 발생했지만, 직접적용설에서는 〈표 2-2〉에서 보듯이 국제적 시장가치 성립 후에도 중심부의 절대적 우위가 변함없이 유지되고 있다. 즉 직접적용설 자체의 논리에서는 비교생산비가 아니라 절대생산비의 원리가 진술되고 있는 것이다.

직접적용설에서 불평등교환은 국제적 시장가치로부터의 국민적 가치의 항상적 괴리로서 설명되고 있다. 즉 생산성이 낮은 주변부의 국민적 가치는 국제적 시장가치보다 높게 되므로 그 가치의 일부분은 실현되지 못하고, 중심부의 자본가에게 초과이윤으로 항상적으로 이전된다는 것이다. "이와 같은 경우에는 선진국 국민의 더 적은 노동이 후진국 국민 또는 저개발국 국민의 더 많은 노동과 교환되며, 가령 양 국민이 이 교환에 의해 사용가치의 질과 양의 점에서, 즉 외국무역의 소재전환기능에 의한 그 다양화와 다량화에 의해 서로 어느 정도 큰 이익을 얻었다고 할지라도, 가치의 점에서는 전자의 국민에 의한 후자의 국민의 착취, 즉 가치 또는 잉여가치의 국제적 이전이 행해진다고 말할 수 있다. … 국제 초과이윤 또는 국제 특별잉여가치는 국제가치와 개별가치의 차액으로서 파악돼야만 한다"(中川信義, 1981: 63). "세계적 또는 국제사회적으로 필요한 노동시간에 의한 국제가치규정의 법칙, 즉 국제가치법칙이 관철될 때, 선진국 국민의 더 적은 노동이 후진국 국민의 더 많은 노동과 교환된다. 즉 국가 간에 부등노동량교환이 발생한다"(中川信義, 1983: 189). 그러나 이런 부등한 노동량이 국제적 시장가치대로 교환되기 때문에 부등노동량교환은 부등가치교환이 아니다. "여기에서 국제착취란 … 국제등가교환, 즉 국제가치 그대로의 교환에 의한 부등노동량교환을 지칭하는 것이며, 그 기초는 국가 간의 노동생산력의 차이다"(中川信義, 1981: 71). 부슈도 다음과 같이 말했다. "불평등교환의 내용은 부등가치교환으로 이해해서는 안 되며, 단지 부등노동량교환으로서만 이해해야 한다"(Busch, 1974: 57). 이상과 같은 내용의 직접적용설에 대해, 간접적용설은, 이것은 세계시장의 특수성을 무시하고 마르크스의 시장가치론을 세계시장에 공식적·기계적으로 적용한 것에 불과하다고 비판한다. 키하라는 다음과 같이 주장한다. "이것(간접적용설)은 가치원칙의 세계시장에의 기계적 적용이며, 단지 용어의 이식에 불과하다. 국민경제들의 복합적 집합체인 국제경제에서 노동의 세계적 평균강도나 세계적·표준적 생산조건을 논리적으로 구성하는 것은 불가능하다"(木原行雄, 1982a: 129). 그리고 간접적용설은 마르크스의 가치법칙의 수정명제는 직접적용설로는 제대로 설명될 수 없다고 주장한다. "이와 같은 '부등노동량교환=부등가교환'설은 '세계의 어떤 나라의 노동도 동일한 시간에는 동량의 가치를 생산한다'고 미리 속단하는 것이다. 그와 같은 생각은 '강도와 생산성이 더 큰 국민적 노동은 동일한 시간에 더 큰 가치를 생산한다'고 설명한 마르크스의 가치법칙 수정명제를 정면으로 부정하는 것이 된다"(木原行雄, 1982b: 81).[13] 나아가 간접적용설은 그들이 만고불변의 진리라고 생각하는 비교생산비의 원리가 직접적용설로는 설명되지 않는다고 주장한다. 키노시타는 다음과 같이 말했다. "이 견지에 서면, 리카도의 비교생산비설은 성립할 여지가 없다"(木下悅二, 1963: 156).[14] 즉 직접적용설로는 비교생산비원리에 따른 무역의 논리 자체를 설명할 수 없다는 것이다.

이상이 국제적 시장가치설 내부에서 진행된 논쟁의 개요가 될 것이다. 이에 대해서 필자는 다음과 같은 세 가지 논평을 하고 싶다.

첫째, 이른바 가치법칙의 수정명제는 노동가치론과 동일한 추상 수준에서 구성된 것은 아니다. 수정명제는 노동가치론의 기본원리에 준하는 특수명제로 이해돼야 한다. 따라서 수정명제의 자구에 집착해 세계시장에서는 노동가치론의 기본명제가 무조건 적용되지 않는다고 주장해서는 안 된다. 둘째, 세계시장의 특수성을 절대 불변적으로 볼 것이 아니라 세계자본주의의 발전과정에 조응시켜 상대화시킬 필요가 있다. 셋째, 비교생산비의 원리는 결코 만고불변의 진리가 아니다. 그것은 수정명제와 마찬가지로 기본원리에 준하는 특수 정리에 불과하다. 비교생산비의 원리가 작용하지 않으면 무역이 이뤄질 수 없다는 주장은 경제주의적 오류에 불과하다. 무역을 하면 반드시 가치가 중심부로 무상 이전되는데도 불구하고 주변부가 무역을 하지 않을 수 없게 만드는 것, 그것이 자본주의적 국제분업과 무역의 본성이다.[15]

2) 국제적 생산가격설의 문제점

이상에서 개관한 국제적 시장가치설은 직접적용설, 간접적용설을 막론하고 국제적 생산가격설의 이윤율의 국제적 균등화라는 가정을 이론적으로도 경험적으로도 타당치 못하다고 비판하고, 그 가정에 입각한 국제적 생산가격설의 이론체계 전체를 부정한다.[16] 그러나 필자는 이윤율의 국제적 균등화 경향을 무조건 부정하는 것이 오히려 논리적으로도 역사적으로도 오류라고 생각한다. 필자는 우선 자본주의적 생산양식의 기본 경향의 하나인 이윤율의 균등화 경향의 작용범위를 국민경제라는 틀 속에 묶어 두는 견해가 오히려 자의적이라고 생각한다. 마틱은 다음과 같이 말했다. "평균이윤율과 생산가격의 형성은 '국민적' 시장이나 '국제적' 시장에만 특유한 과정은 아니며, 자본주의적 생산양식 그자체의 양상이다. … 자본주의 시장이 세계시장임을 감안한다면, 평균이윤율의 형성이 국민적 경계에서 중지된다고 보는 견해는 불합리하다"(Mattick, 1981: 187). 폰브라운뮐도 다음과 같이 봤다. "마르크스가 《자본론》 3권에서 전개한 범주들 … 예컨대 평균이윤율, 자본의 유기적 구성, 이윤율의 저하 경향 등은 자본일반의 개념으로부터 도출된 범주들이다. … 자본운동 및 가치법칙의 영역은 세계시장이며 자본의 내적 법칙과 아울러 가치법칙의 경향은 점점 범세계적 규모로 실현된다"(von Braunmühl, 1978: 164~166).

반면 국제적 시장가치설은 마르크스의 저작에서 이윤율의 균등화 경향은 국민경제의 범위 속에서 구체화돼 있다면서, 이윤율의 국제적 균등화 경향을 부정한다. 하지만 마르크스 자신이 과연 이윤율의 균등화에 대한 분석을 국민경제의 범위에서만 전개했는지 여부가 쟁점이 될 수 있다. 설사 마르크스가 이윤율의 균등화에 대한 분석을 국민경제의 범위에서 전개했다 할지라도, 이는 그가 이윤율의 국제적 균등화 경향을 인정하지 않아서가 아니라, 그가 처했던 시대의 제약 때문이었다고 볼 수 있다. 즉 마르크스가 처했던 세계자본주의의 발전단계에서는 이윤율의 균등화와 같은 자본의 내적 법칙을 구성하는 데 필요한 조건들을 갖춘 분석단위는 국민경제뿐이었다고 생각할 수 있다. "마르크스가 《자본론》을 썼던 시대에는 … 상호연관된 자본들의 생산 및 유통 복합체의 경제는 부르주아 민족국가의 경제와 대개 일치했기 때문에, 평균이윤율과 같은 범주들은 국민적 틀 속에서 역사적 현실성을 반영하는 범주들로서만 경험적 준거를 발견할 수 있었다"(von Braunmühl, 1978: 164). 이로부터 국제적 생산가격설의 이론체계와는 별개의 문제로서 이윤율의 균등화 경향 자체는 그것이 국민적이든 국제적이든 자본주의적 생산양식에 내재하는 경향이기 때문에, 이윤율의 국제적 균등화 가정을 무조건 거부하는 것은 올바르지 못하다고 할 수 있다.

그러나 이윤율의 국제적 균등화 경향을 인정한다고 해서 국제적 생산가격설에 동조하는 것이라고 오해해서는 안 된다. 이윤율의 국제적 균등화 경향이 인정된다고 할지라도 국제적 생산가격설은 다음과 같은 두 가지 점에서 불충분하다.

첫째, 국제적 생산가격설에서처럼 임금의 국제적 격차를 국제적 불평등교환의 원인으로 설정할 수는 없다. 둘째, 국제적 생산가격설은 세계시장에서의 가치법칙의 수정에 관한 명제 및 시장가치론에 대한 인식을 전적으로 결여하고 있다.

이윤율의 국제적 균등화 과정에서 가치가 주변부에서 중심부로 이전돼 불평등교환이 발생하는 까닭은 균등화가 달성되기 전의 주변부의 이윤율이 중심부의 이윤율보다 높기 때문이다. 그런데 주변부의 이윤율이 중심부의 이윤율보다 높다는 사실을 국제적 생산가격설처럼 주변부의 임금이 중심부의 임금보다 낮다는 사실로 설명해서는 안 되며, 그렇게 설명될 수도 없다. 이는 임금과 이윤의 표면적 역관계에 집착하는 네오리카디안류의 오류에 불과하다.

이윤율을 규정하는 요소는 임금수준의 여하가 아니라 자본의 유기적 구성과 잉여가치율이다. 또 자본의 유기적 구성과 잉여가치율은 이윤율에 대해 각각 역비례 및 정비례 관계에 있다. 그런데 자본의 유기적 구성과 잉여가치율은 중심부가 주변부보다 모두 높다.[17] 그러므로 순논리적으로는 중심부와 주변부 중 어느 쪽이 이윤율이 높은지 확정될 수 없다. 그러나 경험적으로 주변부의 이윤율이 중심부보다 높은 것을 알고 있다. 이 경험적 사실은 논리적으로는 주변부의 자본의 유기적 구성이 중심부의 자본의 유기적 구성보다 낮은 정도가 주변부의 잉여가치율이 중심부의 잉여가치율보다 낮은 정도를 상회한다는 사실로밖에 설명할 수 없다. 결국 이윤율의 국제적 균등화 과정에서 불평등교환이 발생하는 까닭은 균등화 이전의 주변부의 이윤율이 중심부의 이윤율보다 높기 때문이며, 이런 사전적 이윤율 차이는 임금격차와는 아무 상관이 없고, 단지 중심부와 주변부의 자본의 유기적 구성의 차이가 잉여가치율의 차이보다 크기 때문에 나타난다고 할 수 있다.

또한 국제적 생산가격설의 생산가격 개념은 국제적 시장가치설에서 크게 강조되고 있는 '수정명제'나 시장가치론에 전혀 입각하고 있지 않다. 하지만, "자본가들의 경쟁을 통한 생산가격 형성의 이론은 각 부문 내 경쟁을 통한 시장가치 형성의 이론을 결여하는 한, 완전할 수 없다"

(Itoh, 1979: 110). 시장가치 개념은 생산가격 개념보다 논리적으로 선행하는 개념이라는 사실을 고려하면 생산가격 개념은 시장가치 개념에 논리적으로 기초한 것이며 또 기초 지어지지 않으면 안 될 것이다. 이 글에서는 시장가치 형성의 논리를 명시적으로 고려한 생산가격 개념을 우노에 따라 특별히 '시장생산가격'이라고 부르기로 하겠다(宇野弘藏, 1964: 156-164).[18] 그리고 이와 같은 시장생산가격 개념은 이윤율의 국제적 부문 내 및 부문 간 경쟁의 과정에서 국제적으로도 성립한다. 즉 이윤율의 국제적 균등화 경향이 작용한다고 할지라도, 국제적 생산가격설에서 말하는 국제적 생산가격 개념이 아니라, 국제적 부문 내 경쟁에서 성립한 국제적 시장가치가 국제적 부문 간 경쟁에 의해서 매개·전화된 '국제적 시장생산가격(international market price of production)' 개념이 성립하는 것이다.

그리고 국제적 시장생산가격의 성립 과정에서 발생하는 불평등교환은 다음과 같이 설명될 수 있다. 원래 시장생산가격 개념은 부문 내 및 부문 간 자본경쟁을 동시에 고려한 개념이기 때문에, 정의상 부문 내 및 부문 간 불평등교환을 통한 가치이전을 포함하고 있다. "시장가치의 기술적 평균이론과는 달리 우리는 개선된 생산방법을 채택한 개별 자본이 취득하는 초과이윤의 원천을 동일한 산업부문에서 추출된 잉여노동에 한정시키지 않는다. 이런 초과이윤의 실체는, 시장생산가격 이론 속에서 분석되는 한, 평균이윤의 일정 부분의 실체와 마찬가지로 다른 산업부문에서 추출된 잉여노동의 이전일 수 있다"(Itoh, 1980: 91).

그리하여 국제적 시장생산가격의 성립 과정에서도 〈그림 2-1〉에서 보듯이, 국민적 가치를 국제적 시장가치로 전화시키는 국제적 부문 내 경쟁에서는 생산성이 낮은 주변부의 국민적 가치가 국제적 시장가치보다 높아져 주변부가 국민적 가치의 일부를 일방적으로 상실하게 되는 불평

〈그림 2-1〉 국제적 시장생산가격의 성립 과정

| 국민적 가치 | → | 국제적 시장 가치 | → | 국제적 생산가격 |

부문 내 국제경쟁   부문 간 국제경쟁

등교환 그리고 국제적 시장가치를 국제적 시장생산가격으로 전화시키는 국제적 부문 간 경쟁에선 이윤율이 높은 주변부가 생산한 이윤의 일부가 이윤율의 국제적 균등화 과정에서 중심부로 이동하게 되는 불평등교환이 동시에 발생하게 된다. 이런 사실을 감안하면 국제적 생산가격설은 부문 내 가치이전의 현상을 보지 못했다는 점에서, 또 국제적 시장가치설은 직접적용설, 간접적용설을 막론하고 부문 간 가치이전의 논리를 거부했다는 점에서 모두 일면성을 면치 못함을 알 수 있다. 이 점에서 다음과 같은 샤이크의 분석은 옳다. "물론, 상품들은 대개 직접가격이 아니라 생산가격으로 팔린다. 그럼에도 불구하고 이에 수반되는 순(純)가치이전은 다음과 같은 두 가지 구별되는 이전 유형의 결과다. 즉 동일한 산업 내에서 개별생산자와 평균생산자의 차이에 의존하는 산업 내 이전(intra-industry transfers)과 상이한 산업에서 평균생산자의 유기적 구성의 차이에 의존하는 산업 간 이전(inter-industry transfers)이 그것이다. 자본들의 어떤 개별집합에 대해서도 … 잉여가치의 순이전은 이런 두 가지 효과의 합일 것이다"(Shaikh, 1980b: 49).[19] 또한 국제적 시장생산가격의 이론에 입각한다면, 이윤율의 국제적 균등화 경향이라는 것은 실은 부문 간 이윤율의 국제적 균등화 경향이며, 이는 결코 부문 내 이윤율이 국제적 차별화 경향을 배제하지 않음을 알 수 있다. 우노는 다음과 같이 말했다. "가치의 생산가격화는 시장가치 규정을 시장생산가격으로 실현한다. 그리하여 각각의 산업부문에 속하는 개개의 자본

간에는 이윤율의 상위를 초래하고 각종의 산업부문에서 생산된 상품의 시장가치를 결정하는 자본 간에는 균등한 이윤율을 실현하는 것이 된다"(宇野弘藏, 1964: 162). 샤이크도 다음과 같이 말했다. "자본들 간의 경쟁은 산업 간에서는 평균이윤율을 균등화시키는 동시에 한 산업 내에서는 개별이윤율을 차별화시킨다"(Shaikh, 1980b: 54). 그렇다면 부문 내 이윤율의 국제적 차별화를 근거로 부문 간 이윤율의 국제적 균등화 경향까지 부정하는 것은 옳지 못함을 알 수 있다.

2. 국제적 불평등교환의 일반이론

이상에서 보듯이 그간의 국제적 불평등교환 이론들은 마르크스 원전의 불명확한 자구의 해석이나 이윤율의 국제적 균등화라는 특정한 가정의 채택 여부를 둘러싸고 논란을 거듭해 왔다. 그런데 그간 논쟁의 경과를 보면, 점점 더 현실과는 유리된 논리적 정합성만의 추구로 경도돼 현실의 이론적 재생산으로서의 진정한 이론 구성으로부터는 멀어지는 감이 없지 않다. 그러나 특정한 자구나 가정에 몰두하는 경직된 자세로부터 벗어나 변모하는 세계자본주의 현실에 대한 참된 이론적 인식을 지향한다면, 상호대립하는 국제적 불평등교환 이론들을 화해시킬 수 있는 공통지반을 발견할 수 있다고 생각한다. 즉 필자는 국제적 불평등교환 이론의 세 분파들이 세계자본주의의 발전단계에 대응해 각각 논리적으로 위치 지어질 수 있다고 생각한다.

만델에 따르면 세계자본주의의 역사는 자유경쟁 자본주의, 고전적 제국주의, 후기 자본주의로 단계가 구분될 수 있다(Mandel, 1975). 이런 세계자본주의의 발전단계는 팔루아의 자본순환의 국제화 단계와 대응될 수 있다. 즉 자유경쟁 자본주의 단계에서는 상품자본의 국제화, 고전적 제국주의 단계에서는 화폐자본의 국제화, 후기 자본주의 단계에서는 생산자본의 국제화가 각각 지배적인 자본국제화의 형태가 된다. 이는 세계자본주의의 발전에 따라 자본의 국제화가 확대·심화되고 있음을 의미한다. 자본의 국제화의 확대·심화 과정에서 자본의 국제적 집적·집중의 확대·심화 과정이 진행된다(Mandel, 1975: 312~316).

자본의 국제적 이동에 제약이 컸던 자유경쟁 자본주의 단계에서는 자본의 집중뿐만 아니라, 자본의 집적도 대개 국민적 경제 속에 머물렀다. 고전적 제국주의 단계에서는 자본의 국제적 집적이 이뤄지지만, 자본의 국제적 집중은 드물게만 나타난다. 후기 자본주의 단계에 와서야 자본의 국제적 집적과 집중이 동시에 이뤄지게 된다. 이런 자본의 국제화의 확대·심화 과정에서 자본에 대한 보수인 이윤율이 국제적으로 균등해지게 된다. 즉 자본의 내적 법칙인 이윤율의 균등화가 국민경제뿐만 아니라 세계자본주의에서도 현실화되기에 이르는 것이다.

자본의 국제화에 상응해 노동의 국제화도 동시에 진행된다. 중심부 자본은 주변부로부터의 이주 노동력과 주변의 현지 노동력을 동시에 사용한다. 이 과정에서 이른바 'M-L의 지역적 한계'가 돌파된다(Palloix, 1975: 73~74). 노동력 구매·판매의 국제화와 아울러 노동과정의 국제화도 진행된다. 세계자본주의의 발전에 따라 복잡노동의 단순노동으로의 환원이 세계적 규모로 전개되고, 이에 따라 추상적 인간노동이 세계적 규모로 정립돼 간다.[20]

이와 같은 자본 및 노동의 국제화의 확대·심화는 세계시장이 복합시장으로부터 단일시장으로 전환되는 경향으로 총괄될 수 있다. 그리고 이런 경향의 현실화에 따라 세계시장에서 가치법칙의 작용 양식이 변모한다는 중요한 결과가 초래된다. 우선 상품자본의 국제화가 지배적인 자유경쟁 자본주의 단계의 세계시장에서 작용하는 가치법칙은 간접적용설의 국제적 시장가치 법칙이라고 할 수 있다. 왜냐하면 이 단계의 세계시장은 복합시장적 성격이 강한데 이를 중시하는 것은 간접적용설이기 때문이다. 이 단계에서는 자본이나 노동의 국제화가 그다지 진전되지 않았기 때문에, 이른바 '세계노동'의 개념은 아직 현실화되지 않았고, 각국의 국민적 가치는 자립적으로 존재하는 경향이 강하다.[21] 이런 조건에서 세계시장에서 가치법칙이 관철되기 위해서는 우선 자립적으로 존재하는 국민적 가치가 공통단위인 국제적 개별가치로 환원되지 않으면 안 된다. 그리하여 이 단계에서는 국제적 개별가치를 매개로 국제적 시장가치를 구성하는 간접적용설이 현실적 타당성을 갖는다고 할 수 있다.

다음에 화폐자본의 국제화가 지배적인 고전적 제국주의 단계의 세계시장에서 작용하는 가치법칙은 직접적용설의 국제적 시장가치 법칙이라고 할 수 있다. 상품수출에 대해 자본수출이 중요한 의의를 갖게 되는 이 단계에서는 자본과 노동의 국제화가 본격적으로 전개되기 시작한다. 이에 따라 세계시장의 단일시장화 경향이 현재화되고 그 과정에서 '국제사회적으로 필요한 노동시간,' '세계노동' 등의 개념이 현실화된다. 그리하여 '세계가치의 우위성'(Amin, 1977: 186)이 확립되며, 국민적 차치는 그 자립성을 상실하게 된다. "세계시장에서 상품관계는 자본들 간의 관계로 대위된다. 국제가치는 더는 상품 루트와 상품자본에만 자신을 한정하지 않는다. 국제가치는 자본의 국제화 과정에서 그 전사회적 규모에서 갑자기 돌출한다. … 국민적 가치는 국제가치에 직면해 사라져 간다"(Palloix, 1977: 13). 각 국민적 노동이 세계노동으로 존재한다면 세계시장에서 가치법칙이 관철되기 위해 각 국민적 노동(국민적 가치)을 세계적 보편노동(국제적 개별가치)으로 환원하는 과정을 거치지 않아도 된다.[22] 이 단계에서 국제적 시장가치는 세계노동이란 실체를 갖는 국민적 가치로부터 직접 도출된다. 따라서 이 단계에서는 국제적 개별가치라는 매개항이 없이 시장가치론을 세계시장에 직접 적용하는 직접적용설이 현실적 타당성을 갖는다고 할 수 있다.

하지만 이 단계의 세계자본주의의 발전 정도는 이윤율의 국제적 균등화 경향을 현실화시켜 국제적 시장생산가격을 성립시킬 정도의 높이에 도달한 것은 아니었다. 국제적 시장가치에서 국제적 시장생산가격으로의 이행은 더 높은 정도의 세계자본주의의 발전을 요구하는데, 이 요구는 세계자본주의 발전의 최근의 단계인 후기 자본주의 단계에 와서야 비로소 충족된다.

생산자본의 국제화가 지배적이 되는 후기 자본주의 단계에서는 다국적자본에 의한 세계적 규모의 자본의 집적·집중 운동이 자본의 국제화를 극한으로까지 몰고 갈 뿐만 아니라, '신국제분업'(Fröbel, Heinrichs and Kreye. 1980)에 따른 작업장 내 분업, 기업 내 분업의 국제화, 바비지 원리(Babbage principle)의 국제화 과정에서 노동과정 자체까지 국제화되기에 이른다. 그리하여 세계시장은 이제 단일시장으로서의 면모를 완벽하게 갖추게 된다. 이에 따라 세계시장에서도 부문 내 경쟁뿐 아니라 부문 간 경쟁도 본격화돼서 이윤율의 국제적 균등화 경향이 현실화된다. 그리하여 후기 자본주의 단계의 세계시장에서 관철되는 가치법칙은 국제적 시장가치 법칙에서 국제적 시장생산가격 법칙으로 전화하게 되는 것이다. 요컨대 세계자본주의의 역사적 발전에 따라 세계시장에서 가치법칙의 작용양식은 1) 간접적용설의 국제적 시장가치 법칙, 2) 직접적용설의 국제적 시장가치 법칙, 3) 국제적 시장생산가격 법칙으로 논리적·역사적으로 이행한다. 이는 거칠게 말하면 수정된 가치법칙에서 원래의 가치법칙으로의 복귀라고도 할 수 있다.

그리고 이런 세계시장에서의 가치법칙의 논리적·역사적 변화에 따라 국제적 불평등교환의 내용도 변화하게 된다. 즉 국제적 불평등교환의 내용은 제1단계의 이중의 부등노동량교환을 통한 국제적 부문 내 가치이전에서 제2단계의 일원적 부등노동량교환을 통한 국제적 부문 내 가치이전으로, 다시 제3단계의 일원적 부등노동량교환을 통한 국제적 부문 내 가치이전과 부등가치교환을 통한 국제적 부문 간 가치이전의 종합으로 변화하는 것이다.

그런데 제1단계의 이중의 부등노동량교환은 서로 상쇄해 비교생산비의 원리를 작동시키므로, 가치이전의 방향을 순논리적으로는 확정할 수 없는 반면, 제2단계의 일원적 부등노동량교환은 동일 부문 내에서 주변부에서 중심부로 가치를 일방적으로 이전시키며, 제3단계에서는 제2단계의 가치이전에 주변부에서 중심부로의 일방적인 부문 간 가치이전이 추가되므로 가치이전의 규모는 갈수록 커진다고 할 수 있다. 즉 세계자본주의의 발전에 따라 국제적 불평등교환의 규모는 오히려 확대되고 있는 것이다.

3. 자본주의와 전자본주의 간의 불평등교환

1) 국제적 불평등교환 이론의 한계

이상에서 살펴본 국제적 불평등교환 이론들은 첨예한 대립에도 불구하고 중심부 자본과 주변부 자본, 즉 자본들 간의 불평등교환에 관한 설명을 시도한다는 점에서는 공통적이다. 그런데 자본주의 사회에서 교환은 자본들 간에서만 이뤄지는 것이 아니다. 자본들 간에서 이뤄지는 것과 같은 일반 상품의 교환은 자본주의이전의 사회에서도 존재했다. 오히려 자본주의 사회에 와서 전형적이 되는 또 자본주의 사회에만 고유한 교환형태는 자본들 간의 교환이라기보다는 자본과 노동 간의 교환, 즉 노동력 상품의 교환이다.

세계시장에서도 교환은, 최초에는 자본주의적 유통관계만이 세계화된 결과 자본들 간의 교환이 지배적이었으나, 세계자본주의의 발전에 따라서 자본주의적 생산관계가 세계화되면서, 자본과 노동 간의 교환도 중요한 지위를 차지하게 됐다. 특히 생산자본의 국제화가 지배적이되는 후기 자본주의 단계에서는, 다국적자본이 편성한 신국제분업에서 보듯이 노동력 구매, 판매의 국제화, 즉 노동력 상품 교환의 국제화가 세계적 규모로 전개된다.

이처럼 국제적인 자본과 노동의 교환관계, 즉 국제적 생산관계에 기초한 착취는 국제적인 자본들 간의 교환관계에 기초한 수탈보다 더 중요하며, 또 그것을 규정한다. "'상업적 착취'라는 용어가 묘사하고 있는 현실은 마르크스가 '국제적 생산관계'라고 불렀던 것의 하나의 '결과'일 것이다. … 이처럼 자본주의에 교유한 국제적 생산관계가 공업국의 자본가들로 하여금 피지배국의 '노동대중'도 착취할 수 있게 하는 것이다"(Bettelheim, 1972: 276, 300).

그럼에도 불구하고 그간의 국제적 불평등교환 이론들은 국제적 자본들 간의 불평등교환에만 관심을 기울이고, 최근 국제적으로 편성되고 있는 자본과 노동 간의 교환, 즉 국제적 노동력 상품 교환 과정에서 발생할 수 있는 불평등교환 문제는 거의 다루지 않았다고 할 수 있다. 이 점에서 다음과 같은 메이야수의 지적은 정당하다. "마르크스주의자로 알려진 연구자들의 저개발 문제에 관한 많은 연구들은 노동의 착취보다는 불평등교환에 역점을 두고 있다. 그러나 교환이 가치를 창조한다는 주장을 고전파처럼 용인하지 않는 한, 제국주의 국가의 부유화는, 국제무역에 의해서가 아니라, 저개발국 노동자의 착취에 의해서밖에는 생겨날 수 없다"(Meillassoux, 1981: 91).

이 절에서는 그간의 국제적 불평등교환의 이론에서 누락돼 있는 부분인 세계적 규모에서의 자본과 노동 간의 불평등교환에 관한 약간의 이론적 고찰을 시도한다.

앞에서 봤듯이 자본들 간의 불평등교환은 부등노동량교환과 부등가치교환이라는 두 가지 방식으로 정의될 수 있었으나, 자본과 노동 간의 불평등교환은 부등가치교환으로밖에 정의될 수 없다. 이는 노동력 상품의 특수성에 기인한다. 즉 노동력 상품은 다른 일반 상품처럼 자본이 생산할 수 있는 상품이 아니기 때문에 노동력의 시장가치라든가 생산가격이라는 개념을 적용할 수는 없다. 따라서 자본과 노동 간의 불평등교환은 노동력 상품의 부등가치교환 즉 노동에 대한 보수가 노동력 가치대로가 아니라 그 이하로 결정된다는 사실, '노동력 가치 이하로의 임금지불'로 정의되는 것이다.

또한 자본들 간의 일반 상품 교환에서 가치이전은 불평등교환을 그 조건으로 했다. 즉 평등교환하에서는 자본들 간의 가치이전이 이뤄질 수 없었다. 그러나 자본과 노동 간의 교환, 즉 노동력 상품 교환에서 가치이전은 평등교환하에서도 발생하며, 오히려 평등교환을 그 정상적 조건으로 요청한다. 자본과 노동 간의 교환에서 자본은 노동력의 가치대로 임금을 지불하고서는 잉여가치를 남길 수 있는 것이다. 자본주의적 착취의 산물인 절대적 잉여가치, 상대적 잉여가치, 특별 잉여가치는 모두 노동력의 가치대로의 임금지불하에서도 발생하는 개념들이다. 즉 "착취와 등가교환의 '공존'을 보였던 것이 마르크스의 기본적 가치법칙이다" (Lazonick, 1978: 1).

그렇다면 노동력 상품 교환에서의 불평등교환, 즉 노동력의 가치 이하로의 임금지불에 의존하는 가치이전은 평등한 노동력 상품 교환하에서도 발생하는 정상적 착취를 넘어선 '초과착취'로 정의될 수 있다. 세계적 규모에서의 자본과 노동의 교환, 즉 국제적 생산관계에 기초한 착취에서 특징적인 것은 이와 같은 노동력의 가치 이하로의 임금지불인 초과착취다.[23]

그러면 노동력의 가치 이하로의 임금지불은 구체적으로 어떤 임금지불인가? 노동력의 재생산비로 정의되는 노동력의 가치는 메이야수에 따르면, 1) 고용 기간의 노동자 생활비, 2) 실업 기간의 노동자 생활비, 3) 노동력의 세대 간 재생산을 위한 가족 부양비의 3가지 요소로 구성된다(Meillassoux, 1981: 100). 그런데 고용 기간 동안의 잉여가치 추출에만 관심을 갖는 개별자본가는 보통 1)만을, 즉 '직접임금'만을 지불하려고 하며, 2)와 3)의 합인 '간접임금'은 지불하려고 하지 않는다. 그러나 중심부에서는 총자본의 대행자인 국가의 사회보장제도를 통해 간접임금 부분이 다시 지불되기 때문에 결과적으로 임금은 노동력의 가치 수준으로 지불된다. 하지만 주변부에서는 이처럼 간접임금 부분이 다시 보충되는 메커니즘이 결여돼 있는 것이 보통이므로 초과착취가 현실화된다고 할 수 있다.

2) 생산양식의 접합과 불평등교환

국민적 규모에서든 세계적 규모에서든 자본주의적 축적이 지속적으로 유지·확대되기 위해서는 노동력이 지속적으로 재생산되지 않으면 안 된다. 그리고 노동력의 재생산은 임금이 노동력의 재생산비대로 즉 노동력의 가치대로 지불되는 조건에서만 가능하다. 따라서 노동력 상품이 불평등교환되는 초과착취하에서는 노동력의 재생산의 애로, 즉 노동력 축소, 고갈이 초래된다고 할 수 있다. 그리하여 중심부 자본은 주변부 노동력에 대한 정상적 착취에서 초과착취로 나아갈 경우 반드시 이

노동력의 재생산 문제에 봉착하게 된다.

이런 주변부 노동력의 재생산 문제를 해결해 주는 메커니즘이 바로 자본주의적 생산양식과 전자본주의적 생산양식의 접합이다. 즉 중심부 자본은 주변부 노동력에 대해 가치 이하의 임금을 지불하고, 나머지 노동력의 재생산비용은 전자본주의적 생산양식에 전가시킴으로써 초과착취에 수반되는 노동력의 재생산 문제를 해결한다. 메이야수는 제국주의 자본이 아프리카 지역에서 순환적 이동노동(rotating migration labor)을 조직해 노동력의 재생산비용 일부를 가족생산양식(domestic mode of production)에 떠맡기는 메커니즘을 극명하게 분석하고 있다. "프롤레타리아가 직접임금만을 지급받을 때 … 노동력의 재생산과 유지는 자본주의적 생산영역 내부에서는 이뤄지지 않으므로 다른 생산양식이 불가피하게 떠맡는다"(Meillassoux, 1981: 103). "자본주의 경제와 가족경제 간의 관계를 불평등교환으로 충분히 설명할 수 있는 자본주의의 두 부문 간의 관계라고 주장할 수 없다. 이들 간의 관계는 상이한 생산관계가 지배하고 있는 부문 간의 관계다. 제국주의는 자본주의 경제와 가족경제 간에 유기적 관계를 설정함으로써 자기이익을 위해 저임금 노동력을 재생산하는 메커니즘을 확립한다"(Meillassoux, 1981: 95). 아민도 다음과 같이 말했다. "세계적 규모에서 가치재생산의 이 양식은, '남반구에 관해서는 비자본주의적 생산양식의 재생산을 불가결한 전제로 한다. 이 비자본주의적 생산양식의 재생산은 … 상품적 통합의 메커니즘, 즉 자본의 이윤과 초과이윤으로 전화될 수 있는 초과노동을 낳는 생산양식에 의해 종속화되고 지배돼 있다"(アミン, 1982: 183).

그런데 이와 같은 중심부 자본에 의한 주변부 노동의 초과착취 과정에서 노동력의 재생산비 부담이 자본주의적 생산양식에서 전자본주의적 생산양식으로 전가된다는 사실은 전자본주의적 생산양식에서 자본주의적 생산양식으로 노동이 무상 이전됨을 의미한다. 이로부터 우리는 주변부에서 노동력 상품의 불평등교환은 자본주의적 생산양식과 전자본주의적 생산양식 간의 불평등교환을 기초로 성립한다고 이야기할 수 있다.

이를 도시하면 〈그림 2-2〉와 같다. 중심부에선 개별자본이 지불하지 않는 간접임금 부분은 총자본의 대행자인 국가가 부담하기 때문에 총자본과 총노동 간에는 불평등교환이 발생하지 않지만 주변부에서는 간접임금 부분이 〈그림 2-2〉에서 보듯이 전자본주의적 생산양식으로 전가되기 때문에 자본주의적 생산양식 내부의 자본과 노동 간에는 불평등교환이 여전히 관철된다. 그리고 이와 같은 자본과 노동 간의 불평등교환의 실체는 주변부의 전자본주의적 생산양식에서 자본주의적 생산양식으로의 노동(가치)의 이전인 것이다.

〈그림 2-2〉 생산양식의 접합과 불평등교환

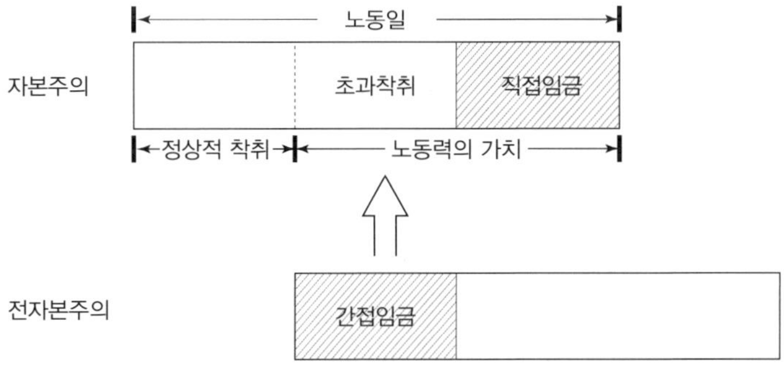

4. 맺음말

세계자본주의는 중심부 자본주의와 주변부 자본주의의 통일체다. 또 주변부 자본주의 사회는 자본주의적 생산양식과 전자본주의적 생산양식의 접합체다. 따라서 세계자본주의에서 불평등교환은 중심부 자본주

의와 주변부 자본주의 간에 나타나는 불평등교환과 자본주의와 전자
본주의 간에 나타나는 불평등교환이라는 두 가지 수준에서 구성될 필
요가 있다.

중심부 자본주의와 주변부 자본주의 간의 불평등교환은 세계자본주
의의 역사적 발전에 따라 그 내용을 달리한다. 자유경쟁 자본주의 단계
에서 불평등교환은 주변의 국민적 가치가 국제적 개별가치로 전화되는
과정에서의 부등노동량교환과 국제적 개별가치의 국제적 시장가치로부
터의 괴리에서 발생하는 부등노동량교환의 합으로 구성된다. 고전적 제
국주의 단계의 불평등교환은 주변부의 국민적 가치가 국제적 시장가치
보다 높아지는 데서 발생하는 부등노동량교환을 본질로 한다. 후기 자
본주의 단계에서는 고전적 제국주의 단계의 불평등교환에 국제적 시장
가치가 국제적 시장생산가격으로부터 괴리되는 부등가치교환이 추가된
다. 즉 중심부 자본과 주변부 자본 간의 불평등교환은 세계자본주의의
발전에 따라 확대·심화된다.

한편 자본주의와 전자본주의 간의 불평등교환은 기본적으로 중심부
자본에 의한 주변부 노동의 초과착취가 야기한 노동력의 재생산 문제
를 해결해 주는 메커니즘이다. 그리하여 주변부에서는 자본주의적 생산
양식이 발전함에도 불구하고 전자본주의적 생산양식이 온존·유지된다.

세계자본주의에서 이와 같은 두 가지 수준의 불평등교환은 세계자본
주의의 양극적·이질적 구조로부터 결과되며, 다시 그 양극적·이질적 구
조를 확대재생산한다. 즉 세계자본주의에서 불평등교환은 주변부 자본
주의의 중심부 자본주의로의 진입을 봉쇄하는 기구의 하나로 작용한다.

제2부 분석: 글로벌 자본축적의 모순과 위기

3장

세계적 양극화: 마르크스 가치론적 관점

1. 서론

우리나라 진보진영에도 유행하고 있는 자율주의의 대표적 논객들인 하트와 네그리는 《제국》에서 세계화와 함께 선진국과 발전도상국 간의 격차는 사라지고 있다고 주장한 바 있다.[1] 그런데 세계화, 즉 자유무역과 자본이동의 자유 확대, 국제적 경제 통합의 가속화에 따라 세계적 불평등[2]이 감소한다는 주장은 신고전파 주류 경제학, 신자유주의 경제학에 공통된 주장이다. 이들은 리카도의 비교우위설, 헥셔-올린-새뮤얼슨(Hecksher-Ohlin-Samuelson) 정리, 즉 자유무역은 요소가격 균등화를 가져와 완전고용을 결과시키고, 교역국 국민의 후생을 증진하고, 세계적 불평등을 감소시킨다는 주장을 금과옥조로 받아들인다.[3] 세계

이 장은 정성진(2006a)을 보완한 것이다.

화에 따라 세계적 불평등이 사라지고 세계가 "평평하게"(flat) 됐다는 주장은 미국 지배계급의 대표적 이데올로그인 토머스 프리드먼의 《세계는 평평하다》에서 다시 반복되고 있다. 프리드먼은 중국과 인도의 부상을 주된 사례로 원용하면서, 세계화는 세계를 평평하게 평등화하고 있다고 주장한다(Friedman, 2005). 이와 같은 맥락에서 〈파이낸셜 타임스〉의 마틴 울프도 얼마 전 세계화가 선후진국간 경제적 불평등을 심화시키고 있다는 반세계화론자들의 주장은 "큰 거짓말"(Big Lie)이라고 주장한 바 있다(Wolf, 2000).

그러나 이 장에서는 세계화가 선진국과 발전도상국 간의 격차를 축소하면서 세계적 불평등을 완화하고 있다는 신고전파 주류 경제학, 신자유주의자들의 주장이 역사적 사실과 부합되지 않음을 세계적 소득분배의 추이에 관한 비판적 연구들[4]에 기초해 보일 것이다. 특히 PPP(purchasing power parity, 구매력평가) 조정을 근거로 세계적 불평등의 완화를 주장하는 신고전파 주류 경제학, 신자유주의자들 주장의 방법론적 오류가 지적될 것이다. 나아가 이 장에서는 마르크스의 가치론에 의거해 세계화가 왜 세계적 불평등의 악화, 즉 세계적 양극화를 초래하는지를 설명할 것이다. 그동안 진보진영 학계에서는 세계적 양극화 현상을 주로 신자유주의 경제정책이나 '금융화'와 관련시켜 설명해 왔지만, 이 장에서는 세계적 양극화 현상을 자본주의 운동법칙의 산물로 파악할 것이며, 이는 마르크스 가치론에 의거할 때 가장 잘 설명될 수 있음을 보일 것이다.[5] 우선 마르크스의 가치론에 의거해 리카도 이래 주류 경제학의 비교생산비설에 기초한 비교우위론(comparative advantage)이 자본주의 현실 역사와 부합되지 않으며, 현실에서는 절대생산비에 기초한 경쟁 우위(competitive advantage) 원리가 관철됨을 보일 것이다. 또 세계화 국면에서 양극화의 심화를 마르크스가 말한 '세계시장에서 가치법칙의 수정'의 약화에 따른 국제적 가치이전의 증대, 또 '가치 사슬'(value chain)의 공간적 집적(spatial clustering)에 따른 부국과 빈국 간의 생산력 격차 확대 및 '금융화' 등의 논리를 종합해 논증할 것이다. 끝으로 진보진영 일각에서 제시하는 케인스주의 혹은 '민족경제론'이 오늘날 세계적 양극화에 대한 좌파의 진정한 대안이 될 수 있을지를 검토한다.

2. 세계적 양극화의 특징과 해석

1) 세계적 양극화의 실태

세계적 소득분배의 추이를 실증 분석할 경우 흔히 다음과 같은 분석 기준 선택의 문제가 제기된다(Wade, 2003: 24). (1) 소득의 측정 단위: 시장환율을 적용해 각국의 1인당 소득(GNP 혹은 GDP)을 미국 달러 단위로 측정할 것인지, 아니면 각국의 1인당 GNP를 국가 간 상이한 구매력 차이를 고려해 조정한 PPP 단위로 측정할 것인지의 문제. (2) 상이한 나라들에 적용하는 가중치: 각국을 모두 동등하게 취급할 것인지, 아니면 인구 규모를 반영하는 가중치를 적용할 것인지의 문제. (3) 소득분배 상태의 측정 척도: 지니계수(Gini coefficient)와 같은 평균적 불평등계수를 사용할 것인지, 혹은 10분위 소득 배율과 같은 양극(extremes) 비율을 사용할 것인지의 문제. (4) 이용 자료:《국민계정》을 이용할 것인지, 가구 소비지출 조사 통계를 이용할 것인지의 문제.

세계적 불평등의 측정 결과는 위와 같은 기준 선택 및 이들 기준의 상이한 방식의 조합에 따라 측정 결과가 상당한 편차를 보이지만, 기존의 측정 결과들은 대체로 다음과 같이 요약될 수 있다.

기존의 연구 결과들은 20세기 전체 동안 세계적 소득분배가 장기적으로 더욱 불평등해졌다는 데 합의한다. 볼토와 토니올로(Boltho and Toniolo, 1999)에 따르면, 〈그림 3-1〉에서 보듯이 지니계수로 측정한 국가 간 소득분배 불평등도(PPP 조정)는 1900년 0.393에서 1998년 0.496으로 증가했다. 기존 연구 결과를 종합하면서 서트클리프(Sutcliffe, 2003: 17)도 다음과 같이 결론 내린다. "세계 나라들은 산업혁명과 전후 장기호황이 끝난 1973년 사이에는 더 불평등해졌다." 쟁점이 되는 시기는 지난 20년간, 즉 1980년 이후 시기다. 주류 경제학자들과 신자유주의자들은 1980년 이후 즉 신자유주의 시기 동안 세계적 소득분배가 더 평등해졌다고 주장하는 반면, 대개의 진보진영 학자들은 1980년 이후 세계적 소득분배가 더 불평등해졌다고 주장한다. 진보진영 학자들 중 볼토·토니올로(Boltho and Toniolo, 1999)와 서트클리프(Sutcliffe, 2003)는 PPP 조정을 할 경우 1980년 이후 국가 간 소득분배의 불평등은 〈그림 3-1〉과 〈표 3-1〉에서 보듯이 감소한다고 주장한다. 그러나 "지난 수십 년간 불평등의 변화는 근대 시기 전체 동안 불평등의 실제 정도에 비춰 본다면 비교적 사소한 문제다. 근대 시기 전체에서 세계 소득분배의 불평등은 세계사의 어느 시기보다 더 심했다"(Sutcliffe, 2003: 33).

기존의 연구들은 대체로 전후 장기호황 기간, 즉 케인스주의 '황금시대' 동안 국가 간 소득분배가 결코 평등해지지 않았고 도리어 더 불평등해졌음을 확인한다. 즉 〈그림 3-1〉에서 보듯이 지니계수로 측정한 국가 간 소득분배 불평등도는 1950년 0.530에서 1970년 0.539로 소폭 증가했다. 이는 인구 가중치를 부여하지 않은 밀라노비치(Milanovic, 2003: 675)에서도 마찬가지로 확인된다. 전후 '황금시대' 동안 국가 간 소득분배의 불평등이 완화되지 않았음은 〈표 3-1〉에서도 확인된다. 즉

〈그림 3-1〉 지니계수로 측정한 국가 간 소득분배의 불평등: 1900~1998년

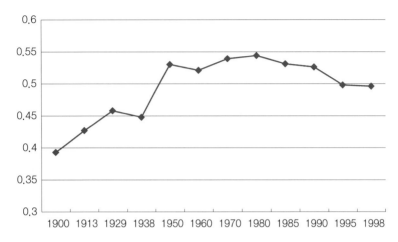

주: Maddison의 49개국 1인당 GDP 자료 사용, PPP 조정 및 인구 가중치 부여.
자료: Boltho and Toniolo(1999: 7).

〈표 3-1〉 지니계수로 측정한 국가 간 소득분배 불평등: 1950~1998년

	PWT 6.1	Maddison 2001	WDI 2002
1950	0.523	0.551	n.a.
1973	0.591	0.574	0.612
1990	0.564	0.569	0.577
1998	0.519	0.564	0.543

주: (1) PWT: Penn World Table, WDI: World Development Indicators.
   (2) PPP 조정 및 인구 가중치 부여.
자료: Sutcliffe(2003: 13).

1950년에서 1973년 사이 PPP 조정 후 지니계수로 측정한 국가 간 소득 불평등도는 펜세계표(Penn World Table)에서 계산할 경우 0.523에서 0.591로 증가했으며, 매디슨(Maddison, 2001)에서 계산할 경우 0.551에서 0.574로 증가했다.

시장환율을 적용해서 세계 각국의 소득을 미국 달러로 환산해 세계적 소득분배의 추이를 검토할 경우 국가 간 소득분배 및 지역 간 소득

분배는 1980년대 이후 명백하게 악화됐다. 이는 다음 〈표 3-2〉와 〈표 3-3〉 및 〈그림 3-2〉, 〈그림 3-3〉, 〈그림 3-4〉에서 분명하게 확인된다.

〈표 3-2〉 선진국과 기타 세계의 1인당 GDP의 추이: 1970～2002년

단위: 1995년 불변 달러

	1970	1980	1990	2000	2002	연평균 증가율(%) 1970～1980	연평균 증가율(%) 1980～2002
선진국 1인당 GDP(A)	10,473	18,088	23,989	26,201	25,672	5.6	1.8
기타 세계 1인당 GDP(B)	1,248	1,690	1,356	1,160	1,100	3.1	−2.1
A/B	8.4	10.7	17.7	22.6	23.3	2.4	3.9
선진국 인구(100만 명)	718	778	827	833	845	0.4	0.8
기타 세계 인구(100만 명)	2,810	3,466	4,213	4,288	4,431	1.2	2.1

자료: Freeman(2004: 47).

〈표 3-3〉 세계 지역별 1인당 GNP의 중심부 1인당 GNP에 대한 비율

단위: %

지역	1960	1980	1999
사하라 이남 아프리카	5.2	3.6	2.2
라틴아메리카	19.7	17.6	12.3
서아시아 및 북아프리카	8.7	8.7	7.0
남아시아	1.6	1.2	1.5
동아시아(중국, 일본 제외)	5.7	7.5	12.5
중국	0.9	0.8	2.6
남반구(주변부)	4.5	4.3	4.6
북미	123.5	100.4	100.7
서유럽	110.9	104.4	98.4
남유럽	51.9	60.0	60.1
호주·뉴질랜드	94.6	74.5	73.4
일본	78.6	134.1	144.8
북반구(중심부)	100	100	100

자료: Arrighi, Silver, and Brewer(2003: 13).

주: 세계은행의 각국별 GNP 자료(시장환율) 이용.

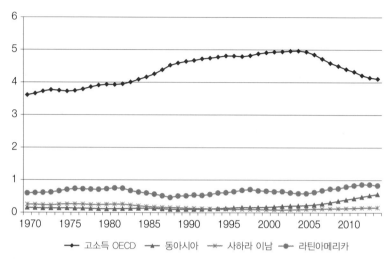

〈그림 3-2〉 세계 평균 1인당 GNI에 대한
세계 지역별 1인당 GNI의 비율: 1970~2014년

─◆─ 고소득 OECD ─▲─ 동아시아 ─✳─ 사하라 이남 ─●─ 라틴아메리카

자료: World Bank. World Development Indicators. www.worldbank.org

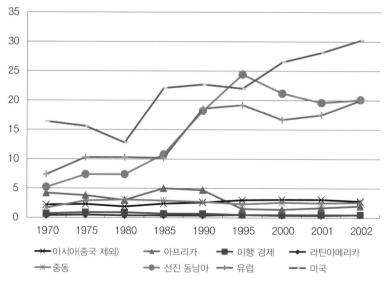

〈그림 3-3〉 기타 세계(중국 제외) 1인당 GDP에 대한
지역별 1인당 GDP 비율: 1970~2002년

─✕─ 아시아(중국 제외) ─▲─ 아프리카 ─■─ 이행 경제 ─◆─ 라틴아메리카
─✳─ 중동 ─●─ 선진 동남아 ─┼─ 유럽 ─▬─ 미국

자료: Freeman(2004: 77).

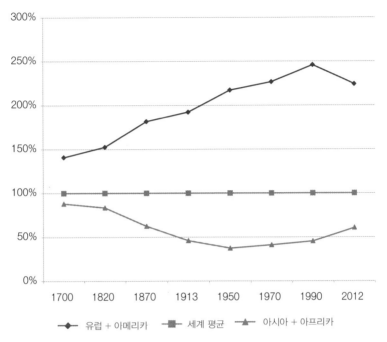

〈그림 3-4〉 1인당 GDP 세계 평균에 대한 지역별 1인당 GDP 비율: 1700～2012년

→ 유럽 + 아메리카 ■ 세계 평균 ▲ 아시아 + 아프리카

자료: Piketty(2014: 61), Figure 1.3.

〈그림 3-2〉, 〈그림 3-3〉에서 보듯이 발전도상국 지역들(아시아(중국 제외), 아프리카, 라틴아메리카, '이행 경제', 중동)의 1인당 GDP는 하위 수준에서 수렴하고 있다. 한편 구소련 및 동유럽 '이행 경제'의 1인당 GDP는 1990년대 이후 라틴아메리카 중동 지역보다도 낮아져 아시아·아프리카의 발전도상국 수준으로 하락했다. 한편 선진국 지역들(미국, 유럽, 선진 동남아)의 1인당 GDP와 발전도상국 지역들의 GDP 간의 격차는 계속 확대되고 있다. 그리하여 가장 부유한 30개국의 평균 1인당 GDP의 가장 가난한 30개국의 평균 1인당 GDP에 대한 비율은 1980년 17에서 2002년 27로 증가했다(Anderson et al, 2005: 54). 〈그림 3-3〉은 또 선진 동남아 지역의 선진국 추격이 1990년대 후반 이후

난관에 부딪히고 있음을 보여 준다. 반면 미국의 1인당 GDP는 천정부지로 상승했다. 이는 선진국 내부에서도 주요 지역 집단들 간의 경쟁이 격화되면서 양극화가 진행되고 있음을 시사한다. 피케티의 〈그림 3-4〉역시 1700년 이후 자본주의 발전의 장기 역사가 국제적 양극화, '남북 문제'가 심화되는 과정이었음을 잘 보여 준다. 즉 세계 평균 1인당 GDP에 대한 유럽과 아메리카 지역 1인당 GDP의 비율은 1700년 141퍼센트에서 2012년 224퍼센트로 더 높아진 반면, 세계 평균 1인당 GDP에 대한 아시아와 아프리카 지역 1인당 GDP의 비율은 1700년 88퍼센트에서 2012년 61퍼센트로 더 낮아졌다.[6]

지니계수와 같은 평균적 불평등 척도가 아니라, 10분위 불평등 척도 (예컨대 가장 부유한 1/10 국가들 소득의 세계 소득 중위값(median)에 대한 비율)를 사용할 경우에는, PPP로 조정된 국가 간 소득분배의 불평등은 1980년대 이후 대체로 더욱 악화된 것으로 나타났다(Wade, 2004a: 576). 아래 〈표 3-4〉에서 보듯이 매디슨(Maddison, 2001) 자료를 이용할 경우, 상위 10퍼센트 / 하위 10퍼센트 소득배율은 1980년 23.09배에서 1998년 40.01배로 크게 높아졌다. 반면 상위 50퍼센트 / 하위 50퍼센트 소득배율은 1980년 8.35배에서 1998년 5.49배로 감소했다. 이는 세계적 소득 분포의 양극단에서는 불평등화 경향이 증대되면서도 중간 부분에서는 균등화 경향도 일정하게 작용하고 있음을 보여 준다.

지니계수와 같은 평균적 불평등 척도를 사용할 경우에도, 각국의 가중치를 동일하게 부여할 경우(예컨대 중국=우간다)에는, PPP로 조정된 국가 간 소득분배의 불평등은 1980년대 이후 더욱 악화된 것으로 나타났다(Wade, 2004a: 576). 지니계수와 같은 평균적 불평등 척도를 사용하고, 각국의 인구 규모에 비례해 가중치를 부여할 경우, PPP로 조정된 국가 간 소득분배의 불평등은 1980년대 이후 변함이 없거나 약간 개선

〈표 3-4〉 소득배율로 본 국가 간 소득분배의 불평등: 1980~1998년

소득배율	1980	1990	1998
1. 상위 50% / 하위 50%	10.91	7.37	5.27
2. 상위 20% / 하위 20%	26.68	15.94	14.81
3. 상위 10% / 하위 10%	27.94	23.54	25.75
4. 상위 5% / 하위 5%	29.01	31.73	39.91
5. 상위 50% / 하위 50%	8.35	6.55	5.49
6. 상위 20% / 하위 20%	16.82	28.19	18.58
7. 상위 10% / 하위 10%	23.09	34.62	40.01
8. 상위 5% / 하위 5%	30.03	45.40	61.14

주: (1) PPP 조정, 인구 가중치 부여.
　　(2) 1~4는 WDI, 5~8은 Maddison 2001 자료 이용.
자료: Sutcliffe(2003: 21).

되는 것으로 나타났다(Wade, 2004a: 576). 바로 이 추계 결과가 세계
은행과 같은 국제 금융기관들이 세계화를 옹호하고 찬미할 때 내세우
는 증거다. 〈표 3-5〉에 보듯이 세계적 소득분배의 불평등도는 PPP 조정
을 거쳐 측정한 경우가 시장환율로 측정한 경우보다 훨씬 낮다. 또 〈표
3-6〉에서 보듯이 1980~2000년 동안 지니계수로 측정한 국가 간 소득
분배의 불평등도는 PPP 조정을 거쳐 측정할 경우가 시장환율로 측정할
경우보다 낮을 뿐만 아니라 시간에 걸쳐 감소 추세를 보였다. 이는 이미
앞의 〈그림 3-1〉과 〈표 3-1〉에서도 확인한 바 있다. 한편 〈표 3-6〉에서
시장환율을 적용해 지니계수로 측정한 국가 간 소득분배의 불평등은
1980년 0.705에서 2000년 0.745로 증가하고 있는데, 이는 앞의 (3)에서
확인한 사실을 더 분명하게 확증하는 것이다.
　　그러나 PPP로 조정한 국가 간 소득분배의 불평등도도 사용된 자료와
추계 방법에 따라, 그리고 중국의 포함 여부에 따라 상당한 편차를 보인
다는 사실이 지적돼야 한다. 아래 〈표 3-7〉은 서트클리프(Sutcliff, 2003)
가 PPP로 조정한 국가 간 소득분배 불평등 지니계수 추정치에 관한 기존

<표 3-5> 국가 간 소득분배의 불평등: 2000년

측정지표	시장환율	PPP
지니계수	0.753	0.543
상위 5% / 하위 5% 소득배율	175.31	47.95
상위 10% / 하위 10% 소득배율	126.08	31.37
상위 20% / 하위 20% 소득배율	67.03	15.99
상위 50% / 하위 50% 소득배율	20.09	5.38

자료: Sutcliffe(2003, 10).

<표 3-6> 지니계수로 측정한 국가 간 소득분배의 불평등: 1980~2000년

	시장환율(Atlas 방법)	PPP(세계은행)
1980	0.7053	0.6137
2000	0.7449	0.5422

자료: Sutcliffe(2003, 11).

<표 3-7> 지니계수(PPP 조정)로 측정한 국가 간 소득분배의 불평등: 1950~1998년

저자와 자료	1950	1973	1980	1990	1998
Summes & Heston (PWT 5.6)			0.552	0.547	n.a.
Boltho & Toniolo (Maddison 1995)			0.544	0.526	0.496
Firebaugh (PWT 5.6)			0.550	0.543	n.a.
Sutcliffe (WDI 2002)			0.610	0.584	0.538
Sutcliffe (WDI 2002) 중국 제외			0.555	0.562	0.561
Melchior & Telle (PWT 5.6 updated)		0.590	0.570	0.560	0.520
Sutcliffe (PWT 6)	0.523	0.591	0.581	0.564	0.519
Sutcliffe (Maddison 2001)	0.550	0.573	0.555	0.569	0.564
Sutcliffe (Maddison 2001) 중국 제외			0.532	0.568	0.582

주: PWT: Penn World Table, WDI: World Development Indicators.
자료: Sutcliffe(2003: 18).

연구 결과들을 요약한 것이다. 중국을 포함할 경우 대부분의 지니계수
들이 1980년 이후 감소 추세를 보이고 있지만, 매디슨(Maddison, 2001)

을 사용한 서트클리프의 추계는 중국을 포함할 경우 1980년 0.555에서 1998년 0.564로 증가했다. 그리고 중국을 제외할 경우 1980~1998년 세계의 소득 불평등도는 모두 크게 증가한 것으로 나타났다.

국가 간 소득분배뿐만 아니라 국가 내 소득분배까지 고려한 세계적 (global) 소득분배(이는 세계를 하나의 국가 단위인 것으로 간주해 세계 인구의 소득분배 상황을 분석하는 것이다)는 PPP 조정 경우 지난 20~30년간 대체로 감소하는 것으로 나타나지만, 이것도 어떤 자료를 이용하느냐에 따라 편차가 심하다. 서트클리프(Sutcliffe, 2003: 27)에 따르면 글로벌 지니계수는 WDI(2002) 자료를 이용할 경우 1980년 0.667에서 2000년 0.627로 상당히 감소하지만, 매디슨(Maddison, 2001) 자료를 이용할 경우 1980년 0.639에서 1998년 0.629로 거의 감소하지 않은 것으로 나타난다. 또한 가계조사 자료를 이용한 밀라노비치(Milanovic, 2003)에 따르면 글로벌 지니계수는 1988년 0.628에서 1993년 0.66으로 증가한 것으로 나타난다. 밀라노비치(Milanovic, 2009)에 따르면 〈그림 3-5〉에서 보듯이 새로운 2005년 PPP 데이터를 이용해도 글로벌 지니계수도 1998~2002년 동안 69.4에서 70.8로 증가했다.

한편 가계조사 자료를 이용한 밀라노비치(Milanovic, 2004)에 따르면 〈표 3-8〉에서 보듯이 세계의 가장 가난한 인구 10퍼센트의 평균 소득의 세계 인구 평균 소득에 대한 비율은 1988년 30.7퍼센트에서 1998년 23.3퍼센트로 저하했으며, 세계의 가장 부유한 인구 10퍼센트의 평균 소득의 세계 인구 평균 소득에 대한 비율은 1988년 274.5퍼센트에서 1998년 313.8퍼센트로 증가했다. 또 글로벌 소득분배를 지니계수가 아니라 양극 간 소득배율 지표로 보이고 있는 다음 〈표 3-9〉에서도 보듯이 1980~2000년 중국을 제외한 주요 빈곤국 저소득층과 미국 고소득층 간의 소득 격차는 더욱 확대됐다.

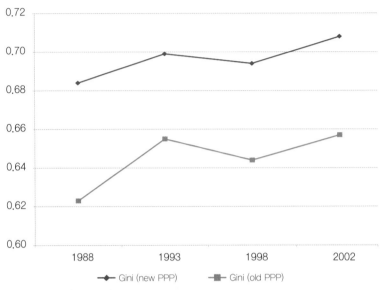

〈그림 3-5〉 글로벌 지니계수: 1988~2002년

자료: Milanovic(2009: 12), Figure 2.

〈표 3-8〉 세계 인구 평균 소득에 대한 10분위별 평균 소득의 비율: 1988~1998년

	전체			패널		
	1988	1993	1998	1988	1993	1998
1분위	0.307	0.235	0.233	0.303	0.244	0.233
2분위	0.441	0.375	0.380	0.437	0.391	0.387
3분위	0.539	0.476	0.482	0.535	0.495	0.491
4분위	0.635	0.571	0.581	0.631	0.593	0.590
5분위	0.736	0.677	0.686	0.733	0.701	0.697
6분위	0.855	0.804	0.810	0.853	0.831	0.821
7분위	1.000	0.959	0.962	1.000	0.984	0.972
8분위	1.201	1.182	1.181	1.202	1.207	1.188
9분위	1.541	1.566	1.552	1.548	1.580	1.553
10분위	2.745	3.156	3.138	2.757	2.973	3.068
조사 국가수	95	113	113	82	82	82
10분위/1분위 배율	8.9	13.4	13.5	9.1	12.2	13.2

주: 인구 가중치 부여 않음.
자료: Milanovic(2004: 15).

〈표 3-9〉 빈곤국 하위 20퍼센트 1인당 소득에 대한
미국의 상위 20퍼센트의 1인당 소득배율

	브라질	중국	인도	나이지리아
1980	46	157	96	152
1990	75	106	79	215
2000	94	67	83	402

주: PPP 조정.
자료: Sutcliffe(2003: 29).

　기존의 대부분의 연구 결과들은 대부분의 나라들에서 임금소득 불평등이 1960년대 초부터 1980~1982년까지는 변함이 없거나 소폭 개선됐지만, 1980년대 이후 신자유주의가 득세하면서 급격하게 악화되고 있다고 본다. 1980~1982년은 대체로 세계적 규모에서 제조업 임금소득 불평등이 크게 악화되는 전환점으로 간주된다. 미국에서 1971년 10대 CEO의 연봉은 평균 임금의 47배였지만 1999년에는 2,381배로 치솟았다(Duménil and Lévy, 2004b: 117).[7] 이는 최근 피케티도 확인했는데, 〈그림 3-6〉에서 보듯이, 미국에서 소득수준 상위 1퍼센트 소득이 총소득에서 차지하는 비중은 20세기 들어 1930년대 대공황 직전인 1928년 19.6퍼센트까지 상승했다가 대공황과 제2차세계대전 후 케인스주의·복지국가 시기였던 1970년대 초까지 7퍼센트 수준으로 저하했지만, 1980년대 신자유주의 득세와 함께 다시 상승하기 시작해, 2008년 글로벌 경제 위기 직전인 2007년에는 무려 18.3퍼센트까지 치솟아, 사상 최악의 불평등 시기였던 1920년대 '금박시대'(Gilded Age)로 회귀했다. 한국의 경우도 소득수준 상위 1퍼센트 소득이 총소득에서 차지하는 비중은 1997년 경제 위기 이후 급증해 1998년 6.6퍼센트에서 2012년 12.3퍼센트로 점프하면서, 미국과 같은 '1퍼센트 대 99퍼센트'의 양극화 사회로 급격하게 전환되고 있다.

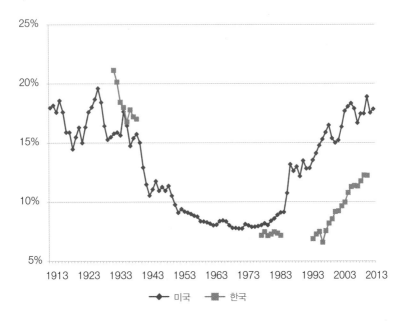

〈그림 3-6〉 총소득 중 상위 1퍼센트 소득 비중: 1913~2014년

자료: The World Top Income Database. http://topincomes.g-mond.parisschoolofeconomics.eu/

2) PPP 기준 자료에 의거한 세계적 양극화 완화론의 문제점

IMF와 세계은행 및 주류 경제학자들이 주장하는 세계적 양극화 완화론은 극히 제한된 연구에서만, 즉 PPP 조정을 채택하고 인구 규모 가중치를 부여해 지니계수와 같은 평균적 불평등 척도를 사용했을 경우에만 부분적으로 입증된다. 하지만 PPP 조정은 국가 간 소득분배 불평등의 측정 단위로서는 결정적 결함을 갖고 있다. PPP 조정은 상이한 나라들에서 재화와 서비스의 평균적 묶음의 상대가격을 계산해서 이뤄진다.[8] 인도의 국내 상품의 가격이 미국에서 그것에 해당되는 상품의 가격보다 싸다면, PPP로 조정하면 인도는 그 상품을 세계시장에 팔 때 획득할 수 있는 것보다 더 많은 것을 생산한 것으로 계산된다.[9] PPP 조정은 후진국의 상대 소득을 상당히 끌어올린다. 인도의 PPP GDP는 시장환

율 GDP보다 4배나 많다. PPP 조정은 시장환율 소득분배와 비교해 세계 소득분배를 더 평등한 것처럼 보이게 한다. 시장환율에 따라 미국 달러로 환산할 경우와 비교해 PPP로 조정할 경우 선진국의 생산은 체계적으로 낮게 추계되고, 제3세계의 생산은 체계적으로 높게 추계된다. 이는 시장환율이 대체로 빈국의 구매력을 과소평가하는 반면, 선진국의 구매력은 과대평가하기 때문이다. 1999년 스리랑카와 중국의 소득은 PPP로 조정할 경우 시장환율에 따라 미국 달러로 환산한 경우와 비교해 7.13배, 4.38배나 높아지는 반면, 일본의 소득은 62퍼센트 수준으로 낮아진다(Freeman, 2004: 65). 그런데 PPP로 조정한 중국의 소득이 시장환율로 계산한 중국의 소득보다 4.38배 높다는 사실은 어떤 동일한 상품이 중국보다 미국에서 4.38배 비싼 것을 뜻하며, 이는 이 동일한 미국 상품을 구매하기 위해 중국의 생산자들은 미국 생산자들보다 4.38배나 더 많이 일을 해야 함을 의미한다. 이와 같은 세계적 가격 격차는 주로 각국의 임금수준과 자본재의 세계 가격 간의 격차에 기인한다.[10] 산출에 대한 PPP 측정치와 시장환율 달러 단위 측정치 간의 점증하는 괴리는 이와 같은 세계적 가격 격차를 반영한 것이다. 그런데 한 나라의 소득은 단지 먹고살기 위해 사용될 뿐만 아니라 투자하고 성장하기 위해서도 사용된다. 즉 한 나라의 소득은 임금재 구입을 위해서뿐만 아니라 자본재 구입을 위해서도 사용돼야 하는데, 후자의 경우 대부분은 선진국에서 생산된 것들이며 선진국의 가격이 적용된다. 즉 제3세계가 세계 시장에서 투자재, 자본재를 구매할 경우, 제3세계는 국지적 가격이 아니라 세계적 가격을 지불해야 한다. 즉 선진국의 경쟁자들이 지불해야 하는 만큼의 액수를 지불해야 한다. 게다가 IMF는 제3세계가 세계화의 결과 잘되고 있다는 것을 '증명'할 경우에만 PPP 기준을 끌어오며, 어떤 제3세계 나라가 상환해야 할 외채를 계산할 경우에는 PPP 기준이 아니라 시장환율로 환산한 미국 달러 기준을 적용한다. 〈그림 3-7〉에서 보듯이, 저소득국의 경우 시장환율로 환산한 미국 달러 기준 1인당 GNI에 대한 PPP로 조정된 1인당 GNI의 배율은, 1990년대 이후 고소득국의 그것에 비해 3배가량 높다.

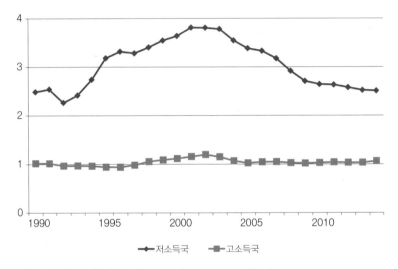

〈그림 3-7〉 1인당 GNI(미국 달러 기준)에 대한
1인당 GNI(PPP 기준)의 비율: 1990~2014년

자료: World Bank. World Development Indicators. www.worldbank.og

PPP 조정이 국내에서의 구매력 혹은 물질적 복지를 측정하는 데서 유용한 것은 사실이다. 그래서 서트클리프(Sutcliffe, 2003) 같은 진보진영 경제학자도 세계적 소득분배의 추이 실증을 위해서는 PPP 조정 통계만을 사용해야 한다고 주장한다.[11] 하지만 어떤 나라에 거주하는 사람들의 다른 나라에서 생산된 재화와 서비스에 대한 구매력, 발전도상국에 거주하는 사람들의 선진국 제품에 대한 (특히 선진국에 거주하는 사람들의 발전도상국 제품에 대한 구매력과 비교한) 구매력이 문제가 될

경우, PPP 조정은 구매력 격차를 발전도상국 거주자의 구매력은 실제보다 높게, 선진국 거주자의 구매력은 실제보다 낮게 왜곡한다. 즉 PPP는 상이한 나라들에서 거주하는 이들이 다른 나라에서 생산된 재화나 서비스를 구매할 수 있는 능력을 측정하는 기준으로는 부적합하다. 우리가 어느 한 나라 혹은 한 지역이 세계 다른 나라(혹은 다른 지역)의 경제적 지정학적 영향력 — 여기에는 발전도상국의 외채 상환 능력, 자본재 수입 능력, 국제정치경제에 참여할 수 있는 능력 등이 포함된다 — 을 측정하려 할 경우, 우리는 PPP가 아니라 시장환율을 사용해야 한다.[12] 그리고 제3세계의 경제발전에 필요한 자본재와 기술은 제3세계가 아니라 선진국에서 생산되며 따라서 선진국의 가격이 적용된다. 따라서 우리가 어떤 추상적인 생활수준의 국제 비교가 아니라 자본주의적 생산력을 국제 비교할 경우 선진국, 그것도 가장 지배적인 최대 선진국인 미국의 가격 구조가 비교의 기준이 돼야 한다.[13]

3) 중국과 인도의 기여

앞의 〈표 3-7〉에서 보듯이 중국 및 인도의 포함 여부는 국가 간 소득 분배 상황 특히 1990년대 이후의 추세에 큰 차이를 가져온다. PPP로 조정할 경우 1990년대 이후 국가 간 불평등이 완화되는 것으로 나타나는데, 이는 거의 전적으로 중국과 인도의 급속한 경제성장에 기인한 것이다. 중국과 인도를 제외할 경우에는 PPP 기준으로도 1980년대 이후 선후진국 간 소득분배의 불평등은 심화됐다. 웨이드(Wade, 2003: 27~28)는 다음과 같이 결론 내린다. "불평등이 감소한다는 자유주의자들의 주장을 분명하게 지지하는 유일한 증거는 인구 규모를 가중치로 부여하고 PPP로 조정된 1인당 소득을 평균적 불평등 척도로 측정하고, 또 중국의 경제성장 통계를 액면 그대로 받아들였을 경우뿐이다. 다른 한편 10분위 비율을 사용할 경우 어떤 기준을 선택하든 양극화 심화의 증거는 명백하다.""요컨대 개인 간 소득분배는 시장환율 기준으로 측정할 경우 지난 20년 동안 점점 더 불평등해졌다. PPP와 지니계수와 같은 평균적 불평등 지수를 기준으로 측정할 경우에도 불평등의 정도는 거의 변하지 않았거나 증가했다. 그것은 분명히 세계화 과정에서 감소하지 않았다. 중위값에 대한 최상위 소득층의 비율, 혹은 중위값에 대한 최하위 소득층의 비율로 측정할 경우, 소득 양극화는 PPP로 조정된 소득 단위로 측정할 경우에도 증가했다"(Wade 2003: 28). 물론 중국이나 인도처럼 세계에서 인구가 가장 많은 나라들을 제외하고 세계적 소득분배를 논의한다는 것은 무의미하다는 반론이 제기될 수 있다. 하지만 이들 나라, 특히 중국의 국민소득, 경제성장 통계의 신빙성에 대해 많은 의문이 제기되고 있는 사실을 감안한다면, 이 나라들을 제외하고 세계적 소득분배 상황을 검토하는 것은 나름대로 의미가 있다고 본다.

세계은행(World Bank, 2002)은 세계화가 진전된 나라일수록 경제성장이 빠르고 빈곤이 더 많이 감소했다고 주장한다. 즉 세계은행은 각국의 GDP에 대한 무역 비율의 증가율을 기준으로 세계 나라들을 "더 세계화된" 나라, "덜 세계화된" 나라, "세계화되지 않은" 나라 등으로 구분하고 1977~1997년 동안 "더 세계화된" 나라들이 "덜 세계화된" 나라나 "세계화되지 않은" 나라에 비해 경제성장 속도도 더 빠르고, 불평등 정도도 증가하지 않았으며, 빈곤도 더 빠르게 감소했음을 발견했다고 주장했다. 그러나 이는 GDP에 대한 무역의 비율의 증가율을 세계화 정도를 측정·비교하는 척도로 사용했다는 점에서 심각한 결함이 있다. 왜냐하면 이 경우 〈표 3-10〉에서 보듯이 최근 10년간 경제성장률이 높은 인도나 방글라데시는 GDP에 대한 무역의 비율의 절대 수준이 낮음에도 불구하고 그 증가율이 높기 때문에 "더 세계화된" 나라로 분류되는 반면,

최근 10년간 경제가 정체된 온두라스, 케냐 등은 GDP에 대한 무역의 비율의 절대 수준이 인도나 방글라데시보다 높음에도 불구하고 그 증가율이 낮다는 이유로 "덜 세계화된" 나라들로 분류되기 때문이다.

〈표 3-10〉 무역 의존적인 '덜 세계화된' 나라들과
무역에 덜 의존적인 '세계화된' 나라들

	GDP에 대한 수출의 비율			연평균 GNP 성장률(%)
	1990	1999	증가율(%)	1988~1999
덜 세계화된 나라들				
온두라스	36	42	17	−1.2
케냐	26	25	−0.04	0.5
세계화된 나라들				
인도	7	11	57	6.9
방글라데시	6	14	133	3.3

자료: Wade(2004b: 170).

한편 중국이나 인도가 1977~1997년 "더 세계화된" 것은 세계화론자들의 신자유주의 처방을 수용한 결과라고 해석하는 것은 옳지 않다는 점이 지적돼야 한다. 지난 20년간 중국의 경제정책은 IMF나 세계은행이 요구했던 신자유주의 정책 패키지와는 거리가 먼 것들이었다. 중국은 1980년대 이후 엄격한 자본통제와 고율의 관세정책을 실시했고, 1990년대에도 구소련 동유럽 블록들이 채택했던 '충격요법'을 거부했다. 그리고 공업생산의 1/3 가까이가 아직도 국영기업에 의해 생산되고 있다. 세계화가 세계 소득분배의 균등화를 결과시키고 있다는 신자유주의자들의 주장의 가장 중요한 증거가 명시적으로 반신자유주의적 정책을 채택하고 있으며 '공산주의'를 천명하고 있는 중국에서 제공된다는 것은 역설이다(Milanovic, 2003: 674). 또한 1990년대 이후 중국의 급격

한 경제성장은 세계경제를 평탄하게 만드는 데 기여하기는커녕, 오늘날 세계경제의 불균형과 비대칭성을 사상 유례없이 증폭하고 있다.[14]

3. 세계적 양극화 현상의 마르크스 가치론적 설명

마르크스 가치론의 관점에 설 경우 세계화란 자본축적의 세계화, 자본주의적 사회관계의 전 지구적 확장일 뿐이기 때문에 세계화가 자본축적의 일반적·절대적 법칙으로서 부익부 빈익빈 경향의 전 지구적 관철로서 세계적 양극화를 초래하는 것은 당연하다. 하지만 세계화에도 불구하고 민족국가 범주는 해소되지 않기 때문에 세계적 불평등 중 글로벌 불평등, 즉 세계적 계급 양극화가 아니라 국가 간 불평등 경향을 논의하기 위해서는 민족국가 범주의 존재가 마르크스가 정식화한 가치법칙의 작용에 미치는 영향이 고려돼야 한다. 이 절에서는 이를 마르크스의 비교생산설 및 비교우위설 비판, 세계시장에서 가치법칙의 수정명제와 이윤율의 국제적 균등화에 대한 반작용력으로서 가치사슬의 공간적 집적 문제를 중심으로 논의해 보자.

1) 경쟁 우위의 원리 관철과 국가 간 생산력 격차의 확대

세계화를 고삐 풀린 자본의 운동의 세계적 확장으로 이해한다면 세계화 과정에서 세계적 양극화 현상이 빚어질 수밖에 없음은 자명하다. 부르주아 경제학은 세계화와 자유무역의 발전 과정에서 절대생산비가 아니라 비교생산비의 원리가 작동하며 따라서 각국은 비교우위(comparative advantage) 부문에 특화해 교역에 참여할 경우 후생이 극대화된다고 주장한다. 그런데 이와 같은 부르주아 경제학의 무역이론이 성립하기 위해서는 다음과 같은 세 가지 조건이 필수적이다(Shaikh, 2007). 첫째, 어떤 나라의 무역수지가 적자가 되면 그 나라의 교역조건이 악화된다. 둘째, 교역조건이 악화되면 무역수지가 개선된다. 셋째, 이런 조정 과정에서 대량의 실업이 발생하지 않는다. 그러나 부르주아 무역이론의 문제점은 이와 같은 세 가지 조건이 이론적으로도 경험적으로도 성립하지 않는다는 데 있다. 완전고용이 경쟁적 시장의 자연적 귀결이 아님은 오늘날 세계 노동력의 1/3가량이 실업 또는 과소고용 상태에 있다는 ILO의 보고에서 잘 알 수 있다. 그리고 교역조건이 변화해 무역 불균형을 해소한다는 주장 역시 오늘날 미국의 만성적 무역 적자와 일본의 만성적 무역 흑자에서 보듯이 현실과 동떨어진 주장이다. 실제로 비교생산비설은 원천적으로 잘못된 이론이다. 실제 세계시장의 현실에서는 국내 경제에서와 마찬가지로 비교생산비가 아니라 절대생산비의 원리(law of absolute costs)가 관철되기 때문이다. 국제적 재화의 상대가격과 교역조건은 국내에서 상대가격과 동일한 방식으로 변동한다. 즉 고비용 생산자들은 저비용 생산자들에게 패하며, 고비용 지역(국가)은 무역 적자가 증가하고, 이는 자본 유입(보조금이나 차입)에 의해서 벌충된다.[15] 무역자유화는 주로 선진국의 기업에 이득을 가져다준다. 왜냐하면 이들은 기술적으로 선진적이기 때문이다. 따라서 비교생산비설의 주장과는 달리 모든 지역들(나라들)을 자동적으로 균등하게 만드는 신비한 메커니즘은 존재하지 않는다. 즉 세계시장에서도 국내시장에서와 마찬가지로 경쟁 우위(competitive advantage)를 확보하기 위한 자본들 간의 경쟁적 투쟁이 격화된다. 마르크스 역시 국제 교환을 지배하는 법칙은 경쟁 일반의 법칙과 동일하다고 봤다. 세계시장에서 경쟁적 투쟁의 결과 무역당사자들의 후생이 다 같이 극대화되는 것이 아니라 부익부 빈익빈 현상이 심화된다.[16]

세계시장 경쟁의 격화에 따라 동종 상품들에는 부문 내 국제경쟁을 거쳐 동일한 국제적 시장가치가 성립한다. 앞서 〈그림 2-1〉에서 보듯이 상이한 국민적 가치들, 즉 국제적 개별가치들이 동일한 국제시장가치로 균등화돼 동일한 세계시장가격이 성립한다. 동일 생산부문의 세계시장 가격이 동일하기 때문에, 세계시장경쟁은 주어진 세계시장가격과 각 국 민자본가에 대한 국민적 비용가격의 차액 확대를 위해 비용가격을 감축하는 방식으로 전개된다. 이와 같은 비용가격의 감축, 원가 절감을 통해 초과이윤이 획득된다. 세계적으로 선진적인 기술을 사용하는 선진 국 자본은 후진국 자본보다 비용가격이 낮으며 또 국제개별가치도 작기 때문에 국제적 초과이윤을 획득하고 자신의 상품을 세계시장가격 이하의 싼값으로 판매할 수 있다. 이처럼 각국 자본들 간의 비용가격 감축 경쟁에서 기술혁신은 사활적이며, 이것은 국가 간 불평등을 심화시키는 요인으로 작용한다. 선진국 자본은 선진적 기술을 적용해 공정 혁신과 제품 혁신을 통해 초과이윤을 획득한다. 그리고 이 초과이윤이 다시 기술혁신에 재투자돼 다음 시기에도 또 초과이윤을 획득할 수 있게 하는 선순환이 작동한다. 하지만 선진적 기술에 접근할 수 없는 후진국 자본 은 적은 이윤밖에 취득하지 못하고 이 때문에 낮은 수준의 기술밖에 이용할 수 없으며 이 때문에 다음 시기에도 초과이윤을 획득하기 어렵게 되는 악순환이 작동한다. 이윤 극대화를 추구하는 기술혁신의 '창조적 파괴'(슘페터) 과정은, 아리기(Arrighi, 2003: 17)가 말하듯이, 시간적으로 간헐적으로, 즉 호황기에 집중될 뿐만 아니라, 공간적으로는 비동질 적으로, 즉 선진국에 집중된다.[17] 그리하여 선순환은 부국에서, 악순환 은 빈국에서 나타난다. 즉 자본 간 경쟁적 투쟁의 근본적 특징인 기술 혁신을 통한 초과이윤 획득 충동이 세계경제에서 비교우위가 아닌 경 쟁 우위의 원리를 관철시키며, 이에 따라 부국과 빈국 간의 생산력 격차가 체계적으로 재생산된다. 이와 같은 세계시장 경쟁에서 선진국 자본이 획득하는 초과이윤의 원천은 후진국 자본이 후진국 노동계급으로부터 전유한 잉여가치의 이전이다.[18]

2) 세계화와 가치법칙의 관철:
이윤율의 국제적 균등화와 국제적 가치이전

세계시장에서 가치법칙의 작용의 결과로서 양극화 경향이 초래된다는 사실은 국가에 의한 자유무역의 제한(보호관세, 수출장려, 산업정책 등)이 이와 같은 가치법칙의 작용에 상당한 수정을 가할 수 있음을 시사한다. 즉 마르크스가 말한 세계시장에서 가치법칙의 수정에서 "수정"이란 세계시장에서 복수의 민족국가의 병존에 기인한 수정이다.[19] 따라서 세계시장에서 민족국가에 의한 가치법칙의 수정은 수정되지 않을 경우와 비교해 가치법칙의 양극화 효과를 완화할 수 있다. "영토적 국가는 양극화에 대한 상당한 장애물로 작용한다"(Freeman, 2004: 81). 제국주의 국가의 주요 역할은 세계적 초과이윤 — 이는 세계시장의 작용으로부터 형성되는 세계적 평균 이윤 이상의 예외적 이윤이다 — 의 원천을 독점함으로써 기타 세계로부터 특별한 이득을 추출하는 것이다. 제3세계 국가의 주요 역할은 이와 같은 수탈로부터 자국의 자본가들을 보호하는 것이다. 한편에서 그것은 세계시장의 작용을 통해 그들이 상실하는 초과이윤을 최소화하려 한다. 다른 한편에서 그것은 자국의 노동자 계급과 외국의 약탈적 자본가들과 자국의 종속적 자본가들 간의 신성동맹 간의 암묵적 갈등을 통제·봉쇄하려 한다.

그러나 이와 같은 마르크스가 말한 세계시장에서 가치법칙의 수정은 1980년대 이후 신자유주의적 세계화 국면에서 약화된다. 세계시장에서 가치법칙의 수정을 강화했던 제2차세계대전 이후 1970년대까지 지속된 케인스주의적 민족국가가 1980년대 신자유주의적 세계화 국면 이후 크게 후퇴하고 있기 때문이다. 세계화가 진전되면서 가치법칙은 이제 세계시장에서도 원래 본연적 형태로 되돌아가고 있다. 마르크스가 말한 세계시장에서 가치법칙의 수정에서 수정의 주체가 민족국가이고, 수정이란 민족국가의 존재로 인한 수정이기 때문에, 세계화가 민족국가의 제약으로부터 해방된 자본의 세계시장운동의 가속화를 의미하는 만큼, 세계화의 진전에 따라 가치법칙의 수정의 정도는 이완되며, 가치법칙은 본연의 모습으로 관철된다고 할 수 있다.[20]

세계화가 가속화되면서 금융자유화, 자본자유화가 진전되고, 이에 따라 세계시장 경쟁이 부문 내 국제경쟁에서 부문 간 국제경쟁으로 확장·심화되면서, 세계시장에서 가치법칙의 작용이 이윤율의 국제적 균등화와 국제적 생산가격을 성립시키는 국면으로까지 확장·심화되는 경향이 나타나고 있다. 그리하여 세계화의 진전에 따라 이윤율의 국제적 격차가 해소되고 국제적 평균이윤율을 현실화할 정도로 국제자본이동이 증대되고 자유화되면서 선후진국 간의 생산력 격차도 좁혀지는 경우가 하나의 이론적 가능성으로 상정될 수 있다. 따라서 필자는 오늘날 세계시장에서는 부문 간 국제경쟁에 기초한 국제적 시장가치만이 성립하며 부문 간 국제경쟁 및 이윤율의 국제적 균등화에 기초한 국제적 생산가격의 성립 가능성을 원천적으로 부정하는 대다수 일본의 마르크스주의 국제가치론 연구자들의 견해는 수용하지 않는다.[21] 그러나 오늘날 세계화가 가속되면서 이윤율의 국제적 균등화 경향이 작용하고 있음에도 불구하고, 국제적 평균이윤율 범주가 현실화되고 있지는 않다. 오히려 이윤율의 국제적 격차가 여전히 지속되고 있는 것이 현실이다.[22]

세계화에도 불구하고 이윤율의 국제적 격차가 지속되는 이유를 다음과 같이 두 가지 사정과 관련지어 생각해 볼 수 있다.

첫째, 세계화의 가속에도 불구하고 국제자본이동의 완전 자유화는 여전히 이론적 가능성일 뿐이며, 실제 세계자본주의의 역사에서는 현실화되고 있지 않으며 이에 따라 국제적 평균이윤율은 현실화되고 있지 않다. 실제로 자본자유화에도 불구하고 2000년 세계 비주거 자본스톡 중 외국인 소유 부분의 비중은 10퍼센트에 미치지 못하며, 1998~2003년 선진국의 총국내투자에 대한 직접투자(유입) 및 직접투자(유출)의 비중은 각각 12.6퍼센트, 14.8퍼센트였다(Glyn, 2005: 33). 또 〈포천〉이 선정한 세계 500대 기업의 매출은 대부분 북미, 유럽, 동아시아 지역에서 이뤄지고 있으며, 이들 3극 지역으로의 집중은 1990년대 중반 이후 더욱 심화되고 있다. 또 이들 세계 500대 기업 중 매출액의 20퍼센트 이상이 해외 매출인 말 그대로 '글로벌' 기업은 불과 10개 남짓하다. 2000년 초국적기업의 자회사 생산액이 세계 GDP에서 차지하는 비중은 11퍼센트 정도였다. 그리고 직접투자 역시 중국을 비롯한 발전도상국 중 불과 10여 개국에 집중되고 있다. 1990년대 대발전도상국 직접투자(유입)의 1/3 이상이 중국에 집중됐다. 초국적기업은 "세계화"되고 있는 것이 아니라 "지역화"되고 있을 뿐이며 동아시아 이외의 지역은 이 "지역화"에 포함되지 않는다(Wade, 2004b: 177). 그리하여 국제적 이윤율 격차는 여전히 유지되며 선진국의 자본, 특히 미국 자본은 대외 투자를 통해 이와 같은 국제적 이윤율 격차가 가능하게 하는 초과이윤을 획득한다.[23] 이와 같은 초과이윤의 수취, 즉 국제적 가치이전이 세계적 규모에서 부국과 빈국의 격차를 더욱 확대하고 있는 중요한 요인이다.

둘째, 세계화에 따라 부문 간 국제경쟁이 격화될 뿐만 아니라(이는 국제자본이동에 따라 부문 간 이윤율의 국제적 균등화 작용을 한다) 부문 내 국제경쟁도 격화되는데, 이는 부문 내 이윤율의 차별화(즉 평균 이상 생산성을 갖는 선진국 기업의 초과이윤과 평균 이하 생산성을 갖는 후진국 기업의 손실)를 더욱 심화하며, 이것이 종합적으로 국제적 이윤율 균등화에 반작용한다.

이윤율의 국제적 균등화 과정이 현실적으로 국제적 평균이윤율을 성립시키는 것이 아니라 단지 국제적 균등화 과정 그 자체로서만 진행된다면, 이와 같은 이윤율의 국제적 균등화 과정 그 자체가 후진국에서 선진국으로 잉여가치를 이전시켜 세계적 양극화를 심화시키는 결과를 초래한다. 왜냐하면 대체로 선진국의 경우 자본의 유기적 구성이 후진국보다 높으며, 따라서 이윤율은 선진국이 후진국보다 낮고, 자본은 이윤율의 국제적 균등화 과정에서 이윤율이 낮은 선진국에서 이윤율이 높은 후진국으로 이동하며, 이 과정에서 잉여가치는 후진국에서 선진국으로 일방적으로 이전되기 때문이다. 선진국 자본은 이와 같은 이윤율의 국제적 균등화 과정에서 후진국으로부터 이전된 잉여가치를 다시 기술혁신 투자에 사용해 생산성을 더욱 향상시켜 초과이윤을 추가로 획득할 수 있다. 즉 세계화에 따라 국제자본이동이 증대되고 이윤율의 국제적 균등화 경향이 작동하지만, 국제적 평균이윤율이 현실화될 정도로까지 진전되지 않는 조건에서는, 잉여가치는 빈국에서 부국으로 일방적으로 이전되며 이에 따라 세계적 양극화가 심화된다고 할 수 있다.

3) '가치사슬'의 공간적 집적

세계화에도 불구하고, 자본자유화에도 불구하고, 국제자본이동의 가속화에도 불구하고, 국제적 평균이윤율을 현실화할 정도로, 그리하여 국제적 불균등발전 경향을 완화할 정도로, 부국의 자본이 빈국으로 대량으로 유입되지 않는 까닭은 무엇일까? 제리피 외(Gereffi et al, 2005) 등이 말하는 '글로벌 가치사슬'(global value chain) 및 고부가가치 부문의 공간적 집적(spatial clustering) 가설은 이에 대한 하나의 설명을 제공해 주는 것으로 보인다. 세계화의 진전을 추동한 정보화와 금융화에 따라 제조업 '가치사슬'의 공간적 분할이 가능해졌다(Wade, 2004b: 172). 선진국의 초국적기업은 후진국에 직접투자(국제자본이동)를 해서 자회사를 설립하는 방식으로 후진국으로부터 잉여가치를 착취·전유·이전할 수 있지만 후진국에 직접투자를 하지 않고서도, 즉 국제자본이동을 통해 후진국에 자본을 소유하지 않고서도, 다시 말해서 후진국 자본의 소유권을 인정하면서도, '가치사슬'의 세계적 위계를 통해 후진국으로부터 잉여가치를 이전할 수 있다. 이 점에서 글로벌 '가치사슬'의 세계적 위계는 이전에 초국적기업이 조직한 신국제분업(new international division of labor)과 구별된다.[24] 초국적기업이 자회사망을 통해 조직한 신국제분업의 위계구조에서 범세계적으로 분할된 공정 간에는 상품시장이 개재하지 않는 반면, 글로벌 '가치사슬'에서는 상품시장이 각 '가치사슬'을 연결해 주는 역할을 한다.

기존 고임금 지역 기업들은 제조업 '가치사슬' 중 부가가치가 적은 범용 기술 수준의 제조 공정은 저임금 지역 공급자들에게 이전하며, 이들 하위 공급자들 간의 경쟁 격화를 이용해 더 많은 부가가치를 포획하려 한다. 또 고임금 지역 기업들은 '가치사슬' 중 '수확체감의 법칙'이 작용하며 경쟁이 치열한 제품과 공정에서 손을 떼고, 첨단 기술혁신과 같은 아직 경쟁이 격화되지 않은 제품과 공정으로 쉽게 이동할 수 있다. 선진국의 초국적기업이 해외직접투자를 통해 후진국에 설립한 자회사의 경우 수익성이 악화하는 경우에도 '매몰 비용'(sunk cost) 때문에 철수하지 못하고 수익성 악화를 감수해야 하는 경우가 많은 것에 비해, 글로벌 '가치사슬'의 경우 선진국 자본 혹은 바이어는 후진국의 저부가가치 사슬들을 경합시켜 더 낮은 단가로 구매할 수 있고, 자신은 고부가가치사슬로 상대적으로 용이하게 이동할 수 있다. 세계화 과정에서 저임금 지역과 고임금 지역 간의 공업화 격차가 좁혀짐에도 불구하고, 지역 간 임금 및 소득 격차는 좁혀지지 않고 오히려 확대되는 현상(Arrighi et al, 2003)은 이 때문이다.

　자유시장 경제에서는 고부가가치 부문은 고비용·고임금 지역에 공간적으로 집적되는 경향이 있다(Wade, 2003: 34~39). 왜냐하면 고임금 지역은 저임금 지역보다 생산성이 훨씬 높아서 산출단위당 비용은 저임금 지역보다 낮을 수 있기 때문이다. 그리고 고부가가치 부문 중 상당부분에서는 이른바 '수확체증의 법칙' 혹은 '네트워크 효과'가 작용해 물리적·사회적으로 근접한 곳에 입지한 기업의 거래비용을 감소시킨다. 조밀하고 공간적으로 집적된 투입산출 연관은 네트워크에 속해 있는 기업들에게 이득을 확산시킬 수 있다. 또 기업의 경쟁력은 노동자들의 숙련뿐만 아니라, 집합적 혹은 기업 수준의 지식과 노동자들의 사회적 조직에도 크게 의존하며, 후자는 주로 직접적 접촉(face-to-face)을 통해 전수되는 암묵적(tacit)인 것들이 많다. 따라서 어떤 기업이 저임금 지역으로 이전하는데도 노동자들은 이동할 수 없다면, 이와 같은 암묵적 지식을 상실하는 데서 오는 기업의 경쟁력 상실 비용이 입지이전에서 얻는 편익을 능가할 수도 있다. 암묵적 지식은 사회적 관계, 문화적 유사성, 신뢰에 의해 뒷받침되는 네트워크 속에서 쉽게 전달될 수 있다. 이런 '네트워크 효과' 때문에 기업들은 저임금 지역으로 잘 이전하려 하지 않으며, 이전할 경우에도 조립 부문과 같은 저부가가치 부문만을 아웃소싱과 같은 형식으로 이전할 뿐이다. 그래서 독일의 숙련노동자 임금은 중국의 숙련노동자 임금보다 10배 이상 높음에도 불구하고 독일은 여전히 제조업의 강력한 중심이다.

　세계화된 세계에서 자유시장의 작동은 고임금 지역과 저임금 지역 간의 분할의 안정 균형을 자생적으로 결과시킨다. "자유시장이 세계 전체에 혜택을 확산시키는 자비로운 효과는 고부가가치 부문의 고소득 지역으로의 집중에서 보듯이 수익체증과 공간적으로 집적되는 네트워크 경향에 의해 상쇄될 수 있다"(Wade, 2003: 38). 즉 "개방된 잘 작동하는 시장은 저소득 지역과 고소득 지역 간의 수렴을 반드시 낳지는 않으며 괴리와 양극화를 낳을 수 있다"(Wade, 2003: 39). 그리하여 "있는 자는 받아 더 넉넉하게 되고, 없는 자는 있는 것도 빼앗기"게 되는(《마태복음》 13장 12절), 이른바 '마태(Matthew)의 율법'이 세계적 규모에서 작동한다.

4) '금융화'와 '음합 게임'

세계적 불평등과 양극화는 1980년대 이후 신자유주의적 세계화와 '금융화' 과정에서 더욱 심화되고 있다. 아리기(Arrighi, 2003)가 지적하듯이, "고도 금융(high finance)에의 특화는 다른 수단에 의한 제품 사이클(product cycle)의 논리의 연장이다. 주어진 시기에 지도적 자본가 조직의 제품 사이클의 논리는 이런저런 종류의 '혁신'을 통해 과당 경쟁 상태로 된(따라서 수익성이 낮아진) 시장으로부터 경쟁이 덜한(따라서 수익성이 높은) 시장으로 자원을 부단히 이동하는 것이다. 격화되는 경쟁이 상품시장에서 상대적으로 빈 구석이 많고 수익성이 높은 틈새의 현실적·잠재적 이용 가능성을 크게 감소시키는 경우, 그 시기의 지도적 자본가 조직은 퇴각해 다른 이들에게 경쟁 압력을 전가할 최후의 피난처를 갖고 있다. 이 최후의 피난처는 세계 화폐시장이다"(Arrighi, 2003: 22). 또한 "금융 부문은 그것이 지배하는 경제에 매우 높은 부가가치를 귀속시킨다. 왜냐하면 금융 부문은 (소매 금융을 차치한다면) 가격 경쟁이 거의 없으며, 세계적 규모로 활동하면서 나날이 복잡해지는 새로운 금융상품으로 이를 잘 이해하지 못하는 고객들을 '비대칭적 정보'로 농락할 수 있기 때문이다"(Wade, 2004b: 177). 실제로 1980년대 이후 신자유주의적 세계화 과정에서 가속화되고 있는 금융화 과정에서 미국 자본은 세계 금융시장에서 다른 모든 나라들의 자본을 제압하고 있다. 미국은 세계의 유동성을 빨아들이고 있다. 황금시대 미국의 헤게모니 아래 국가 간 경쟁이 "양합 게임"(positive sum game)이었다면, 오늘날 미국의 권력은 "국가 간 경쟁의 음합 게임(negative sum game)으로의 전환을 통해 부풀려지고 있다"(Arrighi, 2003: 24). 즉 1980년대 이후 신자유주의적 세계화·금융화 과정을 특징짓는 이와 같은 '음합 게임' 혹은 하비(2005)가 말하는 "강탈에 의한 축적" 과정에서 제3세계에서 제국주의 국가로의 잉여가치 이전은 더욱 증대되고 세계적 양극화는 더욱 심화된다.

4. 세계시장과 국가의 변증법

세계화가 가속되면서 국제적 통합이 이뤄지고 국가 간 불평등이 완화된다는 신자유주의 주류 경제학의 비교우위설이나 네그리와 같은 일부 좌파의 제국론은 사실과 부합되지 않는다. 오늘날 세계적 양극화 현상은 마르크스의 가치론에 의거할 때 가장 잘 설명될 수 있다. 호황과 불황은 교대된다. 하지만 오늘날 세계적 양극화 경향은 지구온난화처럼 계속 악화되는 쪽으로 치닫고 있다. 세계적 소득분배의 불평등 경향은 20세기 내내 증대됐다. 오늘날 진보진영이 주목하는 세계적 양극화 경향은 1980년대 이후 신자유주의 시기에 처음 나타난 것이 아니라 이미 그 이전 시기, 즉 케인스주의의 전성시대인 전후 1970년대까지의 자본주의 황금시대에도 지속된 경향이 계속되고 있는 것으로 이해돼야 한다. 세계화가 가속화되면서 국민경제의 내부적 통합의 이완과 해체가 오히려 가속화되고 있다. 오늘날 세계의 불안정과 갈등의 원천의 상당 부분은 이와 같은 세계적 양극화 경향에 존재한다. 세계적 양극화가 심화되면서 사회적 갈등, 전쟁도 세계적으로 격화되고 있다. 시장환율 기준으로 미국과 기타 빈국 간의 불평등이 증대하면 미국은 제국 유지와 확장에 필요한 군비지출에 필요한 자금을 더 싸게 조달할 수 있다(Wade, 2004a: 583).

그렇다면 이와 같은 세계적 양극화에 진보진영은 어떻게 대응해야 할까? 세계적 양극화 경향 연구에서 중요한 기여를 한 웨이드(Wade)와 같은 이들은 케인스주의적 국가 개입, 자유시장에 대한 사회적 규제에서 그 대안을 찾는다. 일부 진보진영이 세계화 국면에서 대안으로서 여전히 유효하다고 주장하는 민족경제론도 크게 보면 케인스주의적 문제설정을 공유한다고 할 수 있다. 외부적 통합보다 국민경제의 내부적 통합, 국민적·자율적 재생산구조의 확립을 우선했던 민족경제론이 세계화 국면에서 진보진영의 대안이 될 수 있다는 것이다.

하지만 세계적 양극화 경향을 강조하는 것, 혹은 경제적 종속을 강조하는 것이 민족주의 경제학, 케인스주의 경제학의 문제설정으로 귀결돼야만 할 이유는 없다. 3절에서 논의했듯이 이들 문제는 오히려 마르크스의 가치론의 문제설정에서 더 정확하게 자리매김되고 해명될 수 있다. 케인스주의나 민족경제론은 국가자본주의적 고도축적 시기였던 1960~1970년대와 마찬가지로 세계화 국면에서도 진보진영의 진정한 대안이 될 수 없다(정성진, 1985). 세계화에 따른 국가능력이 결정적으로 침식됐다고 주장하는 신자유주의적 세계화론과 마찬가지로 세계화 국면에서도 국가의 힘이 여전히 제약되고 있지 않다고 주장하는 케인스주의(혹은 '발전주의 국가론' 또는 '민족경제론' 등)도 자본주의에서 세계시장과 국가의 변증법을 일면적으로 오해한 것이다.

자본주의에서 세계시장과 국가의 관계는 이윤율의 저하 경향과 반작용 경향의 관계와 마찬가지다. 그리하여 "국가가 상대적으로 효과적인 방식으로 자신의 주권을 주장하는 시기는 국가주권이 세계시장의 명령에 효과적으로 종속되는 시기와 규칙적으로 교대된다"(Smith, 2003: 34).[25] 자본주의 발전에 필연적인 국가와 세계시장의 변증법은 자본주의 세계시장과 마찬가지로 자본주의 국가 역시 자본주의적 사회관계의 핵심에 존재하는 근본적 비합리성과 사회적 적대를 해결할 수 없음을 보여 준다. 따라서 세계적 양극화에 대한 해결책은 신자유주의적 세계화의 가속화에서 찾을 수 없는 것은 물론이고 오늘날 일부 진보진영이 제시하는 '민족경제'의 강화나 "글로벌 거버넌스"(이른바 '포스트 워싱턴 콘센서스'[26])의 수립에서도 찾을 수 없다. 앞에서 논의됐듯이 케인스주의의 전성시대인 전후 '황금시대'에도 세계적 양극화가 계속 진전됐다는 사실은 세계적 양극화에 대한 처방을 케인스주의로의 회귀에서 찾는 관점에 대해 의문을 제기하게 한다. 선후진국 간 불평등의 심화와 제3세계 국가들 간의 경제적 수렴을 배경으로 G20, 메르코수르(Mercosur, 남미공동시장), 혹은 BRICs 등이 이른바 '반둥 정신'을 재현하는 듯이 보이지만, 이들 역시 세계적 양극화에 대한 진정한 좌파의 대안이 될 수 없다. 혹은 아리기(Arrighi, 2003)가 기대하듯이 중국과 동아시아의 부상이 세계적 양극화 경향의 해결책이 될 수도 없다.[27] 이는 이들이 대외적으로 아제국주의적 경향을 보이며 제국주의 간 갈등을 부추기고 있다는 사실, 그리고 노무현의 한국이나 룰라의 브라질에서도 신자유주의가 확대되고 소득분배의 불평등 심화, 사회적 양극화의 심화 현상이 나타났던 데서도 분명히 알 수 있다.

이 글에서 필자가 논의했듯이 세계적 양극화 경향이 자본주의 세계 체제 그 자체에서 가치법칙의 작용의 결과라면, 세계적 양극화 경향의 근본적 해결 역시 국가나 시장이 아닌 '국가와 시장 간의 교대 운동, 진자 운동' 자체의 혁명적 전복, 세계시장에서 가치법칙의 작용 그 자체의 지양을 통해서만 가능하다.

4장

21세기 미국 제국주의: 마르크스주의적 분석

1. 문제 제기

소련·동유럽 블록 붕괴 이후 마르크스주의의 대중적 호소력은 급격하게 약화돼 왔다. 1990년대 들어 세계화와 디지털혁명의 담론이 득세하는 속에서 마르크스주의는 진보진영에서도 주변화됐다. 마르크스주의의 주요 구성부분이었던 레닌의 제국주의론도 '사회주의 생산양식론' 등과 함께 경제사상사 서가의 한 귀퉁이로 밀려났다. 1990년대 진보진영의 세계정치경제 분석의 담론은 세계화론이었다.

그러나 이와 같은 제국주의론의 기각과 이의 세계화론으로의 대체

이 장은 정성진(2003a)을 보완한 것이다. 이 장의 초고는 2001년 9·11 대미 테러 이후 미국 부시 정권의 일방주의, 테러와의 전쟁이 전면화되는 정세에서 쓰였고, 세계체제론의 미국 헤게모니 쇠퇴론이 주된 비판 대상이었기 때문에, 미국 최강제국주의론에 과도하게 의존한 부분이 있다. 이는 21세기 유럽 제국주의를 검토한 5장의 논의로 균형이 잡혀야 한다.

는 미국 제국주의가 지배하고 있는 세계정치경제에 대한 진보진영의 정확한 이해와 대응을 방해하고 있다. 제국주의론의 현재성은 역설적이지만 얼마 전까지만 해도 '미제'라고 입만 벙긋해도 '빨갱이'로 몰았던 지배 이데올로그들이 스스로 미국 제국주의라는 용어를 거리낌 없이 구사하고 있는 데서도 확인된다. 탈냉전 후 미국의 지배 이데올로그들은 '새로운 제국주의'(New Imperialism)의 필요성을 주장해 왔는데,[1] 이는 9·11 대미 테러 이후 완전히 노골화됐다. 2001년 12월 9일자 〈뉴욕 타임스〉에 따르면 대표적인 '새로운 제국주의' 싱크탱크인 '새로운 미국의 세기를 위한 프로젝트' 그룹의 도널리(T Donnelly)는 영토가 아니라 가치와 자유시장 자본주의를 표방하는 "새로운 자랑스런 미국 제국주의에 대한 지지"를 표방하면서, "미국이 제국주의적 권력인지를 둘러싼 논쟁은 이제 끝났다. 미국 제국은 실존한다. 이제 우리의 과제는 이 미국 제국을 갖고 어떻게 할지를 생각하는 것"(Baker, 2001)이라고 주장했다. 나이(J Nye, 2002) 등 부르주아 국제정치경제학자들도 미국의 세계 지배를 당연한 것으로 생각하면서 단지 그 효율적 지배 방식을 두고 논쟁하고 있다. 그런데도 진보를 자처하는 이들이 오히려 제국주의의 이론과 현실을 부정하고 이를 세계화라든지 '제국' 등의 완곡어법으로 에두르거나 기껏 신자유주의 정도로 축소해 비판하는 것은 당혹스럽다. 하지만 1999년 시애틀에서 시작된 대안세계화운동과 2001년 9·11 대미 테러는 일부 진보진영이 기각했던 제국주의론의 부활을 촉구하고 있다. 페트라스(J Petras, 2001: 62, 66)가 지적한 대로, "미국 기업의 점증하는 권력"과 "미국 제국주의의 제패"를 지칭하는 "암호" 혹은 이를 "은폐하는 이데올로기적 가면"에 불과한 세계화 개념에 비해, "제국주의 개념이 오늘날 부와 권력의 집중, 자본의 집중 및 경제공황으로부터 이익과 손실의 분배를 정의하는 데 훨씬 정확"한 것으로 입증되고 있다.

이 장은 마르크스주의 제국주의론에 기초해 오늘날 미국이 지배하는 세계정치경제의 구조와 주요 경향을 추출하는 것을 목적으로 한다. 먼저 2절에서는 논의를 위한 이론적 전제로 레닌의 제국주의론의 이론적·역사적 한계를 검토한 후, 21세기 세계화 국면의 제국주의는 레닌의 제국주의론보다는 마르크스의 경제학 비판 체계의 직접 적용을 통해 더 잘 설명될 수 있음을 보인다. 그다음 3절에서는 세계화 국면에 편승해 최근 진보진영에서 크게 유행하고 있는 네그리와 하트의《제국》을 비판하는 형식을 빌려 마르크스주의 제국주의론의 타당성을 재확인한다. 4절에서는 세계체제론의 주장과는 달리 1980년대 이후 미국 제국주의의 권력은 위기와 모순 속에서도 '달러-월스트리트 체제'(Dollar-Wall Street Regime)의 성립을 통해 오히려 재편·강화됐으며, 이는 자본축적 조건의 개선을 토대로 한 것임을 입증한다. 아울러 1990년대 이후 세계화 조건에서 IMF와 세계은행, WTO 등과 같은 다자간 국제기구의 역할과 활동이 비약적으로 증대돼 '글로벌 거버넌스'(global governance)가 운운되고 있지만, 이는 세계화 조건에 미국 제국주의가 세계적 헤게모니를 관철하는 새로운 형식에 지나지 않음을 보일 것이다. 5절과 맺음말에서는 미국 제국주의의 세계적 헤게모니의 재편·강화가 내적 모순의 심화와 병행하고 있음이 지적된다.

2. 마르크스주의 제국주의론의 재구성

1) 레닌의 제국주의론의 한계

레닌(V Lenin)은 19세기 중반 산업혁명 이후 영국에서 확립된 자본주의가 19세기 말~20세기 초를 경계로 새로운 발전단계로 이행했다고 주장했다. 레닌은 이 자본주의의 새로운 발전단계를 제국주의라고 규정하고, 그 역사적 지위를 독점자본주의, 기생적이고 부패한 자본주의, 사멸하는 자본주의로 요약했다(레닌, 1989). 레닌의 제국주의론은 그동안 마르크스주의 경제학의 역사에서 대체로 독점자본주의 단계론과 동일시돼 왔다. 자본주의 발전이 제국주의 단계에 도달하면 경쟁이 제한되고 독점이 경쟁을 대체한다는 해석이 그것이다. 그러나 이와 같은 독점자본주의 단계론은 레닌의 제국주의론을 '독점의 경제학'으로 왜소화하고, 레닌이 제시한 제국주의의 다섯 가지 특징 중 독점과 금융자본 및 자본수출 등 세 가지 경제적 특징을 특권화하는 반면, 세계시장에서의 '국가, 즉 자본' 간의 경쟁적 투쟁에 관한 특징, 특히 다섯 번째 열강의 지정학적 경쟁과 군사적 대결에 관한 특징은 19세기 말~20세기 초 자본주의의 특수한 정세를 반영한 것이란 이유로 과소평가하거나 무시한다.

그러나 이와 같은 레닌의 제국주의론과 독점자본주의 단계론의 동일시는 레닌이 말한 제국주의의 다섯 가지 특징이 독점에서 시작해 열강의 식민지 재분할 투쟁으로 끝난다는 사실을 제대로 음미하지 못한 것이라고 할 수 있다. 레닌이 말한 제국주의의 다섯 가지 특징을 하나의 변증법적 총체로 이해해야 한다면, 다섯 가지 특징의 결론인 정치군사적 특징을 경시해서는 안 된다. 오히려 레닌과 부하린(N Bukharin)의 제국주의론에서 결정적으로 강조되는 점은, 자본주의가 제국주의의 국면으로 들어서게 되면 생산이 고도로 집적된 결과 경쟁이 민족국가의 경계를 넘어 세계적 규모로 전개되고, 이와 같은 세계시장에서의 국민적 자본 간의 경쟁이 국가를 매개로 한 자본들 간의 경쟁적 투쟁, '국가, 즉 자본' 간의 군사적 및 경제적인 경쟁적 투쟁으로 발전한다는 사실이다. 레닌의 제국주의론의 문제설정의 합리적 핵심은 자본주의의 불균등발전의 진전과 이에 따른 제국주의 간 경쟁 즉, 국민적 자본과 국민국가들 간의 경제적·정치군사적 경쟁의 격화 및 이에 따른 제국주의 간 전쟁의 필연성과 '약한 고리'에서 형성되는 혁명적 정세에 이론적·실천적으로 대응하는 것에 있었으며, 이는 오늘도 여전히 유효하다고 할 수 있다. 예컨대 오늘날 세계화와 함께 제국주의 간 경쟁이 소멸하고 초제국주의적(Ultra-imperialism) '제국'(Empire)이나 '초국민 국가'(transnational state)가 형성됐다거나 미국 최강제국주의(Super-imperialism)가 승승장구하고 있다는 하트와 네그리, 로빈슨 (Robinson, 2014), 파니치·긴딘(Panitch and Gindin, 2012) 등의 편향을 정정하는 데서 레닌의 제국주의론은 효과적이다.

그러나 레닌의 제국주의론은 이와 같은 정세적 타당성에도 불구하고 중요한 방법론적·역사적 한계를 갖고 있다. 레닌의 제국주의론은 무엇보다 '다수자본'의 경제적 경쟁의 측면을 상대화함으로써 제2인터내셔널 마르크스주의와 스탈린주의에 고질적인 독점자본주의 단계론으로 왜곡·변질될 소지를 제공했다. 레닌은 제국주의를 자본주의의 한 발전단계, 즉 이른바 독점자본주의 단계의 현상으로 이해했지만, 제국주의는 오히려 자본주의의 역사와 함께 작동하고 있는 자본주의에 고유한 역사적 경향으로 이해돼야 한다. 레닌과 달리 마르크스는 독점과 제국주의를 경쟁의 제한이 아니라 새로운 형태의 격화된 경쟁, 즉 경쟁의 새로운 형태라고 이해했다.[2] 제국주의의 독점자본주의 단계론적 해석은 마르크스의 자본주의 개념과 상치될 뿐만 아니라, 현대자본주의의 현실과도 부합되지 않는다. 또 독점자본주의 단계론은 힐퍼딩(R Hilferding)과 카우츠키(K Kautsky)에서 보듯이 제2인터내셔널 마르크스주의의 '초제국주의론'(ultra-imperialism)으로 쉽게 연결됐다.

한편 레닌은 힐퍼딩의 금융자본 개념을 거의 전적으로 수용했는데,

이는 생산자본과 화폐자본의 융합이라는 동시대 독일 자본주의의 경험을 특권적으로 일반화한 것으로서 생산자본과 화폐자본의 분리를 특징으로 하는 오늘날 금융 세계화 조건의 자본주의를 설명하기 힘들다. 또 자본수출을 제국주의의 핵심 특징으로 설정하는 레닌의 제국주의론으로 오늘날 세계 최대의 자본수입국인 미국 제국주의를 설명하는 데는 한계가 있다. 나아가 레닌의 제국주의론에는 제국주의의 '역사적 지위론'에서 보듯이 자본주의에 고유한 역동성을 과소평가하는 부분이나 파국론적 전망으로 경도된 부분들도 있다. 레닌의 주장과는 달리 자본주의 발전의 현실적 경향은 경쟁의 억제와 독점에 의한 경쟁의 대체 또는 생산력의 정체가 아니라 경쟁의 격화와 생산력의 지속적 발전이었다.

또 21세기 제국주의는 지구 전체가 사실상 자본주의로 전일화된 조건에서의 제국주의라는 점에서 19세기 말~20세기 초의 고전적 제국주의와 구분된다. 우드(E Wood)가 지적하듯이, "오늘날 제국주의는 자본주의와 비자본주의 세계 간의 관계보다는, 세계자본주의 체제 내의 관계와 더 깊은 관련을 가진다. 현대제국주의는 자본주의의 '보편화'라 부를 수 있는 맥락 속에서 진행되고 있다. … 오늘날 제국주의는 자본주의 시장 세력들이 세계 구석구석에서 승리하도록 보장하는 것, 그리고 그러한 시장 세력들을 가장 강력한 자본주의 국가들, 특히 미국의 이해에 유리하도록 유도하는 것과 더 깊은 관련을 가진다. 이는 단지 특정한 영토를 지배하는 문제가 아니다. 세계경제와 세계시장 전체를 언제 어디서나 지배하는 문제인 것이다"(우드, 2000: 88~89). 따라서 제국주의를 주로 자본주의적 생산양식과 비자본주의적 생산양식의 지리적 접합 및 정치군사적 지배관계로 정의한 레닌의 제국주의론으로 21세기 세계화 국면의 제국주의를 이해하는 데는 한계가 있다.

2) 마르크스의 경제학 비판과 제국주의론

진보진영의 많은 논자들은 상술한 레닌의 제국주의론의 문제점을 이유로 제국주의 개념 자체를 기각한다. 레닌의 제국주의론의 현실 적합성을 부정하는 하트와 네그리는 물론이고, 1980년대 이후 미국 제국의 권력이 강화됐다고 주장하는 파니치(L Panitch)도 제국주의라는 개념 대신 '제국'이라는 개념을 선호한다. 파니치는 제국주의라는 용어가 '외인적'(outside-in) 측면과 제국주의 간 경쟁을 강조하고, 경제주의적 오류를 갖고 있기 때문에 부적절하다고 주장한다(Gowan et al, 2001: 17).

하지만 레닌을 비롯한 고전적 제국주의론의 문제점이 마르크스주의 제국주의론 자체를 포기하는 논거가 될 수는 없다. 물론 오늘날 마르크스주의 제국주의론은 이미 그 방법론적·역사적 한계가 분명해진 레닌의 제국주의론에 의거해서는 정확하게 정식화될 수 없다. 사실 오늘날 제국주의를 설명하기 위해 레닌의 제국주의론, 특히 독점자본주의 단계론, 독점적 초과이윤 이론이나 식민지 초과이윤 이론 등을 끌어올 필요는 없다. 제국주의 개념은 오히려 마르크스의 경제학 비판의 문제의식을 복원하는 것을 통해 더 잘 구성될 수 있으며, 마르크스의 경제학 비판에 의거해야 21세기의 제국주의, 즉 자본주의의 세계적 보편화로서 오늘의 제국주의가 정확하게 이해될 수 있다.

마르크스의 경제학 비판의 직접 적용을 통한 제국주의론 구성의 전범은 민족개량주의로 타락하던 제2인터내셔널에서 고전적 마르크스주의의 전통을 수호하기 위해 투쟁했던 로자 룩셈부르크(R Luxemburg)의 《자본축적》(1913)에서 찾을 수 있다. 그녀는 마르크스의 《자본론》 2권의 확대재생산표식에 의거해 제국주의란 자본주의의 확대재생산을 위해 필요한 잉여가치의 실현 장소로서 비자본주의 영역을 자본주의로 편입시키는 현상이라고 설명했다. 이와 같은 로자 룩셈부르크의 설명

방식은 물론 문제점이 적지 않지만, 마르크스의 《자본론》의 추상 수준에서 제국주의 현상을 이론적으로 설명하려고 시도한 점은 높이 평가돼야 한다.

그런데 마르크스의 경제학 비판 체계에는 로자 룩셈부르크가 주목했던 확대재생산표식 이외에도 제국주의론의 요소들이 풍부하게 포함돼 있다. 그중에서도 《공산당 선언》(1848)에 제시된 자본의 세계성에 대한 인식과 《자본론》의 국제가치론은 핵심적이다. 마르크스는 《공산당 선언》에서 자본주의의 세계성을 강조하면서, 자본주의가 처음부터 세계자본주의로 출발했고 세계자본주의로서만 존재할 수 있음을 강조했다. 마르크스는 자본주의의 역동성은 자본주의의 보편화·세계화를 결과시킨다고 봤다. 150여 년 전에 쓴 자본의 세계성에 관한 《공산당 선언》의 유명한 문장들은 세계화가 운운되는 21세기 세계를 묘사한 것으로 보일 정도다. 즉, 자본주의는 이미 150여 년 전부터 세계화된 자본주의였다. 인류의 1/3이 소련·동유럽 블록에 살고 있었던 1980년대 이전에 비하면, 세계화가 시대의 화두가 되고, 인터넷으로 세계가 실시간으로 연결돼 있는 오늘, "부르주아지는 자신의 모습대로 세계를 창조한다"는 마르크스의 묘사는 그것이 쓰인 150여 년 전보다 더 설득력 있게 들린다.

그리고 마르크스의 《자본론》에서 정식화돼 있는 국제가치론('세계시장에서 가치법칙의 수정명제')은 제국주의의 본질인 국가 간 수탈과 자본주의 세계체제의 불균등발전을 이론적으로 설명할 수 있는 요소들을 제공한다.[3] 특히 발전된 자본주의 국가와 덜 발전된 자본주의 국가 간의 가치이전을 분석하는 마르크스의 국제가치론은 오늘날 제국주의를 설명하는 중요한 방법론을 제공한다. 오늘날 세계자본주의의 불균등발전은 레닌의 자본수출론보다는 마르크스의 국제가치론, 특히 국제적 부등가교환이론으로 더 잘 설명될 수 있다. 마르크스는 생산력이 더 발전한 나라(부국)의 1시간의 노동으로 만들어진 상품이 세계시장에서 생산력이 그보다 덜 발전한 나라(빈국)의 더 많은 시간의 노동으로 만들어진 상품과 교환되는 국제적 부등노동량교환 과정에서 빈국으로부터 부국으로의 가치이전이 발생한다고 봤다. 국제적 가치이전을 설명하는 마르크스의 국제가치론은 그 자체로 제국주의론이라고 할 수 있다. 왜냐하면 "제국주의는 기본적으로 한 나라에 의한 다른 나라로부터의 가치의 체계적 전유"(Carchedi, 2001c: 216), 다시 말해 "국제적 가치의 체계적 전유, 즉 제국주의 나라의 자본주의 기업이 피지배국의 기업(및 '독립적' 생산자)으로부터 체계적으로 가치를 영유하는 것"(Carchedi, 2001a: 155)이기 때문이다.[4]

프리먼(A Freeman, 2001: 207)의 추계에 따르면, 1995년 세계시장에서 미국의 1노동시간은 인도의 80노동시간과 교환됐는데, 이 비율은 1980년의 두 배였다. 이는 1980년 이후 국제적 부등노동량교환에 의거한 빈국에서 부국으로의 가치이전, 즉 제국주의적 수탈이 증대되고 있음을 보여 준다. 세계화는 국제적 가치이전을 심화시켰으며 이에 따라 1980년대 이후 세계적 규모에서 부익부 빈익빈 현상이 더욱 심화됐다.

다음 〈표 4-1〉에서 보듯이 1980년대 이후 발전도상국 전체는 평균적으로 전혀 성장하지 않았으며 그 결과 선진국과 발전도상국의 경제적 격차가 더욱 확대됐다. 또 다음 〈표 4-2〉에서 보듯이 선진국의 1인당 소득 대비 발전도상국의 1인당 소득의 비율은 1961~1997년에 동남아시아 지역을 제외하고는 모두 저하했다. 즉, OECD 제국 대비 1인당 소득의 비율은 사하라 사막 이남 아프리카 지역의 경우 1961~1965년 3.4퍼센트에서 1996~1997년 1.5퍼센트로, 라틴아메리카 지역의 경우 1961~1965년 15.4퍼센트에서 1996~1997년 11.2퍼센트로 저하했다. 따라서 일부 세계화론자들이 주장하는 세계적 수렴 명제, 즉 "자본주의의 지구적 구조조정을 통한 세계적 수렴이 남북, 중심-주변, 혹은 제1세계-제3세계로의 세계의 지리적 분단은 아직 의미 있다 하더라도 그 중요성이 덜해지고 있다"(Burbach and Robinson, 1999: 27~28)는 등의 주장은 사실과 부합되지 않는다.

〈표 4-1〉 선진국과 발전도상국의 1인당 소득 성장률: 1960~1998년

(단위: %)

	1960~1979년	1980~1998년
OECD	3.4	1.8
발전도상국	2.5	0.0

자료: Magdoff(2002: 3).

〈표 4-2〉 선진국 대비 발전도상국의 1인당 소득 비율:
1961~1997년(1990년 불변가격)

(단위: 달러)

	OECD	사하라 이남 아프리카	라틴 아메리카	동남 아시아	남아시아	북아프리카 및 중동
1961~1965년 1인당 평균소득	9,015	306	1,391	155	185	1,232
OECD에 대한 비율(%)						
1961~1965년	100.0	3.4	15.4	1.7	2.0	13.7
1971~1975년	100.0	2.7	13.7	1.8	1.6	15.7
1981~1985년	100.0	2.2	13.6	2.4	1.6	13.6
1991~1995년	100.0	1.6	11.3	3.8	1.7	8.8
1996~1997년	100.0	1.5	11.2	4.6	1.8	8.5
1996~1997년 1인당 평균소득	21,540	326	2,405	982	395	1,826
1961~1997년 연평균 성장률(%)	2.7	0.2	1.7	5.7	2.3	1.2

자료: Weeks(2001: 20).

자본의 세계성 및 국제적 가치이전과 함께 마르크스주의 제국주의론의 재구성에서 중요하게 고려해야 하는 것은 자본의 세계화와 국가화의 변증법이다. 세계자본주의에는 자본의 두 가지 상반된 경향, 즉 자본의 세계화 경향과 국가화 경향이 항상 동시에 모순적으로 작용하고 있다. 여기에서 부하린처럼 국가화 경향을 특권화하거나, 반대로 오늘날 세계화론자들처럼 세계화 경향을 특권화하는 것은 옳지 않다. 중요한 것은 이 모순적 경향을 통일적으로, 즉 변증법적으로 이해하는 것이다. 이때 이 모순의 주요한 측면은 세계화 경향이며, 부차적 측면은 국가화 경향이다. 물론 그렇다고 해서 자본의 세계화가 지배적인 국면에서는 자본의 국가화 경향이 나타날 수 없다거나 자본의 국가화 경향으로부터 야기되는 국가자본주의 간의 정치군사적 경쟁이 지배적인 국면이 나타나지 않는다는 뜻은 아니다.

자본의 세계화 경향과 국가화 경향 간의 관계는 마르크스가 정식화한 이윤율의 저하 경향과 상쇄 경향 간의 관계와 같다. 즉, 자본의 세계화 경향은 끊임없이 자본의 국가화 경향에 의해 상쇄된다. 20세기 초부터 1960년대까지는 오히려 자본의 국가화 경향이 우세했다. 이것이 1928년 이후 1960년대까지 소련·동유럽 블록의 폐쇄적 국가자본주의적 축적 방식이 그 나름대로 성공할 수 있었던 객관적 조건의 하나였다. 그러나 제2차세계대전 이후부터는 자본의 세계화 경향이 자본의 국가화 경향을 현실적으로 압도하기 시작했다. 제국주의는 자본주의에 내재한 세계성의 발현이지만, 구체적으로는 자본의 세계화 경향과 국가화 경향의 모순적 통일로서 전개된다. 마르크스주의적 제국주의 개념이 "군사력이든 아니면 더 세련된 수단에 의해서든 국민과 토지를 정치경제적으로 광범위하게 지배하는 것", 또는 "제 나라 자본가계급을 온갖 수단으로 지지하는 중심국들이 세계경제를 지배하기 위해 서로 경쟁하면서 주변국에 대해 지배와 권력을 행사하는 세계체제" 그리고 "헤게모니 국가들과 약소국들의 관계에서 군사적 정복과 경제제재의 위협, 그리고 다른 나라 정부와 영토를 실질적으로 지배하기 위한 힘의 행사"(Tabb, 2001: 123)로 정의될 수 있다면, 혹은 "경제적 수탈, 정치적 재식민화(political recolonisation) 및 군사적 개입"(Katz, 2002)으로 요약될 수 있다면, 이는 21세기 세계정치경제를 총체적으로 이해하기 위해 여전히 유효하다.

3. '제국'인가, 제국주의인가?[5]

마르크스주의 제국주의 개념에 입각할 때, 오늘의 세계는 미국 제국주의가 지배하는 자본주의로서, 또 이른바 세계화는 미국 제국주의의 세계적 지배의 확장 과정으로서 이해될 수 있다. 그런데 최근 하트와 네그리는 《제국》에서 마르크스주의 제국주의 개념을 부정할 뿐만 아니라 미국 제국주의 지배의 현실도 부정한다. 그들은 오늘날 세계에는 어떤 중심도 존재하지 않는다고 주장한다. 오늘날 "제국은 개방되고 확장되는 경계 속으로 전 지구 영역을 점진적으로 포함시켜 가는 탈중심화되고 탈영토화된 규칙의 기구다. … 이런 스무스한 제국의 공간에 권력이 들어설 자리는 없다. 권력은 모든 곳에 존재하는 동시에 아무 곳에도 존재하지 않는다. 제국은 유토피아라는 단어의 어원이 뜻하는 '존재하지 않는 장소(non-place)'다"(Hardt and Negri, 2000: xii, 190).

그들이 주장하는 제국은 제국주의 간 경쟁이 부재하다는 점에서 카우츠키의 초제국주의와 유사하다(Chingo and Dunga, 2001). 그들이 말하는 제국에서는 민족국가와 민족국가 내부의 권력관계가 "새로운 주권적 초민족적 세계 권력"에 의해 침투되고 "몇몇 제국 권력들 간의 갈등과 경쟁은 중요한 측면에서 단일한 권력 개념으로 대체돼, 이것이 그들을 모두 중층결정하고, 통일적 방식으로 구조화하며, 또 이들을 결정적으로 포스트식민주의적이며 포스트제국주의적인 공통적 권리 개념으로 취급하고 있다"(Hardt and Negri, 2000: 9~10).[6] 하트와 네그리의 제국에는 제국주의 간 갈등이 부재할 뿐만 아니라 중심적 헤게모니도 존재하지 않는다. 그들에 따르면 제국의 권력은 일종의 "네트워크 권력"이다.[7] 이로부터 그들은 미국 제국주의 지배라는 개념의 현실성을 명시적으로 부정한다. "오늘날 미국은 그리고 어느 나라도 제국주의 프로젝트의 중심을 형성하지 못한다. 제국주의는 끝났다"(Hardt and Negri, 2000: xiv. 강조는 필자).

제국주의 개념의 현실성을 부정하는 하트와 네그리는 당연히 민족주의 혹은 제3세계 개념의 의의도 모두 부정한다. "제3세계주의적 전망은 종전에는 좀 쓸모가 있었을지 몰라도 이제는 완전히 무용지물이 됐다. … 우리는 민족국가의 권력에 향수를 느끼는 것 혹은 민족을 찬양하는 정치를 부활하는 것은 중대한 실수라고 생각한다. … 민족국가의 권력 쇠퇴와 국제 질서의 해체는 '제3세계'라는 용어의 효과성을 결정적으로 종식시켰다"(Hardt and Negri, 2000: 264, 336, 333).

하트와 네그리는 제국의 시대에는 민족국가 자체가 의미를 상실했기 때문에 세계화에 대해 민족국가를 대립시키는 것은 반동적이라고 주장한다. "혹자는 생산적인 '생정치'(bio-politics)의 세계가 이에 대한 어떤 지배형태를 여전히 요청한다고, 또 현실적으로 우리는 거대 정부를 파괴하는 것을 목적으로 할 것이 아니라 그것을 우리 수중에서 통제할 것을 목표로 해야 한다고 반박할지도 모르겠다. 우리는 그토록 오래 사회주의와 공산주의 전통을 괴롭혔던 이런 환상에 종지부를 찍어야 한다"

(Hardt and Negri, 2000: 349).

하트와 네그리는 포스트포드주의 사회이론과 포스트모더니즘 방법론을 원용하면서 오늘날 세계는 자본주의를 넘어서 탈자본주의·탈근대 단계로 가고 있다고 주장한다.[8] 하트와 네그리는 오늘날 서비스화·정보화에 따라 이른바 "비물질적 노동(immaterial labor)"[9]의 중요성이 증대하고 이에 따라 마르크스의 가변자본 개념도 유효성을 상실했다고 주장한다.[10]

이들은 비물질적 노동의 비중 증대에 따라 소외된 노동이 아닌 "감정노동"(affective labor) 혹은 로버트 라이시(Robert Reich)가 말하는 "상징분석가"(symbolic analyst)의 비중이 증대할 것이기 때문에 정보화의 진행 자체가 자본주의의 극복 및 공산주의의 도래를 가능하게 할 것이라고 전망한다. "오늘날 생산성, 부 및 사회적 잉여의 창조는 언어적, 의사소통적 및 애정적 네트워크를 통한 협업적 상호작용의 형태를 취한다. 그리하여 자신의 창조적 에너지를 표현하는 비물질적 노동은 자발적이고 초보적인 공산주의의 잠재력을 제공하는 것으로 보인다"(Hardt and Negri, 2000: 294).

그러나 이상과 같은 하트와 네그리의 현대의 진단은 완전히 잘못된 것이다. 우선 정보화에도 불구하고 이른바 비물질적 노동은 세계자본주의의 중심부에 한정된 현상이며, 세계적 범위에서는 물질적 노동이 여전히 압도적이라는 사실이 지적돼야 한다.[11] 네그리와 같은 자율주의자인 다이어-위데포드(Dyer-Witheford, 2001)조차 하트와 네그리가 '제국'의 노동 상층부의 비물질적 노동을 특권화하면서 여전히 '제국'의 노동의 저변에서 확대재생산되고 있는 물질적 노동과 '궁박노동'(immiserated labor)의 현실을 무시하고 있는 점을 비판한다. 또 '상징분석' 노동 혹은 '감정노동' 등 소외되지 않은 노동은 극히 일부에 국한되며 이들의 소외되지 않은 노동, '감정노동'은 압도적 다수의 소외된 혐오스런 노동의 희생을 바탕으로 한 것이기 때문에 그 자체로 바람직한 것이 아니라 변혁돼야 할 성질의 것이다.

오늘날 세계에 아무런 중심이 없다는 하트와 네그리의 핵심 주장은 너무나 현실과 동떨어진 주장이다. 오늘날 세계화는 미국 자본의 지배력의 세계적 확장이기 때문이다. 물론 오늘날 제국주의는 지구가 자본주의로 사실상 전일화된 조건에서의 제국주의라는 점에서 고전적 제국주의와 구분된다. 그러나 하트와 네그리는 오늘날 세계화를 고대 로마제국에 비유하면서 제국주의의 자본주의적 본질을 부정하고 제국주의를 초역사적 개념으로 변형시키고 있다. 하지만 하트와 네그리가 주장하는 것처럼 오늘날 세계는 가치론의 경계를 넘어선 세계, 즉 자본주의를 넘어선 세계가 아니다. 오늘날 세계화가 무엇보다도 자본의 세계화이기 때문에 세계화 조건의 제국주의는 자본주의 모순의 문제설정으로, 즉 자본과 노동의 모순 관계로 분석해야 한다. 실제로 세계화와 함께, "국가는 '침식'되는 것이 아니라 자본주의적 발전 프로젝트에 따라 재구조화되고 있으며, 이 과정에서 가난한 사람들과 나라들이 희생되면서 사적 이윤이 증대되고 있다"(Radice, 2000: 10~11). 세계화는 자본의 세계화로서 고삐 풀린 국제금융자본의 운동이 지구를 휩쓸면서 자본의 논리를 세계 인민에게 강요하는 과정일 뿐이다.

자본주의와 제국주의 같은 마르크스주의의 핵심 개념의 현실성을 부정하는 하트와 네그리가 마르크스주의 정치의 핵심인 노동자운동의 중심성을 부정하는 것은 당연하다. 그들은 다음과 같이 주장한다. "오늘날 우리는 19세기와 20세기 주요한 부분을 통해 발전해 온 제도적 노동자 조직들과 같은 전통적 저항 형태들이 힘을 잃고 있음을 본다. 다시 한 번 새로운 저항의 유형이 발견돼야 한다"(Hardt and Negri, 2000: 308).

그들은 전 세계 노동자운동이 새로운 공세로 전환하는 획기로 이야기
되는 1990년대 후반 프랑스와 한국의 총파업도 다음과 같이 폄하한다.
"파리와 서울의 총파업은 우리를 대공장 노동자 시대로 되돌아가게 하
는 것 같다. 이는 죽어 가는 노동자계급이 마지막 숨을 몰아쉬는 것 같
은 형국이다. 이들 투쟁은 처음부터 이미 늙었고 시대에 뒤떨어진 것으
로 보인다"(Hardt and Negri, 2000: 56). 하트와 네그리는 '제국'의 변혁
의 주체로 노동자계급이나 인민이 아니라 이른바 '다중'(multitude)을
주장한다. 그러나 '다중' 개념의 주창에서 분명하게 드러나는 하트와 네
그리의 계급분석의 포기에 대해서는 같은 자율주의자들 내부에서도 비
판이 제기되고 있다.[12]

　하트와 네그리가 결론에서 제안하는 이른바 제국에 대한 세 가지 대
안 즉, (1) 세계시민권, (2) 사회적 임금 수령권, (3) 지식정보 공유권은
실제로는 이들이 부정하는 민족국가를 전제 혹은 매개로 하지 않고서
는 실현될 수도 없는 것들이다.[13] 무엇보다 이들 요구는 제국에 전혀 무
해한 체제 내적 요구들이다. 즉, 이 요구들은 마르크스주의적 사회주
의 대안이 아니라 사회민주주의적 개량주의 프로젝트일 뿐이다. 하트
와 네그리는 세계화의 대안을 미국 헌법 정신의 실현에서 찾기조차 한
다. 또 그들은 진보진영이 세계화의 흐름에 맞설 것이 아니라 그것을 이
용해야 할 것이라고 권고한다. "제한된 국지적 자율성을 목적으로 하는
프로젝트로는 제국에 저항하지 못한다. … 자본의 세계화에 저항할 것
이 아니라 그 과정을 가속시켜야 한다. … 제국은 오직 자신의 일반성
의 수준에서 그것이 제공하는 과정을 현재의 한계를 넘어서도록 압박
을 가함으로써만 효과적으로 맞설 수 있다. 우리는 세계화의 흐름을 수
용해 글로벌하게 사고하고 생각하는 법을 배워야 한다. 세계화에는 '대
항-세계화'(counter-globalization)로 대처해야 하고 제국에는 '대항-

제국'(counter-Empire)으로 대처해야 한다"(Hardt and Negri, 2000: 206~207). 하트와 네그리가 보기에 제국에 대항하는 것은 제국의 길에 동참하는 것을 통해서만 가능하다. 이로부터 하트와 네그리는 제국을 찬양하기조차 한다. "우리는 제국이 다중의 관점에서 봤을 때 이전의 권력 패러다임에 비해 덜 나쁘다고, 혹은 더 좋다고 생각한다"(Hardt and Negri, 2000: 353). 하트와 네그리의 '제국론'의 실천적 함의는 미국 제국주의가 주도하는 세계화의 승인과 투항이다.

4. 21세기 미국 제국주의의 세계적 헤게모니의 재구성

1) '달러-월스트리트 체제'의 성립

제2차세계대전 후 미국 제국주의의 세계적 헤게모니는 IMF-GATT 체제, 즉 '금 1온스=35달러'의 태환을 보장하는 고정환율제도를 핵심으로 하는 브레턴우즈 체제로 집약된다. 하지만 브레턴우즈 체제는 전후 '황금시대' 동안 유럽과 일본의 고도성장에 따른 미국의 절대적 경쟁 우위의 상실, 국제수지 적자의 누적 및 미국 경제의 구조적 위기의 심화에 따른 인플레이션 때문에 1960년대 말부터 제대로 작동할 수 없게 됐으며 결국 1971년 8월 닉슨의 금 태환 중지 선언과 함께 붕괴됐다.

그런데 브레턴우즈 체제의 붕괴는 흔히 오해되듯이 미국 제국주의의 세계적 헤게모니의 약화를 의미하는 것이 아니었다. 브레턴우즈 체제의 해체는 오히려 국제통화제도를 달러 본위 체제로 전화시켜 미국 자본의 지배권을 되살리려는 전략의 일환이었다. 1971년 8월 닉슨의 금 태환 중지선언은 미국이 금 등에 대한 달러의 고정적 가치유지를 위해 노력해야 할 의무를 더 이상 준수하지 않겠다는 의지의 표명이었다. 달러의 금 태환이 중지되고 변동환율제도로 이행하면서 미국은 세계의 명목 준거지표(nominal anchor) 국가로서 물가안정을 유지할 책임에서 해방되면서도 여전히 기축통화 발행국으로서 특권을 누릴 수 있었다. 브레턴우즈 체제의 해체 이후 달러의 가치는 사실상 미국 재무부의 뜻대로 오르내릴 수 있게 됐다(Panitch and Gindin, 2012).

고완(2001)은 브레턴우즈 체제의 해체 이후 성립한 이와 같은 달러본위의 변동환율제도를 '달러-월스트리트 체제'라고 명명했다. 고완은 미국이 '달러-월스트리트 체제'의 가동을 통해 '황금시대' 동안 상실한 미국의 세계적 헤게모니를 만회하기 시작했다고 주장한다. 고완에 따르면 '달러-월스트리트' 체제의 운용은 달러와 미국 중심의 국제금융시장이라는 두 가지 핵심적 메커니즘에 좌우됐으며, 이를 통해 미국은 과거의 브레턴우즈 체제 시절보다 국제통화와 금융관계에 훨씬 큰 영향력을 발휘할 수 있게 됐다. "우선 미국은 달러 가격을 마음대로 결정할 수 있었다. … 또한 금융시장의 흐름과 추세는 미국 재무부와 FRB의 조치에 따라 얼마든지 달라질 수 있었다. 따라서 닉슨은 그 어느 때보다도 강력한 지렛대를 워싱턴에 안겨 준 셈이었다"(고완, 2001: 51~62).

1970년대 이후 '달러-월스트리트 체제'의 출현은 이 시기 국제금융자본 분파의 대두를 배경으로 한 것이면서 동시에 국제금융자본 분파의 권력 강화, 이른바 '화폐적 제국주의'(monetary imperialism)의 성립을 촉진했다(Hudson, 2003). 실제로 1970년대 이후 국제금융자본의 대두는 1968~1973년을 경계로 한 자본주의의 '황금시대'의 종식, 자본주의의 구조적 위기의 개시를 배경으로 하고 있다. 1970년대 이후 이윤율이 저하하는 실물 생산부문에서 빠져나온 자본이 금융부문으로 유입되면서 국제금융자본의 권력이 증대됐던 것이다. 1971년 브레턴우즈 체제의 해체 이후 미국의 닉슨 정부가 주도한 '금융억압'(financial repression)

의 폐지, 즉 금융 규제 완화에 따른 금융 자유화, 금융 세계화 과정은 이를 더 강화했다. 즉, 1974년 닉슨의 자본통제 철폐 조치는 "국제금융 관계가 각국 중앙은행의 통제에서 벗어나 점차 민간 금융기관을 중심으로 이뤄지도록" 했으며, 동시에 1973년 유가인상으로 발생한 석유달러의 서방 은행으로의 환류를 가능하게 했다(고완, 2001: 54~57). 국제금융자본은 케인스주의적 민족국가의 틀을 기초로 했던 '황금시대'의 국제화(internationalization)와는 다른 차원의 이른바 금융 세계화를 이룩했다. 미국의 월스트리트는 이런 국제금융자본의 새로운 세계적 중심으로 부상했다.

미국 중심의 국제금융자본의 세계경제 지배 기구인 '달러-월스트리트 체제'는 1990년대 들어 세계화가 본격화되면서 '월스트리트-미국 재무부-IMF 복합체'(Wall Street-Treasury-IMF complex. Wade and Veneroso, 1998)의 형태로 미국 제국주의 권력의 중심으로 부상한다. 미국 주도의 국제금융자본 체제, 즉 '달러-월스트리트 체제' 혹은 '월스트리트-미국 재무부-IMF 복합체'가 기존의 전통적인 미국의 지배체제인 '군산복합체'(military industrial complex)에 중첩된 것이 21세기 미국 제국주의의 지배구조다. 1980년대 이후 미국 정부는 소련·동유럽 블록의 미국 제국주의 지배체제로의 종속적 편입과 일본을 중심으로한 동아시아 국가자본주의 경제의 신자유주의 체제로의 전환과 아메리카화를 위해 '달러-월스트리트 체제'를 활용했다. '달러-월스트리트 체제'는 1985년 '플라자 합의'(Plaza Accord)와 1995년 '역플라자 합의'(reverse Plaza Accord)를 통해 달러와 엔화 및 마르크화와의 환율 변동을 조작했는데, 이 과정에서 당시 급속하게 성장하던 일본 경제가 장기불황에 빠지고, 고속 성장하던 동아시아 신흥공업국이 1997~1998년 금융위기를 맞게 됐다. 1990년대 이후 미국의 세계적 헤게모니는 전 세계가 불황에 빠진 가운데 미국만이 '신경제' 호황을 구가함으로써 더욱 강화됐다.

2) 경제적 헤게모니의 회복

1970년대 들어 브레턴우즈 체제의 해체와 베트남 전쟁에서의 패전 이후 쇠락하는 것으로 보였던 미국 제국주의의 세계지배 체제는 1980년대 이후 미국의 축적 체제가 금융 주도 축적 체제로 전화하면서 단기간에 재편·회복됐다. 1980년대 이후 미국은 레이건과 대처의 신보수주의 반혁명 및 금융 세계화 공세를 통해 국내 경기회복과 세계적 규모에서 헤게모니의 만회에 성공했다.

그러나 월러스틴(I Wallerstein)이나 아리기(G Arrighi)와 같은 세계체제론자들은 베트남 전쟁 패전 후 미국의 세계적 헤게모니가 쇠퇴하고 있다고 주장한다(Wallerstein, 2002; Arrighi and Silver, 1999). 이들은 미국의 세계적 헤게모니 쇠퇴 주장의 근거로 1980년대 이후 동아시아 경제에 대비한 미국 경제의 상대적으로 열등한 성과를 공통적으로 지적한다. 예컨대 월러스틴은 1997~1998년 동아시아 금융 위기 폭발 직전까지도 아시아가 21세기 세계경제의 중심이 될 것이라고 예측하다가 위기가 폭발하자 이는 동아시아 경제 기적의 파탄이나 미국 헤게모니의 재확립을 뜻하는 것이 아니라 동아시아가 세계경제의 새로운 중심으로 부상하는 과정에서 발생한 "크게 중요하지 않은 사소하고 일시적인 사건일 뿐이며, 아마 그 바탕 위에서 진행되고 있는 일본 또는 일본·중국 또는 일본·동아시아의 부상을 조금도 변화시키지 못할 것"(월러스틴, 1999: 309~310)이라고 주장한다(Arrighi and Silver, 1999: 274~275도 참조).

그러나 1970년대 이후 미국에서 산업공동화의 가속과 일본 및 동아시아에서 산업자본의 강력한 대두를 보고 미국의 경제적 위상의 추락을 예측했던 당시의 연구들은 브레턴우즈 체제 붕괴 이후 금융자본의 운동을 중심으로 미국의 세계경제에 대한 헤게모니가 재강화되는 추세를 정확하게 읽지 못한 것이라고 할 수 있다. 다음과 같은 월러스틴의 주장은 전혀 사실과 부합되지 않는다. "미국 정부가 헤게모니의 쇠퇴 추세를 역전시키기 위해 실제로 할 수 있는 것이 거의 없었기 때문에 미국 정부는 이 추세를 그냥 무시하기로 했다. 베트남 철군으로부터 2001년 9월 11일까지 지배했던 것은 이와 같은 정책이다"(Wallerstein, 2002: 64).

미국 헤게모니 쇠퇴론은 실증적으로 지지될 수 없다. 1990년대 이후 미국 경제는 이른바 '신경제' 호황과 주요 경쟁국이었던 일본과 독일의 경제침체에 힘입어 이들의 추격권에서 거의 완전하게 벗어났다. 〈표 4-3〉에서 보듯이, 미국은 1970년대까지는 당시까지 고속으로 성장했던 독일과 일본의 추격을 받았으나, 1980년대 독일과 일본 경제가 침체 국면으로 접어들고 1990년대 이후 미국 경제가 '신경제' 호황을 구가하면서부터 미국 경제는 GDP 성장률, 노동생산성 성장률과 같은 거시경제 성과 지표에서 독일과 일본에 대한 명백한 상대적 우위를 확보하게 됐다. 게다가 1990년대 후반 미국의 연구개발 투자는 미국 다음으로 연구개발 투자를 많이 하는 7개국의 연구개발 투자를 합계한 것과 같았다(Brooks and Wohlforth, 2002: 23)는 사실은 미국 경제의 우위가 중장기적으로 유지될 수 있는 가능성을 보여 준다.

1990년대 이후 미국 경제의 상대적 우위는, 〈그림 4-1〉에서 보듯이 독일, 일본 등 미국을 제외한 주요 선진 자본주의국에서는 1970년대 이후 시작된 이윤율의 저하 경향이 1980~1990년대에도 지속되고 있는 것에 비해, 미국 경제의 이윤율은 1980년대 이후 상승 추세로 역전된 것

<표 4-3> 미국, 일본 및 독일의 경제 성과:
1960∼2000년(연평균 성장률, 단 실업률 제외)

(단위: %)

	1960∼1969년	1969∼1979년	1979∼1990년	1990∼2000년
GDP				
미국	4.6	3.3	2.9	3.2
일본	10.2	5.2	4.6	1.3
독일	4.4	3.6	2.2	1.9
노동생산성				
미국	2.5	1.3	1.2	1.8
일본	8.6	4.4	3.0	0.9
독일	4.3	3.0	1.5	1.7
실업률				
미국	4.8	6.2	7.1	5.3
일본	1.4	1.7	2.5	3.5
독일	0.8	2.1	5.8	8.2

자료: Brenner(2002: 47).

<그림 4-1> 미국, 일본 및 독일의 제조업 순이윤율: 1948∼1999년

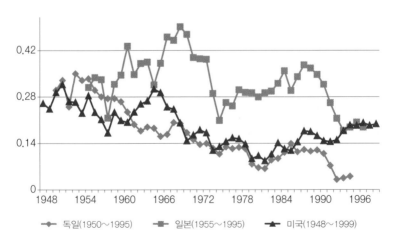

자료: Brenner(2002: 19).

으로 요약되는 자본축적 조건의 개선을 배경으로 한 것이다.[14]

오늘날 미국 경제의 규모는 일본 경제의 두 배나 된다. 아리기 등 세계체제론자들의 주장과는 달리 일본은 이미 미국과의 경쟁에서 탈락했다. 〈포천〉이 선정한 세계 500대 기업에서 일본 기업의 수는 1995년 149개에서 2001년 88개로 격감한 반면, 미국 기업의 수는 1995년 151개에서 2001년 197개로 대폭 증가했으며, 이에 따라 세계 500대 기업의 총수입(total revenue)에서 미국 기업이 차지하는 비중은 1995년 29퍼센트에서 2001년 42퍼센트로 급증했다. 한편 세계 500대 기업에서 유럽연합 기업의 수는 1995년 155개에서 2001년 143개로 약간 감소했지만 이들이 세계 500대 기업의 총수입에서 차지하는 비중은 1995년 28퍼센트에서 2001년 30퍼센트로 약간 증가했다(Hjelt, 2002).[15] 이를 감안할 때 오늘날 세계경제에서 미국에 대한 유력한 잠재적 경쟁 후보는 일본이 아니라 유럽연합이다(Carchedi, 2001b).

3) 정치군사적 헤게모니의 강화

1989~1991년 소련·동유럽 블록의 붕괴는 정치군사적 영역에서 미국의 세계적 헤게모니가 강화되는 획기적 계기였다. 미국은 1990년대 걸프 전쟁과 보스니아 전쟁, 코소보 전쟁과 아프가니스탄 전쟁, 21세기 들어 이라크 전쟁을 통해 군사적 수단에 의한 세계지배를 강화했다. 1980년대 이후 미국 제국주의의 헤게모니 강화는 국제금융자본이 주도한 신자유주의 반혁명 및 IMF, 세계은행, WTO, 나토, 유엔 등 국제기구를 통한 지배를 배경으로 한 것이다. 미국 제국주의가 식민지를 직접적으로 군사적으로 지배하지 않는다고 해서 고전적 제국주의 시기와 같은 군국주의적 성격이 약화됐다고 간주해서는 안 된다. 군사적 정복이라는 과거의 원칙이 무역 및 금융시장을 통한 지배라는 덜 폭력적인 수

단으로 전환됐다고 해서 세계가 더 평화롭게 된 것도 아니다. "오히려 군
사력은 제국주의 프로젝트에서 여전히 중심을 차지하고 있으며, 여러 면
에서 역사상 그 어느 때보다 더 중요하다"(우드, 2000: 89~90).[16] 1980년
대 이후 미국 제국주의의 세계적 헤게모니는 경제적 측면에서뿐만 아니
라 정치군사적 측면에서도 강화됐다.

〈표 4-4〉 주요국의 군비지출: 1990~2014년(2011년 불변가격 및 환율)

(단위: 10억 달러)

순위 (2014)	국가	1990	2000	2010	2014	자국 GDP대비	세계총합대비 (2014)
1	미국	527.1	394.1	720.2	577.5	3.5%	33.8%
2	중국	19.7	37	136.2	191	2.1%	11.2%
3	러시아	291.1	31.1	65.8	91.7	4.5%	5.4%
4	사우디 아라비아	24.8	27.6	47.9	73.7	10.4%	4.3%
5	프랑스	70.5	61.7	66.2	63	2.2%	3.7%
6	일본	47.8	60.3	59	59	1.0%	3.5%
7	영국	58.8	48	62.9	54.9	2.2%	3.2%
8	인도	18.8	27.7	49.2	50	2.4%	2.9%
9	독일	49.6	50.6	49.6	46.6	1.2%	2.7%
10	브라질	52.2	25.2	38.1	37.3	1.4%	2.2%
11	한국	15.1	20	29.9	33.1	2.6%	1.9%
12	이탈리아	36.9	43.1	38.9	31	1.5%	1.8%

자료: SIPRI Military Expenditure Database. www.sipri.org

〈표 4-4〉에서 보듯이 21세기 미국은 사상 유례없는 세계 최대의 군
사 초강대국이다. 2014년 미국은 미국 다음으로 군비지출을 많이 하는
7개국보다 군비를 더 많이 지출해 세계 군비지출 총액의 33.8퍼센트를

차지했다. 21세기 들어 중국의 군비지출이 급팽창하면서 2014년 세계 2위로 부상했지만, 2014년 중국의 군비지출 총액은 1910억 달러(2011년 불변가격)로 미국(5775억 달러)의 1/3에 불과했다. 중요한 것은 군비지출 규모의 절대적 우위라기보다 이와 같은 천문학적 군비지출이 2014년 경우 자국 GDP의 3.5퍼센트 정도밖에 되지 않았다는 사실에서 보듯이, 미국이 이와 같은 압도적인 군사적 우위를 경제에 큰 부담을 주지 않고 이룩했다는 점이다(Brooks and Wohlforth, 2002: 20~33). 이는 물론 군사적 우위만큼 압도적인 미국의 경제적 우위를 반영하는 것이기도 하다.

1990년대 이후 미국은 세계의 경찰 역할을 자임하면서 세계 도처의 이른바 위험지역에서 선별적 개입, 폭격 등을 통해 자신의 규칙을 강제해 왔다. 세계화 과정에서 실제로 이뤄지는 것은, 동의와 협조를 통해서이든, 노골적 폭력과 경제적 위협의 동원에 의해서이든, 각 민족국가들이 미국 권력에 예속되는 과정이다(Jameson, 2000: 66~67, 50~51).

탈냉전 시대에도 전쟁은 계속됐다. 탈냉전 후 1990년대 중반까지 다소 감소했던 세계 군비지출은 〈표 4-4〉에서 보듯이 1998년 이후 다시 증가 추세로 돌아섰다. 카우츠키의 초제국주의론 혹은 하트와 네그리의 '제국론'의 희망과는 반대로 탈냉전 후 세계화의 진전은 도리어 세계적 규모에서 군사적 충돌을 격화시키고 있다. 1999년 8월 1일 이전 1년 동안 지구상에는 10건의 국제전과 25건의 내전이 벌어졌으며 그 결과 11만 명이 사망했다(Baxter, 1999: 69). 미국은 탈냉전 시기의 이런 열전들을 의도적으로 도발했는데 이는 탈냉전 후 의문시됐던 미국 '군산복합체'의 군사적 효용을 재확인하기 위한 것이었다.

게다가 미국의 "구조적 권력"은 미국의 수출이나 GNP만으로는 측정될 수 없다(Panitch, 2000). 세계 최강의 압도적 군사력과 금융, 정보를 중심으로 한 새로운 경제력을 중심으로 한 "하드 파워"뿐만 아니라, 교육과 문화 및 "미국적 가치"의 세계적 규범화로 나타나는 "소프트 파워"를 종합적으로 고려한다면(나이, 2002), 오늘날 미국의 세계적 헤게모니가 과거보다 약화됐다고 말하기 힘들다. 미국은 심지어 미국의 국내법의 적용범위를 전 지구적으로 확장하는 다양한 시도를 하고 있다. 오늘날 "현실은 국가 주권 영역에서 비대칭적인 변화의 유형이다. 즉, 국제체제에서 대다수 국가들에서 주권이 현저하게 약화되는 경향과 함께 한 국가에 예외적으로 대권이 집중되고 있다"(Gowan, 2001: 85).

1970년대 이후 즉 닉슨부터 클린턴, 부시, 오바마에 이르는 시기에 미국의 세계적 헤게모니는 약화된 것이 아니라 재조직됐다. 흔히 오해되듯이 오늘날 조지 W 부시의 공화당 정권이 클린턴의 민주당 정권에 비해 더 제국주의적인 것이 아니다. 2003년 부시의 이라크 침략 전쟁에서 분명하게 확인된 21세기 미국 제국주의의 군국주의적 성격은 이미 1990년대 클린턴 정권에서 정초된 것이었다. 즉, 클린턴 시대에 전면에 부각된 월스트리트의 금융자본과 정보통신 자본이 이른바 신자유주의적 세계화라는 방식으로 미국 제국주의의 경제적 헤게모니의 재강화를 확고히 했다면, 클린턴 정권이 '인도주의적 개입'의 미명 아래 나토를 통해 수행한 코소보 전쟁은 탈냉전 후 미국 제국주의의 정치군사적 헤게모니 유지의 새로운 방식을 보여 주는 상징적 사건이었다(van der Pijl, 2001; Gowan, 2003). '국가-자본 연계'(state-capital nexus)에 기초한 '문호 개방 제국주의'(Open Door Imperialism)로서의 미국 대외정책의 본질은 부시 후 오바마 정권에서도 계속 유지되고 있는데, 이는 미국의 '거대 국가 전략'(Grand National Strategy)을 담당하는 백악관, 국무부, 국방부, 재무부 등의 30개 주요 부서의 장차관급 고위 관리 중 대기업 고위 임직원 출신이 클린턴, 부시, 오바마 정권에서 각각 50퍼센트,

73퍼센트, 73퍼센트였다는 사실에서 확인된다(van Apeldoorn and de Graaff, 2012: 599).

4) 국제기구를 통한 미국 제국주의의 세계지배

1990년대 이후 세계화가 진전되면서 IMF, 세계은행, WTO, WEF(World Economic Forum), G7, 나토, 유엔 등과 같은 다자간 국제기구의 활동과 역할이 비약적으로 증대했다. 세계화론자들은 물론이고 하트와 네그리 같은 일부 좌파들은 이와 같은 다자간 국제기구의 대두를 두고 '초민족적 기구'라든지, 보편적이고 중립적인 이른바 '글로벌 거버넌스'의 성립이라고 해석하면서 이것들이 제국주의 간 경쟁의 종식 및 일종의 초제국주의 내지는 세계제국의 성립의 전조라고 파악한다. 그러나 1990년대 이후 전면에 대두한 이와 같은 다자간 국제기구들의 본질은 초민족적이기는커녕 철저하게 미국의 자본과 국가에 봉사하는 미국 제국주의의 도구들이다.[17]

여기에서는 IMF와 세계은행, WTO, 나토, 유엔 등 5개 국제기구가 미국 제국주의의 도구로 활용되는 측면을 간략히 개관할 것이다.[18] 1990년대 클린턴 행정부는 이들 국제기구의 프로그램을 변경해 미국 제국주의의 지배를 위해 봉사하는 기관들로 거듭나게 했다(고완, 2001: 191~198). 그중 미국 제국주의의 세계경제 지배를 위해 봉사하는 주요한 국제기구는 IMF와 세계은행, WTO이며, 미국 제국주의의 정치군사적 세계지배를 위해 봉사하는 주요한 국제기구는 나토와 유엔이다. 구체적으로 "IMF와 세계은행은 국제신용을 규제하며, WTO는 국제무역과 특허를 규제하고, 나토는 천연자원(석유)의 통제를 규제하고, 유엔은 국가 간 모순을 규제한다"(Carchedi, 2001b: 156).

이 국제기구들 중 IMF와 세계은행은 제2차세계대전 이후부터 존재했지만, 1990년대 이후 미국 제국주의가 주도하는 신자유주의 세계화의 도구로 '재탄생'했다. 미국은 이런 국제기구의 외관상의 초국가적·지구적 권위를 이용해 자신의 제국주의적·권력정치적 본질을 은폐하고 있다. IMF와 세계은행은 미국 제국주의가 1980년대 이후 세계 각국에 강요하고 있는 신자유주의 구조조정을 집행하는 기구들이다. WTO도 지적재산권 문제를 중심으로 미국의 세계경제 지배를 공고히 하는 도구로 사용되고 있다. 그래서 이 국제기구들은 오늘날 반세계화 운동의 주요 공격 대상이 되고 있다.

(1) IMF

IMF는 세계은행과 함께 1944년 창설됐는데 이는 오늘날 주로 미국의 이익을 위해 세계경제를 관장하는 기구로 변질됐다. IMF 가맹국들은 그 나라 국민들의 필요가 아니라 그 나라 경제력에 비례해 의결권을 갖는다. 미국의 인구는 세계 인구의 5퍼센트에 불과하지만 IMF 의결권의 17퍼센트를 차지하고 있으며, G7(미국, 영국, 독일, 일본, 프랑스, 캐나다, 이탈리아)은 IMF 의결권의 45퍼센트를 차지한다. IMF는 전후 장기호황기에는 브레턴우즈 체제를 관장하는 기구로 기능했다. 하지만 이와 같은 IMF의 애초의 존재 이유와 기능은 1971년 닉슨의 달러의 금 태환 중지 선언과 함께 브레턴우즈 체제가 해체되면서 불투명하게 됐다. 그러나 브레턴우즈 체제가 해체된 후 주요 나라들이 변동환율제도로 이행하면서 세계 여러 나라에서 금융 불안정과 금융 위기 및 외채 위기가 빈발하자, IMF는 이들에 대해 이른바 'IMF 구제금융'을 제공하는 '국제적 최종대부자'로서 자신의 기능을 재발견·정립하게 된다. 이 과정을 미국 정부와 월스트리트의 금융자본이 주도하면서 IMF는 이른바 '월스트리트-재무부-IMF 복합체'의 한 구성 요소로 그 위상이 재정립된다. 이렇게 '재탄생'한 IMF가 철저하게 미국의 이익을 위해 봉사하고 있다는 사실은, 1997~1998년 동아시아 경제 위기 당시 이 지역에 구제금융을 제공한 IMF의 총재 캉드쉬의 다음과 같은 말에서도 입증된다. "우리가 여기에서 하고 있는 것은 미국의 세계 외교의 기본적 목적들과 부합된다"(《파이낸셜 타임스》, 1998년 2월 9일). 즉, 미국은 IMF를 미국의 이익을 일방적으로 관철시키기 위한 도구로 사용하고 있다. IMF는 제3세계와 옛 소련·동유럽 블록에 대한 달러-월스트리트 체제의 영향을 거의 전적으로 미국의 입장에서 관리하는 역할을 하고 있다. "IMF의 역할은 금융 위기가 발생한 나라가 국내적 조정을 잘 이뤄내 월스트리트에서 차입한 채무의 원리금 상환을 계속할 수 있도록 뒷받침하는 데 있다"(고완, 2001: 86). 즉, "IMF는 채권자를 돕기 위해 채무국 국민들에게 심각한 긴축정책을 강제한다"(Tabb, 2001: 132). 또 IMF가 관장한 1990년대 소련·동유럽 블록에서의 '충격요법'(shock therapy)은 과거 코메콘 차원의 권역적 산업연관을 해체하고 파편화된 블록의 각 나라들을 "부챗살 모양"으로 서방 세계에 종속적으로 편입시키는 작업을 주도했다(고완, 2001).

(2) 세계은행

세계은행은 제3세계에서 도로, 댐, 발전소와 같은 대규모 사회간접자본 건설에 필요한 자금을 융자하는 것을 취지로 창설됐다. 그러나 1980년대 이후 세계은행의 주요 업무는 IMF와 함께 외채 위기 또는 금융 위기에 빠진 발전도상국들에 대해 구조조정(Structural Adjustment) 대부를 제공하는 것으로 이동했다. IMF-세계은행은 그들이 대부하는 것보다 더 많은 금액의 이자 수입을 올리고 있다. 현재 세계은행이 발전도상국에 대부하는 금액의 대부분도 과거 대부한 것의 원리금 상환을 위한 것들이다. 발전도상국들은 IMF-세계은행이 제시하는 구조조정 계획을 받아들이지 않고서는 대부를 받을 수 없다. 그 결과 IMF-세계은행의 대부를 받는 나라들에는 시장개방, 민영화, 공공지출 삭감 등 신자유주의 구조조정이 강제된다. 그러나 IMF-세계은행의 구조조정 계획은 발전도상국의 경제 위기를 도리어 더 심화시켰다. 아프리카 많은 나라에서 IMF-세계은행이 강요한 구조조정 계획 때문에 기초적 의료지출이 삭감돼 유아사망률이 높아졌으며 에이즈가 확산됐다. 라틴아메리카에서 1980년대 이후 수출로 번 돈의 1/3 이상이 원리금 상환으로 날아갔다. "IMF-세계은행 체제 전체는 대서양 세계의 권력 놀음에 따른 비용을 '남반구'에 사는 대다수 인류에게 전가하도록 계획돼 있다"(고완, 2001: 283).[19]

(3) WTO

2001년 9·11 대미 테러 이후 조성된 세계적 공안정국을 틈타 11월 14일 카타르에서 제4차 WTO 각료회의가 열려 WTO 뉴라운드가 출범했다. 1995년 1월 1일 출범한 WTO는 공산품뿐만 아니라 농산물, 지적 재산권, 서비스 등 광범위한 영역을 무역과 연계해서 자유화하는 전 지구적 다자간 무역체제다. 그러나 WTO는 제3세계의 저개발과 빈곤을 해결해 주기는커녕 무역자유화를 구실로 제3세계 경제를 미국 등 제국주의 자본에 완전 개방함으로써 제국주의 자본의 이윤을 보장해 주는 역할을 수행해 왔다. WTO는 제국주의 자본의 요구를 대표하는 일종의 포럼이다. 1999년 시애틀에서 제3차 WTO 각료회의가 대안세계화운동의 표적이 된 것은 이 때문이다. 미국은 WTO를 이용해 해외시장을 개방하고 자국 산업을 적극 보호했다. 카타르에서 열린 제4차 WTO 각료회의에서 채택된 농업협정의 경우, 관세의 대폭 인하 및 농산품에 대한 국내 보조금 철폐라는 미국의 요구가 대부분 수용됐다. "실제로 미국은 WTO의 창설에 동의할 때도 WTO의 결정이 미국에 '불공정할' 경우 미국 정부는 이를 무시할 것임을 전제로 내세웠다. … 미국은 WTO 조직 바깥에서 쌍무적 협상을 통해 더 좋은 성과를 얻을 수 있을 경우에는 서슴없이 그렇게 하고 또 WTO의 원칙을 위배해 가면서 협상을 타결시킨다"(고완, 2001: 195). 그래서 부르주아 경제학자인 바그와티(J Bhagwati)조차 WTO의 "공격적 일방주의"(aggressive unilateralism)를 비난했다.

(4) 나토

탈냉전 후 나토는 소련 제국주의의 팽창에 대한 방어적 군사동맹기구로부터 유라시아 대륙에 대한 미국의 정치군사적 지배력의 확장을 위한 도구로 그 기능이 전화됐다. 탈냉전 후 나토의 확장(폴란드와 헝가리, 체코의 가입)은 1989~1991년 독일 통일과 소련 해체 후 한때 조짐을 보였던 유라시아 대륙에서의 미국과 대등한 정치경제 블록의 출현을 저지하고 유라시아 대륙 전체를 미국을 중심으로 하는 "부챗살 모양의 보호령 체제"(hub-and-spokes protectorate system)에 재편입시켜 미국의 정치군사적 헤게모니를 유지하기 위한 전략의 일부였다(Gowan, 2003: 17).

나토의 이른바 '인도주의적 개입' 뒤에는 1990년대 클린턴 정부가 주도했던 탈냉전 시대 미국 제국주의의 새로운 지정학적 전략이 가로놓여 있다. 1999년 미국의 나토를 통한 유고슬라비아 공격은 유럽 동맹국들에게 유럽 대륙 내에서 미국의 엄청난 군사력을 과시함으로써 유로화의 출범과 함께 강화되고 있는 유럽연합을 미국의 통제 아래 두고 또 1990년대 중반 이후 유럽에서 집권한 반신자유주의적 사회민주당 정부를 견제하기 위한 계산에서 이뤄진 것이기도 하다(van der Pijl, 2001: 303). 나토의 코소보 개전 직전 독일의 반신자유주의자 라퐁텐(Lafontaine) 재무부 장관의 사퇴는 이와 같은 미국의 의도가 관철됐음을 보여 주는 에피소드다. 또 나토의 확장은 카스피 해 연안의 석유와 천연가스 등 광물자원에 대한 미국 제국주의의 접근을 보장하기 위한 것이었다. 옛 소련의 붕괴와 유고슬라비아의 해체, 나토의 코소보 전쟁은 미국 제국주의 중심의 "초민족적 대서양 자본가계급"이 유럽의 "라인 자본주의"와의 경쟁에서 승리했음을 상징하는 사건들이다(van der Pijl, 2001).

(5) 유엔

유엔은 흔히 주장하듯이 평화를 바라는 세계 인류의 희망으로부터 탄생한 것이 아니라 제2차세계대전 종전 국면에서 주요 제국주의 국가들의 협상의 산물이었다. 유엔을 창설하는 협상을 지배했던 나라는 미국이었다. 미국이 유엔을 사실상 장악하고 있음은 전 유엔 사무총장 부트로스갈리(Boutros-Ghali)가 미국 정부의 말을 고분고분 듣지 않자, 즉 "세계 제일의 강대국과 협조하는 것의 중요성을 이해할 수 없는" 것으로 드러나자, 곧 코피 아난(Kofi Annan)으로 갈아 치운 1996년의 에피소드에서 잘 드러난다. 미국은 1991년 걸프 전쟁에서 유엔을 이용해 이라크 침공을 정당화했다. 소말리아와 보스니아에서 유엔은 평화유지군이 아니라 대량학살과 인종분규를 조장·방관했다. 르완다에서도 유엔은 대량학살을 방관하고 그 배후조종자를 보호했다. 이들 경우에서 유엔의 개입은 인도주의라는 명분 아래 수행됐지만, 실은 인권이나 국제법이 아니라 미국 제국주의의 계획에 의거한 것이었다(Baxter, 1999). 탈냉전 시대가 도래하면서 미국은 자국의 군사작전 수행을 위해 유엔을 이용하기가 점점 힘들어지자, 1999년 유고슬라비아 공격에서 보듯이, 나토를 키우는 식으로 방향을 전환했다. 미국은 조지 W 부시의 집권 이후, 특히 9·11 대미 테러 이후 유럽연합 제국주의와 러시아 제국주의의 대두에 따라 제국주의 간 갈등이 고조되자, 국제기구를 동원한 헤게모니 관철 방식을 거추장스럽게 여기면서 '일방주의'(unilateralism)로 치달았다.[20] 부시는 9·11 대미 테러를 '아버지' 부시가 시도했던 '새로운 세계질서', 즉 새로운 제국주의 지배체제 구축을 위한 호기로 활용했다. 부시는 2002년 다른 G7 정부와의 사전 조율 없이 일방적으로 이란, 이라크, 북한을 '악의 축'(axis of evil)으로 규정해 반테러 전쟁의 공격 대상으로 설정하고 '선제 보복'(pre-emptive retaliation) 노선으로 선회했다. 2003년 미국의 이라크 침공 역시 유엔을 무시하고 '일방주의적' 방식으로 수행됐다. 그러나 이와 같은 '일방주의'는 미국 제국주의 헤게모니의 외관상 위력과 내재적 취약성을 동시에 보여 주는 것이라고 할 수 있다.

5. 미국 제국주의 헤게모니의 한계

미국 제국주의가 사상 유례없는 권력을 구가하고 있지만, 난공불락의 요새는 아니다. 제국주의는 자본주의에 고유한 모순을 피할 수 없다. 1990년대 이후 미국 제국주의의 헤게모니가 강화된 시기는 안정되고 평화스런 시기가 아니라 체제의 불안정성이 증대됐던 시기였다. 1990년대 이후 미국 제국주의의 세계지배는 점점 더 강압적 지배와 착취적 '중상주의적' 지배로 전환됐다(Petras, 2002b). 이 점에서 21세기 미국 제국주의는 1950~1960년대 전후 '황금시대'의 팍스아메리카나와 구별된다. 제2차세계대전 후 자본주의의 '황금시대' 동안 미국의 세계적 헤게모니는 단지 '강제'에만 의존했던 것은 아니었다. '발전'을 통해 모든 나라들을 부유하게 해 준다는 '세계적 뉴딜'의 약속을 믿은 제3세계의 '동의'가 있었다. 이와는 대조적으로 1980년대 이후 미국의 새로운 권력은 국제금융시장의 조작을 통해 제3세계 및 제2세계 나라들의 부를 가차 없이 흡입하는 메커니즘에 의존했다. 1990년대 이후 미국의 '신경제' 호황 자체가 다른 선진국과 제3세계 나라들에 불황과 실업을 수출하는 것에 기초한 '제로섬'(zero-sum) 게임이었다. 제2차세계대전 후 1965~1973년에 이르는 장기호황 시기처럼 미국이 주도했던 세계경제를 구성하는 주요 나라들이 동시에 호황을 구가했던 '양합'(positive sum) 게임은 이제는 되돌아갈 수 없는 먼 옛날의 추억이다. 1980년대 이후 "미국의 권력이 부풀려지고, 부의 세계적 위계구조가 공고히 된 것은 국가 간 경쟁의 '제로섬' 혹은 '음합'(negative sum) 게임으로의 전환을 통해서였다"(Arrighi and Silver, 2001). 따라서 헤게모니를 '강제'와 '동의'의 결합이라는 그람시적 개념으로 정의한다면 1980년대 이후 미국의 헤게모니가 1950~1960년대 '황금시대'에 비해 더 강화됐다고 말하기는 힘들다. 특히 21세기 들어 부시 정권 치하에서 미국 제국주의는 신자유주의 모델보다 '국가주의적-중상주의적'(statist-mercantilist) 모델에 가까워졌다. "자유시장의 수사학"은 부시 정권에서도 여전히 지속됐지만, 이는 점점 "항구적 반테러 전쟁"이라는 군사적·국가적 수사학에 의해 압도됐다(Petras, 2002a). 2001년 9·11 대미 테러 이후 노골화됐던 부시의 '일방주의'는 그람시적 의미에서 미국 제국주의의 헤게모니가 오히려 약화되고 있는 증거로도 해석될 수 있다.

2001년부터 본격된 미국 경제의 불황과 2008년 이후 미국발 글로벌 경제 위기는 금융자본 축적이 주도해서 일시적으로 회복됐던 미국의 경제적 우위조차도 매우 취약하고 불안정한 기반 위에 서 있음을 보여 준다. 미국의 1990년대 중반 이후 '신경제' 호황이라는 것도 이른 바 새로운 축적 체제 형성의 신호가 아니라 〈표 4-5〉에서 보듯이 세계의 자본이 사상 유례없이 대규모로 미국에 유입돼 형성된 금융거품에 힘입은 것이었다. 1980년대 이후 시작된 미국 경제의 이윤율 상승은 1997~1998년 동아시아 경제 위기 및 세계경제 위기 이후 다시 저하하기 시작했는데, 미국 경제의 호황과 주가 상승은 자산효과(wealth effect)에 기초한 소비 증대와 세계 유휴 화폐자본의 대규모 미국 유입에 힘입어 2000년 3월까지 계속됐다. 지난 20세기 말 미국의 '신경제' 호황은, 브레너(Brenner, 2002)가 지적하듯이, '펀더멘탈'의 호전에 기초하지 않은 금융거품이었고, 따라서 꺼질 수밖에 없는 것이었다. 게다가 〈표 4-5〉에서 보듯이, 1990년대 후반 이후 2006년까지 매년 사상 최고 기록을 계속 경신했던 미국의 엄청난 경상수지 적자는 달러화 표시 자산의 가치 안정성을 위협하면서 결국 2007~2009년 미국발 글로벌 경제 위기의 한 단초가 됐다.

1990년대 미국 제국주의의 헤게모니 강화의 모순적 성격은 그것이 정치적으로뿐만 아니라 경제적으로도 군사적 수단에 크게 의존하고 있다는 사실에서 찾아볼 수 있다. 21세기 들어 유럽연합 제국주의와 중국 제국주의의 대두 및 러시아 제국주의의 재부상과 함께 제국주의 간 정치군사적 경쟁이 다시 고조되면서 미국 제국주의의 헤게모니가 위협받고 있다. 제국주의의 세계화 국면 자체가 제국주의 세계지배의 극한적 완성인 동시에 제국주의 세계지배가 최종적 한계에 도달했음을 의미한다. 19세기 말~20세기 초까지만 해도 자본주의 지역의 주변에는 자본주의가 자신의 모순을 전가할 수 있는 비자본주의 지역이 존재하고 있었다. 그러나 세계화와 함께 시장 논리가 지구 구석구석까지 파고들어

<표 4-5> 미국의 경상수지와 자본수지: 1980~2014년

(단위: 100만 달러)

	자본수출 (A)	직접투자	증권투자	자본수입 (B)	자본 순수출 (A-B)	무역수지	경상수지
1980	86,968	19,222	6,042	62,036	24,932	−19,407	2,318
1981	114,147	9,624	15,650	85,684	28,463	−16,172	5,029
1982	142,722	19,397	12,395	109,897	32,825	−24,156	−5,537
1983	74,690	20,844	2,063	95,715	−21,025	−57,767	−38,691
1984	50,740	26,770	3,498	126,413	−75,673	−109,074	−94,344
1985	47,064	21,241	3,008	146,544	−99,480	−121,879	−118,155
1986	107,252	19,524	8,984	223,854	−116,602	−138,539	−147,176
1987	84,058	39,795	7,903	251,863	−167,805	−151,683	−160,655
1988	105,747	21,701	4,589	244,008	−138,261	−114,566	−121,153
1989	182,908	50,973	31,166	230,302	−47,394	−93,142	−99,487
1990	103,985	59,934	30,557	162,109	−58,124	−80,865	−78,969
1991	75,753	49,253	32,053	119,586	−43,833	−31,136	2,897
1992	84,899	58,755	50,684	178,842	−93,943	−39,212	−51,613
1993	199,399	82,799	137,917	278,607	−79,208	−70,311	−84,805
1994	188,758	89,988	54,088	312,995	−124,237	−98,493	−121,612
1995	363,555	110,041	143,506	446,393	−82,838	−96,384	−113,567
1996	424,548	103,024	160,179	559,027	−134,479	−104,065	−124,764
1997	502,024	121,352	121,036	720,999	−218,975	−108,273	−140,726
1998	385,936	174,751	132,186	452,901	−66,965	−166,140	−215,062
1999	527,407	248,279	141,007	765,555	−238,148	−258,617	−295,530
2000	589,315	188,004	159,713	1,067,016	−477,701	−372,517	−410,756
2001	387,067	146,800	106,919	787,321	−400,254	−361,511	−395,328
2002	319,742	179,556	79,532	820,257	−500,515	−418,955	−458,087
2003	373,016	197,160	133,059	905,899	−532,883	−493,890	−521,342
2004	1,062,783	378,134	191,956	1,595,116	−532,334	−609,883	−633,768
2005	572,317	61,925	267,290	1,273,038	−700,721	−714,245	−745,434
2006	1,336,866	296,059	493,366	2,116,304	−809,148	−761,716	−806,726
2007	1,572,509	532,939	380,807	2,183,538	−617,251	−705,375	−718,643
2008	−309,468	351,724	−284,269	454,051	−730,572	−708,726	−690,789
2009	132,204	313,726	375,883	318,350	−230,962	−383,774	−384,023
2010	963,449	354,575	199,620	1,386,345	−436,972	−494,658	−441,961
2011	496,320	440,405	85,365	977,073	−515,759	−548,625	−460,354
2012	167,398	377,899	238,763	615,711	−441,249	−536,773	−449,670
2013	643,915	399,203	476,237	1,041,959	−395,831	−478,394	−376,760
2014	792,145	357,190	538,058	977,421	−239,648	−508,324	−389,526

자료: U.S. Department of Commerce. Bureau of Economic Analysis. Table 1.1. U.S. International Transactions. www.bea.gov

가, 소련·동유럽 블록이나 아프리카, 남아시아, 중앙아시아 등 오지에 어느 정도 남아 있던 비자본주의 지역까지 완전히 자본주의 세계체제에 편입됐다. 그래서 세계화 후 지구에는 자본주의가 자신의 모순을 전가할 수 있는 빈 공간은 존재하지 않게 됐다. 로자 룩셈부르크(2013)에 따르면, 자본 지배의 보편화 과정으로서의 세계화는 자본주의의 모순을 전가할 비자본주의 영역의 소멸을 의미하므로, 자본의 최종적 승리가 아니라 오히려 자본주의의 붕괴와 사회주의의 임박을 알리는 신호일 수 있다. 따라서 자본주의가 전 지구를 석권한 세계화 국면은, 후쿠야마(F Hukuyama) 등이 주장하듯이 자본주의 시장경제의 역사적 승리가 아니라, 오히려 자본주의 세계체제의 '마지막 비상구'의 폐쇄를 의미한다고 할 수 있다.

1990년대 이후 세계화가 가속되고 자본주의의 모순이 세계적 범위로 확대·격화되면서 자본주의와 제국주의에 대한 진보적 대안을 지향하는 민중운동이 세계적으로 고양되고 있다. 1999년 말 시애틀에서 시작된 대안세계화운동과 9·11 대미 테러 및 2003년 미국의 이라크 침공을 전후해 폭발적으로 고조된 반전운동, 2007~2009년 미국발 글로벌 경제위기는 '마지막 비상구'마저 막힌 미국 중심의 세계자본주의 체제가 거의 내파(內破) 상태에 이르렀음을 보여 준다.

6. 맺음말

포스트모더니즘으로 경도된 이들은 마르크스주의의 문제설정의 핵심 부분인 제국주의론을 부정하고 이를 세계화론 혹은 '제국론' 등으로 대체하는 경향이 있다. 그러나 이 장의 논의는 마르크스의 경제학 비판에 기초한 제국주의론이 21세기 세계정치경제를 인식하기 위해 여전히 유용함을 보여 준다. 아울러 세계화론, '제국론'과 같은 제국주의 해소론은 결국 미국 제국주의의 지배 아래 자본주의의 모순이 격화되고 있는 오늘날 세계의 현실을 은폐하고 왜곡하는 이론이라는 점을 확인했다. '비교자본주의론'의 입장에서 신자유주의에 반대하는 이들은 대체로 '자본주의 이외 대안 부재'의 전제 아래 '라인 모델'이나 '유럽연합 강화론' 혹은 '아시아통화기금'(AMF) 등에서 대안을 찾으려 한다. 이때 이들은 '앵글로-아메리카 모델'의 정치경제적 성과를 의도적·관념적으로 과소평가하고 미국 제국주의의 헤게모니의 약화 경향 혹은 모순을 과장한다. 벨로(W Bello, 2002)는 유럽연합이 미국 제국주의에 반대하는 투쟁에서 동맹 대상이 될 수 있다고 주장하면서 '미국 헤게모니에 반대하는 유럽-아프리카-라틴아메리카-아시아 동맹론'을 제창하는데, 이는 '자본주의 이외 대안 부재론'에 투항한 것이다(Callinicos, 2002). 데사이(R Desai, 2013)는 아예 미국의 헤게모니 또는 세계화라는 현상 자체가 존재한 적이 없다고까지 주장하면서 불균등결합발전과 제국주의 간 경쟁을 특권화하는데, 이 역시 1980년대 이후 미국 제국주의 헤게모니의 재구성이라는 역사적 사실과 상충된다. 반면, 미국 제국주의 헤게모니 약화론의 정반대 편향이라고 할 수 있는 미국 제국주의 헤게모니의 일방적 강화론, 미국 최강제국주의론 역시 적대와 모순으로 점철된 오늘날 제국주의와 자본주의의 현실, BRICs의 부상과 제국주의 간 경쟁 재연의 현실을 정확하게 인식한 것이 아니다(Callinicos, 2005a; Budd, 2014). 미국 제국주의 헤게모니의 일방적 강화론은 자칫 '제국론'과 같은 비관주의적 투항론이나 그 반사물로서 오늘날 세계의 모순의 핵심을 노자대립을 중심으로 한 자본주의 모순이 아니라 추상적 범주로서 '미국'에서 찾는 비계급적 민족주의, 이슬람 '근본주의'로 경도될 수 있다.

오늘날 미국 제국주의의 헤게모니의 모순의 핵심을 노자대립을 중심으로 한 자본주의 모순으로 파악하고 이에 대한 대중투쟁의 올바른 방향을 모색하는 것이 그 어느 때보다 중요하다. 1999년 시애틀 대안세계화운동 이후 세계적으로 고양되고 있는 반자본주의·반전운동과 노동운동은 그 출발점이 될 수 있을 것이다.

5장

세계화의 모순과 유로존 위기

세계시장공황에서는 부르주아 생산의 모든 모순이 한꺼번에 분출한다. 특수 공황(그 내용과 범위에서 특수적인) 모순의 분출은 단지 산발적이며 고립적이고 일면적이다(Marx, 1968: 534).

'조국방위'라는 반동적 슬로건에 대항해 민족국가의 혁명적 파괴 슬로건을 제출해야 한다. 자본주의 유럽이라는 난장판에 사회주의 유럽합중국 강령을 사회주의 세계합중국으로 가는 단계로서 대치시켜야 한다(Trotsky, 1940: 191).

1. 서론

2010년 5월 그리스의 국가 부채 위기와 함께 시작된 유로존[1] 위기는

이 장은 정성진(2014a)을 보완한 것이다.

부분적 회복 조짐에도 불구하고 아직 현재 진행형이다. 유로존 위기의
진앙지였던 그리스 등 주변부 나라들은 2013년에도 후퇴를 계속했다.
유로존 위기의 핵심 지표였던 국가 부채 비율은 〈그림 5-1〉에서 보듯이
2010년 위기 발발 당시보다 더 높으며, 〈그림 5-2〉에서 보듯이 실업률은
2010년 이전보다 훨씬 높은 상태가 계속되고 있다.[2]

유로존 위기에 대해서는 케인스주의 경제학을 비롯해 비판적 사회
과학 분야에서도 많은 연구가 이뤄졌다.[3] 하지만 마르크스주의적 접
근은 아직 많지 않다. 유로존 위기 발발 전에는 유럽연합이나 유럽화
폐통합(European Monetary Union, EMU) 문제에 대해 네오그람시
안 국제정치경제학과 개방적 마르크스주의 간의 논쟁을 중심으로 상
당한 연구가 이뤄졌다.[4] 하지만 유로존 위기에 대한 본격적인 마르크
스주의적 분석은 아직 소수다.[5] 이 장에서는 마르크스의 세계시장공

〈그림 5-1〉 유로존 국가의 GDP 대비 일반 정부 부채 비율, 2000~2013년

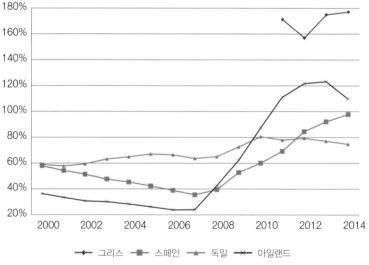

자료: Eurostat.

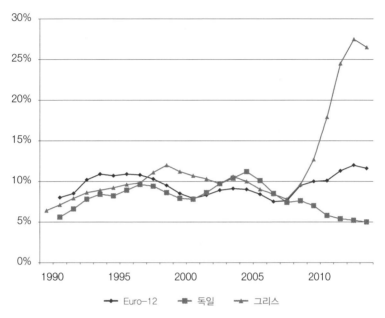

〈그림 5-2〉 유로존의 실업률, 1991~2013년

자료: AMECO.

황론의 관점에서 유로존 위기의 원인과 대안을 검토할 것이다.[6]

먼저 2절에서는 유럽연합과 EMU가 신자유주의 세계화와 유럽 제국주의 프로젝트의 모순적 산물로서 위기의 경향을 내포하고 있음을 보인다. 3절에서는 유로존 위기를 경상수지 적자와 재정 적자라는 '쌍둥이 적자'의 누적, 유로존 주변부 나라들의 경쟁력 약화, 불평등 심화, 금융화, 제도적 부정합 등에서 찾는 기존 견해를 비판적으로 검토한다. 4절에서는 그리스 위기를 사례로 유로존 위기의 근본적 원인은 실물경제에서 이윤율 저하 경향임을 보인다. 5절에서는 유로존 위기에 대한 국가의 대응과 신자유주의의 재구축 과정을 검토한다. 6절에서는 유로존 위기에 대한 좌파의 대응을 검토하고 마르크스주의적 대안을 모색한다.

2. 세계화와 유럽 통합의 모순

1) 신자유주의 세계화와 유럽 통합

유럽 통합이 세계화라는 초민족적 과정의 한 부분이었던 것과 마찬가지로, 유로존 위기도 지난 30년간 자본주의 세계화가 이룩한 세계경제의 고도의 상호의존성의 산물이었다(Bieler, 2012: 200; Michael-Matsas, 2010: 491). 유럽 통합은 세계화의 산물인 동시에 세계화를 다시 크게 촉진시켰다. 〈그림 5-3〉에서 보듯이 1989~1994년 유럽연합으로의 해외직접투자 유입은 연평균 829억 달러였는데, 글로벌 경제 위기 직전 해인 2007년 이 수치는 8591억 달러로 10배 이상 증가했다. 또 1989~1994년 유럽연합의 해외직접투자 유출은 연평균 1112억 달러였

〈그림 5-3〉 유럽연합에서 해외직접투자, 1970~2012년

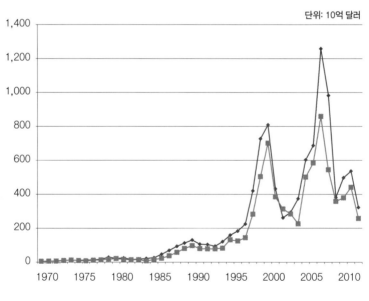

자료: UNCTAD STAT.
주: '유럽연합'은 유럽연합 27개국을 가리킴.

는데, 2007년 이 수치는 1조 2579억 달러로 역시 10배 이상 증가했다.

유럽 통합은 세계화의 산물인 동시에 신자유주의 프로젝트의 결과였다. 그랄에 따르면 지난 15년간 유럽 금융은 글로벌화된 미국 금융 체제에 완전히 종속됐다. 특히 독일의 금융에서 미국화는 두드러졌다.[7] 은행과 산업 간의 전통적 연계는 약화되고 대신 투자은행이 발전했다 (Grahl, 2011: 31-32). 유럽의 대서양 자본순환으로의 통합은 1999년 유럽연합집행위원회(European Commission)의 '금융서비스행동계획'에 의해 촉진됐으며, 이로부터 통합된 금융서비스 시장이 출현했다. 이것은 미국 모델을 적극적으로 모방하고 이와 연계되는 과정이었다. 헤지펀드, 보험회사 및 외국인 투자가들의 영향력이 증대됐으며 이에 따라 점차 앵글로색슨 주주가치 모델이 라인 모델을 압도하게 됐다. 2007년 말 미국 개인이 소유하는 외국인 지분에서 유럽연합의 비중은 주식에서 42퍼센트, 자산담보부증권(ABS)에서 53퍼센트였으며, 유럽연합의 총 해외 주식 투자 및 해외 자산담보부증권 투자에서 대미 투자의 비중은 각각 39퍼센트, 32퍼센트였다(Cafruny and Talani, 2013: 22).

유럽에서 신자유주의의 대두는 초민족적 유럽 자본의 헤게모니가 관철되는 과정이기도 했다. 1990년대 이후 유럽연합에서 초민족적 자본의 점증하는 구조적 권력을 배경으로 신자유주의가 득세하게 됐다(Bieler, 2012: 207, 209).

1980년대 말 및 1990년대 초 경제불황이 심화되면서 경쟁 압력이 강화되자, 스웨덴 초국적기업들의 유럽 타 지역으로의 입지 이전이 증가한 데서 보듯이, 헤게모니적 경제 이념이 케인스주의로부터 신자유주의로 이동했다(Bieler, 2012: 202). 이 과정에서 유럽연합 회원국으로의 가입은 신자유주의 이전의 케인스주의로의 복귀 가능성의 차단을 의미했다. 또 1990년대 이후 유럽연합의 중동부 유럽으로의 확대 전략은 자유화와 탈규제라는 유럽연합 규칙들의 수용을 요구했다. 실제로 중동부 유럽으로 수출된 유럽연합 모델은 매우 시장지향적인 신자유주의였다(Bieler, 2012: 202~203). 마스트리흐트 조약과 '안정성과 성장 협약'(Stability and Growth Pact, SGP)은 유로존 회원국들에게 재정 적자를 GDP 대비 3퍼센트 이내로 유지하고 국가 부채도 GDP 대비 60퍼센트 이내로 유지할 것을 강제했다. 마스트리흐트 조약에 명시된 유럽중앙은행(European Central Bank, ECB) 이자율 정책의 주요 목표는 물가안정이었다. 마스트리흐트 기준과 후속된 재정협약은 거시경제 정책을 단기적인 글로벌 금융시장에 종속시켰다(Cafruny and Ryner, 2012: 33, 39; Cafruny and Talani, 2013: 19).

유럽 통합은 그 자체 모순으로 가득 찬 과정이었으며, 유로존 위기는 이미 유로존 출발 시점부터 예정돼 있었다. 유로존 위기는 세계화론, 통합 이론을 중심으로 낙관주의가 팽배했던 주류 사회과학의 유럽연합 연구에 심각한 맹점이 있음을 드러냈다. 주류 통합 이론은 시장력을 탈정치화하고 시장에 기반한 통합의 내재적 합리성을 상정한 반면, 그와 같은 통합에 내재한 권력관계를 과소평가했고 유럽연합의 신자유주의적 기초로부터 비롯되는 불안정성을 간과했다(Cafruny and Ryner, 2012: 33, 35).

2) 신자유주의와 유로

주류 경제학자들은 유로는 환율변동에 따른 불확실성을 제거하고 경쟁력을 약화시킬 인플레이션을 저지함으로써 유로존 시민들의 일반적 후생을 증진시킬 것이라고 주장했다. 하지만 이번 유로존 위기는 이와 같은 주류 경제학의 주장이 근거 없는 낙관이었음을 보여 줬다. 이는 무엇보다 유로화 자체가 유럽의 거대 초국적기업과 금융기관의 이익에 봉사하기 위해 창출됐기 때문이다. 유로화는 금융화에 대한 거대 유럽 자본의 대응으로서 세계시장에서 유럽 자본에 더 나은 조건을 확보하려는 시도였으며, 유럽의 산업자본이 자국 노동자들에게 더 엄격한 규율을 강제할 수 있게 했다(Lapavitsas, 2013b: 385~386).

EMU는 신자유주의 구조조정 및 초민족적 세계화 과정의 일환으로 성립했다. 유럽 통합은 화폐와 법의 지배를 제도화했으며, 이는 자유주의 국가 목적을 강화하고 대중민주주의의 열망에 타격을 가하면서 자유민주주의 국가의 민주적 요소를 그것의 자유주의적 기초와 연계시켰다(Bonefeld, 2012: 64). 유럽 통합은 '1인 1표'의 민주적 이념, 즉 민주적 다수에 의한 통치 이념에 기초한 과정이 아니었다. 유럽 통합은 대중의 민주적·정치적 권리의 성취를 무력화시키고 이를 초민족적 법치와 화폐에 의한 통치로 대체했다. "군주의 공화국은 화폐 공화국이고, 그 구현체는 유럽중앙은행이며, 그 신민은 영토적으로 편제된 유럽 노동계급이다"(Bonefeld, 2012: 54, 56). 즉 유럽 통합을 추진했던 이념인 초민족주의(supranationalism)는 정치적 의사결정 과정에 대한 대중민주주의의 영향을 제한하고 노동자계급이 자국 정부에 압박을 가해 복지와 고용 보장을 획득할 수 있는 힘을 박탈하기 위한 장치였다.

유로존에서는 초민족적 금융정책이 국내적 고려로부터 절연된 독립적 중앙은행과 함께 정치적 결정의 역할을 제한하고 경제정책 결정을 사회갈등에 대한 케인스주의적 대응으로부터 분리시킨다(Bonefeld, 2012: 58~59). 마스트리흐트 조약에 명시돼 있듯이 유럽중앙은행과 그것의 금리정책의 최우선적 목표는 물가안정이었다(Bieler, 2006: 125). 유럽중앙은행은 처음부터 강하게 통화주의, 반케인스주의로 편향돼 있었다(Guttmann and Plihon, 2013: 364~365). EMU는 통화정책에서 정치를 제거하려는 시도였다. 유럽중앙은행은 경제정책을 폭넓은 정치적 책임성으로부터 분리함으로써 정부를 시장의 규율에 더 잘 따르게 했다(Bieler, 2006a: 121; Bieler, 2012: 199). 유로 통화체제는 국민적 제도들의 외부 또는 그 상위에 위치했다.[8] 유로는 본질적으로 모든 유로존 국가들에게 외국 통화이며, 이들이 처한 경제적 현실과 상관없이 이들을 경직적인 고정환율제도로 묶고 이들로부터 화폐주권을 박탈한다. 유로는 금본위제도와 마찬가지로 국민적 정부는 그 공급을 통제할 수 없다. 유럽중앙은행은 유로존 국가들의 최종대부자가 아니며, 유로는 유로존 국가들에게 외국 통화다(Aglietta, 2012: 20, 23). 예컨대 주변부 나라들이 차입한 유로는 그것이 법적으로 국내 통화라고 할지라도 최종적으로는 외국 통화로 작동한다(Lapavitsas, 2013a: 297). 이는 과거 케인스주의 체제에서 통화체제가 노자 간의 제도화된 국민적 타협을 지지하기 위해 그것에 종속된 것과 대조적이다(Boyer, 2013: 548).

한편 마스트리흐트 조약과 SGP는 반인플레 우선 정책을 재정정책에 대한 제약과 결합시켰을 뿐 그것이 야기한 불균형에 대한 교정 메커니즘을 제공하지 않았다(Stockhammer, 2014). 실제로 글로벌 경제 위기가 발발한 지 한참 후인 2008년 7월에도 유럽중앙은행은 기준금리를 3.75퍼센트에서 4.25퍼센트로 인상(!)했으며, SGP에 의거해 공공재정 감축과 긴축정책을 고집했다(Cafruny and Talani, 2013: 23). 2008~2010년 미국의 경기부양 지출은 GDP 대비 5.6퍼센트였던 반면, 같은 시기 유로존 국가들은 1.6퍼센트에 불과했다(Guttmann and Plihon, 2013: 369).

EMU는 긴축의 정치를 목적으로 한 초민족적 장치였다(Bonefeld, 2002a: 134). 유로존에서 국제적 경쟁에의 노출은 단일 시장 프로그램과 통화 통합을 통해 수행됐으며 회원국들 모두에 대해 자본에 이득이 되는 상당한 구조조정을 강요했다(Laskso and Tsakalotos, 2013: 137).

EMU는 참여 국가들을 국제경쟁에 노출시키기 위한 극단적 전략이었는데 이는 노동에 대한 지속적 구조조정을 통해서만 존재할 수 있는 것이었다. EMU는 전통적인 평가절하를 통한 국제경쟁력 유지 수단을 제거했으며 단지 임금 억압, 즉 "대내적 평가절하"(internal devaluation) 방안만을 남겨 뒀다(Overbeek, 2012b: 230).[9] 노동대중은 유로존 주변부뿐만 아니라 중심부에서도 체계적 공격을 받았다. 이런 의미에서 EMU와 유로화의 출범은 "자본가 권력의 특수한 조직 양식"의 맥락에서 이해돼야 한다(Sotiropoulos, Milios and Lapatsioras, 2013: 192). 즉 유로는 특정한 통화인 것을 넘어 자본의 특정한 착취 전략이며 자본가 권력의 형태다.[10]

EMU는 다음과 같은 측면에서 유럽에서 자본축적을 촉진할 것으로 기대됐다(Mavroudeas, 2013: 306). 첫째 통화 통합은 통화의 차이에 기인한 불안정성과 문제점들을 제거함으로써 공동시장을 확장시킬 것이다. 둘째 통화 통합은 자본 간 경쟁과 제국주의 간 경쟁을 더 잘 조율할 것이다. 이전에는 생산성이 낮은 자본은 생산성이 높은 자본으로부터의 경쟁을 경쟁적 평가절하를 통해서 대처할 수 있었다. 하지만 EMU와 함께 이와 같은 경쟁적 평가절하는 불가능하게 됐다. 셋째 통화 통합은 개별자본들에게 자신들의 수익성 문제를 자본 간 경쟁이 아니라 노동에 대한 착취 강화를 통해서만 해결할 수 있도록 했다. 즉, EMU가 원활하게 작동해 자본축적이 순조롭게 이뤄지기 위한 조건은 유럽 노동자계급의 순응이었다. 따라서 경제 상황이 악화하면서 대중적 저항이 분출할 경우, EMU와 유로 체제는 불안정화된다(Bonefeld, 2012: 64). EMU는 신자유주의 프로젝트에 더욱 강한 규율을 부과했는데 이는 역설적으로 EMU와 유로 체제를 위기에 더욱 취약하게 했다(Sotiropoulos, Milios and Lapatsioras, 2013: 204).

3) 제국주의 프로젝트로서 유로

EMU는 참여 국가들 모두에게 평등한 세계를 가져다줄 것으로 기대됐다. 1990년대와 2000년대 초 그리스, 포르투갈, 스페인, 특히 아일랜드는 유럽연합의 내부 시장에서의 자유무역 전략을 통한 성공적 추격 전략의 모범적 사례로 선전됐다(Bieler, 2013: 176). 그러나 이런 기대는 유로존 주변부 나라들 다수가 유로존 위기 국면에서 국가 채무 위기에 직면하면서 산산조각 났다. EMU는 독일을 중심으로 한 중심부 나라들의 경쟁력은 강화해 줬는데, 이는 유럽 남부 저발전 국가들의 희생을 대가로 했다. EMU가 성립돼 국민적 통화정책, 산업정책, 통상정책이 폐지되면서 유로존 내부의 경쟁이 절대우위에 기초한 경쟁으로 됨에 따라, 승자의 이득은 패자의 손실로 지불되게 됐으며, 유로존 중심부와 주변부 간의 불균등발전이 심화됐다(Mavroudeas, 2013: 306). 이로부터 유로존에서 발전이란 추격 없는 불균등결합발전에 지나지 않게 됐다(Bieler, 2013: 176~177).

세계화와 자본주의적 조건에서 유럽의 경제적·화폐적 통합은 유럽 여러 나라들 간의 사회경제발전의 불균등성을 폐지하기는커녕 도리어 심화시켰으며 원심력을 강화했다(Michael-Matsas, 2010: 491). 이는 무엇보다 독일과 같은 유로존 중심부 국가의 거대 기업들이 수출 주도 경제성장 전략, 즉 신중상주의(neo-mercantilism)를 추구했기 때문이다(Overbeek, 2012b: 228; Guttmann and Plihon, 2013: 365). 유로의 도입 자체가 유로존 중심국들, 특히 독일의 경제적 이익을 반영한 것이었다. 독일은 유로를 미국을 대신하는 제국주의 중심을 창출하기 위한 전략적 수단으로 간주했다(Carchedi, 2012: 298). 유로는 주로 독일 자본의 헤게모니가 유럽과 세계 무대에 행사되는 수단이었다(Lapavitsas, 2012: 289). 유로는 처음부터 독일 자본의 글로벌 이익을 확보하기 위한 수단으로 의도됐다. 유로는 세계준비통화로서 달러의 지위, 따라서 미국의 세계적 헤게모니에 도전할 수 있게 했다. 실제로 독일의 지배계급은 유로존을 관리하는 데 절대적으로 필요한 것 이상의 재정 부담을 지는 일이 없도록 통화 통합을 조직했다. 유로존 회원국들은 통화 통합으로부터 약간의 이득을 얻을 수 있겠지만, 이것이 독일의 지배계급에게 재정 부담을 지우게 해서는 안 됐다. 유로존에서 동질적 재정정책의 부재는 한편에서는 독일의 제한된 권력을 보이는 것이면서도 다른 한편에서는 통화 통합에 수반된 재정 비용을 최소화하려는 독일 자본의 의도를 반영한 것이었다(Lapavitsas, 2013b: 387). 한편 2003년 이라크 전쟁 당시 미국의 부시 정권의 일방주의에 대한 독일과 프랑스의 반발에서 보듯이, 미국의 경제적·금융적 경쟁자로 부상한 유로존 중심부 국가들은 그에 상응하는 군사력을 강화하면서 미국과 유럽 사이의 제국주의 간 경쟁도 재연되고 있다(Carchedi, 2006).

글로벌 경제 위기 이전 중-미 간 불균형과 유사한 현상이 유로존 중심부와 주변부 나라들 간에 나타났다. 독일의 수출업자들과 금융자본은 그 주된 수혜자였다(Laskso and Tsakalotos, 2013: 82, 86). 유로가 출범했을 때 독일 통화는 과소평가되고 주변부 국가들 통화는 과대평가됐는데 이는 유럽 시장에서 독일 제품의 경쟁력을 제고했다(Toussain, 2013). 유로는 유로존을 독일 자본의 사실상 국내시장으로 전환시켰다(Lapavitsas, 2013a: 293). 2009년 독일의 경상수지 흑자는 자그마치 2350억 달러로서 GDP의 6.4퍼센트에 달했는데, 그중 85퍼센트는 유럽연합 국가들과의 사이에서 발생했다(Cafruny and Ryner, 2012: 40). 그리스의 경우 유로존 가입에 따라 그리스의 기존의 응집된 체제가 와해됐지만 이는 더 경쟁력 있는 생산체제로 대체되지 못했다. 그리스 경제는 유럽 중심부의 부속물이 되고 말았다.[11] 그리스는 유로존 가입 이후 몇 가지 결정적 정책수단을 상실했으며 이는 그리스의 위기 대처 능력을 현저히 약화시켰다. EMU와 유로의 도입은 유로존 국가들의 수렴이 아니라 양극화로 귀결됐다(Overbeek, 2012b: 230).

하지만 유럽 통합 프로젝트는 독일 제국주의 이해가 일방적으로 관철되는 과정은 아니었다. EMU를 비롯한 유럽에서 신자유주의 프로젝트는 초민족적 사회세력들 간의 투쟁의 산물이다. 또 신자유주의 유럽 프로젝트를 주도한 것도 1983년 결성된 유럽원탁회의(European Round Table, ERT)로 상징되는 유럽 자본가계급의 '유기적 지식인'들이었다(Apeldoorn, 2014: 196~198). 유럽연합을 통해 구축된 거대한 국내시장은 유럽 자본이 세계시장을 정복하는 발판으로서 기능하고 외부 경쟁으로부터 유럽 자본을 보호해 줄 것으로 기대됐다. 유럽연합의 쌍무적 무역 전략은 '글로벌 유럽'(Global Europe)이나 '경제파트너십협정'(Economic Partnerships Agreements, EPA)에서 보듯이, 서비스, 투자 및 공공조달의 영역에서 해외의 새로운 시장을 개척하는 것을 통해 유럽 대기업의 국제경쟁력을 강화하려는 것을 목적으로 했다(Bieler, 2012: 206~207). 2006년 유럽연합의 '글로벌 유럽' 전략은 유럽연합의 공동무역정책 수립을 통해 기존의 유럽의 사회적 모델을 해체하는 동시에 유럽 자본의 이익을 위해서 발전도상국 경제들을 수탈하는 것이었다(Bieler, 2012: 203-204). '글로벌 유럽'은 발전도상국과 신흥시장을 고생산성 재화와의 교환으로 저생산성 재화를 교역하도록 강제하는 부등가교환 관계 속으로 고정시키는 메커니즘이었다(Bieler, 2013: 180). ERT도 초민족적 유럽 자본의 헤게모니 프로젝트를 입안해 규제 완화, 유연적 노동시장, 인프라 투자 등에서 신자유주의 모범사례의 벤치마킹을 통해 경쟁력을 강화하는 것을 목적으로 했다(Bieler, 2012: 206, 209). 유럽연합집행위원회가 주창한 '유럽 2020 전략'은 지역 고용정책의 지침으로서 유연안정성(flexicurity)과 함께 지식집약적 재화와 서비스 생산에서 경쟁력 강화와 지적재산권의 보호 및 발전도상국 시장의 유럽연합 기업들에게의 개방을 강조한다. '유럽 2020 전략'에 노동권이나 사회보장과 무상의료를 통한 탈상품화 같은 목표들은 누락돼 있다 (Nousios and Tsolakis, 2012: 252~253).

유로존 위기는 유로존이 유럽인들의 협동적 연합이긴커녕, 글로벌하게 작동하는 새로운 화폐를 수립하는 것을 목적으로 한 위계적인 통화 통합이었음을 보여 줬다(Lapavitsas, 2013b: 389). 이번 유로존 위기를 거치면서 이른바 '공통적인 유럽적 정체성'이라든가 유럽적 연대라는 것이 얼마나 취약한 것이었는지도 잘 드러났다. 그 대신 상충하는 국익이 다시 전면에 부상했다(Mavroudeas and Paitaridis, 2013). 유로존의 중심부와 주변부로의 양극화는 유로존 위기로 이어지면서 유로존 체제의 존속 자체를 위협하고 있다(Boyer, 2013: 551).

3. 유로존 위기의 원인에 대한 기존 이론 검토

이 절에서는 기존 연구에서 유로존 위기의 원인으로 제시되고 것들을 (1) 쌍둥이 적자, (2) 경쟁력 약화, (3) 금융화, (4) 불평등 심화, (5) 제도적 부정합 등 다섯 가지로 요약하고 이들을 마르크스주의적 관점에서 비판적으로 검토할 것이다.

1) 쌍둥이 적자

주류 경제학자들은 이번 유로존 위기의 원인은 유로존 주변부 나라들의 경상수지 적자이며, 이는 이 나라들의 방만한 재정에서 비롯된 재정 적자와 경쟁력 약화에 기인한다고 주장한다. 또 이 중 재정 적자가 경상수지 적자를 초래하는 메커니즘, 이른바 '쌍둥이 적자 가설'을 다음과 같이 도출한다.[12]

$$Y=C+I+G+(X-M+N) \text{------------------------------------}(1)$$
(Y: 국민소득, C: 민간소비, I: 투자, G: 정부지출, X: 수출, M: 수입, N: 순소득과 이전)

위 (1)식에서 경상수지(CA)는 다음과 같이 정의될 수 있다,

$$CA=X-M+N \text{--} (2)$$

국민소득은 다음 (3)식으로도 표현할 수 있다.

$$Y=C+S+T \text{--} (3)$$
(S: 저축, T: 조세)

(3)식에서 저축 식을 도출하면 다음 (3a)식과 같다.

$$S=Y-C-T \text{--}(3a)$$

(1)식을 (3)식에 대입해 저축(S)에 대해 풀면 다음 (4)식과 같다.

$$S=C+I+G+CA-C-T=G-T+CA+I=BD+CA+I \text{--------------------} (4)$$
(BD(재정 적자)=G-T)

(4)식을 경상수지(CA)에 대해 정리하면 다음 (5)식과 같다.

$$CA=(S-I)-BD \text{ ------------------------------------ (5)}$$

(5)식에서 (S-I), 즉 저축과 투자의 차이가 시간에 걸쳐 안정적이라고 가정하면, BD, 즉 재정 적자의 변동은 경상수지의 변동으로 반영된다는 것, 즉 재정 적자가 경상수지 적자를 초래한다는 '쌍둥이 적자' 가설이 성립한다.

이처럼 주류 경제학에서는 경제가 경상수지 적자에 처하는 이유를 민간 부문의 마이너스 저축이나 공공 부문 마이너스 저축에서 찾는다. 요컨대 국민들이 분수에 넘치게 살았기 때문에 적자가 났다는 주장이다. 실제로 〈그림 5-4〉에서 보듯이 유로존 주변부 국가들에서는 경상수지 적자가 2010년 유로존 위기 발발 이전부터 증가했다. 주류 경제학은 유로존 위기가 재정 적자와 경상수지 적자에서 비롯됐다고 보기 때문에, 임금 상승 억제, 공공지출 억제와 같은 대내적 긴축정책을 위기에 대한 처방으로 제시한다. 일부 주류 경제학자들은 불황을 방종한 나라들을 교정하는 수단으로 간주하기도 한다(Sotiropoulos, Milios and Lapatsioras, 2013: 186).

하지만 이와 같은 쌍둥이 적자 가설은 항등식적 관계를 묘사하는 데 불과하며 위기의 인과관계를 포착한 것은 아니며, 사실과도 부합되지 않는다. 실제로 유로존 주변부에서 경상수지 적자가 증가한 것은 재정 적자가 증가해서라기보다 이들 지역에서 경제성장 전망이 호전되면서 중심부로부터 자본유입이 증가하고 이와 연관돼 국내 신용이 급증한 결과였다(Sotiropoulos, Milios and Lapatsioras, 2013: 195). 이른바 쌍둥이 적자는 과잉축적 위기의 원인이 아니라 결과였다.[13] 2008년 리먼브러

더스 파산 이후 글로벌 경제 위기가 심화되면서 유로존 나라들에서 조세수입이 감소했고 그 결과 이들 나라에서 재정 적자가 급증했다(Lapavitsas, 2013a, 297). 그리스의 경우 국가 부채가 증가한 것은 조세수입에 비해서 정부지출이 증가했기 때문이 아니라, 정부지출에 비해서 조세수입이 감소했기 때문이다(Sotiropoulos, Milios and Lapatsioras, 2013: 213).[14] 아일랜드와 스페인의 경우 국가가 은행시스템을 구제하려 나서기 전까지는 재정상태는 건전했다(Young and Semmler, 2011: 17). 〈그림 5-5〉와 〈그림 5-1〉에서 보듯이 유로존 국가들에서 재정 적자와 국가 부채는 위기 전이 아니라 위기 후에 급증했다.[15]

유로존 주변부 나라들에서 부채 증가의 주된 요소는 국가 부채가 아니라 민간 부채였다. 예컨대 그리스의 경우 1980년대부터 이미 국가 부

〈그림 5-4〉 유로존 국가의 GDP 대비 경상수지 적자, 1995~2013년

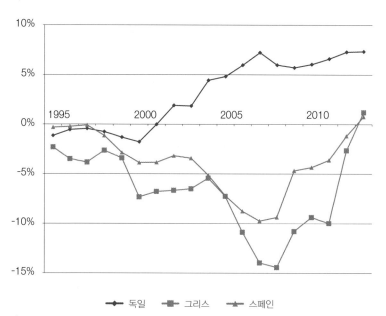

자료: Eurostat.

<그림 5-5> 유로존 국가의 GDP 대비 일반 정부 재정수지 비율, 2002~2013년

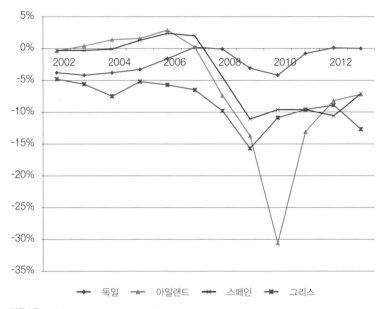

자료: Eurostat.

채 비중이 증가하기 시작했지만, 1990년대 말 이후 증가한 부채의 대부분은 국가 부채가 아니라 가계 부채와 은행 부채였다. 라파비차스가 지적하듯이, 1990년대 말 이후 유로존 주변부 나라들의 국가 부채에서 특징적인 것은 그것의 증가보다는 오히려 구성 변화다. 예컨대 유로존 위기 직전 그리스 국가 부채 중 2/3의 채권자가 외국인으로 된 점에서 보듯이, 주변부 국가는 이 시기 국내 저축이 감소하자 외국자본 차입을 통해 국가 부채를 조달하게 됐다(Lapavitsas, 2013a: 295~297). 유로존 위기 전 유로존 주변부 나라들은 유로존 회원국이 됨으로써 낮은 이자율로 국가 부채를 조달할 수 있었는데, 이는 국가 차입이 내국통화로 간주되는 유로화로 표시됐기 때문이다.

유럽에서 국가 부채가 심각한 문제가 된 것은 그 규모가 어떤 임계치를 넘었기 때문이 아니라, 국제금융시장이 유로존 주변부 정부들에게 대출할 때 엄청난 프리미엄을 요구했기 때문이다. 그리스, 아일랜드, 포르투갈 정부는 독일이나 네덜란드 정부보다 4~8퍼센트포인트 높은 금리를 지불해야 했다. 이는 유로존 국가들이 신자유주의 경제교리를 준수하는 방식으로 위기에 대처할 것인지에 대해 국제금융시장이 의구심을 품었기 때문이다(Overbeek, 2012a: 39; Overbeek, 2012b: 232).

2) 경쟁력 약화

라파비차스는 유로존 주변부 국가들에서 국가 부채 위기는 방만한 재정 때문이 아니라 주변부 국가들의 경쟁력이 약화된 때문이라고 주장한다(Lapavitsas et al, 2012: 5). 라파비차스는 주변부의 상대적 고임금이 주변부의 단위노동비용(unit labor cost)을 상승시켜 경쟁력을 약화시켰다고 본다. 〈그림 5-6〉에서 보듯이 1995~2007년 단위노동비용이 유로존 주변부 나라들에서는 빠르게 증가한 반면, 독일에서는 거의 증가하지 않았다는 것이다. 즉 유로존 주변부의 상대적 고임금으로 인한 경쟁력 약화가 이들 나라에서 국제수지 적자와 재정 적자를 누적시켜 위기로 이어졌다는 것이다.

라파비차스는 유로존 중심부인 독일의 강화된 국제경쟁력은 독일 국내에서 자본의 노동에 대한 착취 강화를 바탕으로 한 것이었다고 주장한다. 즉 유로존에서 독일의 '근린 궁핍화'(beggar-thy-neighbor)의 전제는 '자기 궁핍화'(beggar-thyself)였다는 것이다.[16] 즉 지난 20년 동안 유로존에서 가장 강력한 정치경제인 독일이 명목노동비용에서 가장 낮은 상승률을 보였으며, 노동자들은 산출에서 체계적으로 더 적은 몫을 가져갔다는 것이다. 또 이처럼 독일 노동자들의 명목 보수가 지난 20년 동안 정체한 결과 주변부 나라들은 경쟁력을 상실했다는 것이다

(Lapavitsas et al, 2012: 4~5; Meadway, 2012: 152).

그런데 이와 같은 라파비차스의 경쟁력 약화 가설은 쌍둥이 적자 가설과 마찬가지로 사실적 근거가 충분하지 않은 것으로 보인다. 우선 〈그림 5-7〉과 〈그림 5-8〉에서 보듯이 독일의 시간당 임금과 GDP 대비 임금 비율은 유로존 주변부 나라들의 그것에 비해 훨씬 높았다. 따라서 유로존 주변부가 상대적 고임금으로 인해 경쟁력이 약화됐다고 보기는 어렵다.

유로존 중심부 국가들의 수출이 세계시장에서 경쟁력이 강화된 주된 이유는 비유로화들에 대한 유로화의 가치가 유로화가 대체한 유로존 중심부 국가들의 이전의 국민적 통화의 가치보다 낮았기 때문이

〈그림 5-6〉 유로존에서 명목단위노동비용의 추이, 1995~2013년

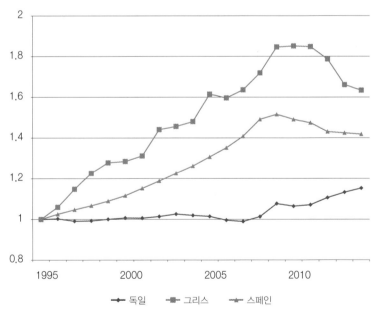

자료: AMECO.
주: 1) 명목단위노동비용=피고용자 1인당 실질 GDP에 대한 보수 비율(유로화 기준).
　　2) 1995=1.

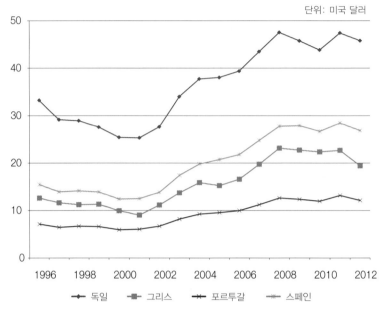

〈그림 5-7〉 제조업 부문 시간당 피고용자 총비용, 1996~2012년

단위: 미국 달러

→ 독일　■ 그리스　✕ 포르투갈　✱ 스페인

자료: ILO, Key Indicators of the Labour Market 8th Edition.

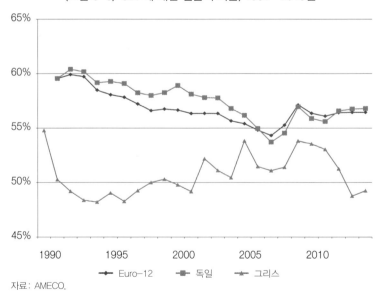

〈그림 5-8〉 GDP에 대한 임금의 비율, 1991~2013년

→ Euro-12　■ 독일　▲ 그리스

자료: AMECO.

다. 유로존 출범 이후 상대적으로 물가가 안정된 독일에서 실질환율은 포르투갈, 스페인, 아일랜드, 그리스에 비해 20퍼센트 이상 저하했다 (Guttmann and Plihon, 2013: 371).[17] 이로부터 유로존 중심부 국가들의 GDP 대비 경상수지 흑자는 2000년 3.7퍼센트에서 2007년 4.7퍼센트로 증가했다. 반면 주변부 국가들의 수출품은 가격에서 덜 경쟁적이게 됐고, 이에 따라 이들의 GDP 대비 경상수지 적자는 2000년 4.6퍼센트에서 2007년 8.5퍼센트로 증가했다(Blankenburg et al, 2013: 467).[18]

또 유로존 위기 이전 이들 유로존 주변부 국가들의 경제성장률은 중심부 나라들보다 오히려 높았는데, 이 역시 유로존 주변부 국가들의 경쟁력 약화가 이들 나라의 위기의 원인이 됐다는 라파비차스의 주장과 상치된다. 실제로 1995~2008년 그리스와 스페인 및 아일랜드의 실질 GDP는 각각 61퍼센트, 56퍼센트, 124.1퍼센트 증가했음에 반해, 독일과 이탈리아 및 프랑스는 각각 19.5퍼센트, 17.8퍼센트, 30.8퍼센트 밖에 증가하지 않았다(Milios, 2013: 190; Young and Semmler, 2011: 13). 지난 2000년대 독일에서 고용은 136만 명 감소했으며, 자본스톡 증가율도 유럽연합 국가 중 가장 낮았다(Bellofiore et al, 2011: 135). 반면 그리스의 경우 1994~2007년 GDP는 연평균 3.7퍼센트 증가했는데, 이는 유로존에서 아일랜드 다음으로 높은 성장률이었으며, 1995~2009년 이윤마진율 역시 유럽연합 15개국에서 두 번째로 높았다(Karamessini, 2012).[19]

유로존 주변부 국가들에서 경상수지 적자가 증가한 것은 이들 국가들의 방만한 차입이나 경쟁력 약화 때문이 아니라, 오히려 상대적으로 양호한 성장 전망을 갖는 나라들로의 외국자본 유입과 국내 신용이 크게 증가했고, 이것이 다시 국내 수요를 증가시켜, 무역수지 적자 증가와 실질환율 상승 압력을 낳았기 때문이다(Milios, 2013: 193).[20]

3) 금융화

대다수 케인스주의 경제학자들은 유로존 위기의 주된 원인을 신자유주의 정책에 따른 금융화와 불평등의 심화에서 찾는다. 이들은 유로존 위기는 신자유주의가 위기의 뿌리에 있다는 의미에서 신자유주의의 위기라고 규정한다(Stockhammer, 2014). 즉 유로존 위기는 신자유주의의 주요 정책을 수행하지 않아서 발생한 위기가 아니라 신자유주의가 초래한 위기였다(Laskso and Tsakalotos, 2013: 3).

1980년대 이후 신자유주의의 대두와 함께 미국식 글로벌 금융이 출현하자 유럽의 정치 지도자들은 유럽의 금융체제를 이에 통합시키려 노력했다. 예컨대 미국 사회의 급증하는 부채를 팽창적 화폐정책으로 뒷받침했던 FRB의 그린스펀의 정책을 유럽의 노조 지도자들조차 모델로 간주했다. 그들은 유럽중앙은행과 대조적으로 미국 FRB는 화폐적 안정성뿐만 아니라 높은 수준의 고용을 유지하는 데 기여한다고 봤다(Streeck, 2011: 18). 이로부터 유럽에서도 전통적인 은행신용, 즉 간접금융으로부터 미국식 직접금융으로의 전환이 이뤄졌다. 유럽연합에서 금융시장이 통합되고 유럽적 규모에서 기업 통제 시장이 출현하면서 유럽 대륙 경제에서 금융화가 촉진됐다. 지난 세기말 금융 주도 축적은 금융 세계화의 중심인 미국이나 영국뿐만 아니라 유럽 대륙 대부분의 나라들에서도 지배적 성장 모델이 됐다(Overbeek, 2012a: 35~37). 1980년대 이후 유럽에서 금융화의 진전은 〈그림 5-9〉, 〈그림 5-10〉에서 보듯이 비법인기업의 총부채 중 대출 비중의 감소(간접금융의 비중 감소) 및 고정자산에 대한 금융자산의 비율 증가에서 확인된다.

유럽연합 및 유로화 출범에 따라 유럽 지역의 금융개혁 및 금융화가 크게 진전됐다. 유럽에서 금융화는 유럽이 심각한 경쟁력 문제에 직면하고 있다는 잘못된 믿음 아래 매우 급속하게, 또 경제적 안정성이나 사회

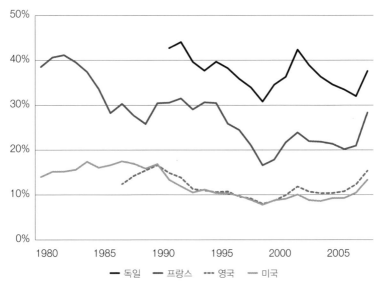

〈그림 5-9〉비금융법인의 부채 총액 대비 대출 비중, 1978~2008년

자료: Lapavitsas and Powell(2013: 8, Figure 1).

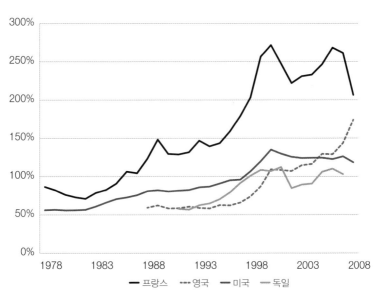

〈그림 5-10〉비금융법인의 고정자산 대비 금융자산 비율, 1978~2008년

자료: Lapavitsas and Powell(2013: 8, Figure 2).

정의를 무시하면서 추진됐다. 유럽연합은 글로벌 금융구조의 진화를 수수방관했으며, 그 결과 유럽의 은행과 기관투자자들은 2007~2009년 글로벌 경제 위기에 쉽사리 노출됐다(Grahl, 2011: 31). 독일을 비롯한 유로존 중심부 국가들은 그리스와 같은 유로존 주변부 국가들과의 교역에서 획득한 막대한 무역수지 흑자를 다시 주변부 국가들로 환류시켜 이 나라들에서 금융화를 부추겼다.[21] 유럽연합과 EMU가 출범하면서 유럽 지역 상이한 사회구성체들 간의 국가 고유 리스크 평가가 수렴하고 금리 스프레드가 축소됐으며, 이에 따라 유로존 주변부 국가들로 자본이 대량으로 유입됐다(Milios, 2013: 192~193). 유로존 주변부 국가들에서는 실질금리가 낮아지면서 대출을 받아 주택과 내구재를 구매하는 것이 크게 늘어났으며, 그 결과 주택과 자산가격이 크게 상승했다.[22] 게다가 신자유주의 정책 전환에 따른 금융 규제 완화는 이와 같은 주택 거품을 더욱 팽창시켰다. 하지만 당시 주류 경제학자들과 다수의 애널리스트들은 이런 현상을 유로와 금융 자유화의 혜택을 증명하는 것이라고 주장했다(Boyer, 2013: 538).

2007~2009년 글로벌 경제 위기 발발 전까지 유럽 정치경제에서 금융의 지배력은 엄청나게 증대했다. 2002~2007년 GDP에 대한 금융자산의 비중은 유럽연합에서는 600퍼센트, 프랑스와 영국에서는 700퍼센트, 아일랜드에서는 900퍼센트 증가했다(Overbeek, 2012b: 228). 유럽에서 금융자본이 이윤 총량에서 차지하는 비중은 급격히 증가했는데, 이는 제조업 기업의 이익 감소를 대가로 한 것이었다.

유로존 주변부 국가들에서는 스페인과 아일랜드에서 보듯이 민간 부채가 공공 부채로 전환되면서 국가 부채 위기가 발발했다. 2008년 이후 유럽 국가는 은행 손실을 공공 부채로 전환하면서 효과적으로 사회화했다. 이로부터 규제 완화에서 비롯된 은행 채무 위기라는 형태로 표출됐던 유로존 위기는 이들 은행을 국가가 구제하면서 국가 부채 위기로 전환됐다(Cafruny and Talani, 2013: 23). 포르투갈, 이탈리아, 아일랜드, 그리스 및 스페인 은행들의 총자산 중 정부채권 비율은 2000년대 초 11퍼센트에서 2008년 4퍼센트로 낮아졌지만, 2010년 말 다시 6퍼센트로 증가했다(Lapavitsas et al, 2012: 194, Fig 10). 유로존 위기 이후 유럽 은행들은 이전에 비해 더 국민적으로 됐는데, 이는 이들이 자신들의 정부에 대해 대출을 크게 늘렸기 때문이다(Lapavitsas, 2013a: 302).

유로존 주변부 국가들이 발행한 국채는 미국의 서브프라임 주택담보 부채권(MBS)과 유사한 역할을 했다(Bellofiore, 2013: 505). 2009년 말 유럽 은행들은 약 1조 달러의 악성자산을 보유하고 있는 것으로 추정됐는데, 그중 2/3는 독일 은행들이 보유하고 있었다. 유로존 주변부 나라들의 국가 부채의 채권자들은 독일과 프랑스와 같은 중심부 은행들이다. 2009년 말 그리스, 아일랜드, 포르투갈 및 스페인에 대한 프랑스와 독일 은행들의 대출 총액은 이들 나라 GDP의 각각 16퍼센트, 15퍼센트에 달했으며, 그리스에 대한 프랑스 은행과 독일 은행의 대출은 각각 1380억 달러, 840억 달러나 됐다(Cafruny and Talani, 2013: 24). 2007~2009년 글로벌 경제 위기 발발시 독일 은행의 부채비율은 OECD 국가들 중 가장 높았다(Cafruni and Talani, 2013: 22).

유럽 금융시장은 12개 정도의 거대 금융회사들이 장악하고 있는데, 이들은 유럽 국가 부채 위기를 심화시키는 데서 결정적 역할을 했다(Overbeek, 2012b: 232). 유럽의 금융자본은 국민적 정부들이 자신들을 구제하면서 과도한 부채를 지게 된 것은 아닌지 의구심을 품고 있다. 2008년 이후 민주적 자본주의에서 분배투쟁은 국제금융자본과 민족국가들 간의 갈등으로 전환됐다. 최근까지 자신들을 구제해 달라며 민족국가를 협박했던 금융기관들이 바로 그 국가와 힘겨루기를 하고 있다.

예컨대 2007~2009년 글로벌 경제 위기를 촉발시키는 데서 주요한 방아쇠 역할을 했던 맨하탄에 본부를 두고 있는 신용평가기관들은 이제는 그때 자신들과 자본주의 경제 전체를 구제하기 위해 엄청난 부채를 졌던 국가들이 발행한 채권의 신용등급을 하향조정하겠다고 위협하고 있다(Streeck, 2011: 20, 26).

금융화가 유로존 위기를 악화시킨 요인임은 분명하다. 하지만 유로존 위기의 원인이 금융화라고 주장하는 것은 옳지 않다. 위기에 대한 설명으로서 금융화론은 생산영역의 문제를 고려하지 않는다는 점에서 한계가 있다. 미국에서와 마찬가지로 유럽에서도 금융화는 위기의 원인이 아니라 선행한 이윤율 저하와 과잉축적 경향에 대한 자본의 대응으로 이해돼야 한다. 금융화가 이번 유로존 위기의 주요 원인이라는 주장은 사실과도 부합되지 않는다. 유로존 위기 발발 전 그리스에서 금융화의 진전 정도는 중심부보다 훨씬 덜했다. 라파비차스가 금융화의 주요 지표로 간주하는 노동자들의 민간 부채는 그리스에서는 위기의 원인이 아니라 결과였다.

4) 불평등 심화

신자유주의 하에서 심화된 부익부 빈익빈의 불평등 역시 총수요의 위축을 가져와 위기의 배경을 조성했다(Goda et al, 2014). 케인스주의 경제학의 관점에서 불평등과 부의 집중이 위기를 촉발하는 메커니즘은 〈그림 5-11〉와 같이 도시된다.

앞의 〈그림 5-8〉에서 보듯이 유로 12개국에서 GDP에 대한 임금의 비율, 임금몫은 1991년 61.3퍼센트에서 2007년 55.5퍼센트로 감소했다. 2007~2009년 글로벌 경제 위기 이후 다른 유로존 나라들에서는 임금몫이 더는 하락하지 않았지만, 구제금융 조건으로 긴축이 강제된 그리

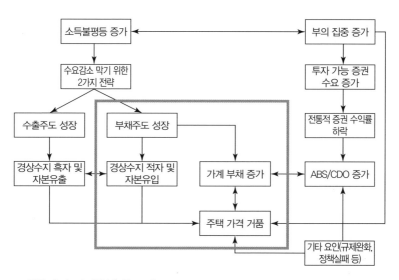

〈그림 5-11〉 불평등과 위기의 인과관계

자료: Goda et al(2014), Figure 3.
주: Box 안의 항목들은 위기의 징후를 가리킨다.

스의 경우 계속 저하하고 있다. 또 1980년대 이후 분배의 불평등의 심화는 영미식 신자유주의 자본주의뿐만 아니라 유럽 자본주의에서도 마찬가지로 나타나고 있다. 〈그림 5-12〉에서 보듯이 피케티가 계산한 총소득에서 상위 10퍼센트 소득 비중은 1980년대 이후 신자유주의의 본거지인 미국에서뿐만 아니라 '복지국가' 유럽에서도 30퍼센트에서 35퍼센트 수준으로 크게 높아졌다.

분배의 불평등이 수요를 위축시켜 위기를 심화시키는 것은 분명하다. 그러나 분배의 불평등의 심화는 기본적으로 자본의 노동 착취 강화가 야기한 것이고, 이와 같은 착취 강화는 자본의 수익성 악화에 대한 대응의 결과임을 감안한다면, 분배의 불평등 심화는 위기의 결과 혹은 악화 요인일 뿐이다.

〈그림 5-12〉 미국과 유럽의 총소득에서 상위 10퍼센트의 소득 비중, 1900~2010년

자료: Piketty(2014: 324), Fig 9.8.

5) 제도적 부정합

일부 주류 경제학자들은 유로존은 먼델(R Mundell)이 제안한 최적통화지역(optimal currency areas, OCA)의 제도적 요건을 갖추지 못했기 때문에 처음부터 실패할 운명이었다고 주장한다. 즉 최적통화지역이 성립하기 위해서는 (1) 지역 내 자본과 노동의 이동성, (2) 가격과 임금의 유연성, (3) 불리한 영향을 받는 지역, 국가 혹은 부문 간의 자동적인 재정 이전 메커니즘, (4) 경기순환의 동조화 등이 필요한데, 이 모두가 유로존에서는 결여됐기 때문에 처음부터 실패할 운명이었다는 것이다(Boyer, 2013: 535; Guttmann and Plihon, 2013: 362~364).

토포로브스키는 유로존 위기의 원인을 유로존 자체의 부적절한 제도적 디자인에서 찾는다. 토포로브스키에 따르면 유로존의 부적절한 제도적 디자인은 중앙은행은 있지만 중앙정부가 없고, 국민적 정부는 있지만 국민적 중앙은행은 없고, 은행은 있지만 최종대부자는 없는 것으로 요약된다(Toporowski, 2013: 572). 완전한 주권국가라는 제도가 뒷받침하지 않는 어떤 화폐도 장기적으로 존속할 수 없다는 점을 이번 유로존 위기가 잘 보여 준다는 것이다. 또 유로존 회원국이 되는 것은 통화정책과 환율정책이라는 두 개의 정책수단의 상실을 의미했고 이는 혁신적 산업정책이나 사회적 협약 혹은 소득정책 같은 것으로 보충돼야 했는데, 현실에서는 그러지 못했기 때문에 위기가 발발했다는 것이다(Boyer, 2013: 562).

주류 경제학자들은 유로존의 출범에 따라 대내적 환율변동 요인이 제거되고 국민적 재정정책에서 '프리라이더'도 금지돼 위기의 원천이 사라졌다고 주장했다. 하지만 공공 부문의 관리 오류는 유로존 내에서 금융불안정성의 단지 한 요인일 뿐이었다. 민간부문 특히 은행은 부동산 투기를 부추긴다거나 증권화를 추진한다거나 부채비율을 고도로 높이는 등 매우 위험한 전략을 채택함으로써 전형적인 '민스키 위기'를 야기할 수 있다(Boyer, 2013: 546).

토포로브스키는 유로존의 제도적 부정합이 유로존 위기에 대한 대응도 어렵게 하고 있다고 주장한다. 유로존은 회원국들에게 GDP 대비 국가 부채 비율이 60퍼센트를 넘지 않을 것을 요구하고 있는데, 2011년 유로존 지역에서 이 비율은 평균 90퍼센트에 달했고, 독일조차 이 비율은 82~88퍼센트 수준이었다. 따라서 유로존 중심부 국가들조차 GDP 대비 국가 부채 비율이 60퍼센트 이하가 될 때까지 재정 흑자를 확보하도록 강제됐는데, 이와 같은 재정 흑자가 무역 흑자나 민간 부문 투자 증가에 의해 상쇄됨이 없이 GDP 감소를 야기해 유로존 전체의 경제회복을 어렵게 하고 있다는 것이다. 국가 부채 비율이 상한을 상회하고 경제는 불황인데 국가 부채를 감축하려 한 시도가 GDP 감소를 야기해 국가 부채를 오히려 더 증대시키고 있다는 것이다(Toporowski, 2013: 572~573).

유로존의 제도적 부정합은 위기의 주요한 요소라고 할 수 있다. 하지만 이와 같은 유로존의 제도적 부정합 및 이에 대한 대안 모색은 제도주의적 관점보다는 자본주의 세계체제에서 자본의 국제화와 국가화의 변증법, 혹은 다수국가의 불균등결합발전 및 지정학적 경쟁의 필연성이라는 관점에서 더 잘 설명될 수 있다.[23]

4. 이윤율 저하 위기와 세계시장공황으로서 유로존 위기

유로존 위기, 그리스 위기는 국지적 위기가 아니라 세계시장공황의 일환으로 이해돼야 한다. 2007~2009년 글로벌 경제 위기가 발발하지 않았다면 2010년 그리스 위기, 따라서 유로존 위기도 발발하지 않았을 것이다(Karamessini, 2012). 하지만 그렇다고 해서 벨로피오르처럼 유로존 위기는 내생적인 것이 아니라 외부로부터 도래한 것이라고 보는 것도 옳지 않다(Bellofiore, 2013: 506). 유로존 위기는 기본적으로 유로존 경제의 생산영역에서 진행된 자본의 과잉축적 위기이며 이윤율 저하의 맥락에서 파악돼야 한다(Michael-Matsas, 2010: 492~493). 즉 유로존 위기의 배후에는 이윤율 저하가 있었다. 이 절에서는 그리스의 위기를 중심으로 이윤율 저하 위기론으로 유로존 위기를 설명해 보겠다.

그리스의 경우 위기 발발 전 자본의 유기적 구성의 고도화에서 비롯된 이윤율의 저하가 진행됐다. 1980년대 초 유럽의 다른 지역에서는 케인스주의가 포기되고 신자유주의로의 전환이 이뤄졌지만, 그리스에서는 오히려 이 시기부터 케인스주의가 채택되기 시작했다. 그리스에서 신자유주의로의 전환은 1996~2004년 PASOK의 시미티스(C Simitis) 총리 주도로 추진됐다(Kouvelakis, 2011: 21; Mavroudeas, 2013: 301). 그리스에서 신자유주의는 지체됐던 만큼 급격히 진행됐으며, 이 과정에서 유럽연합 및 EMU 가입은 결정적 역할을 했다. 2001년 EMU에 그리스가 가입하면서 준수해야 했던 SGP는 긴축정책을 강제했다. 이에 따라 2000년대 이후 그리스의 착취율은 크게 상승했으며, 이는 임금 상승이 생산성 상승을 한참 밑돌았다는 사실에서 확인된다(Mavroudeas, 2013: 308). 게다가 이 시기 그리스 자본가들은 신용과 가공자본 팽창을 활용한 금융화를 적극 추진했다. 유로의 낮은 금리가 저렴한 신용을 부추겼다. 민간소비도 은행이 제공하는 저렴한 개인 신용에 의해 증가했다. 이런 지속될 수 없는 정세적 요인들이 유럽연합 평균 경제성장률보다 높은 인위적 호황을 가져왔다. 이런 인위적 호황은 PASOK과 ND 정부들의 공공지출 증가에 의해 더욱 부풀려졌으며 이는 다시 공공 부채 증가로 이어졌다. 공공 부채 증가는 대부분 해외 차입 증가로 조달됐는데, 이는 해외 차입이 저렴했을 뿐만 아니라 마스트리흐트 조약이 국내 신용 증가를 억제했기 때문이다(Mavroudeas, 2013: 308).

그러나 2007~2008년 글로벌 위기는 이런 행복감에 종지부를 찍었다. 인위적 호황이 붕괴했고, 이윤율 저하 위기가 시작됐다. 〈그림 5-13〉에서 보듯이 그리스 비농업부문의 이윤율은 1960년대 이후 장기 저하 경향을 보였으며, 1980년대 후반 신자유주의 전환과 함께 일시적으로 반전됐지만 1993년 이후 이와 같은 반전 추세가 중지되고 다시 저하한 끝에 2009년 위기가 발발했다(Maniatis and Passas, 2013).[24] 채무에 기초한 개인소비와 적자재정으로부터 제공된 총수요 자극이 2008년 글로벌 경제 위기 이후 제거되면서 이윤율 저하 위기가 폭발했던 것이다(Maniatis and Passas, 2013). 금융화는 위기의 도래를 지연시켰지만 과

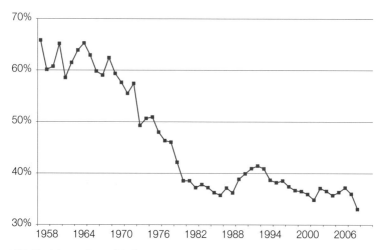

〈그림 5-13〉 그리스 비농업부문의 이윤율: 1958～2009년

자료: Maniatis and Passas(2013), Figure 10.

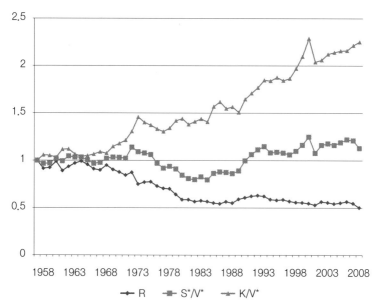

〈그림 5-14〉 그리스 비농업부문 이윤율의 결정 요인: 1958～2009년

자료: Maniatis and Passas(2013), Figure 3, 8, 10에서 필자 작성.
주: 1) R=이윤율, S*/V*=잉여가치율, K/V*=자본의 유기적 구성
    2) R=S*/K=(S*/V*)/(K/V*)

잉축적을 악화시켰다. 생산자본의 수익성이 저하하자 위기가 폭발했다. 금융화는 수익성 위기의 폭발을 잠시 지연시켰지만 결국 더 큰 규모로 폭발하는 것을 막을 수 없었다(Mavroudeas, 2013: 308). 그런데 앞서 봤듯이 고임금으로 인해 이와 같은 이윤율 저하 위기가 폭발한 것은 아니다. 노동소득분배율은 이 시기 계속 저하했으며 명목임금 상승률은 소비재 가격 상승률에 미치지 못했고, 실질 단위노동비용도 저하했다. 〈그림 5-14〉에서 보듯이, 이 시기 이윤율의 저하는 자본의 유기적 구성(K/V^*)의 고도화에 기인한 것이었다. 즉 착취율(S^*/V^*) 상승으로 인한 이윤율 상승 효과를 상쇄하고도 남을 정도의 자본의 유기적 구성의 고도화가 이윤율 저하를 결과시켰다.

5. 유로존 위기에 대한 국가 대응과 신자유주의의 재확립

유로존 위기는 임시변통 식의 긴급 대출과 채권 매입, 긴축 프로그램에 힘입어 위급 상황을 넘겼다. 1930년대 대공황 시기 유럽 나라들의 매우 경쟁적이고 군사화된 대응과 달리 이번 유로존 위기의 경우 재활성화된 IMF의 지원 아래 잘 조율된 경기부양책 및 확장적 통화정책과 유럽, 북미 및 아시아 정부들에 의한 유럽 은행과 전략 산업들에 대한 상당한 원조가 특징적이었다(Nousios and Tsolakis, 2012: 246). 2010년 5월 유로존 나라들과 IMF는 그리스가 IMF의 구조조정안을 수용하는 조건으로 1100억 유로의 구제금융을 제공하는 데 합의했다. 2010년 유로존 구제금융을 담당하는 기관으로 유럽금융안정화기구(European Financial Stability Facility, EFSF)가 설립됐으며, 이는 다시 2013년 상설적인 유럽안정화기구(European Stability Mechanism,

ESM)로 대체됐다.[25] 유로존 위기 국면에서 유럽중앙은행은 회원국 정부들의 차입 수요에 부응할 수 없었는데, 이는 회원국 정부에 대한 유럽중앙은행의 직접 대부가 법적으로 금지돼 있기 때문이다. 그래서 유럽중앙은행은 증권시장프로그램(Securities Market Programme)을 도입해 2차 시장에서 국채를 매입하는 방식으로 국가 부채 위기에 대응했다. 2011년 3월 유럽정상회의(European Council)는 유로플러스조약(Euro-Plus Pact)에 서명해 유럽연합집행위원회에 회원국들의 경제정책에 대한 증대된 통제권을 부여했다. 2011년 가을 유럽중앙은행은 3년간 저금리 장기대출프로그램(Long Term Refinancing Operation, LTRO)을 통해 은행들에 사실상 무이자 유동성을 제공해 이것으로 투기적 공격을 받고 있는 국가들의 국채를 매입하게 했다. LTRO는 미국 FRB의 양적완화와 유사한 정책으로서 사실상 최종대부자 역할을 담당했다. LTRO를 통해 유럽중앙은행은 은행들에게 저리의 자금을 넘치게 제공했는데, 스페인과 이탈리아 은행들은 이를 이용해 고수익 캐리트레이드에 뛰어들었다. 2011년 12월과 2012년 2월 사이 스페인 은행들과 이탈리아 은행들은 각각 670억 유로, 540억 유로의 국채를 매입했다(Cafruny and Talani, 2013: 25~26). LTRO는 일시적이라 할지라도 유로존이 총체적으로 붕괴하는 것을 막아 줬다.

최근 유로존 위기는 진정 국면에 들어선 것 같다. 하지만 유로존의 구조적 불균형과 모순은 여전히 남아 있다(Cafruny and Ryner, 2012: 44). 오히려 유로존 위기 이후에도 정책 지향에서 유로존 이전과 상당한 연속성이 확인된다. 유로존 위기는 유럽에서 신자유주의를 재확립하기 위한 기회로 활용됐다(Sotiropoulos, Milios and Lapatsioras, 2013: 206). 유럽의 자본과 국가는 이번 위기를 자신들의 권력을 더욱 강화하기 위한 역사적 기회로 활용했다. 신자유주의는 위기의 조건에서 노동의 규율을 강화하고 자본축적을 재개하기 위해 다시 강화됐다(Nousios and Tsolakis, 2012: 256).[26] 예컨대 그리스에서 국가 채무 위기는 그리스의 기존 고용모델을 해체하고 신자유주의 프로젝트를 완성하기 위한 기회로 활용되고 있다(Karamessini, 2012).[27] 이로부터 유로존 지역에서 신자유주의는 다시 부활·강화되고 있다(Laskso and Tsakalotos, 2013: 90; Sotiropoulos, Milios and Lapatsioras, 2013: 199; Milios, 2013: 197).

유로존 위기는 유럽 금융자본에게는 황금의 기회였다. 유로존 위기 전에도 유로존 정부들은 자금 수요를 전적으로 민간 금융자본에 의존했는데, 유럽의 민간 금융자본은 2009년 경기부양책을 이용해 유럽중앙은행으로부터 거의 제로 금리로 자금을 차입해 연 3~4퍼센트의 이자를 지불하는 국채를 구입하는 방식으로 막대한 이익을 챙겼다(Aglietta, 2012:17; Toussaint, 2013). 유럽의 초국적기업들은 이번 위기에서 큰 타격을 받지 않았으며 약간의 손실도 중국과 같은 신흥시장의 수요 증가로 보상할 수 있었다. 특히 초민족 산업자본은 유로존 위기 속에서도 유로존 외부로의 수출과 생산의 글로벌 아웃소싱을 확대했다. 이것은 국민적 수준에서는 성장의 저하를 가져왔지만 초국적기업들에게는 지속적 이윤을 보장했다. 예컨대 유니레버는 2012년 유로존 수요의 부진에도 불구하고 신흥시장에서 매출의 50퍼센트 이상을 올려 수익이 증가했다(Apeldoorn, 2014: 200~201).

또 유로존 위기 국면에서 남부 유럽 국가들은 부채 상환을 위해 자국의 상당수 공기업과 부동산을 헐값으로 대량 매각했다.[28] 글로벌 경제 위기 발발 이후 유럽연합은 유럽 주변부를 채무 함정에 밀어 넣는 "내부적 제3세계화" 과정을 시작했다. 이 과정에서 유럽의 주변부 국가들은 경제주권을 상실하고 있다(Mavroudeas, 2013: 310). 유로존 위기 이후 유럽, 특히 주변부 국가들에서는 금융자본의 이익에 철저히 봉사하는 IMF-유럽중앙은행-EC의 기술관료('테크노크라트')의 지배가 강화되면서, 그람시가 말한 반민주적 권위주의 통치형태인 '관료적 시저주의'(Bureaucratic Caesarism)가 대두하고 있다(Toussaint, 2013; Keucheyan and Durand, 2015). 유로존 위기는 자본주의 관계의 헤게모니적 이데올로기 형태로서 신자유주의의 위기인 것을 넘어 민주주의의 위기를 초래하고 있다.

2010년 5월 '트로이카', 즉 IMF-유럽중앙은행-유럽연합집행위원회의 테크노크라트들이 그리스에 구제금융 제공 대가로 강요한 구조조정안에는 공공 부문 임금 25퍼센트 인하, 공공지출 대폭 삭감, 역진적 세금 인상, 대규모 사유화 등이 포함돼 있었다(Aglietta, 2012: 26). 유로존 위기에 대한 유럽 지배계급의 대응의 본질은 위기에 대한 전략이라기보다 노동의 저항에 대처하기 위한 전략이다(Sotiropoulos, Milios and Lapatsioras, 2013: 201). 유로존 위기는 사회에 대한 시장 규율을 강화하고 노동과 자연에 대한 착취 강화를 결과시키고 있다(van der Pijl, 2012). 유로존 위기에 대해 독일이 제안한 재정협약(fiscal compact) 역시 케인스주의가 아니라 신자유주의적 경쟁력 논리를 핵심으로 하고 있다(Cafruny and Talani, 2013: 28).

유로존 위기에서 신자유주의 정권들이 채권자들의 요구를 충족시키기 위해 강제하고 있는 긴축 내핍 정책은 생활조건의 악화, 실업 증가, 인구 다수의 빈곤화를 초래해 총수요 위축, 불황 심화 및 부채 부담 증가, 긴축 강화의 악순환을 낳고 있다(Callinicos, 2012). 2010~2011년 그리스에는 GDP 대비 10.5퍼센트의 재정지출 삭감이 강요됐으며, 2009~2010년, 그리스의 실질 GDP는 4퍼센트 이상 감소했다(Altvater, 2012: 277). 유로존 위기 이후 유럽 여러 나라들에 구제금융과 긴축정책을 통한 규율적 신자유주의가 강제되면서 정치에서 권위주의 경향도 강화되고 있다. 민주주의 국가는 국제금융자본의 글로벌 과두제를 위한 채무징수기관으로 전락했다. 거리에서의 폭동과 민중봉기는 시장력이 없는 대중에게 남아 있는 마지막 정치적 표현이다(Streeck, 2011: 26~28).

유럽연합의 위기 관리는 긴축 형태로의 신자유주의를 강화하면서 자본 간 경쟁, 국가 간 경쟁을 격화시키고 있다. 유로존 위기 동안 분명하게 드러난 독일의 신중상주의 정책, 핵과 군수산업 영역에서 독일과 프랑스의 산업 프로젝트의 포기, 유럽 군산복합체의 미국 기업들에의 점증하는 예속, 유럽 에너지 정책의 국민적 에너지 대기업에 대한 완전한 종속 등은 그 예들이다. 유로존 위기 국면에서 유럽에서 미국의 역할이 증대됐다. 현재 유럽은 1991년 이후, 심지어 1960년대 이후 그 어느 때보다 분열되고 예속돼 있다. 신자유주의의 기초 위에서 현재 유로존 위기를 해결하려고 시도하는 것이 통합과 지역적 자율성을 위한 처방이 되기는커녕 통합을 방해하고 아래로부터의 정치적 동원과 지정학적 갈등을 격화시키고 있다(Cafruny and Talani, 2013: 30~32).

6. 유로존 위기와 좌파의 대안

유로존 위기 이후 일부 케인스주의 개혁주의 경제학자들은 유럽 재정통합(fiscal union)을 대안으로 제시했다. 유럽중앙은행이 국가 부채를 매입하거나 유로본드를 발행함으로써 국가 부채를 유럽화하고 유럽적 수준의 재정 및 거시경제 관리감독기구를 설치하자는 제안(Overbeek, 2012b: 235)은 유럽 재정통합의 약한 버전이라고 할 수 있다. 하지만 이런 대안들은 신자유주의 문제설정에 갇혀 있다. 예컨대 유럽 재정통합은 재정적 정통성과 대내적 평가절하를 조건으로 해서만 제한된 재정 이전이 이뤄지는 매우 강압적이고 비민주적인 SGP에 근거한 구조조정 체제를 제도화할 것이다(Cafruny and Ryner, 2012: 45). 벨로피오르는 '구조적 케인스주의' 입장에서 투자의 사회화, 고용의 사회화, 은행의 사회화를 유로존 위기의 대안으로 제안한다(Bellofiore et al, 2011: 144; Bellofiore, 2013: 510). 알트파터는 "유럽적 국가성"(European statehood)의 강화, 즉 '재정 이전 연합'을 통한 진정한 '사회적 유럽'의 건설을 대안으로 제시한다(Altvater, 2012: 284~285). 한편 유럽노동조합연맹(European Trade Union Confederation, ETUC) 사무총장 몽크스(J Monks)는 "투기자들로부터 자본주의를 구하자"면서 노동조합이 기업 및 정부와 협력해 금융시장의 자기파괴적 방종을 견제할 수 있는 새로운 사회적 동반자 관계를 구축할 것을 제안했다(Nousios and Tsolakis, 2012: 249). 그런데 ETUC가 '글로벌 유럽'과 같은 무역자유화를 지지하는 것은 지역적 계급타협의 일부로서 세계 다른 지역의 노동자들을 희생시켜 유럽 노동자에게 혜택을 주는 것이다(Bieler, 2013: 181).

케인스주의자들은 대체로 이번 유로존 위기의 배후에 신자유주의 시기 심화된 불평등이 놓여 있다고 보기 때문에,[29] 불평등을 개선할 수 있는 정책들을 제안한다. 스톡햄머는 평등과 무역균형을 고려할 수 있는 초민족적으로 조절되는 임금교섭 체제를 도입해 단체교섭 구조를 강화하고 유럽 수준에서 최저임금제도를 도입할 것을 제안한다(Stockhammer, 2014). 위송은 유로존 위기는 불평등의 심화에 따른 임금몫의 감소에서 기인했다고 하면서 조세개혁을 통한 임금 인상을 대안으로 제시한다(Husson, 2012: 300). 피케티는 '글로벌 부유세'를 대안으로 제안한다(Piketty, 2014). 그랄과 티그는 유럽에서 국민적·사회적 모델의 붕괴를 대체할 수 있는 유럽연합 수준에서 사회정책의 부족을 위기의 원인으로 주목하면서 유럽연합 수준의 "사회적 통합"(social union)을 대안으로 제시한다(Grahl and Teague, 2013: 678). 토포로브스키는 화폐시장에서 유동성을 유지하고 국내시장을 부양하기 위한 유럽연합 전체의 임금 상승을 제안하면서, 이와 함께 재정 적자와 공공 투자를 유지 혹은 증가시켜 명목 GDP 증가율이 국가 부채 증가율보다 높아지게 하면, 마스트리흐트 기준을 충족시키면서도 디플레이션이 아니라 더 효과적인 경제회복을 달성할 수 있다고 주장한다(Toporowski, 2013: 582).

유로존 위기 원인으로 제도적 부정합을 강조하는 이들은 대책에서도 유로를 제대로 된 완전한 통화로 재확립할 것을 제안한다. 즉 유로를 주권국가로 뒷받침하자는 것인데 이를 위해서는 민주적 정당성을 갖는 유럽 재정통합을 이룩해 주권국가들이 집단적으로 중기적 재정정책을 결정할 수 있도록 해야 한다는 것이다(Aglietta, 2012: 36). 케인스주의자들은 대체로 유로존을 유지하면서 이를 개혁하자는 이른바 '좋은 유로'(good euro)를 대안으로 제시한다. '좋은 유로'는 유로존 주변부 국가들의 채무의 상당 부분의 탕감과 함께 유럽의 부국에서 빈국으로의 재정 이전을 요구한다. 아글리에타에 따르면 그리스에 대한 지원은 더 이상 대출 형식이어서는 안 되고, 그리스의 생산적 투자 용도로 지정된 재정 이전이 돼야 한다(Aglietta, 2012: 28). 하지만 라파비차스에 따르면 '좋은 유로'는 세계화폐로서 유로의 역할과 충돌하는 비현실적 전략이며 결국 '유로 없는'(no euro) 상태로 귀결될 것이라고 비판한다(Lapavitsas, 2012).

라파비차스와 아글리에타는 좌파 케인스주의 입장에서 이른바 '아르헨티나 옵션', 즉 유로존 탈퇴 및 국민적 통화로의 복귀와 경쟁적 평가절하 정책을 대안으로 주장한다(Lapavitsas et al, 2012: 10; Aglietta, 2012: 29~30). 라파비차스에 따르면, '나쁜 유로'든 '좋은 유로'든 세계화폐를 창출하려는 시도는 유럽 자본의 이익에 봉사하는 것이며 이는 중심부 노동자들의 노동조건을 악화시키고 주변부에는 심각한 위기를 가져다줄 뿐이다. 따라서 유로존은 해체돼야 하고, 제국주의 이데올로기일 뿐인 유럽주의는 거부돼야 한다(Lapavitsas, 2012: 294~296). 라파비차스는 유로존 주변부 나라들의 수출과 경제성장이 둔화된 것은 이들이 자신들의 국민적 통화 폐기와 함께 경쟁적 평가절하라는 정책수단을 사용할 수 없게 됐기 때문이라고 본다. 이로부터 라파비차스는 유로존을 탈퇴해 국민적 통화를 부활시키면 경쟁적 평가절하 정책도 다시 쓸 수 있게 될 것이고 이로부터 수출과 경제성장이 회복될 수 있을 것이라고 주장한다.[30] 또 라파비차스는 주변부 국가들은 '디폴트'(국가파산 선언)를 독일과 같은 중심부 국가들과의 채무 탕감 협상에서 활용할 필요가 있다고 주장한다. 왜냐하면 주변부가 '디폴트'하면 독일을 비롯한 중심부 나라 주요 은행들의 위기가 재연될 것인데, 이는 독일과 같은 유로존 중심부가 원하는 바가 아니기 때문이다. 독일은 유로를 유지하기를 원하며 또 매우 클 것으로 예상되는 주변부 나라들의 '디폴트'가 야기할 손실과 비용을 부담하려 하지 않을 것이다. 그 대신 독일 지배계급은 은행들에게 유동성을 계속 제공하면서도 채무의 비용을 주변부 노동자들에게 전가하기 위해 주변부 국가들에게 긴축을 강요했다. 그런데 이와 같은 긴축은 다시 불황을 심화시켜 주변부 국가들의 '디폴트' 위험을 높이고 있다(Lapavitsas, 2013b: 389~390). 즉 유로존 주변부 국가들은 유로존에 잔류하기 위해서는 가혹한 긴축정책을 수용해야만 하는데 이는 실업을 격화시키고 이들 나라의 생산체제를 약화시킬 것이다.

이로부터 라파비차스는 주변부 국가들은 중심부의 이익을 위해 작동하고 있는 유로존에 더 이상 잔류할 필요가 없다고 주장한다(Lapavitsas, 2013b: 390). 한편 알트파터는 유로존 탈퇴가 정치적 행동의 새로운 공간을 열어 줄 것으로 기대한다. 즉 유로존 탈퇴는 위기를 극복하기 위한 더 나은 국민적 조건을 조성할 것이며 신자유주의 프로젝트와의 단절을 가능하게 할 것이다(Altvater, 2012: 284).[31] 아글리에타는 유로존 탈퇴 옵션이 성공하려면 다음과 같은 조건들이 단시일 내에 충족돼야 한다고 지적한다. (1) 자본도피를 막기 위한 모든 금융계좌 동결, (2) 초단기간 내 신구 화폐 교환, (3) 최소한 1주일 정도의 은행 휴업, (4) 새로운 화폐가 유통되기까지 국가의 초단기 어음 발행, (5) 은행 국유화 (Aglietta, 2012: 29).

하지만 이와 같은 라파비차스의 '유로존 탈퇴 → 국민적 통화 복귀 → 평가절하' 접근에 대해서는 다음과 같은 의문이 제기된다. 우선 유로존 주변부 국가들이 국민적 통화 복귀 후 평가절하를 단행할 경우 이는 한편에서는 수출 경쟁력을 제고할 것이지만, 유로화 표시 국가 부채와 금융기관 부채를 증가시킬 것이며, 이 때문에 위기로부터의 회복에 필요한 민간 및 공공 투자가 억제될 수 있다(Toporowski, 2013: 582). 카르케디도 유로존 탈퇴 후 경쟁적 평가절하를 할 경우 수출기업의 잉여가치 일부가 수입국가로 이전되며 이윤율은 오히려 더 저하할 것이며, 경쟁적 평가절하를 하는 나라의 진정한 문제인 생산체제의 비효율성은 더 악화될 것이라고 지적한다(Carchedi, 2012: 308~309).[32] 위송도 라파비차스가 제안하는 유로존 탈퇴-국민적 통화로의 복귀-평가절하를 통한 경쟁력 회복 전략은 한 나라가 다른 교역 상대국으로부터 시장을 빼앗는 비협조적 해법일 뿐만 아니라 환율 조작으로 경쟁력을 회복한다는 생각은 환상이며 노동자들에게 유리하게 계급역학을 이동시킬 것이라고 예상하는 것도 일면적이라고 비판한다. 유로존 탈퇴는 진보 좌파의 대안이라기보다 프랑스의 '국민전선'과 같은 극우파의 정강이며 외국인 혐오와 유럽 통합을 모든 사회악의 근원으로 저주하는 담론과 결합한 국가사회주의 논리라는 것이다(Husson, 2012: 302~303).

유로존 위기에 대한 마르크스주의적 대안은 일국적 케인스주의적 관점이 아니라 국제주의적 혁명적 관점에서 모색될 필요가 있다. 구소련에서 일국사회주의 노선의 실패의 역사를 언급할 것도 없이, 제2차세계대전 후 영국에서 대안경제전략의 실패, 프랑스에서 좌파 공동강령의 실패 등의 경험은 일국적 케인스주의 접근의 한계를 잘 보여 준다. 모든 종류의 민족주의적 경쟁력 담론과 단절하는 것이 좌파적 대안의 전제가 돼야 한다(Laskso and Tsakalotos, 2013: 143). 이와 관련해 1914년 제1차세계대전 발발 시 트로츠키가 제안했던 '사회주의 유럽합중국' 슬로건은 현시점에서 재평가될 필요가 있다(Trotsky, 1916a). 유럽 통합의 역사적 과제는 유럽의 노동자계급에 의해서만, 사회주의 유럽합중국 건설이라는 혁명적 수단을 통해서만 성취될 수 있다(Michael-Matsas, 2010: 492; Michael-Matsas, 2013: 7). 특수 이익을 넘어 유럽 수준에서 공동이익을 지향하기 위해서는 초민족적 연대를 구축하는 것이 필요하다. 유럽의 신자유주의는 난공불락이 아니다. 유럽을 좀 더 공정한 사회로 만들기 위해 사회운동이 주요한 역할을 할 수 있다. 미래는 열려 있으며 초민족적 연대와 공동저항은 전진을 위한 하나의 길이 될 수 있다(Bieler, 2012: 212-213). 이를 위해 2005년 프랑스와 네덜란드의 유럽헌법 국민투표 부결 운동에서 정점에 달했던 신자유주의 유럽 통합에 대한 대중 저항의 경험, 유럽사회포럼의 경험이 재평가돼야 하며 (Apeldoorn, 2014: 194), 2010년 9월 29일 ETUC가 조직한 공동 시위, '긴축 반대-일자리와 성장 우선' 등과 같이 신자유주의 유럽연합에 대해 아래서부터 도전하는 초민족적 풀뿌리 사회운동을 강화할 필요가 있다. 사회주의 유럽합중국은 유럽 지역의 중심부와 주변부 노동자 간의 연대와 함께 유럽 전체의 노동운동과 글로벌 주변부의 노동운동 간의 초민족적 노동연대(transnational labor solidarity)를 통해서만 구축될 수 있다(Bieler, 2013: 183).[33] 물론 사회주의 유럽합중국 강령과 함께 이를 쟁취하기 위한 행동강령 혹은 이행기강령으로 공공 부채 감사 및 폐기, 긴축정책 폐기, 대자본 중과세, 은행 수탈 및 공공 금융서비스체제로의 편입, 노동시간 단축, 사유화 중단, 공공서비스 확대 등이 요구돼야 한다(Toussaint, 2013). 예컨대 국제금융자본의 외채를 일방적으로 폐기하고 EMU 및 유럽연합과 급진적으로 단절하는 것은 사회적 부의 분배관계에서의 변화뿐만 아니라 자본주의적 생산관계의 급진적 단절, 즉 새로운 사회주의적 기초 위에서 사회적 관계의 재조직을 필연적으로 야기할 것이다(Michael-Matsas, 2010: 502).

이상 필자의 논의는 다음과 같이 요약될 수 있다. 기존 연구들에서 유로존 위기의 원인으로 주장되는 그리스 등 일부 남유럽 주변부 국가들에서 방만한 재정이나 독일과 같은 유로존 중심부 국가들에서 경상수지 흑자의 누적과 주변부 국가들에서 경상수지 적자의 심화, 유로존의 중심부와 주변부 간의 경쟁력 격차의 확대, 혹은 금융화 등은 오히려 세계시장공황의 현상들이거나 이미 발발한 공황에 대한 대응일 뿐이다. 생산부문에서 이윤율의 장기적 저하 경향이야말로 유로존 위기의 근본 원인이다. 유로존 위기는 2007~2009년 미국발 글로벌 경제 위기에 연속된 위기로서, 마르크스적 의미의 세계시장공황으로서, 한 동안 미국발 글로벌 경제 위기의 무풍지대인 듯 했던 '사회적 유럽'도 자본주의 공황에서 자유롭지 못했음을 보여 줬다. 자본주의에서 위기는 자본주의의 어떤 특정한 유형에 기인하는 것이 아니라 자본주의 일반에 내재적 경향이다. 따라서 유로존 위기에 대한 좌파의 대안은 유로존의 개혁 혹은 탈퇴가 아니라, 제1차세계대전 당시 트로츠키가 주장했던 사회주의 유럽합중국 건설과 같은 국제주의적인 글로벌한 접근이 돼야 한다 (Michael-Matsas, 2013: 7).

제3부 대안: 국제주의 노동자 연대

6장
제1차세계대전과 트로츠키의 대안

1. 서론

이 장에서는 1914년 제1차세계대전에서 1917년 러시아 혁명에 이르기까지 이 전쟁에 대한 트로츠키의 대안을 평화강령과 유럽합중국 슬로건을 중심으로 검토한다. 주지하듯이 1914~1916년 트로츠키는 당조직론에서는 물론 전략·전술에서도 레닌과 사사건건 대립했기 때문에, 그동안 트로츠키를 반레닌주의 이단으로 간주하는 스탈린주의자들은 물론 트로츠키주의자들 다수도 이 시기 트로츠키에 대해 매우 비판적이다. 사실 레닌 자신이 1915년 트로츠키를 "사회배외주의자(social chauvinist)들의 대책 없는 졸개"(Lenin, 1915: 275)라고 불렀다. 스탈린주의자들이 트로츠키에 대해 통상 붙이는 '사회배외주의'나 '중도주의'

이 장은 정성진(2014b)을 보완한 것이다.

(centrism)라는 딱지는 실은 레닌에서 비롯된 것이다.[1]

한편 트로츠키를 레닌의 정통적 계승자로 간주하는 트로츠키주의자들의 경우 제1차세계대전 시기 트로츠키와 레닌의 대립에서 잘못은 대부분 트로츠키에게 있었다고 하면서도, 이를 가능한 한 최소화하려 한다. 예컨대 국제사회주의 계열 트로츠키주의자인 클리프는 제1차세계대전 당시 레닌의 혁명적 패배주의에 대한 트로츠키의 비판은 "오류"이며, 트로츠키의 접근은 "전적으로 추상적이고 모호하다"고 비판했다(Cliff, 1989: 181). 반면, 도이처는 제1차세계대전 당시 레닌과 트로츠키의 "견해 차이는 정책에 관한 것이 아니라 선전의 강조점에 관한 것"이었으며, 1917년에 이르러 레닌과 트로츠키의 상충되는 견해들이 "논쟁이나 마찰 없이 볼셰비키당의 정책에 통합됐다"고 주장한다(도이처, 2005: 324~325). 일부 트로츠키 전기 작가들도 제1차세계대전 시기 트로츠키 사상에는 독창적인 것이 없다고 주장한다. 예컨대 네이-파즈는 트로츠키의 제1차세계대전 당시 주요 저작인《전쟁과 인터내셔널》에 대해 "제국주의와 세계대전의 관계에 대한 특별히 독창적인 분석은 아니며, 당시 잘 알려져 있던 명제들, 예컨대 세계의 경제적 생산이 민족국가의 경계를 넘어섰다 … 등을 주장하고 있으며, 유럽 특히 독일 사회민주주의에 대한 당시의 표준적 비판, 즉 원칙을 버리고 자본주의 정부의 부속기관이 됐다는 비판을 포함하고" 있을 뿐이라고 평가절하했다(Knei-Paz, 1978: 306). 대처도 트로츠키가 제1차세계대전 당시 "자신의 시간을 대부분 사회애국주의 적들을 폭로하는 데 바쳤다"는 사실을 인정하면서도, "플레하노프, 알렉신스키, 카우츠키 등 전쟁 지지 사회주의자들의 저작에 맞선 트로츠키의 선전적 투쟁은 거대한 통찰이나 독창적 사상을 포함하고 있지 않다"고 깎아내렸다(Thatcher, 2003: 73). 얼마 전 트로츠키에 대해 인신공격에 가까운 비판적 전기를 출판한 서비스도 트로츠키가

"제1차세계대전 중에 이룬 업적은 결코 대단하다고 평가할 수 없으며 그 것도 논평가로서 한 활동에 한정됐다"고 주장한다(서비스, 2014: 275).[2]

제1차세계대전 당시 트로츠키 사상에 대한 이와 같은 부정적 평가, '저평가'는 당사자인 트로츠키 자신에서 비롯된 바가 크다. 트로츠키는 1917년 2월 혁명 후 볼셰비키당에 입당한 다음 제1차세계대전 시기 자신과 레닌 사이에 있었던 의견 차이를 최소화하려고 애썼다. 예컨대 트로츠키는 1919년 제1차세계대전 당시 자신의 논설 모음집《전쟁과 혁명》을 출판하면서 제1차세계대전 당시 자신이 레닌을 비판했던 글들을 대부분 제외했다(Thatcher, 2000: 72~73). 또 트로츠키는 1928년《레닌 이후 제3인터내셔널》에서 "유럽합중국 문제에 대한 1915년 레닌과 우리의 차이는 제한적·전술적인 것이었으며, 따라서 본질적으로 일시적인 성격의 것"이었다고 주장했다(Trotsky, 1928: 12). 트로츠키는 1930년 출판한 자서전《나의 생애》에서도 1916년 "치머발트에서 자신과 레닌을 분리시켰던 본질적으로 부차적인 이견들도 그 뒤 몇 달 되지 않아 사라졌다"고 주장했다(트로츠키, 1930b: 390).

요컨대 제1차세계대전에 대한 트로츠키의 대안에 관한 기존의 평가들은 레닌과 다른 것은 오류라고 전제하고, 이를 스탈린주의자들처럼 극대화하거나, 혹은 반대로 트로츠키주의자들처럼 최소화하는 것, 혹은 상당수 전기 작가들처럼 이 시기 트로츠키에서 특기할 만한 부분은 없다고 보는 것이 대부분이다. 그런데 제1차세계대전 시기 트로츠키에 대한 이같은 부정적 평가는 제1차세계대전 발발 후 세계 좌파들이 재출발하는 획기적 계기가 됐던 1915년 9월 "치머발트 선언"(The Zimmerwald Manifesto, 1915)을 주도적으로 조직하고 기초한 사람이 다름 아닌 트로츠키라는 사실만을 고려해도 의문시된다. 이 장에서 필자는 기존의 평가들과 달리 평화강령과 유럽합중국 슬로건을 중심으로 한 제1차세계대전에 대한 트로츠키의 대안은 레닌과 상당한 차이를 보인다는 것, 그런데 이것이 오류이기는커녕 장점이라고 주장할 것이다. 또 필자는 트로츠키의 이 대안들은 이행기강령(transitional program) 의 구체화로서 고전 마르크스주의 혁명 전략에 대한 독창적 기여라고 주장할 것이다.[3] 필자는 이 작업을 제1차세계대전 시기 트로츠키의 저작 중 가장 중요한 저작인 《전쟁과 인터내셔널》(1914)과 《평화강령》 (1916) 및 이에 대한 주요 해석들[4]을 검토하는 방식으로 수행할 것이다. 먼저 제국주의 전쟁으로서 제1차세계대전의 성격과 제2인터내셔널의 붕괴에 대한 트로츠키의 논의를 살펴본 다음, 평화강령과 유럽합중국 슬로건을 중심으로 트로츠키의 대안을 검토하겠다.

2. 제국주의 전쟁으로서 제1차세계대전과 제2인터내셔널의 붕괴

트로츠키는 1914년 11월 《전쟁과 인터내셔널》[5] 첫머리에서 제국주의 전쟁으로서 제1차세계대전의 성격을 아래와 같이 정식화했다. "현재의 전쟁의 핵심은 자본주의가 낳은 생산력이 그 착취의 민족국가적 형태에 대해 반역하는 것에 있다. 지구 전체가, 육지와 바다가, 표면과 심층이 전 세계적인 경제적 활동무대이며, 그 각 부분들은 서로 불가분하게 연결됐다. 이것은 자본주의가 이룬 성과다. 그러나 이것을 이룩하는 과정에서 자본주의 국가들은 각국의 부르주아지의 이윤을 위해 세계경제를 종속시키는 투쟁에 말려들었다. 제국주의 정책이 분명히 한 것은 1789~1815년, 1848~1859년, 1864~1866년, 1870년의 혁명과 전쟁 중에 생겨난 낡은 민족국가가 생명을 다했으며, 이제 생산력 발전에 참기 어려운 장애물이 됐다는 것이다. 1914년 전쟁은 무엇보다 독립한 경제무대로서 민족국가의 붕괴를 의미한다"(Trotsky, 1914: vii. 강조는 필자). 트로츠키는 제국주의를 자본주의에서 생산력의 발전이 민족국가의 경계를 넘어서는 경향 혹은 국면으로 이해했다. 힐퍼딩과 레닌이 제국주의를 독점자본주의의 '단계'로 규정했다면, 트로츠키는 제국주의에서 자본의 세계화 경향과 민족국가의 틀 간의 모순에 주목하는 세계자본주의론적 관점을 취했다. 트로츠키는 또 1914년 전쟁은 자본의 세계화 경향과 민족국가의 틀 간의 모순이 폭발한 것이라고 봤다. 트로츠키는 1915~1916년 집필한 다른 논설들에서도 이를 다음과 같이 부연했다.

> 제국주의는 민족과 국가의 족쇄로부터 해방돼 세계적 규모에서 인류 경제를 건설하려는 경제발전에서의 **진보적** 경향의 약탈적 자본주의적 표현을 가리킨다"(Trotsky, 1915a: 369~370. 강조는 트로츠키).
>
> 민족 원리는 민족자본주의에 대해 결코 절대적 이념이 아니며 최종적 도달점도 아니다. 그것은 세계지배를 향한 새로운 도약의 한 단계에 불과하다. 어떤 발전단계에서 민족이념이 봉건적 지방 할거주의의 야만 혹은 외국의 군사적 억압에 대한 투쟁의 깃발이 된다면, 그다음 단계에서는 그 이념 자체가 민족적 에고이즘의 자족적 심리를 낳고 약소민족의 자본주의적 노예화를 위한 도구로, 제국주의적 야만의 불가결한 도구로 된다(Trotsky, 1915c: 880).
>
> 제국주의는 경제의 이런 경향이 자본주의적 약탈의 형태를 취한 것이다. 그것은 일찍이 농촌적·지방적 편협의 우매함으로부터 자신을 떼어 낸 것처럼, 민족적 편협의 우매함으로부터 자신을 완전히 떼어 내려는 경향이다(Trotsky, 1916a).

트로츠키는 오늘날 자본주의에서 발전한 생산력에 대해 민족국가 형태가 근본적 질곡이 됐다는 것, 또 어떤 한 자본주의 국가가 세계의 생산력에 대해 헤게모니를 확립하는 것은 불가능하다는 것, 이로부터 유럽을 중심으로 한 세계자본주의 위기와 전쟁이 비롯된다는 것, 제1차세계대전은 유럽 제국주의의 식민지 쟁탈전으로서의 성격과 함께 유럽에서 헤게모니 쟁탈전이라는 성격을 갖는다는 것 등을 강조했다.

군국주의의 깃발 아래 경제적 경쟁은 인간 경제의 초보적 원리도 위반하는 약탈과 파괴를 수반하고 있다. 세계의 생산은 민족적·국가적 분할이 야기한 혼란에 대해서뿐만 아니라 이제 야만적 해체와 혼돈으로 전화된 자본주의 경제조직에 대해서도 반역하고 있다. … 민족적 기초 위에서 자본주의적 발전을 개시했던 독일은 1870~1871년 대륙에서 프랑스의 헤게모니를 파괴했다. 민족적 기초 위에서 독일 공업의 발전이 독일을 세계 일류의 자본주의 국가로 변모시킨 오늘날 독일의 계속된 발전은 영국의 세계적 헤게모니와의 충돌을 의미한다. 독일에 대해 유럽 대륙의 완전하고 무제한적인 지배는 세계적 라이벌을 타도하기 위한 불가결의 전제조건이다(Trotsky, 1914: viii, ix).

트로츠키는 이처럼 영국과 독일 간의 제국주의적 경쟁을 주요 축으로 제1차세계대전의 성격을 강조했는데, 이는 당시 제국주의 열강들의 세력관계를 다소 병렬적으로 묘사했던 레닌의 제국주의론과 대조적이다. 또 트로츠키는 '제국주의=세계자본주의=세계전쟁' 테제에 기초해 1905년 혁명 이후 자신의 지론인 '연속혁명=세계혁명' 전략을 보충했다.

자본주의는 민족국가의 틀 안에서 포화됐다. 생산력이 민족국가의 틀에 반역하고, 모국의 경제활동에 식민지를 포함시키기 위해 경제적 기초를 한층 더 넓게 확장하려는 것이 거대 열강의 제국주의 정책의 본질이다. 민족적 제국주의자들의 충돌이 현재의 전쟁을 초래했다. … 전쟁은 생산력 발전에 대해 너무 협소한 민족국가의 틀을 파괴한다. 그리하여 전쟁은 사회혁명의 기초로서 민족국가의 틀 역시 파괴한다. … 현재 사회혁명은 직접적이고 즉각적인 의미에서 세계적 문제가 아닐지라도 어쨌든 유럽적 문제로서 우리에게 대두된다. 현재 상황에서 모든 프롤레타리아 운동은 그 최초의 단계에서 자신의 민족적 제한의 틀을 확장해 다른 나라 프롤레타리아의 병행한 운동에서 자신의 성공을 보장받아야 한다(Thatcher, 2000: 41, 43에서 재인용. 강조는 필자).

1914년 8월 4일 독일 사회민주당 의원단이 전시공채에 찬성 투표하자 트로츠키는 곧바로 제2인터내셔널은 붕괴했으며 새로운 인터내셔널을 건설할 것을 제안했다. 트로츠키는《전쟁과 인터내셔널》에서 다음과 같이 주장했다.

1914년의 전쟁은 민족국가의 붕괴를 상징한다. 이제 막을 내린 시대에 사회주의 정당은 민족 정당이었다. 사회주의 정당들은 그 조직과 행동 및 심리의 곳곳에서 민족국가와 유착했다. … 제2인터내셔널을 낡은 기초 위에서 구출하려는 시도는 완전히 가망 없는 일이다. … 제2인터내셔널은 헛되이 존재했던 것은 아니다. 그것은 역사에 유례없는 거대한 문화적 사업을 이룩했다. 즉 피억압계급을 교육하고 결집시켰다. 오늘날 프롤레타리아는 처음부터 다시 시작할 필요는 없다. … 이 소책자 전체는 처음부터 끝까지 새로운 인터내셔널의 정신에 기초해 쓰였다. 이 새로운 인터내셔널은 현재의 세계적 격동 속에서 생겨날 수밖에 없다. 그리고 그것은 최후의 투쟁과 최종적 승리의 인터내셔널일 것이다(Trotsky, 1914: xii~xiii. 강조는 필자).

트로츠키는 제2인터내셔널이 붕괴한 원인을 다른 무엇보다 제2인터내셔널의 각국 정당들이 민족국가와 결합돼 있었기 때문에 이들 국가가 제국주의 국가로 이행함에 따라 이들 정당도 자국의 제국주의적 지위에 물질적·관념적 이해관계를 갖게 된 것에서 찾았다.

인터내셔널 붕괴의 원인을 개인적 오류나 지도자와 당 간부의 편협함에서 구하는 것은 헛된 짓이다. 그것은 오히려 사회주의 인터내셔널이 결성되고 전개돼 왔던 시대의 객관적 조건에서 구해야만 한다. 물론 지도자의 동요나 당 간부의 당황과 무능이 정당화될 수 있는 것은 아니다. 그러나 그것이 기본적 요인은 아니다. 그 원인은 그 시대 전체의 역사적 조건에서 찾아야 한다. … 프롤레타리아의 계급운동, 특히 그 경제투쟁이 국가의 제국주의 정책의 규모와 성과에 의존하고 있다는 것, 이것이 문제인 것이다. 우리가 아는 한, 이것은 사회주의 출판물에서 지금까지 논의된 적이 없다(Trotsky, 1914: 53, 67. 강조는 필자).

위 인용문에서 트로츠키는 노동조합과 노동자당 상층부뿐만 아니라 노동자계급 전체가 그 나라의 제국주의적 지위에 의존하고 그 유지에 이해관계를 같이 했던 점을 강조하고 있다. 이는 당시 레닌이 제2인터내셔널 붕괴의 원인을 주로 식민지 초과이윤을 물적 기반으로 한 노동조합과 노동자당 상층부의 매수, 즉 '노동귀족'층의 기회주의와 '배반'에서 찾았던 것과 비교된다.[6]

3. 평화강령

트로츠키는 제1차세계대전 발발 직후인 1914년 11월 《전쟁과 인터내셔널》에서 전쟁에 맞서 평화 슬로건을 내걸었다. "전쟁의 즉시 중지!, 이것은 각국 당 내부에서도 또 인터내셔널 전체에서도 사회민주당이 흐트러진 전열을 재집결할 수 있는 슬로건이다. … 무배상! 무병합! 모든 민족의 자결권! 군주제 없는, 상비군 없는, 봉건적 지배층 없는, 비밀외교 없는 유럽합중국! … 혁명적 사회민주주의는 평화 슬로건하에서만 유럽의 호전적 반동세력을 확실하게 고립시킬 수 있고 공세로 전환할 수 있다"(Trotsky, 1914: 74~75. 강조는 트로츠키).

트로츠키의 평화강령은 트로츠키 사상에 핵심적인 이행기강령의 일부이며, 스탈린주의자들이 중상하듯,[7] 카우츠키의 평화주의(pacifism)와 동일시될 수 없다. 트로츠키는 《전쟁과 인터내셔널》에서 전쟁을 내전으로 전화시킨다는 슈투트가르트 대회 이후 전쟁에 대한 사회주의자들의 대응 원칙을 확인하고 이를 실현하기 위해 대중을 동원하기 위한 이행기강령으로 "'전쟁의 즉시 중지!'", "무배상! 무병합!", "모든 민족의 자결권!", "군주제 없는, 상비군 없는, 봉건적 지배층 없는, 비밀외교 없는 유럽합중국!"을 주장했다. 트로츠키의 평화강령은 자본주의에서 혁명 없이는 진정한 평화가 있을 수 없다는 것을 전제한다는 점에서 카우츠키의 평화주의와 분명히 다르다. 하지만 트로츠키는 레닌과 달리 혁명과 상대적으로 분리된 "전쟁의 즉시 중지"와 같은 반전 평화강령을 전면에 내걸었다. 트로츠키가 이처럼 평화강령을 내건 것은 진정한 평화를 위해서는 혁명이 필요하다는 인식에 도달할 때까지 대중을 혁명운동으로 결집하기 위해서였다. 즉 대중은 처음에는 당면 목표로 반전평화를 추구하지만 이와 같은 반전평화 운동이 발전하면서 대중은 반자본주의 혁명 없이는 진정한 평화가 실현될 수 없다는 인식에 도달할 것이라고 트로츠키는 봤다. 이로부터 트로츠키는 제국주의 전쟁이라는 현상과 사회주의라는 목표를 매개하기 위해 대중을 결집·동원하는 이행기강령으로 평화강령을 제출했다. 바로 이 점에 전쟁에 대한 트로츠키와 레닌의 접근의 차이가 있다. 물론 트로츠키도 레닌과 마찬가지로 제국주의 전쟁을 내전으로 전화시킨다는 혁명적 사회주의의 임무를 강조했다. 따라서 트로츠키가 제국주의의 내전으로의 전화 슬로건을 거부했다는 비난은 근거가 없다. 트로츠키는 레닌이 제국주의의 내전으로의 전화 슬로건을 평화를 위한 투쟁과 대립시켰던 점에 이의를 제기했을 뿐이다. 레닌이 제국주의의 내전으로의 전화를 단지 대중 계몽과 비합법 조직 기술의 측면에서 접근했던 반면, 트로츠키는 이를 평화강령으로 매개하려 했다(西島榮, 1995). 즉 레닌이 제1차세계대전 당시 사회주의자들 사이에서도 유포돼 있었던 혁명 없는 평화의 가능성에 대한 환상을 분쇄하는 데 주력했다면, 트로츠키는 대중의 반전평화 운동과 연계해 사회주의 혁명으로 나아가는 이행기강령으로서 평화강령을 중시했다(Pearce, 1961). 트로츠키는 1916년 초 출판한《평화강령》[8]에서 이행기강령으로서 평화강령의 역할을 부연했다.

제국주의 전쟁과 그 사회적 토대에 대한 투쟁의 혁명적 강령은 전쟁에 의해 최고도의 긴장에 도달한 정치적·국제적·국가적·민족적 문제들을 무시할 수 없다. 이런 문제들은 물론 사회혁명에 의해서만 해결할 수 있다. 그러나 그 해결을 위해서는 사회혁명의 당은 자기의 명확한 강령을 갖고 있어야만 한다. … 프롤레타리아는 발끝부터 머리끝까지 무장한 전승국에게 병합을 단념시키기 위해서는 당연히 선한 의도뿐만 아니라 혁명적 폭력과 그것을 공공연하게 사용할 준비가 필요하다. … 이런 체제의 극복은 오로지 프롤레타리아 혁명을 통해서만 가능하다. 문제의 핵심은 프롤레타리아 평화강령과 사회혁명의 강령을 결합하는 것이다(Trotsky, 1916a. 강조는 트로츠키).

위 인용문에서 보듯이 트로츠키는 평화강령을 평화주의가 아니라 반자본주의 혁명 전략의 일환으로서 사회혁명 강령과 결합해 제기했다. 트로츠키는 평화강령을 정전이나 무병합으로 한정하는 마르토프 등 멘셰비키의 "수동적 국제주의"를 철저하게 비판했다. 트로츠키는 무병합을 실현하기 위해서는 프롤레타리아의 강력한 혁명운동이 필요함에도 불구하고, "수동적 국제주의자"들은 전쟁 이전 유럽의 상태(status quo ante bellum)로 복귀하는 것만을 목표로 하고 있다고 비판했다. 트로츠키에게 평화강령은 평화를 희구하는 대중의 현실적 요구에 입각하면서도, 전쟁에 의해 최고도의 긴장에 도달한 문제들에 대한 해결의 형태를 포함하며, 전쟁이라는 현상과 사회혁명을 매개한다는 점에서 훌륭한 의미의 이행기강령이다(西島榮, 1995: 21~22).

트로츠키의 평화강령은 제1차세계대전에 대한 당시 레닌의 혁명적 패배주의 전략에 대한 비판을 함축하는 것이기도 했다. 레닌의 혁명적 패배주의는 전쟁에서 자국 정부의 패배를 선전·선동·조직하는 것을 통해 혁명을 촉진한다는 것을 내용으로 한다. 따라서 레닌의 혁명적 패배주의에서 출발점과 목표를 구별할 필요가 있다(西島榮, 1995: 14~15). 출발점으로서는 레닌의 혁명적 패배주의는 혁명정당이 조국방위 등을 고려하지 않고 자국 정부에 대한 계급투쟁을 가차 없이 수행한다는 원칙적 자세를 표현하고 있다. 트로츠키는 이 점에 관해 아무런 이의도 없었다. 하지만 목표로서는 레닌의 혁명적 패배주의는 자국 정부, 특히 러시아 정부의 패배를 이른바 '차악'(lesser evil)[9]으로 적극적으로 희망·추구하고 실제로 패배를 우선함으로써 혁명을 촉진한다는 전략을 표현하고 있다. 트로츠키가 비판을 집중했던 것은 바로 이 점이다. 트로츠키는 레닌의 혁명적 패배주의는, 의도와는 반대로, 혁명을 실패 혹은 약화시킬 것이라고 봤다. 트로츠키는 1914년 《전쟁과 인터내셔널》에서 패배는 혁명을 재촉함과 동시에 취약하게도 한다는 것, 차리즘이 군사적으로 패배해 혁명이 도래한다 할지라도, 승리한 독일 제국주의에 의해 혁명은 곧바로 분쇄될 것이라는 점, 또 러시아의 패배는 독일의 승리를 전제한다는 것, 이는 유럽 프롤레타리아에게 커다란 재앙을 초래할 것이라고 주장했다.

우리는 벨기에와 프랑스의 자유를 확실하게 파괴하는 대가를 치르고서, 더 중요하게는, 그리하여 독일과 오스트리아 프롤레타리아에게 제국주의라는 바이러스를 주입함으로써 러시아를 해방한다는 의심스런 생각을 잠시라도 가져 본 적이 없다. … 차리즘의 패배는 실제로 혁명사업을 도울 수 있지 않을까? 그 가능성에 대해서는 어떤 이의도 없다. … 하지만 러일 전쟁은 한편에서 차리즘을 약화시켰지만, 일본 군국주의를 강화했다. 현재의 독일과 러시아의 전쟁의 경우도 마찬가지다. … 사회민주주의자는 자신의 목적을 이 전쟁이 내포하고 있는 역사적 가능성의 어느 쪽과도, 즉 2국동맹의 승리나 3국협상의 승리 어느 쪽과도 동일시해서는 안 된다(Trotsky, 1914: xi, 19, 20, 21. 강조는 트로츠키).

트로츠키는 또 한 나라에서 패전은 혁명을 앞당기지만 동시에 그 혁명을 취약하게도 하므로 전체로 봐서 혁명은 패전에서 이익을 얻지 못하며, 또 한 나라의 패전은 다른 나라의 승리를 의미하며 승전국의 제국주의적 지위가 강화되면 그 나라의 사회주의 운동이 곤란하게 될 것이라고 주장했다. 트로츠키는 1915년 8월 〈나셰 슬로보〉에 기고한 논설, "군사적 위기와 정치적 전망"에서도 다음과 같이 주장했다.

다른 모든 조건이 같을 때, 패전이 기존의 국가기구를 파괴하면 할수록, 패전이 함축하는 상대국의 승전은 상대국의 국가기구를 강화한다. 우리는 유럽의 어떤 사회 국가 조직을 강화하는 것이 유럽 프롤레타리아의 이익에 합치되는지 알지 못한다. … 전쟁은 너무나 모순적이고 양면적인 역사발전의 요인이다. 이 때문에 자신의 발밑에 견고한 계급적 기초를 갖고 있고 자신의 미래를 확신하는 혁명정당으로서는 패전의 길에서 정치적 성공의 길을 찾기 어렵다. 패배는 지배계급의 반동을 해체시키고 사기를 저하시키지만, 동시에 사회생활 전체, 무엇보다 노동자계급도 해체시킨다. 패배로부터 발발한 혁명은 전쟁으로 인해 극도로 혼란된 경제, 고갈된 국가재정, 극도로 긴장된 국제관계를 물려받을 것이다. … 군사적 파국은 주민의 경제적·정신적 힘과 수단을 소모시키고 단지 **일정한 한도** 내에서만 적극적 분노나 저항이나 혁명적 행동을 야기할 수 있다. 소모가 어느 정도를 넘어 극심해지면 에너지가 쇠퇴하고 의지가 마비된다. 절망, 수동성, 도덕적 붕괴가 시작된다. … 현재의 전쟁의 거대한 규모는 그 끝없는 지구전적 성격과 함께 아마도 오랜 기간 모든 사회적 발전의 전망을 봉쇄할 것이며 따라서 무엇보다 중요하게도 프롤레타리아의 혁명운동의 전망도 봉쇄할 것이다. … 이것으로부터 도출되는 결론은 가능한 한 빨리 정전을 쟁취하기 위한 투쟁을 수행해야 한다는 것이다. 혁명은 패배를 거듭하는 것에서 이익을 얻을 수 없다. 반면 평화를 위한 투쟁은 우리들에 대해 혁명적 자기보존을 보증한다. 전쟁에 반대하는 근로대중의 동원이 강력하면 강력할수록 패배의 경험은 점점 완전하게 노동자계급의 정치적 재산목록에 들어가고 그것은 점점 급속하게 혁명운동을 자각시키는 힘이 될 것이다(Cliff, 1989: 180; 西島榮, 1995: 16에서 재인용. 강조는 트로츠키).

트로츠키는 혁명적 패배주의라는 레닌의 공식을 위험하며 이해하기 어렵고, 전쟁에 대한 투쟁으로 대중을 동원하는 데서, 즉 평화에 대해 현실적 장애가 된다고 보아 거부했다(Broué, 1988: 151). 트로츠키는 패전이 적극적 효과를 가질 수 있는 한계를 지적하면서 패전을 혁명을 위해 이용하기 위해서도 평화를 위한 투쟁이 필요하다고 봤다(西島榮, 1995: 16). 트로츠키는 또 레닌의 혁명적 패배주의 슬로건은 전쟁에서 프롤레타리아의 국제적 연대의 필요성을 무시한 것이라고 비판했다. "독일 프롤레타리아가 자신들의 '대포 42'의 포문을 계급의 적들로 향하게 하기 위해서는 그들은 우선 그것이 자신들의 계급 형제들로 겨냥되도록 해서는 안 된다"(Thatcher, 2000: 62에서 재인용).

트로츠키는 1916년 8월에 쓴 "러시아 사회민주당의 그룹 분류"에서도 '러시아의 패배=차악'이라는 혁명적 패배주의 슬로건은 마이너스 선전효과를 가지며 국제주의자들의 단결을 저해하고 있다고 비판했다. "러시아의 패배는 차악'이라는 역설적이며 내적으로 모순적인 공식은 우리의 독일 동지들을 곤란한 상황으로 몰아넣고 있으며 우리의 선동을 풍부하게 하기는커녕 도리어 방해하고 있다. 그것은 사회애국주의 선동가들에게 우리의 공통의 기치에 대항한 투쟁에서 가장 중요한 무기를 제공했다. 혁명적 슬로건의 이와 같은 과장은 〈소치알 데모크라트〉(볼셰비키 기관지)파가 이 슬로건을 재빨리 국제주의의 절대적 시금석으로 만들었기 때문에 더욱 위험한 것이 됐다"(Trotsky, 1916b: 405. 강조는 트로츠키). 1915년 6월 트로츠키는 "〈코무니스트〉 편집부에 보내는 공개서한"[10]에서 평화강령의 이행기강령으로서의 의의를 다시 주장하면서, 러시아의 패배가 '차악'이라는 레닌의 혁명적 패배주의야말로 뒤집어 놓은 사회애국주의라고 통박했다.

나는 우리를 분열시키고 있는 심각한 의견 차이에 눈을 감을 수 없다. 예컨대 **평화를 위한 투쟁**이라는 슬로건 아래 프롤레타리아를 동원하는 문제

에 대해 당신들이 취하고 있는 애매하고 회피적인 입장에 나는 전혀 동의
할 수 없다. 왜냐하면 현재 이 슬로건하에서 노동자대중은 실제로 정치적
으로 각성하고 있으며, 모든 나라 사회주의 혁명 세력이 결집하고 있으며,
또 바로 이 슬로건하에서 사회주의 프롤레타리아의 국제적 연대를 회복
하려는 시도가 현재 수행되고 있기 때문이다. 나는 러시아의 패배는 '차
악'이라는 견해에도 동의할 수 없다. 이는 불필요하고 정당화될 수 없는
입장으로서 전쟁과 그것이 초래한 상황에 대한 혁명적 투쟁을 현재의 상
황에서 극히 자의적인 '차악'을 목표로 하는 방침으로 치환하는 사회애국
주의의 정치적 방법론에 대한 원칙상의 양보다(Trotsky, 1915b: 235. 강
조는 트로츠키).

트로츠키는 치머발트 회의 후 1915년 10월 〈나셰 슬로보〉에 기고한
논문 "우리 당의 그룹 분류"에서 레닌을 비롯한 볼셰비키들이 혁명적 입
장에 서 있지만 "평화를 위한 투쟁"의 의의를 인정하지 않는 종파주의
자들이라고 비판했으며, 1916년 《평화강령》에서도 레닌의 혁명적 패배
주의는 "문제를 혁명 정치의 입장이 아니라 추상적 극단주의의 입장에
서 제기하는 것"(Trotsky, 1916a)이라고 비판했다.

[레닌을 비롯한 볼셰비키들은] 대중적 프롤레타리아 투쟁 슬로건으로서 평화
를 위한 투쟁 슬로건의 의의를 오해하고 있으며, 정치적 행동을 조직 분열
에 종속시키고 있고, 자신들의 정강의 기본 원리를 공유하고 있지 않은 자
들, 자신들의 종파주의적 강령을 처음부터 끝까지 모두 수용하지 않는 자
들에 대한 적대로 일관하고 있다. … [반면 나를 비롯한 〈나셰 슬로보〉 그룹은]
평화를 위한 운동의 거대한 의의를 인정하는데, 이는 단지 이 슬로건하에
서만 현재 실제로 대규모 대중동원이 가능하기 때문이다. 그러나 동시에

이 조류는 평화를 위한 운동을 혁명적·계급적 전술에 기초해 설정하고, 지배적인 사회민족주의적 경향에 비타협적인 태도를 취하며 이를 통해 이 회의를 제3인터내셔널의 건설로 향하는 사업의 출발점으로 삼으려 한다 (Thatcher, 2000: 64; 西島榮, 1995: 19에서 재인용).

한편 드레이퍼에 따르면, 레닌의 혁명적 패배주의는 상호 모순되는 다음과 같은 네 가지 명제들로 구성돼 있다. (1) 독일에 의한 러시아의 패배는 '차악'이라는 특수 러시아적 입장, (2) '패배는 혁명을 촉진한다'는 객관적 진술, (3) 모든 나라의 패배를 희망한다는 슬로건, (4) 패배의 위험에도 주저하지 않고 내전을 감행한다(Draper, 1996: 88). 그런데 이 네 가지 공식 중 어느 것이 레닌의 혁명적 패배주의에 부합되는지는 분명하지 않다. 레닌은 논쟁의 편의에 따라 이들을 선택 혹은 조합해서 사용했다. 예컨대 레닌은 혁명적 패배주의 슬로건의 특정 공식에 대한 비판에 그 공식을 방어하기보다 다른 공식으로 대체하는 방식으로 응수했다(Draper, 1996: 93). 또 이 공식들 중에는 상충되는 것들도 있다. 예컨대 '공식 (4)'는 사실상 패배를 희망하지 않는다는 점에서 이를 희망하는 '공식 (3)'과 상충된다. 또 레닌의 혁명적 패배주의가 러시아 특수적 '차악'으로서의 패배주의('공식 (1)')가 아니라 모든 교전국에서 패배주의('공식 (3)')를 의미한다면, 이는 트로츠키의 평화강령으로 수렴한다. 왜냐하면 이 경우에는 어느 나라가 승리하거나 패배하기 전에 각국에서 혁명이 성공해 평화가 실현되기 때문이다. 그런데 '공식 (1)'처럼 혁명적 패배주의가 교전국 중 어느 한쪽을 지지하는 것이라면, 이것은 트로츠키가 비판했듯이 사회애국주의, 조국방위주의의 거울이미지가 될 것이다. 왜냐하면 러시아 정부의 패배 선동은 독일 정부의 승리에 대한 지지를 의미할 것이기 때문이다.

레닌은 1916년 말부터 혁명적 패배주의라는 용어를 거의 사용하지 않았다. 1916년 이후 레닌은 병사들 사이에서 전쟁에 대한 염증이 고조되는 것을 목격하면서 평화 슬로건의 중요성을 인식하게 됐다.[11] 1916년 말부터 1917년 2월 혁명 발발 직전 시기 레닌은 트로츠키와 반전평화 사상 및 멘셰비키의 대립의 진정성을 이해하면서 트로츠키에 대한 부정적 평가를 철회 혹은 수정하고 자신과 트로츠키의 거리가 좁혀지고 있음을 인정했다. 1916년 12월 레닌은 수바린(B Souvarine)에게 보낸 공개서한에서 "나는 트로츠키를 배외주의자라고 낙인찍은 적이 없습니다. … 트로츠키는 점점 (치머발트) 좌파에 접근하고 있으며 심지어 러시아 사회배외주의 지도자들과의 단절도 호소하고 있습니다"라고 말했다(Lenin, 1916b: 203~204. 강조는 필자). 1917년 2월 혁명은 레닌의 예상과 달리 러시아가 독일에 패전하기 전에 발발했다. 반면 혁명이 지체된 다른 패전국들, 독일이나 헝가리에서는 트로츠키의 예상대로 혁명이 붕괴하거나 좌절됐다. 1917년 2월 혁명은 레닌과 트로츠키의 의견의 차이를 일소하게 했다. '평화, 토지, 빵'을 갈구했던 민중은 차리즘을 전복했다. 2월 혁명을 성취한 민중은 이것으로 '평화, 토지, 빵'을 실현할 수 있다고 생각했지만, 임시정부가 제국주의 전쟁을 계속하려 하자, '평화, 토지, 빵'은 부르주아 민주주의 혁명을 사회주의 혁명으로 전화시키는 이행기강령이 됐다. 1917년 러시아 혁명을 성공으로 이끈 것은 혁명적 패배주의 슬로건이 아니라 '평화, 토지, 빵'과 '모든 권력을 소비에트로'라는 이행기강령이었다. 1917년 2월 혁명은 평화를 위한 투쟁의 슬로건하에서 혁명적 노동자들이 전진·승리할 수 있다는 트로츠키의 평화강령의 타당성을 입증했다. 레닌도 1917년 2월 혁명 후 '평화, 토지, 빵'이라는 반전 평화강령을 전면에 내걸었다. 레닌은 1917년 2월 혁명 후 패전을 통해 임시혁명 정부를 와해시키려는 코르닐로프 등의 '반동적 패배주의'에 대항하는 과정에서 혁명적 패배주의를 철회했다.[12] 레닌은 4월 테제 이후 '혁명전쟁'(revolutionary war) 슬로건도 사실상 접는데, 이는 결국 또 다른 전쟁의 계속을 의미하는 혁명적 패배주의나 '혁명전쟁' 슬로건이 전쟁에 대한 대중의 염증이 극도로 달한 조건과 부합되지 않았기 때문이다(Service, 1992). 주지하듯이 10월 혁명 이후 레닌은 브레스트리토프스크 강화에서 보듯이 분명하게 방위주의로 돌아섰다.[13] 혁명적 패배주의 슬로건은 레닌 시기 코민테른의 강령과 정책에서 어떤 역할도 하지 않았다. "코민테른의 최초 4개 대회의 어떤 문건에서도 패배주의 슬로건에 대한 언급은 전혀 존재하지 않는다"(Draper, 1996: 151. 강조는 드레이퍼).

4. 유럽합중국 슬로건

제1차세계대전 시기 트로츠키는 평화강령과 함께 유럽합중국 슬로건을 전쟁에 대한 대안으로 제시했다. 트로츠키는 1914년 《전쟁과 인터내셔널》에서 민족국가의 장벽이 시대에 뒤떨어진 것이 됐다고 하면서 이를 대신할 수 있는 것으로서 공화제 유럽합중국을 제시했다. "이런 역사적 상황 가운데서 프롤레타리아에게 중요한 것은 경제발전의 주요한 장애물이 된 시대에 뒤떨어진 민족적 '조국' 방위 등이 아니라 훨씬 강력하고 훨씬 저항력이 있는 조국, 즉 세계합중국의 토대로서 공화제 유럽합중국의 창출이다. 프롤레타리아는 자본주의의 제국주의적 막다른 골목에 대해 실천적 일정으로서는 오로지 세계경제의 사회주의적 조직화만을 대치시킬 수 있다. 발전의 정점에 달한 자본주의가 그 해결할 수 없는 모순을 해결하는 수단으로서의 전쟁은 프롤레타리아가 자신들의 수단, 즉 사회혁명이라는 수단을 그것에 대치하지 않을 수 없게 한다"

(Trotsky, 1914: 18). 트로츠키는 1916년 《평화강령》에서도 "군주제 없는, 상비군 없는, 비밀외교 없는 유럽합중국"을 "프롤레타리아 평화강령의 가장 중요한 구성부분"(Trotsky, 1916a)으로 위치 지웠다.

일찍이 러시아 군국주의가 독일의 반(半)통일을 실현했듯이, 만약 독일 군국주의가 실제로 유럽의 강제적 반(半)통일을 실현한다면, 유럽 프롤레타리아의 중심적 슬로건은 무엇이 돼야 할까? 강제된 통일 유럽을 해체하고, 모든 민족을 고립된 민족국가의 지붕 아래로 복귀시키는 것이 돼야 하는가? 혹은 관세 '자주권'이나, '민족' 화폐나, '민족적' 사회입법의 부활 등이 돼야 하는가? 물론 아니다. 유럽 혁명운동의 강령은 통일의 강제적·반민주주의적 **形**態를 파괴하면서도 관세장벽의 완전한 폐지, 입법 특히 노동입법의 통일이라는 형태로 통일의 기초를 유지하고 한층 발전시키는 것이 돼야 한다. 바꿔 말하면 **군주제 없는, 상비군 없는** 합중국은 위와 같은 상황에서는 유럽 혁명의 통일적·지도적 슬로건이 될 것이다(Trotsky, 1916a. 강조는 트로츠키).

트로츠키가 제안한 유럽합중국은 다민족이 공생하는 광범위한 민주주의적 연방이었다(湯川順夫. 2005: 115~116). 트로츠키는 유럽합중국에서는 민족적 요구가 억압되는 것이 아니라 오히려 그 발전이 보장되며 연방을 구성하는 각 공화국의 국경의 벽도 관세장벽의 측면에서뿐만 아니라 문화적·정치적 면에서도 낮아진다고 봤다. 트로츠키는 제국주의시대에 경제발전을 민족적 경계 안에 한정하려는 시도야말로 반동적이라고 비판했다. 트로츠키는 1915년 7월 "민족과 경제"에서 유럽합중국에서는 모든 민족이 자유롭게 자신의 문화적 역량을 발전시킬 수 있다고 주장했다. "유럽의 국가 지도가 그 민족의 지도와 일치한다면, 즉 지리적 조건이나 경제적 관계와는 무관하게 유럽이 다소 완전한 민족국가적 세포들로 분해된다면 유럽과 전 세계의 발전의 운명이 완전하게 보장될 것이라고 생각하는 것은 에르베(G Hervé)처럼 가련한 프티부르주아적 유토피아주의다. … 경제는 세계를 조직하는 기축으로서 유럽합중국의 광대한 무대 위에 조직될 것이다. 오직 연방공화제만이 모든 민족이 가장 자유롭게 그 문화적 역량을 발전시킬 수 있는 탄력적이며 유연한 정치형태일 것이다"(Trotsky, 1915c: 879~880, 883).

트로츠키는 로자 룩셈부르크와 달리 민족자결권을 일관되게 지지했다. 트로츠키는 1914년 《전쟁과 인터내셔널》에서 다음과 같이 말했다. "발칸반도에서 민족생활과 경제발전을 위한 정상적 환경을 창조하는 것은 차리즘과 오스트리아-헝가리 제국이 유지되는 한 생각될 수 없다. … 우리는 차리즘의 압박으로부터 폴란드 민족이 해방되는 것을 희망한다. … 유럽에서 차리즘의 침략 기도에 대해서는 다뉴브 강 주변 및 발칸반도에서 중소 규모 국가들의 집합체 방식이 유럽 평화에 대한 끊임없는 위협을 통해서만 자기의 존재를 증명할 수 있는 오늘날의 약화되고 혼란된 오스트리아-헝가리 국가보다 훨씬 강력한 장벽을 세울 수 있을 것이다"(Trotsky, 1914: ix, 8). 트로츠키는 민족자결권을 위한 투쟁은 오스트리아-헝가리 제국과 차르 제국에 대한 투쟁의 불가결한 일환이며, 이는 이들 제국을 해체하는 것 없이는 성공할 수 없다고 봤다. 트로츠키는 또 민족자결권을 위한 투쟁은 이들 제국을 타도한 후 성립하는 공화제 유럽합중국을 위한 국제적 투쟁이기도 하다고 봤다. "어제의 유럽이 우리에게 제기한 과제인 헝가리 문제와 차리즘의 타도 문제는 오로지 혁명적 방식으로만 또 내일의 통일 유럽이라는 문제와의 관련하에서만 해결될 수 있다"(Trotsky, 1914: x). 트로츠키는 오스트리아-헝가리 제국의 혁명적 타도를 통해 민족문제를 해결하려 했다는 점에서 오스트리아-헝가리 제국의 '개혁'을 통해 '민족자치'를 추구했던 바우어(O.
Bauer) 등 오스트리아 마르크스주의와 구별된다.[14]

트로츠키는 1916년 《평화강령》에서 러시아 혁명과 유럽 혁명 전망의
연계, 유럽 노동자계급의 상호의존성, 프롤레타리아 혁명 과정에서 국제
적 조율의 필요성이 유럽합중국 슬로건을 요청한다고 봤다. 트로츠키는
유럽합중국 슬로건은 유럽 노동계급을 분할하고 있는 조건들과 국경을
넘는 사회주의 혁명에 대한 열망을 매개하는 역할을 할 것이라고 봤다.
트로츠키는 유럽 사회혁명의 깃발을 들면서도 공화제 유럽합중국을 주
장했다. 트로츠키의 유럽합중국 슬로건은 군주제가 남아 있는 유럽을 먼
저 군주제 없는 자본주의 유럽으로 만들고, 그다음에 사회주의 유럽을
실현하자는 2단계 혁명 전략이 아니라, 군주제가 남아 있는 유럽에서 프
롤레타리아가 지배하는 유럽으로 중단 없이 연속이행하기 위한 이행기강
령이었다. 유럽합중국이 자본주의 조건에서는 실현 불가능하기 때문에,
유럽합중국을 목표로 한 프롤레타리아의 투쟁은 필연적으로 자본주의
그 자체와의 투쟁으로, 즉 자본주의의 극복으로 나아간다는 것이다.

> 러시아 혁명은 분명히 단지 전 유럽적 혁명으로서만 발전할 수 있고 승리
> 할 수 있다. 만약 그것이 일국적 틀에 고립된다면 그 멸망은 운명 지워져
> 있다. … 러시아 혁명을 구하는 것은 그것을 전 유럽으로 확산하는 것에 있
> 다. … 프롤레타리아 독재 체제를 확립하는 것은 유럽 전체에 걸쳐서만 즉
> 유럽 공화국연방이라는 형태로만 생각할 수 있다. … 진정으로 민족발전의
> 자유를 보증할 수 있는 유럽의 민주주의적·공화제적 통일은 오로지 군국
> 주의적·제국주의적·왕조적 중앙집권주의에 대한 혁명투쟁을 통해서만, 개
> 개의 국가에서 반란을 통해서만, 또 이런 반란을 전 유럽적 혁명으로 합류
> 시키는 것을 통해서만 가능하다. 승리한 유럽 혁명은 … 달리 어떤 혁명적

계급도 존재하지 않기 때문에, 권력을 프롤레타리아에게 인도할 수밖에 없다. 따라서 유럽합중국은 무엇보다도 유럽에서 생각할 수 있는 프롤레타리아 독재의 유일한 형태다(Trotsky, 1916a. 강조는 필자).

레닌도 제1차세계대전 발발 초기에는 유럽합중국 슬로건을 지지했다. 레닌은 1914년 9월 발표한 "유럽 전쟁에서 혁명적 사회민주주의자의 임무"에 유럽합중국 슬로건을 포함시켰으며, 한 달 뒤에 발표한 반전 선언 "전쟁과 러시아 사회민주주의"에서도 유럽합중국 슬로건을 지지했다. "유럽의 개개의 모든 나라들을 공화제적 유럽합중국으로 전환시키는 것과 함께 독일, 폴란드, 러시아 등에서 공화제를 당면 슬로건의 하나로 선전하는 것"(Lenin, 1914a: 18). "공화제 유럽합중국의 수립은 유럽 사회민주주의자들의 당면한 정치적 슬로건이 돼야 한다. 프롤레타리아를 배외주의의 흐름에 끌어들이기 위해 무엇이든 '약속'할 준비가 돼 있는 부르주아지와 달리, 사회민주주의자들은 독일, 오스트리아, 러시아의 군주제를 혁명적으로 타도하지 않는다면 이 슬로건이 절대적으로 허위이고 무의미함을 설명할 것이다"(Lenin, 1914b: 33). 그런데 여기에서 레닌은 유럽합중국 슬로건을 2단계 혁명 전략의 일환으로만 용인했다. 즉 레닌은 유럽합중국 슬로건을 군주제가 존재하는 유럽에서 먼저 군주제 없는 공화제 유럽합중국을 실현하자는 전략으로 일시 승인했을 뿐이다. 하지만 레닌은 이듬해인 1915년 8월 쓴 "유럽합중국 슬로건에 대하여"에서는 이를 철회하고, 유럽합중국 슬로건은 정치적으로는 시인될 수 있을지라도 경제적으로는 자본주의에서 불가능하며, 혹시 실현된다 할지라도 반동적이라고 비판했다.[15]

제국주의의 경제적 조건, 즉 '선진적', '문명적'인 식민지 영유국에 의한 자본의 수출과 세계 분할이라는 관점에서 봤을 때, 유럽합중국은 자본주의 하에서 불가능하거나 반동적이다. … 오늘날 경제적 기초 위에서, 즉 자본 주의하에서, 유럽합중국은 미국의 더 급속한 발전을 저지하기 위한 반동의 조직을 의미할 것이다. … 세계(유럽뿐만 아니라)합중국은, 공산주의의 완 전한 승리가 민주주의 국가를 포함한 모든 국가를 완전히 소멸시킬 때까 지는, 우리가 사회주의와 연관시키는 민족들의 연합과 자유의 국가형태다. … 물론 자본가들 간의, 열강들 간의 일시적 협정은 가능하다. 이 의미에서 는 유럽 자본가들의 협정으로서 유럽합중국도 가능하다. … 그런데 무엇을 목적으로 한 협정인가? 오로지 유럽의 사회주의를 공동으로 억압하기 위 한, 또 일본과 미국에 대항해 공동으로 식민지 약탈물을 지키기 위한 협정 에 불과하다. … 하지만 독립된 슬로건으로서 세계합중국은 전혀 옳지 않 다. 왜냐하면 첫째, 이 슬로건은 사회주의와 합치되기 때문이며, 둘째, 이것 은 일국에서 사회주의가 불가능하다는 잘못된 해석과 그와 같은 국가와 다른 국가들의 관계에 관한 잘못된 해석을 낳을 우려가 있기 때문이다(레 닌, 1915: 147~149. 강조는 레닌).

레닌은 유럽합중국 슬로건 비판에 이어 일국사회주의의 가능성을 주 장했다. "경제적·정치적 발전의 불균등성은 자본주의의 무조건적 법칙 이다. 이것으로부터 사회주의의 승리는 처음에는 몇몇 자본주의 나라들 에서, 혹은 심지어 단 하나의 자본주의 나라에서도 가능하다는 결론이 나온다"(레닌, 1915: 149). 이와 같은 레닌의 유럽합중국 슬로건 비판에 대해 트로츠키는 강력하게 반발했다. 트로츠키는 1916년 《평화강령》에 서 다음과 같이 주장했다.

유럽합중국 슬로건에 반대하는 유일하게 구체적인 역사적 고찰은 스위스에서 발행되는 〈소치알 데모크라트〉에서 다음과 같이 정식화됐다. '경제적·정치적 발전의 불균등성은 자본주의의 무조건적 법칙이다.' 이로부터 〈소치알 데모크라트〉는 다음과 같은 결론을 도출한다. 즉 사회주의는 일국에서 승리할 수 있다. 따라서 각개 나라들에서 프롤레타리아 독재는 유럽합중국의 창출을 조건으로 할 필요는 없다. 상이한 나라들에서 자본주의의 발전이 불균등하다는 것, 이것은 전혀 이론의 여지가 없다. 그러나 이 **불균등성 그 자체가 불균등**하다. 영국, 오스트리아, 독일, 프랑스에서 자본주의의 수준은 동일하지 않다. 그러나 아프리카나 아시아와 비교한다면 이들 나라는 모두 사회혁명에 대해 성숙한 자본주의 유럽인 것이다(Trotsky, 1916a. 강조는 필자).

트로츠키는 레닌의 유럽합중국 비판이 유럽 각국을 비유기적인 독립된 단위로 간주했을 뿐만 아니라, 하나의 경제적 단위로서 구별되는 유럽의 고유한 상대적 균등성, 즉 "불균등성 그 자체의 불균등성"을 보지 못했다는 점에서 일국적 문제설정에 갇혀 있다고 비판했다. 트로츠키는 유럽은 고유한 상대적 균등성으로 인해 사회주의가 처음에는 일국적 기반 위에서 시작된다 할지라도 그 위에서 완결될 수는 없다고 봤다. 트로츠키는 레닌처럼 이를 부인하는 것이야말로 사회애국주의와 통하는 것이라고 비판했다.[16]

민족국가의 프리즘을 통해 사회혁명의 전망을 보는 것은 사회애국주의의 본질인 민족적 편협함의 오류에 빠지는 것이다. … 우리는 사회애국주의에는 가장 속류적인 개량주의와 함께 일국 혁명적인 메시아주의가 존재한다는 점을 잊어서는 안 된다. 이것은 국가가 … 인류를 사회주의로 인도할 것이라고 생각한다. 잘 준비된 한 나라의 국경 내에서 사회주의의 승리가 가능하다면, 민족방위의 이념과 결부된 이 메시아주의는 자신의 상대적인 역사적 정당성을 가질 수도 있을 것이다. 그러나 실제로는 그것은 그런 정당성을 갖지 못한다. 프롤레타리아의 국제적 연계를 무너뜨리는 방법으로 사회혁명의 일국적 기초를 보존하기 위해 투쟁하는 것은 사실상 혁명을 무너뜨리는 것을 의미한다. 왜냐하면 혁명은 일국적 기초 위해서 시작되지만, 오늘날 유럽 나라들의 경제적·군사적·정치적 상호의존성 ― 이는 이번 전쟁에서처럼 강력하게 드러난 적은 지금껏 없었다 ― 으로 인해 그 기초 위에서는 완결될 수 없기 때문이다. 혁명에서 유럽 프롤레타리아의 공동행동을 즉각적으로 또 직접적으로 가능하게 하는 이 상호의존성이 유럽합중국 슬로건으로 표현된다(Trotsky, 1916a).

트로츠키의 이와 같은 반비판에 대해 레닌과 스탈린주의자들은 세계동시혁명론, 유럽동시혁명론이라는 딱지를 붙이면서 트로츠키가 사회주의 혁명이 일국에서 성공할 가능성을 부정했다고 비난했다. 그러나 이런 비난이 근거 없음은 《평화강령》의 다음 문장만 봐도 금방 알 수 있다. "어떤 나라도 투쟁에서 다른 나라들을 '기다릴' 필요는 없다는 것, 이것은 거듭 강조돼야 할 기본적 사상이다. 즉 국제적으로 나란히 행동하자는 것이지 국제적으로 아무것도 하지 않고 기다리자는 것이 아니다. 다른 나라를 기다리지 않고 우리는 우리 자신의 일국적 기초 위에서 우리의 이니셔티브가 다른 나라에서 투쟁에 자극을 줄 것이라는 완전한 확신 속에 투쟁을 시작하고 계속해야 한다"(Trotsky, 1916a. 강조는 필자). 즉 트로츠키는 일국에서 사회주의 혁명을 수행할 수 있는 가능성은 물론 그 필요성까지 주장했다. 트로츠키가 부인한 것은 일국사회주의 혁명 수행의 가능성과 필요성이 아니라 일국사회주의의 장기적 유지 전망이었다(정성진, 2006b: 441~444).

트로츠키는 카우츠키의 초제국주의론이 주장하는 자본주의 유럽합중국은 유토피아일 뿐이며 유럽합중국은 유럽 프롤레타리아의 과제라고 주장했다. 따라서 트로츠키의 유럽합중국론을 카우츠키의 초제국주의론과 동일시하는 것 역시 근거가 없다. 카우츠키가 유럽합중국을 자본주의의 최고 형태로 상정했던 반면,[17] 트로츠키는 이를 국제적 사회주의 혁명의 일환으로 간주했다. 트로츠키는 《평화강령》에서 다음과 같이 주장했다. "이런 상황에서 자본주의 정부 간의 협정을 통해 위로부터 유럽의 다소 완전한 경제적 통일이 실현될 수 있다는 생각은 순전한 유토피아다. 그것은 부분적 타협이나 중도반단의 조치에 그칠 수밖에 없다. 생산자와 소비자에, 그리고 일반적으로 모든 문화적 발전에 거대한 이익을 제공하는 **유럽의 경제적 통일**은 바로 그 때문에 제국주의적 보호무역주의와 그 도구인 군국주의에 대한 투쟁에서 유럽 프롤레타리아의 혁명적 과제다"(Trotsky, 1916a. 강조는 트로츠키). 하지만 트로츠키는 만약 자본주의 유럽합중국이라는 유토피아가 실제로 실현된다면 이는 전 유럽적 규모에서 반자본주의 운동의 물질적 기초를 창출할 것이므로 다수의 민족국가로 분열돼 있는 기존의 상황에 비해서는 일보전진일 것이라고 평가했다. "만약 유럽의 자본주의 국가들이 제국주의 트러스트로 결합하는 데 성공한다면, 이는 기존의 상황에 비해 일보전진일 것이다. 왜냐하면 이는 무엇보다 먼저 노동자계급 운동을 위한 통일된 전 유럽적 물질적 기초를 창출할 것이기 때문이다"(Trotsky, 1916a).

트로츠키는 제1차세계대전 시기뿐만 아니라 그 이후 스탈린에 살해당할 때까지 유럽합중국 슬로건을 자신의 이행기강령의 주요 부분으로 주장했다. 트로츠키는 1923년에도 유럽합중국 슬로건을 혁명 후 장래의 통치형태 일반의 문제로서가 아니라 현실의 대중을 사회주의 혁명으로 동원하고 결집하는 이행기강령으로 주장했다(湯川順夫. 2005: 121).

현재 '노동자와 농민의 정부'라는 슬로건과 함께 '유럽합중국'이라는 슬로건을 제출할 시점이라고 나는 생각한다. 이 두 슬로건을 통일해야 비로소 우리는 유럽 발전에 관한 가장 긴급한 문제에 대해 전망과 단계를 보이는 일정한 회답을 얻을 수 있다. … 유럽의 경제적 부흥이라는 기본적 문제를 부르주아지가 해결할 수 없다는 것은 유럽 근로대중의 눈에 점점 분명하게 됐다. '노동자와 농민의 정부'라는 슬로건은 노동자들이 자신들의 힘으로 활로를 개척하려는 점증하는 시도들에 부응하기 위해 고안된 것이다. 이제 이 활로를 더 구체적으로 지적할 필요가 있다. 즉, 경제적 쇠퇴와 강력한 미국 자본주의에 대한 노예화로부터 우리 대륙을 구하는 유일한 길은 유럽 인민들의 밀접한 경제적 협력뿐이다. … 우리가 말하고 있는 것이 실제로는 장래 세계 연방의 일부분으로서 유럽 사회주의연방이며, 이런 체제는 프롤레타리아 독재하에서만 실현될 수 있다는 반론이 제기될 수 있다. 하지만 우리는 이런 반론에 대답하는 데 시간을 할애하지 않을 것이다. 왜냐면 그런 반론은 '노동자 정부'의 문제를 토의할 때 국제적 분석에서 논박됐기 때문이다. '유럽합중국' 슬로건은 모든 점에서 '노동자(혹은 노동자와 농민) 정부' 슬로건에 조응한다. '노동자 정부'는 프롤레타리아 독재 없이 실현될 수 있는가? 이런 물음에는 단지 조건부로 답할 수밖에 없다. 어쨌든 우리는 '노동자 정부'를 프롤레타리아 독재에 이르는 단계로 취급하고 있다. 바로 이 점에서 이 슬로건은 우리에게 거대한 가치가 있다. 그런데 '유럽합중국' 슬로건도 이와 정확히 똑같은 동등한 의의를 갖는다. 이런 보조적 슬로건 없이는 유럽의 근본 문제는 허공에 떠 있을 것이다(Trotsky, 1923: 341~342, 345. 강조는 트로츠키).

1923년에도 트로츠키는 유럽합중국 슬로건을 유럽의 노동자대중을 혁명으로 동원하고 결집시키는 이행기강령의 체계 속에 노동자와 농민의 정부 슬로건과 나란히 그 정점에 위치하는 요구로서 제출했다. 그런데 트로츠키는 제1차세계대전 시기에도 공화제 유럽합중국을 러시아와 독일 및 오스트리아의 군주제 타도를 통한 유럽 프롤레타리아 혁명의 슬로건으로 제출했다. 트로츠키는 이미 1905년 혁명 당시 차르 지배하의 러시아 전제 체제에 대해, 전제 타도, 민족자결권, 정치적 민주주의의 실현, 대토지 소유제 폐지를 비롯한 부르주아 민주주의적 과제가 프롤레타리아가 주도하는 혁명에 의해서만, 즉 프롤레타리아 혁명을 통해서만 해결될 수 있다는 연속혁명론을 주장한 바 있다. 이 연속혁명론을 제1차세계대전 시기 유럽에 적용한 것이 바로 유럽합중국 슬로건이다. 트로츠키는 1930년 출간한 《러시아 혁명사》에서 유럽합중국 슬로건은 자신의 연속혁명론, 즉 "제국주의 시대의 혁명의 연속적 성격"과 "지연된 민족혁명의 프롤레타리아 혁명에의 종속"의 논리적 결론으로 도출한 것이라고 회고했다(트로츠키, 1930a: 72~73). 제1차세계대전 당시 유럽 혁명은 그것을 방해하는 최대의 방벽이었던 반동의 요새, 차르 제국과 오스트리아-헝가리 제국, 독일제국이라는 3개 전제 체제를 타도하는 것 없이는 불가능했다. 이 점에서 공화제 유럽합중국이라는 트로츠키의 슬로건은 부르주아적 유럽공화제를 목적으로 한 것이 아니라 유럽 프롤레타리아 혁명을 위한 이행기강령이었다.

트로츠키는 스탈린에 의해 숙청된 후인 1929년에도 유럽합중국 슬로건을 주장했다. "소비에트 유럽합중국 공식은 다름 아니라 일국사회주의는 불가능하다는 이념의 정치적 표현이다. 사회주의는 물론 하나의 대륙의 경계 안에서도 완전한 발전을 달성할 수 없다. 사회주의 유럽합중국은 세계 사회주의 연방으로 가는 길의 한 단계에서의 역사적 슬로건이다"(Trotsky, 1929: 356). 트로츠키는 스탈린이 보낸 자객에 의해 암살된 해인 1940년에도 다음과 같이 말했다. "'조국방위'라는 반동적 슬로건에 대항해 민족국가의 혁명적 파괴 슬로건을 제출해야 한다. 자본주의 유럽이라는 난장판에 사회주의 유럽합중국 슬로건을 사회주의 세계합중국으로 가는 단계로서 대치시켜야 한다"(Trotsky, 1940: 191).

트로츠키의 유럽합중국 슬로건은 1917년 혁명 후 초기 코민테른에서는 볼셰비키의 공인된 세계혁명 전략의 한 부분이었다. 앞서 봤듯이 1923년 '루르 위기' 국면에서 트로츠키는 사회주의 유럽합중국 슬로건을 다시 제기했으며, 코민테른 확대집행위원회는 이를 승인했다. 그러나 스탈린이 주도하기 시작한 1926년 코민테른 제7차 집행위원회 총회는 유럽합중국 슬로건을 코민테른 강령에서 삭제했으며, 부하린이 작성한 코민테른 6차 대회(1928년) 강령 초안에서 유럽합중국 슬로건은 사라졌다.[18]

5. 맺음말

1914~1916년 트로츠키는 당조직론에서는 물론 전략·전술에서도 레닌과 사사건건 대립했다. 이 때문에 이 시기는 트로츠키를 반레닌주의 이단으로 모는 스탈린주의자들에게는 레닌과 트로츠키의 차이를 극대화할 수 있는 자료를 충분하게 제공하는 시기인 반면, 트로츠키를 레닌의 정통적 계승자로 간주하는 일부 트로츠키주의자들에게는 양자의 차이를 가능한 한 외면, 최소화하고 싶게 하는 계륵 같은 시기다. 실제로 평화강령과 유럽합중국 슬로건을 중심으로 한 제1차세계대전 시기 트로츠키의 대안에 대해 당시 레닌은 평화주의, 혹은 카우츠키의 초제국주의의 오류를 범한 것이라고 비판했으며, 이는 그 후 스탈린주의자들에 의해 되풀이돼 왔다. 하지만 제1차세계대전 시기 평화강령과 유럽

합중국 슬로건을 중심으로 한 트로츠키의 대안은 고전 마르크스주의 혁명 전략의 핵심인 이행기강령의 구체화라는 점을 고려할 때, 이런 비판은 아무런 근거가 없다. 또 평화강령과 유럽합중국 슬로건을 중심으로 한 제1차세계대전 시기 트로츠키의 대안은 당시 레닌의 혁명적 패배주의 전략과 근본적으로 차별적이고 상호대립했다. 하지만 이는 일부 트로츠키주의자들처럼 최소화할 필요가 없다. 왜냐하면 1917년 혁명을 통해 실천적 타당성이 입증된 것은 트로츠키의 대안이었기 때문이다. 제1차세계대전 당시 트로츠키가 제출한 평화강령과 유럽합중국 슬로건은 자본의 세계화와 그에 따른 모순이 그때보다 훨씬 더 진전, 격화되고 있는 21세기 오늘날 더 현재성을 갖는 것으로 보인다(Michael-Matsas, 2013; McNulty and Hampton, 2013). 실제로 트로츠키의 평화강령과 유럽합중국 슬로건은 최근 유로존 위기와 우크라이나 전쟁 등 정세에서 반전 급진 좌파의 대안으로 다시 환기되고 있다.

7장

대안세계화운동의 이념과 마르크스주의

1. 문제 제기

주지하듯이 지난 세기말 세계 인문사회과학계의 지배적 담론은 '세계화'였다. 세계화가 지배적 담론으로 자리 잡게 된 것은 지난 1991년 옛 소련과 동유럽이 붕괴하고 '역사의 종언'이 풍미하면서부터였다. 그러나 지난 1990년대 이후 세계는 걸프 전쟁, 코소보 전쟁, 1997~1998년 세계경제 위기, 이라크 전쟁 등에서 보듯이, 세계화 담론이 약속했던 평화와 번영의 '지구촌'과는 거리가 먼, 전쟁과 위기, 양극화의 시기였다. 1994년 멕시코의 치아파스 봉기에서 시작돼 1999년 시애틀에서의 WTO 각료회의 반대 투쟁('시애틀 전투')을 계기로 전면적으로 대두한 대안세계화운동(alterglobalization movements)은 이와 같은 세계화의

이 장은 정성진(2009b)을 보완한 것이다.

모순을 배경으로 한 것이다. 그래서 21세기 들어서면서 세계화 담론 대신 대안세계화운동이 세계 인문사회과학 연구의 새로운 주제의 하나로 주목받게 됐다.

대안세계화운동은 흔히 '반세계화 운동', '전 지구적 정의 운동', '반자본주의 운동' 등의 명칭으로 불리기도 한다. 하지만 대안세계화운동은 단지 '세계화에 대한 불만'의 돌발적 표출을 넘어 신자유주의 세계화를 대체하는 '대안 세계'(Another World)의 구현을 위한 '대항헤게모니'(counter-hegemony)의 구축을 지향하고 있고, 세계화 자체를 반대하는 것이 아니라, 오히려 '아래로부터' 진정한 세계화를 지향하고 있으며, 다양한 정치적 경향들을 포괄하는 '운동들의 운동'(movement of movements)이라는 점을 감안한다면, 대안세계화운동이라는 용어법이 적절하다.

지난 세기말부터 '자본주의 이외 대안 부재론'("There Is No Alternative!", TINA)이 득세하면서, 노동운동을 비롯한 사회운동 전반이 퇴조하고 '노동운동의 위기' 등이 주장된 바 있다. 하지만 1999년 '시애틀 전투' 이후 전면 대두한 대안세계화운동은 마치 상식처럼 통용되고 있던 '자본주의 이외 대안 부재론'을 근본에서 문제시하는 새로운 발상의 전환이었다. 대안세계화운동은 지난 세기말 인류의 유일한 대안으로 간주돼 왔던 자본주의와 시장, 세계화에 대해 근원적 문제를 제기하고 있다는 점에서, 또 단순한 비판과 저항에 그치지 않고, 새로운 대안 사회를 적극적으로 추구하고 있다는 점에서, 이론적·현실적으로 매우 중요한 의미를 갖는다. 무엇보다 대안세계화운동은 1991년 옛 소련·동유럽 블록 붕괴 이후 현실적 대안 이념의 소멸이라는 조건에 처한 20세기의 전통적인 진보적 사회운동에 대해 새로운 발전의 가능성과 방향을 제시했다. 실제로 대안세계화운동의 대두와 함께 한동안 학계에 지배적이었던 사회운동 위기론은 퇴조했다.

그런데 이처럼 대안세계화운동이 주목을 받게 되자, 일부 논자들은 이 운동이 지난 20세기의 전통적 사회운동과 본질적으로 상이할 뿐만 아니라 이를 대체하고 있다고 주장한다. 하지만 '대안세계화운동의 특권화'라고 할 수 있는 이런 주장[1]에는 동의하기 어렵다. 실제로 1999년 시애틀 전투로 전형화됐던 대안세계화운동은 2001년 '9·11 테러' 이후 미국의 이라크 침공을 계기로 고조된 반전운동과 엇갈리면서, 이전의 동력이 상당 부분 떨어져 있다. 이에 반해서 '구시대적 행태'로 간주됐던 전통적 사회운동은, 2008년 이후 세계경제 위기가 격화되면서 세계 도처에서 파업과 공장점거 투쟁이 빈발하고 있는 데서 보듯이, 다시 부활하고 있다. 우리나라의 경우에도 향후 사회운동의 새로운 형식과 방향을 제시하는 것으로 크게 주목받았던 2008년 촛불운동이 이렇다 할 결실을 맺지 못하고 퇴조한 대신, 2009년 들어 용산 참사와 쌍용차 파업과 같은 다분히 전통적인 대중투쟁이 사회운동의 전면에 부각되고 있다.[2] 이와 같은 정세는 대안세계화운동과 전통적 사회운동의 접점이 무엇인지, 예컨대 대안세계화운동의 이념과 마르크스주의의 공통점과 차이점은 무엇인지와 같은 문제를 21세기 사회진보를 위한 운동의 발전이라는 관점에서 검토할 필요성을 제기한다.

이런 문제의식에 기초해 이 장에서는 대안세계화운동에서 새롭게 제기된 이념들을 유형화하고 이를 마르크스주의와 비교·분석할 것이다. 이를 통해서 필자는 대안세계화운동의 이념은 마르크스주의와 중요한 차이가 있음에도 불구하고, 상당한 접점을 갖고 있음을 보일 것이다. 나아가 필자는 대안세계화운동은 자신을 전통적 사회운동 및 마르크스주의와 차별화하고 대립하는 것이 아니라 이들과 대화하고 연대하는 것을 통해서 21세기 사회진보를 위한 운동의 발전에 기여할 수 있다고 주장할 것이다.

  이 장의 구성은 다음과 같다. 먼저 2절에서는 대안세계화운동에 대한 기존 연구의 의의와 한계를 검토하고 대안세계화운동의 주요 이념을 유형화한다. 이 장의 본론인 3절에서는 대안세계화운동의 주요 이념을 마르크스주의적 관점에서 분석·평가한다. 구체적으로 이 절에서는 마르크스의 경제학 비판 체계의 관점에서 대안세계화운동의 자본주의 비판 이론과 변혁 전략 중 상품화(commodification), 상품물신성(commodity fetishism), 금융화(financialization), 탈상품화(decom-modification), 공유지(commons), 네트워크, 대항헤게모니(counter-hegemony) 등의 개념을 추출하고 이 개념들의 특징과 기여 및 한계를 논의할 것이다. 마지막으로 4절에서는 대안세계화운동과 마르크스주의의 접합 혹은 연대의 필요성을 제기한다.

2. 대안세계화운동의 주요 이념

1) 대안세계화운동에 대한 기존 연구의 검토

  지난 세기말 이후 세계화 문제에 대한 연구는 '세계화학(學)'이라는 하나의 독자적 분과학문을 형성할 정도로 방대하게 축적돼 왔다.[3] 세계화가 21세기 인류가 도달한 현실인 동시에 향후 유일한 대안으로 인식되면서, 주류는 물론 비주류 인문사회과학 연구자들도 세계화의 역사적 배경, 특징과 문제점 등을 정치, 경제, 사회, 문화, 사상 등의 각 영역에서 연구해 왔다. 그러나 지난 세기말 이후 세계화의 급진전에도 불구하고 세계화 담론의 약속과는 반대로 지구촌의 번영이 아니라 세계경제위기와 양극화, 전쟁과 생태 파괴가 격화돼 왔다(Klein, 2007). 이에 따라 "세계화에 대한 불만"(스티글리츠, 2002)이 대안세계화운동으로 폭발하면서 신자유주의 세계화에 대한 대안을 모색하는 연구들이 급증하고 있다. 21세기 대안사회경제 모델 연구는 베네수엘라의 '21세기 사회주의'로 상징되는 남미 사회운동의 급진화와 유럽 급진 좌파 정당을 중심으로 한 탈자본주의 '전략 논쟁'의 부활을 배경으로, 세계 진보 학계에서 가장 중요한 과제의 하나로 돼 있다.[4]

우리나라에서도 '새로운 사회를 여는 연구원', '민주사회정책연구원', '민주주의와 사회운동연구소', '글로벌 정치경제연구소' 등 상당수 '진보 싱크탱크'들이 세계화 속에서 심화되는 양극화를 완화하는 방안, 세계화 속에서 '공공성'을 확대하고 사회적 투자와 복지국가를 발전시키는 방안, 세계화 속에서 격화되고 있는 금융거품과 투기를 억제하는 방안, 국제경제기구를 책임성 있는 민주적 기구로 개혁하는 방안 등 신자유주의 세계화에 대한 대안을 연구하고 있다.[5]

하지만 세계화와 대안에 관한 진보진영의 연구들에서는 대체로 이두 연구영역을 연결하는 고리인 대안세계화운동에 대한 연구가 결여돼 있다. 그 결과, 세계화의 문제점에 대한 연구는 본질적 모순을 파악하지 못하는 피상적 연구가 되고, 대안사회경제 모델에 대한 연구 역시 현실 운동에 근거하지 못한 채 '모델 그리기' 연습으로 되거나, 신자유주의 세계화의 모순을 조절·개선하는 수준의 개량적 대안으로 귀결되고 만다. 우리나라 '진보 싱크탱크'들이 내놓는 신자유주의 세계화에 대한 대안들은 대부분 '공공성' 혹은 '공공재' 확대를 위한 대안들이다.[6] 그런데, 이들은 대체로 신자유주의 세계화의 문제점을 '아래로부터' 사회운동을 통해서가 아니라, 정책대안의 개발을 통해 '위로부터' 해결하려고 한다.[7] 이 점에서 '공공성' 담론은 '제3의 길'이나 '사회적 자유주의'와 '포스트 워싱턴컨센서스'의 한계를 가질 수밖에 없다. 신자유주의 세계화에 대한 어떤 정책대안 연구도 21세기 대안사회를 '아래로부터' 새롭게 건설하려는 대안세계화운동과 결합되지 못한다면, 공허한 모델링 작업 이상의 것이 될 수 없다. 신자유주의 세계화의 현실에 대해 근본적으로 문제를 제기하고 있는 대안세계화운동에 대한 이해 없이 신자유주의 세계화의 본질적인 구조적 모순을 해명하거나 해결할 수 없다. 따라서 신자유주의 세계화의 구조적 모순의 본질을 해명하고 대안사회 모델을 현실의 모순적 운동에 입각해 구체화하기 위해서는 대안세계화운동 연구가 필수적이라고 할 수 있다.

세계화 문제에 대해서는 이미 방대한 연구가 국내외에 축적돼 있지만, 대안세계화운동에 관한 연구는 국제적으로도 아직 일천하다. 대안세계화운동 주제는 21세기 들어 연구가 막 시작된 신생 연구 분야라고 할 수 있다. 하지만 해외에서는 최근 몇 년 사이에 이 분야 연구 성과가 다수 산출되고 있다. 그런데 이들은 아직 세계사회포럼, ATTAC 등 주요 대안세계화운동 사례에 대한 르포 형식의 보고서들이거나, ATTAC과 같은 특정 단체나 특정 지역의 운동 사례 조사보고들이 대부분이다.[8] 국내 학계에서도 대안세계화운동에 대한 연구가 시작됐지만, 이들 역시 대체로 해외 연구들을 소개하거나 대안세계화운동의 주요 입장들을 비교·분류하는 데 그치고 있다.[9] 대안세계화운동의 사회경제적·철학적 배경과 이념에 관한 연구는 국제적으로도 제대로 이뤄져 있지 않다.

대안세계화운동에 대한 기존 연구에서는 이 운동이 21세기적 세계화와 정보화 혹은 포스트포디즘, 포스트모더니즘 조건에서 완전히 새롭게 출현한 것임을 강조하는 경향이 강하다. 네오그람시안 대안세계화운동 연구들[10]은 지난 20세기 '극단의 시대'의 전통적 사회운동 이념과 조직들, 예컨대 사회주의나 사회민주주의, 당과 노동조합, 조직 노동운동은 21세기 들어 중요성이 크게 감소한 것으로 간주하는 반면, 자율주의, 실업자 운동, 비조직 노동운동, 생태주의, 페미니즘 등 새로운 사회운동의 중요성을 과장한다. 하지만 21세기 들어 전 세계적으로 반전운동, 노동자운동 등 전통적 사회운동이 다시 고양되고 있는 반면, 1999년 시애틀 전투로 전형화된 대안세계화운동은 상대적으로 퇴조하고 있는 현실은 대안세계화운동의 대두가 20세기적 전통적 사회운동의 의의를 무효화한 것이 아님을 보여 준다. 오히려 다음 3절에서 보듯이 대안세계화운동에서 새롭게 제기된 이념들은 지난 20세기 혁명적 사회운동의 이념과 대립되기보다는, 그 연장선상에서 이들을 21세기적 조건에서 발전시킨 것으로 간주돼야 한다.

　대안세계화운동에 대한 기존 연구들의 지배적 경향은 자율주의적 접근이나 글로벌 케인스주의 접근이지만,[11] 마르크스주의적 연구 성과도 이미 상당수 제출돼 있다. 이들은 대체로 네오그람시안 국제정치경제학[12]이나 개방적 마르크스주의,[13] 혹은 트로츠키주의적 관점[14]에서 이뤄진 것들이다. 이 중 네오그람시안들은 대안세계화운동 연구를 학문적 영역 속으로 끌어들였다는 점에서 중요한 기여를 했다. 하지만 이들의 연구는 "헤게모니에서 대항헤게모니로의 이동"과 같은 문제설정에서 보듯이, 상부구조와 대항 문화 및 '시민사회' 분석에 치우치고 있다는 한계를 갖는다. 또, 네오그람시안적 접근은 대안세계화운동의 이념적 새로움을 과대평가하고 전통적 사회운동의 의의를 과소평가하는 문제점을 갖고 있다(Bieler et al eds, 2006). 한편 개방적 마르크스주의 접근은 자율주의의 한 변종으로 분류되기도 하지만, 마르크스의 경제학 비판의 유효성을 인정한다는 점에서, 이를 부정하는 네그리나 홀러웨이(J Holloway)와 같은 자율주의와 구별된다.[15] 하지만 개방적 마르크스주의는 세계화를 세계자본주의의 질적으로 새로운 단계로 보지 않으며, 초민족적 글로벌 축적의 진전을 인정하지 않고, 자본 분파 간의 갈등보다 노자 간의 모순 분석에 주력한다는 점에서 네오 그람시안과 구별된다.[16] 반면 트로츠키주의적 접근은, 국제사회주의경향(예컨대 영국의 사회주의노동자당(SWP))과 제4인터내셔널 경향(예컨대 프랑스의 혁명적공산주의동맹(LCR), 또는 그 후신인 반자본주의신당(NPA)) 간의 중요한 이론적·정치적 차이가 있기는 하지만,[17] 자본주의 모순과 계급관계의 분석 및 사회주의 전망을 명확히 하고 있다는 점에서, 또 대안세계화운동과 전통적 사회운동의 연대와 결합의 필요성을 정당하게 강조하고 있다는 점에서, 마르크스주의적 입장에 충실한 것으로 보인다.

마르크스주의적 관점에서는 신자유주의 세계화란 1970년대 이후 악화된 자본의 수익성을 만회하기 위한 자본의 반격으로 이해되며, 이 과정에서 자본축적의 모순과 자본과 노동 간의 계급투쟁이 격화되면서, 지난 세기말 대안세계화운동이 대두한 것으로 파악된다. 또 마르크스주의적 관점에서는 대안세계화운동이 발전하기 위해서는 노동운동을 비롯한 기존의 전통적 사회운동과 연대 혹은 결합하는 것이 필요하다고 주장된다.[18] 이 장에서 필자는 고전 마르크스주의적 관점에 서면서도, 네오그람시안 국제정치경제학과 개방적 마르크스주의 접근을 비판적으로 수용해 대안세계화운동 이념의 기여와 한계를 논의할 것이다.

2) 대안세계화운동 이념의 유형화

대안세계화운동은 노동, 환경, 여성, 농민, 국제기구 개혁 등 다양한 사회 영역에서 수행되어 왔고, 지역적으로도 유럽과 남미를 중심으로 아시아, 아프리카 지역에 걸쳐, 말 그대로 글로벌 수준에서 전개되고 있다(Porta ed, 2007). 대안세계화운동 이념의 역사적 배경과 진화과정은 〈그림 7-1〉과 같이 도식화할 수 있다. 〈그림 7-1〉에서 보듯이 1999년 시애틀 전투로 역사의 전면에 대두했던 대안세계화운동의 역사적 배경은 소련·동유럽 붕괴 이후 신자유주의 세계화를 중심으로 한 워싱턴컨센 서스의 모순 및 이에 대한 저항, 특히 1994년 멕시코 치아파스 봉기와 1995년 프랑스에서의 공공 부문 파업에서 찾을 수 있지만, 멀리는 1968년 혁명, 1959년 쿠바 혁명, 1917년 10월 혁명으로까지 소급될 수

〈그림 7-1〉 대안세계화운동 이념의 역사적 기원과 진화과정

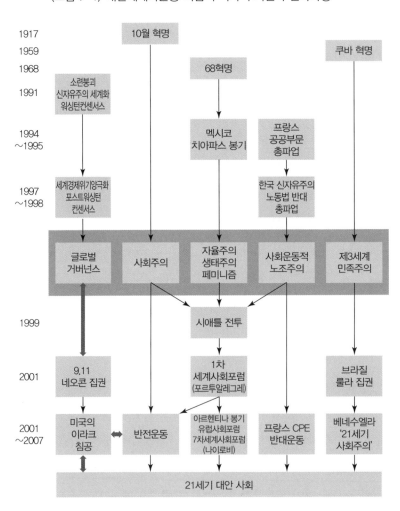

있다. 1999년 시애틀 전투 이후 대안세계화운동은 IMF, 세계은행, G7, G8, G20, 다보스포럼 등 각종 국제기구 및 국제회담 반대 투쟁으로 이어졌으며, 2001년 브라질 포르투알레그레에서의 세계사회포럼 창설로 일차적 결실을 맺었다. 또, 2001년 아르헨티나 실업자 운동, 2001년 9·11 테러 이후 반전운동 및 2004년 베네수엘라 차베스 정권의 "21세기 사회주의" 실험도 크게 보면 1999년 시애틀 전투에서 표출된 "다른 세계는 가능하다"(Another World Is Possible)로 집약되는 대안세계화운동의 기본 정신을 계승·확장하고 있는 것으로 볼 수 있다. 이와 같은 이념의 다양성과 운동의 국제적 성격이야말로 대안세계화운동의 새로움이라고 할 수 있다.

〈그림 7-1〉과 〈표 7-1〉에서 보듯이, 대안세계화운동의 주요 이념은 (1) 지역생태주의, (2) 제3세계 민족주의, (3) 글로벌 케인스주의, (4) 자율주의, (5) 사회운동 노조주의, (6) 사회주의 등 모두 여섯 가지 유형으로 구별될 수 있다.[19] 대안세계화운동의 주요 이념들의 핵심적 특징들을 세계화의 본질, 세계화의 주요 모순, 민족국가의 위상, 주요 운동 주체, 운동의 방향, 반전운동에 대한 접근, 운동의 조직 및 전략, 주요 이론가 및 단체 등을 준거로 요약해 보면, 다음과 같다.

첫째, 지역생태주의는 세계화의 본질을 상품화로 이해하고 세계화의 주요 모순을 생태 파괴로 인식한다. 이들은 세계화가 진행되면서 민족국가의 위상이 축소되고 있다고 인식한다. 또 이들에서 주요 운동 주체는 지역공동체 및 각종 환경운동, 시민운동 단체들이다. 이들은 반전운동에는 대체로 소극적이다. 이들은 대안세계화운동을 아래로부터 '풀뿌리'(grass roots)부터 시작해야 한다고 믿는다. 이들의 운동 조직 및 전략은 세계화가 초래한 전면적 상품화와 공공 부문 등 공유지의 무차별적 파괴를 저지하는 탈상품화 전략과 '공유지 탈환'(Reclaiming the commons),

〈표 7-1〉 대안세계화운동 이념의 유형화

	지역 생태주의	제3세계 민족주의	글로벌 케인스주의	자율주의	사회운동 노조주의	사회주의
세계화의 본질	상품화	아메리카화	시장 근본주의 금융화	상품화 상품물신성의 세계화	글로벌 가치사슬	자본관계의 세계화
세계화의 주요 모순	생태 파괴	세계적 양극화, 남북 문제	금융불안정 분배 불평등	제국 vs 다중	글로벌자본 vs 글로벌노동	자본 vs 노동
민족국가의 위상	축소	축소	축소	소멸	축소	강화
운동 주체	지역공동체, NGO	민족국가	민족국가, 국제기구	다중	노동조합	노동계급
운동의 방향	아래로부터	위로부터	위로부터	아래로부터	아래로부터	아래로부터
반전운동	소극적	적극적	소극적	소극적	소극적	적극적
운동의 조직 및 전략	탈상품화 공유지 탈환 코뮌주의	반미 투쟁 ALBA	글로벌 거버넌스	네트워크 직접행동 대항헤게모니	노조의 사회운동 국제주의	당 공동전선
주요 이론가 및 단체	글로벌 교환 (하인즈)	마하티르	ATTAC(카 상), 벨로, 몽비오	불복종 (하트/네그 리)	킴 무디, 워터먼	SWP (캘리니코스), LCR-NPA (벤사이드)

* 주

1) ATTAC(Association pour une Taxation des Transactions financières pour l'Aide aux Citoyens): 토빈세 (Tobin Tax) 도입 캠페인을 벌이는 프랑스의 금융거래과세시민연합.
2) SWP(Socialist Workers Party): 국제사회주의경향(IST)의 세계적 중심인 영국의 사회주의노동자당.
3) LCR(Ligue Communiste Révolutionnire): 제4인터내셔널(FI)의 세계적 중심인 프랑스의 혁명적공산주의동맹.
4) NPA(Nouveau Parti Anticapitaliste): LCR이 해산하고 새로 창당한 반자본주의신당.

혹은 대항헤게모니의 점진적 구축 전략이다. '글로벌 교환'(Global Exchange)등의 단체가 지역생태주의를 주된 이념으로 표방하고 있으며, 하인스(Hines, 2000) 등이 주된 이론가다.[20]

둘째, 제3세계 민족주의는 세계화의 본질을 미국 제국주의의 세계지배, 즉 아메리카화로 이해하고, 세계화의 주요 모순을 세계적 규모에서의 양극화로 인식한다. 이들은 세계화가 진행되면서 특히 세계자본주의의 주변부, 즉 제3세계의 민족국가의 위상은 축소되고 있다고 인식한다. 이들에게서 운동은 제3세계의 민족국가들이 주된 주체가 되어 위로부터 수행된다. 이들은 미국 제국주의가 주도하는 전쟁에 반대하는 운동에 적극적이다. 이들의 운동의 주된 전략과 조직은 미국 제국주의에 반대하는 반미 투쟁 및 제3세계 외채 탕감 운동, ALBA와 같은 제3세계 지역경제공동체의 구축 등이다.

셋째, 글로벌 케인스주의는 세계화의 본질을 금융 세계화로 이해하며, 세계화의 주요 모순을 금융적 불안정성의 심화 및 대내적 불평등의 심화로 인식한다. 이들은 세계화란 곧 신자유주의적 시장근본주의의 득세인데, 이 과정에서 세계자본주의의 중심부와 주변부를 막론하고 민족국가의 위상이 축소되고 있다고 파악한다. 글로벌 케인스주의자들의 대안은 위로부터 민족국가를 강화해 시장을 전 세계적 규모에서 사회적으로 조절하는 것이다. 이들은 미국의 이라크 전쟁에 대체로 중립적이며 반전운동에 참여하지 않거나 매우 소극적이다. 이들의 주된 운동의 조직과 전략은 ATTAC과 같은 토빈세 도입을 중심으로 한 국제투기자본 규제 운동, IMF, 세계은행 등 국제기구를 민주적으로 재편하는 '글로벌 거버넌스'의 민주화 운동이다. 오늘날 대안세계화운동에서 글로벌 케인스주의의 입장을 주로 대변하는 논자는 몽비오(Monbiot, 2003)를 들 수 있다.

셋째, 자율주의는 세계화의 본질을 상품화, 상품물신성의 세계적 지배로 이해하며, 이른바 '제국'(Empire)과 '다중'(multitude)의 대항 관계를 세계화의 주요 모순으로 인식한다. 이들은 세계화가 진행되면서 '제국'으로 향하는 경향이 강화되고 이에 따라 세계 민족국가들의 위상은 점차 축소되고 결국 소멸될 것으로 예상한다. 이들에게서 대안세계화운동은 전 세계적 규모에서 '다중'의 아래로부터의 반란이다. 이들은 반전운동에 대체로 소극적이다. 이들의 주된 운동의 조직과 전략은 직접행동(direct action)과 네트워크, 대항헤게모니의 점진적 구축이라고 할 수 있다. 자율주의의 주된 이론가는 주지하듯이 안토니오 네그리이며, '불복종'(Disobedianti) 등이 대표적 단체라고 할 수 있다.

다섯째, 사회운동 노조주의는 전통적인 노조운동과 달리 노동조합의 사회운동 참여와 작업장 민주주의, 노동조합 국제 연대의 중요성을 매우 강조한다. 사회운동 노조주의는 세계화의 본질을 글로벌 가치사슬로 이해하고, 세계화의 주요 모순을 다국적기업과 같은 글로벌 자본과 글로벌 노동 간의 대립으로 인식한다. 이들은 세계화가 진행되면서 세계 민족국가들의 위상은 점차 축소된다고 본다. 이들에게서 대안세계화운동은 주로 노동조합이 아래로부터 수행하는 것이다. 하지만 사회운동 노조주의는 반전운동에 대체로 소극적이며, 기존의 비계급적이고 탈정치화된 신사회운동(New Social Movement)에 과도하게 의존하는 경향이 있다. 무디(1999), 워터먼(P Waterman, 2005) 같은 이들이 사회운동 노조주의의 대표적 논자들이다.[21]

여섯째, 사회주의는 세계화의 본질을 세계적 규모에서 자본관계의 확대로 이해한다. 이들은 세계화의 주요 모순을 세계적·국민적 차원에서 자본과 노동 간의 모순의 심화로 인식한다. 이들은 세계화가 진행되면서 민족국가들의 위상과 역할은 축소되는 것이 아니라 도리어 강화되고 있다고 본다. 이들은 대안세계화운동은 노동자계급이 중심적 주체가 되어 아래로부터 수행돼야 한다고 본다. 이들은 반전운동에 매우 적극적이다. 이들에게서 대안세계화운동의 주된 조직과 전략은 당과 공동전선이다. 현재 대안세계화운동에 적극적으로 참여하고 있는 대표적 사회주의 정치세력은 영국의 사회주의노동자당을 중심으로 한 국제사회주의 경향과 프랑스의 반자본주의신당을 중심으로 한 제4인터내셔널이다.

3. 대안세계화운동의 이념과 마르크스주의의 비교

이 절에서는 2절에서 유형화한 대안세계화운동의 주요 이념들로부터 핵심적 개념 몇 가지를 추출한 다음 이를 마르크스주의 이론과 비교할 것이다. 필자는 〈표 7-1〉에서 대안세계화운동의 주요 이념을 여섯 가지로 유형화했다. 그런데 이 중 사회주의와 제3세계 민족주의의 경우, 대안세계화운동의 역사적 배경을 이루고 있으며 이 운동의 외연을 넓히는 데 기여했지만, 1999년 시애틀 전투로 전형화된 대안세계화운동에 고유한 특징적 이념이라고 간주하기는 힘들다. 또, 사회운동 노조주의 역시 대안세계화운동을 전형적으로 특징짓는 이념으로 보기는 힘들다.[22] 사회운동 노조주의는 1999년 시애틀 전투 이후 대안세계화운동에 적극적으로 합류한 것은 사실이지만, 이미 그 전부터 즉 1980년대 이후 신자유주의 공세와 노동조합의 관료화가 심화되는 조건에서 노동조합운동의 위기를 타개하기 위해 주로 브라질, 남아공, 한국 등에서 추구됐던 노동조합운동과 사회운동의 결합, 노동조합 내부 민주주의, 노동자 국제주의를 추구하는 흐름으로 존재해 온 것이다. 따라서 좁은 의미에서 대안세계화운동에 전형적이며 특징적 이념으로 남는 것은 지역생태주의, 글로벌 케인스주의 및 자율주의 등 세 가지라고 할 수 있다.[23] 이제 이 세 가지 이념들에 특징적인 세계화의 모순에 대한 인식 및 운동 전략의 핵심을 추출해 보면, 〈표 7-1〉에서 색상으로 나타낸 부분들처럼, 상품화, 상품물신성, 금융화, 탈상품화, 공유지 탈환, 네트워크, 대항헤게모니 등의 개념들로 나타낼 수 있다. 이하에서는 이 개념들을 중심으로 대안세계화운동의 이념을 마르크스주의와 비교·검토할 것이다.

1) 상품화, 상품물신성 및 탈상품화

대안세계화운동의 주요 이론가들은 대부분 오늘날 세계화의 특징 및 문제점을 상품화 혹은 상품물신성에서 찾는다. 이는 1999년 시애틀 전투의 대표적 슬로건이 "세계는 상품이 아니다"라는 슬로건이었다는 사실, 혹은 대안세계화운동의 주요 이론가인 나오미 클라인(Naomi Klein)의 주저의 제목이 다름 아닌《No Logo》(2002)였다는 사실에서 알 수 있다. 이들은 세계화의 핵심을 전 지구적 규모로 지역에 고유한 문화와 동식물 유전자 구조까지 지적재산권화, 상품화되는 경향에서 찾는다. 또 상품물신성의 개념은 오늘날 자본주의 사회에서 인간과 인간의 관계가 사물과 사물의 관계로 전도돼 나타나고 인간이 자신들이 만들어 낸 상품과 화폐자본에 의해 지배당하는 측면을 폭로한다. 상품화, 상품물신성 및 탈상품화의 문제설정은 대안세계화운동에 특징적인 문제설정, 어떤 경우 대안세계화운동이 이룩한 이론적 혁신으로 간주된다.[24] 스탈린주의 정치경제학이나 알튀세르 철학에서는 명목화되거나 추방됐던 마르크스의 상품물신성 개념을 복원한 것은 대안세계화운동의 중요한 기여로 인정될 수 있다. 물론 상품물신성 개념을 중심으로 자본주의 비판 이론을 기획하는 것은 새로운 것이 아니다. 프랑크푸르트학파의 비판 이론이나 고전 마르크스주의의 핵심적 저작인 루카치의《역사와 계급의식》(1920)을 관통하는 문제설정도 다름 아닌 상품물신성이다. 또 마르크스주의 전통 외부에서도 자본주의의 특징을 "상품화"의 개념을 중심으로 파악하는 관점은 이미 칼 폴라니(K Polanyi)의《거대한 변혁》(1944)에서 제시된 바 있었다. 또 탈상품화 정책도 에스핑안데르센(G Esping-Andersen)의《복지자본주의의 세 가지 세계》(1990)에서 복지국가의 해체에 맞선 진보적 사회복지 대안 정책으로 정식화된 바 있다.

문제는 칼 폴라니나 에스핑안데르센은 물론 대부분의 대안세계화운동의 이론가들이 상품화라든가 탈상품화의 개념을 마르크스의 경제학 비판과 무관한 것으로 제시하는 경향이 있다는 점이다. 하지만 마르크스의《자본론》1권의 첫머리 문장이 "자본주의적 생산양식이 지배하는 사회의 부는 '상품의 방대한 집적'으로서 나타나며, 개개의 상품은 이런 부의 기본형태로서 나타난다"라는 상품화의 문제설정에서 시작되고,《자본론》1권 1장의 결론이 "자유인들의 결합체"를 수립해 "상품의 물신숭배적 성격"을 타파하는 탈상품화 전략으로 제시된 데서 보듯이, 상품화와 상품물신성 및 탈상품화의 문제설정은 마르크스의 경제학 비판의 핵심적 부분이다.

그런데 이와 같은 상품화, 상품물신성, 탈상품화의 문제설정은 "잉여가치와 계급투쟁"을 핵심으로 하는 마르크스의 경제학 비판의 전체 체계 속에서 자리매김돼야 하며 그 자체로 특권화될 경우 마르크스의 경제학 비판이 함축하는 것과는 상이한 이론과 정치로 귀결된다. 실제로 대부분의 대안세계화운동 논자들은 상품화의 문제설정이라고 할 수 있는 자본주의적 생산관계의 형태규정성을 특권화하고, 그 내용규정, 즉 자본-노동관계, 잉여가치 착취관계를 상대화한다. 하지만 이와 같이 "형태 분석을 극한으로 밀고 나가, 자본을 순전히 '물신성'으로만 파악하는 것은 자본을 탈역사화하는 것"(Callinicos, 2005b: 18)이다. 레보위츠(M Lebowitz)는 대안세계화운동 논자들 중 상품물신성의 개념을 가장 특권화하고 있는 홀러웨이의《국가권력을 장악하지 않고서 세상 바꾸기》(2002)에 대해 "노동력의 판매의 중심성이 상품의 판매에 의해 대체돼 있으며, 노동자 착취는 상품물신성으로 대체돼 있다"(Lebowitz, 2005: 224)고 비판한다. 마르크스에 따르면 상품물신성이라는 현상은 그 자체로 철폐되지 않는다. 상품물신성 현상을 철폐하기 위해서는 이런 현상을 필연적인 것으로 하는, 또 이런 현상을 끊임없이 만들어 내는 사회적 관계 자체를 폐지해야만 한다(Bensaïd, 2005: 188). 상품화 및 상품물신성의 문제설정이 특권화될 경우 자본주의적 착취관계와 그것이 기초하는 권력관계와 국가의 제도화된 폭력과의 대결이라는 과제가 상대화되어 반자본주의 운동이 오도될 수 있다. 예컨대 세계화의 주요한 문제점을 상품화에서 찾을 경우, 대안세계화운동은 주로 무차별적 상품화에 반대하는 탈상품화 운동, 반소비주의 운동(anti-consumerist movement), 반기업운동, 공유지를 탈환·회복하려는 공동체운동, '거리 수복 운동'(reclaim the street) 등으로 환원될 수 있다.[25] 또 세계화를 상품화, 상품물신성의 전면화로 간주할 경우, 세계화는 경제적 세계화로 환원되고 세계화를 추진하는 주체로서 민족국가 및 이들 간의 지정학적 경쟁이 추상되거나 부차화될 수밖에 없다. 실제로 자율주의자들의 제국론은 시장과 상품 및 자본의 전 지구적 확장 과정에서 민족국가들의 전지구적 통합 경향이 나타나고 민족국가들 간의 정치군사적 갈등과 전쟁 경향은 최소화될 것이라고 전망한다. 이 경우, 대안세계화운동의 과제는 탈상품화나 상품물신성의 타파로 국한되고, 반전운동은 부차화된다. 예컨대 나오미 클라인은 아예 WTO와 같은 "자유무역이 전쟁이다" 하고 주장하는데(Klein, 2003), 이는 경제적 세계화와 '무장한 세계화'(Serfati, 2002)의 구별 자체를 부정하는 것이다.[26] 하지만 "관심의 주된 초점"을 "다국적기업과 IMF, 세계은행과 같은 국제금융기구(IFI)의 파괴적 영향에 반대하는 캠페인"에 집중할 경우, "전쟁과 제국주의 및 국가들 간의 지정학적 경쟁의 문제가 경시"될 것이다(Ashman, 2003: 9). 2001년 9·11 이후 반전이 세계 진보 운동의 주요한 과제로 부상하면서 상당수 대안세계화운동 주체들의 "대응 능력이 약화"된 것은, 이 때문이라고도 평가할 수 있다.[27]

또 홀러웨이와 같은 자율주의자들은 상품화 혹은 상품물신성의 지배를 근거로 하여 혁명정당을 주요 요소로 한 마르크스주의의 혁명 전략이 실행가능하지 않다고 주장한다. 그러나 이에 대해서는 이미 오래전에 루카치가 다름 아닌 상품물신성의 문제설정에 근거해 자본주의의 변혁 투쟁에서 조직, 즉 혁명정당의 필수성을 논증했다는 점이 상기돼야 할 것이다.[28] 즉, 루카치는 《역사와 계급의식》에서 홀러웨이처럼 상품물신성 혹은 물화(reification)의 범주를 자본주의의 규정적 특징으로 파악했지만, 그 정치적 결론은 홀러웨이와는 정반대로 혁명정당 조직의 필수성을 강조하는 것이었다.

2) '강탈에 의한 축적'과 '공유지' 탈환

대안세계화운동의 자본주의 비판 이론, 특히 데안젤리스(De Angelis, 2007)와 같은 자율주의 이론가나 본펠트(Bonefeld, 2002b; 2008)와 같은 개방적 마르크스주의자들, 그리고 마르크스주의 지리학자인 하비(2005)에 특징적인 것은 오늘날 자본축적의 핵심적 특징을 항상적인 '본원적 축적' 혹은 '강탈에 의한 축적'(accumulation by dispossession) 즉 본원적 축적으로 이해하는 것이다. 이들은 강탈에 의한 축적, 혹은 본원적 축적이 자본주의 초기에 즉 자본주의의 성립기에 일어났던 사건이 아니라 자본주의의 성립 이후에도 항상 계속돼 온 과정이라고 주장한다. 대안세계화운동의 존재론에서 핵심적 개념인 본원적 축적은 물론 마르크스의 경제학 비판, 특히 《자본론》 1권에 핵심적인 개념이다. 그러나 이들은 이와 같은 본원적 축적이 항상적이며 현재적인 과정이라고 주장한다. 즉 자본주의 성립기에 자본주의적 사회관계를 역사적으로 창출하는 과정인 본원적 축적, 즉 인클로저, 공유지 강탈이라는 형태로 역사적으로 전형화된 생산수단으로부터 직접생산자들을 분리하는 역사적 과정은 오늘날도 계속되고 있다는 것이다. 데안젤리스

(De Angelis, 2007: 146)는 오늘날 신자유주의하에서 물 사유화라든가, 지적재산권의 강화, 복지국가의 해체, 교육의 시장화는 물론 이라크 전쟁과 같은 신자유주의 전쟁도 모두 인클로저, 혹은 공유지 강탈이라는 차원에서 본원적 축적으로 간주한다.

대안세계화운동 논자들이 본원적 축적 또는 강탈에 의한 축적과 인클로저의 항상성을 21세기 자본주의 축적의 주요한 특징으로 간주하고 이에 대항하는 운동의 필요성을 제기한 것[29]은 마르크스의 경제학 비판의 개념이 오늘날 자본주의의 모순을 이해하고 이에 대안 대안을 강구하는 데서 여전히 유효하고 현재적임을 잘 보여 준다.

하지만 앞서 상품화 혹은 상품물신성 개념과 마찬가지로 이 본원적 축적, 혹은 강탈에 의한 축적 개념 역시 마르크스의 경제학 비판의 전체 체계 속에 자리매김돼야 하며, 그 자체로 고립적으로 특권화돼서는 곤란하다. 본원적 축적 개념을 특권화하고 이로부터 본래적 의미에서 자본축적, 즉 노동력의 상품화에 기초한 잉여노동의 착취와 축적 및 이로부터 필연적인 노자 모순과 조직노동 계급의 투쟁을 부차화한다면, 이는 치명적 오류일 것이다. 21세기 자본주의에서 자본축적의 주된 원천은 강탈에 의한 축적이 아니라 여전히 임금노동자의 잉여가치 착취와 전유 및 재투자에 기초한 축적, 즉 확대재생산에 기초한 축적이기 때문이다.[30] 아울러 마르크스가 본래적 자본축적이 끊임없이 자본과 노동의 분리, 즉 자본주의적 사회관계를 재생산하는 측면을 강조한 것은 사실이지만, 마르크스는 이를 자본축적 그 자체의 효과 내지 속성으로 간주했을 뿐이며, 결코 데안젤리스 등처럼 이를 자본주의적 사회관계의 역사적 등장을 의미하는 자본의 본원적 축적과 동일시하지는 않았다는 점도 지적돼야 한다(Zarembka, 2002).

하비는 '확대재생산에 의한 축적'과 '강탈에 의한 축적'을 이분법적으로 구별하고, 이 중 전자, 즉 생산적 산업자본의 축적은 후자, 즉 비생산적·기생적·투기적 자본 혹은 국가권력에 의한 수탈에 비해 덜 나쁜 것으로 간주한다(즉 '좋은 자본주의'와 '나쁜 자본주의'의 구별). 뿐만 아니라 하비는 '강탈에 의한 축적'은 자본주의 체제 내에서도 가령 1930년대 루스벨트의 뉴딜과 같은 케인스주의적 국가 정책에 의해 제거 혹은 완화될 수 있다고 본다. 이 점에서 하비는 마르크스주의자를 자임하고 있음에도 불구하고, 그의 정치는 개량주의로 수렴한다고 할 수 있다.[31] 예컨대 하비는 오늘날 신자유주의 혹은 신제국주의에서 문제가 되는 것은 '확대재생산에 의한 축적'이 아니라 '강탈에 의한 축적'이라고 주장하면서, '강탈에 의한 축적' 체제를 '확대재생산에 의한 축적' 체제로 대체하기 위한 '새로운 뉴딜'(new New Deal)을 대안으로 제시했다(하비, 2005). 신자유주의적 세계화의 폐해에 대한 대책으로 1930년대 대공황 시기 루스벨트의 뉴딜과 같은 정책이 여전히 유효하다는 것인데, 이는 오바마의 '새로운 뉴딜'을 6년이나 앞서 주장한 것이라고 할 수 있다.[32]

3) 금융화와 '글로벌 거버넌스'

대안세계화운동을 주도하는 경향 중 ATTAC으로 대표되는 글로벌 케인스주의는 이 운동이 변혁하려는 1990년대 이후 혹은 21세기 자본주의의 주된 특징을 금융화로 파악한다. 그리고 이에 대한 대안을 '글로벌 거버넌스'의 구축에서 찾는다. 이들은 2007년 세계경제 위기가 터지기 직전까지도 21세기 자본주의는 이제 금융이 주도하는 새로운 단계 혹은 국면으로 접어들었다고 주장한다. 그래서인지 2007년 세계경제 위기 이전에 제출된 대안세계화운동 논자들의 주장에서는 자신들이 주장하는 이른바 '금융화된 자본주의'가 조만간 붕괴할 수밖에 없는 '거품'

에 지나지 않는다는 사실에 대한 인식은 물론, 그와 같은 붕괴가 임박했다는 사실에 대한 인식은 찾기 힘들다. 자율주의, 개방적 마르크스주의, 네오그람시안 국제관계론 등 대안세계화운동 논자들에 공통적인 특징은 전 지구적 자본주의, 금융화 등을 강조하면서도, 이 금융화된 전 지구적 자본주의가 붕괴 직전의 거품에 불과하다는 것, 이와 같은 거품 붕괴가 임박했다는 사실을 거의 감지하지 못했다는 점이다. 이는 대안세계화운동 논자들 대부분이 세계화와 함께 자본주의가 이전에 비해 뭔가 확 바뀌었다는 이른바 '획기적 변화'(epochal change)의 문제설정, 즉 단계론적 틀에 얼마나 깊이 빠져 있는지, 그래서 역사적 자본주의에 고유한 내재적 모순과 위기 경향에 대해 그토록 둔감할 수밖에 없었음을 잘 보여 준다.

금융화 현상을 강조하는 대안세계화운동 논자들은 이와 같은 자본주의의 새로운 양상, '획기적 변화'는 마르크스의 이론으로는 설명하기 힘들다고 주장한다. 그러나 오늘날 민스키(H Minsky)와 같은 케인스주의자들이 마치 자신들이 처음 발견 내지 이론화한 것처럼 주장하는 금융화 현상에 관한 기본적 논의는 이미 마르크스의 경제학 비판 체계에 제시돼 있다. 예컨대 마르크스의 《자본론》 3권의 '의제자본'(fictitious capital)에 관한 논의, 산업순환 과정에서 실물자본과 화폐자본 축적의 모순에 관한 논의가 그것이다. 따라서 금융화 현상 등을 근거로 해서 마르크스의 경제학 비판을 비롯한 마르크스주의의 문제설정은 낡은 것이 됐으며, 그래서 이를 금융화론 등으로 보충해야 한다는 대안세계화운동 논자들의 주장은 근거가 없다.

대안세계화운동 논자들은 금융화를 전면에 내세운 나머지 실물적 축적에서의 모순, 무엇보다 마르크스가 자본주의의 운동법칙으로 중시한 이윤율의 저하 경향을 부정한다. 대안세계화운동 논자들이 전 지구적 자본주의가 위기에 임박해 있음을 감지하지 못했던 것은 이와 같은 실물 부문에서 이윤율의 저하 경향을 부정했기 때문이다. 금융화론자들은 1980년대 이후, 1990년대 이후 신자유주의 금융화, 금융 규제 완화, 금융 세계화가 현재 세계경제 위기의 원인이라고 주장하는 듯하다. 그러나 이 역시 원인과 결과를 혼동한 것이다. 금융화는 오히려 1970년대 이후 이윤율 저하로 요약되는 경제 위기의 결과로 이해해야 한다. 즉, 금융화의 본질은 1970년대 이후 자본주의의 구조적 위기에 대한 지배계급의 대응이다. 사실 금융화는 위기의 원인이기는커녕 1980년대 이후 세계경제가 대공황으로 빠지지 않고 연거푸 쌍둥이 거품을 일으키며 연명할 수 있게 했던 요인이었다.[33]

1990년대처럼 신자유주의가 득세했던 국면에서는 금융 규제와 국유화 및 새로운 국제금융질서 등 글로벌 거버넌스의 민주적 재편을 주장했던 케인스주의는 반신자유주의 담론으로서, 즉 진보 담론으로서 기능할 수 있었다. 그러나 2007~2008년 세계경제 위기 이후 글로벌 케인스주의는 진보 담론으로부터 세계 지배계급의 이데올로기로 전화했다. 이는 물론 케인스주의자들이 지배계급으로 전화해서가 아니라 위기 국면에서 지배계급이 케인스주의 담론을 발 빠르게 영유했기 때문이다.[34] 실제로 세계 지배계급은 최근 케인스주의를 신자유주의를 보완 혹은 대체하는 담론으로 수용 혹은 활용하고 있으며, 글로벌 위기에 대한 글로벌 대응, 국제적 공조의 필요성을 강조하고 있다. 이처럼 '포스트신자유주의', 혹은 '포스트 대공황 2.0' 시기에 케인스주의가 새로운 지배이데올로기로 전화하고 있는 상황에서 케인스주의는 더 이상 자본주의 모순의 비판과 극복을 지향하는 진보의 담론으로 기능하기는 어려울 것이라고 생각한다.

4) 헤게모니와 대항헤게모니

콕스(R Cox), 루퍼트(M Rupert), 모턴(A Morton)등 네오그람시안 국제관계론자들은 대안세계화운동을 헤게모니와 대항헤게모니의 개념을 중심으로 파악한다. 대안세계화운동의 전략의 핵심은 신자유주의 헤게모니에 대항한 대항헤게모니를 구축하는 것이 돼야 한다는 것이다.

헤게모니라든가 혹은 대항헤게모니 개념은 물론 이탈리아의 공산주의자 안토니오 그람시의 개념이다. 그런데 라클라우(E Laclau)나 무페(C Mouffe) 등 시민사회론자들 또는 포스트마르크스주의자들은 그람시의 헤게모니 개념이 프롤레타리아 독재 개념이나 혁명정당의 개념을 기각하고 다원주의적 자유민주주의를 지향하는 것이라고 우경적으로 해석해 왔다. 네오그람시안 국제관계론자들은 이와 같은 우경적인 포스트마르크스주의적 그람시 해석을 대체로 수용한다. 네오그람시안 국제관계론은 이른바 삼각위원회(Trilateral Commission)가 1980년대 이후 신자유주의 세계화의 헤게모니를 창출했다고 주장하는 데서 보듯이, 그람시의 헤게모니 개념을 위로부터 엘리트주의적으로 어떤 경우 음모론적으로 해석하기조차 한다.[35] 네오그람시안 국제관계론자들이 재구성한 그람시의 헤게모니 및 대항헤게모니 개념에서는 경제적 생산관계가 아니라 이념, 문화, 교육 등 '상부구조'의 영역에서 위로부터의 국가의 지배 및 이에 맞서기 위한 진지전 개념이 특권적 지위를 부여받는다.[36] 자율주의자들도 네오그람시안과 마찬가지로 그람시의 헤게모니 개념을 포스트마르크스주의적으로 환골탈태시켜 이를 등가적 다원주의 또는 네트워크 개념으로 치환한다.[37] 이로부터 이들은 레닌주의적 혁명정당의 유효성은 물론 모든 종류의 조직 혹은 지도의 필요성 나아가 '공동전선' 전략의 유효성을 부정하면서, 아래서부터 '다중'의 '자발성' 및 이들의 직접민주주의와 직접행동을 절대화한다.

그러나 그람시의 헤게모니 개념은 초기 코민테른에서 레닌과 트로츠키가 제창한 공동전선 전략과 동일한 문제의식 선상에 있는 것으로 해석돼야 한다(Bensaïd, 2007). 실제로 그람시의 헤게모니 개념은 헤게모니를 구성하는 여러 사회세력들의 불균등성 및 그 내부에서 지도의 필요성, 즉 당, 다시 말해 "현대판 군주"의 필연성을 함축하고 있다. 네오그람시안 모턴(Morton, 2007: 208~211)도 인정하듯이, 그람시의 헤게모니 혹은 대항헤게모니 개념에는 "레닌주의적·국가주의적 편향"이 존재한다. 그람시 자신이 《옥중수고》에서 대항헤게모니의 '역사적 블록'이 사회변혁을 수행하기 위해서는 "이데올로기 수준에서 100퍼센트 동질적이어야 한다"(Gramsci, 1971: 366)고 말한 사실이 상기될 필요가 있다. 아울러 자율주의자들이 숭상하는 네트워크 자체가 일종의 조직 형식이며 또 자율주의자들이 그와 같은 네트워크의 모델로 간주하는 멕시코의 사파티스타 민족해방군(EZLN) 자체가 일종의 혁명정당으로 간주될 수 있다(Bensaïd, 2005: 178).

또 지역생태주의 혹은 글로벌 거버넌스 민주화 논자들의 경우 그람시의 '국가/시민사회'의 대당을 이분법적으로 곡해해 시민사회를 물신화·특권화하는 경향이 있다. 즉, 이들은 민족국가 아래에서 혹은 위에서 벌어지는 지역적 또는 전 지구적 저항을 특권화하면서 정작 민족국가와의 대결은 회피한다. 이들은 시민사회를 국가로부터 자율적인 것, 또 내재적으로 민주적인 것으로 간주한다. 하지만 대안세계화운동이 반자본주의·탈자본주의 운동으로 발전하기 위해서는 국가·정치로부터 도피해 시민사회를 특권화하는 것이 아니라 '지역/국가'의 이분법, '시민사회/국가'의 이분법을 극복해야 한다(Kiely, 2005: 284).

5) 네트워크와 코뮌주의

한편 자율주의자들은 직접민주주의와 직접행동을 절대화하면서, 마르크스주의를 '아래로부터 사회주의' 혹은 대중의 직접민주주의의 대립물인 것처럼 묘사한다. 하지만 이는 고전 마르크스주의와 스탈린주의의 차별성을 부정하는 것이다. '노동자계급의 자기해방'을 핵심으로 하는 '아래로부터 사회주의' 사상은 고전 마르크스주의 정치의 핵심으로서 대안세계화운동의 직접민주주의, 직접행동 및 네트워크 개념과 양립 불가능하지 않다. 자율주의자들이 중시하고 발전시킨 직접민주주의와 직접행동 및 네트워크의 전략과 전술은 오늘날 마르크스주의 급진 좌파의 조직 발전을 위해서도 최대한 활용돼야 한다.[38] 그러나 자율주의자들은 자본주의 발전과 대중의 의식 발전에서 엄연한 불균등성을 부정하고 이들의 무매개적·직접적 등가성을 주장하고 모든 형태의 조직과 지도를 거부하면서 직접민주주의와 직접행동, 네트워크 전략·전술을 절대화한다. 이는 자본주의를 근본적으로 변혁하는 과정에서 회피될 수 없는 조직화된 국가권력과의 전면적 대결, 다시 말해 '기동전'에서 필수적으로 수용할 밖에 없는 일정 정도의 대의민주주의와 조직, 즉 당의 필요성까지 부정하는 것이다.

대안세계화운동 논자들 중 일부 지역생태주의자들과 자율주의자들은 자본주의 체제 내에서도 주로 교육, 문화 사업을 통해 대항헤게모니의 진지들을 구축하고 강화하는 방식으로 대안 사회가 건설될 수 있는 것처럼 상상한다. 이 점에서 대안세계화운동의 대항헤게모니 전략은 우리나라에서도 확산되고 있는 코뮌주의나 각종 공동체 운동과 일맥상통한다. 데안젤리스(De Angelis, 2007) 혹은 클라인(Klein, 2001)에서 보듯이 자율주의 혹은 개방적 마르크스주의자들의 대안세계화운동 전략은 신자유주의적 세계화 과정에서 강탈당한 공유지의 탈환, 혹은 공동체의 건설 강화 전략으로 귀결된다. 이들은 자본주의 체제 내에서도 또 자본주의 국가권력 그 자체와 정면 대결하지 않고서도, 대항헤게모니, 혹은 공유지가 성장 확대되면, 탈자본주의 대안세계로 이행할 수 있다고 전망한다. 그러나 이는 일종의 '문화사회주의'적 혹은 '지방자치 사회주의(municipal socialism)적'인 점진적·진화론적 환상이라고 할 수 있다.[39] 1917년 러시아 혁명의 이중권력 상황에서 보듯이 이와 같은 일종의 진지전, 즉 코뮌 권력, 공유지에 근거한 공동체는 특정한 임계점 이상으로 성장해 자본주의적 생산관계와 국가권력을 결정적으로 침식할 경우, 지배계급의 반동, 국가권력의 폭력적 대응을 야기할 수밖에 없고, 이런 국면에서 대중파업, 대중봉기와 같은 고전적 기동전은 불가피하다. 이를 회피할 경우 1936년 스페인의 인민전선이나 1973년 칠레의 아옌데 정권에서 목격했듯이, 아래로부터 코뮌 권력은 국가권력에 의해 분쇄될 수 있다.

오늘날 상당수 대안세계화운동 이념들이 공유하는 코뮌주의나 공동체주의는 실제로는 자본주의를 넘어서는 것이 아니라, 자본주의의 운동 법칙에 포섭돼 있고 자본주의의 경계를 넘어서고 있지 못하다. 이와 관련해 우리나라의 코뮌주의나 공동체주의에 많은 영향을 주고 있는 일본의 NAM 운동의 이론가인 가라타니 고진(柄谷行人)의 마르크스 해석(Kojin, 2003; 가라타니, 2007)에 중요한 문제가 있다는 점이 지적돼야 한다. 주지하듯이 프루동은 '노동화폐'를 제안하면서 이를 통해 자본주의적 생산에서 착취관계를 철폐하지 않고 자본주의적 화폐만을 폐지해도 정의로운 교환 사회, 이른바 '비자본주의적 시장경제'로서 코뮌 공동체를 구현할 수 있다고 주장했다. 가라타니 고진은 마르크스가 이와 같은 프루동의 '노동화폐'와 코뮌 공동체 개념을 차용·수용한 것처럼 주장한다. 그러나 이는 사실과 다르다. 마르크스는 프루동의 이와 같은 구상은 상품에 내재한 모순으로부터 화폐와 자본이 필연적으로 발생하는 변증법적 논리를 무시한 환상이라고 비판했다. 이와 같은 마르크스의 프루동 비판은《철학의 빈곤》에서 시작해《요강》을 거쳐《자본론》에 이르기까지 일관된다(McNally, 1993). 사실 마르크스의 경제학 비판 체계 전체를 프루동주의에 대한 근원적 비판이라고 간주할 수 있을 정도다. 마르크스의 프루동 비판은 오늘날 코뮌주의, 혹은 공동체주의와 같은 대안세계화운동 흐름이 애호하는 '지역교환거래 체제'(LETS)나 지역통화 운동, 혹은 아리기(G Arrighi)가 주장하는 '비자본주의적 시장경제'(Arrighi, 2007) 구상에도 그대로 적용될 수 있다.[40] 자본주의 틀 내에서도 공동체 운동, 혹은 공동체적 교환경제를 확산시킬 수 있고, 이를 토대로 자본주의 이후 사회가 이룩될 수 있다는 코뮌주의, 혹은 공동체주의의 구상은 오래전에 이론적·역사적으로 파산한 것으로 입증된 시장사회주의 프로젝트의 변종일 뿐이다.

4. 맺음말

대안세계화운동 이념의 핵심에는 상품화, 상품물신성, 탈상품화, 금융화, 대항헤게모니, 직접민주주의, 네트워크 등과 같은 개념들이 있다. 이와 같은 대안세계화운동의 이념을 구성하는 개념들은 신자유주의적 세계화의 모순을 비판하고 옛 소련·동유럽 블록 붕괴 이후 한동안 득세했던 '자본주의 이외 대안 부재론'의 허구성을 폭로함으로써 반자본주의 운동의 새로운 전망을 여는 데 기여했다. 또 이와 같은 대안세계화운동의 이념은 착취와 지배, 국가와 혁명 및 당과 같은 개념을 중심으로 구성돼 있던 기존의 자본주의 분석 및 반자본주의 대중운동에서 간과

되거나 억압됐던 측면들을 부각하거나 부활시킴으로써 21세기 조건에서 '아래로부터 사회주의' 운동을 새롭게 건설하는 데 중요한 기여를 했다고 볼 수 있다.

그런데 일부 대안세계화운동 논자들은 상품화, 상품물신성, 탈상품화, 금융화, 대항헤게모니, 직접민주주의, 네트워크와 같은 대안세계화운동의 핵심 개념들을 마르크스주의 전통에 존재하지 않거나 이와 상충되는 개념들로 간주한다. 그러나 이와 같은 대안세계화운동의 핵심 개념들은 실은 마르크스의 경제학 비판 체계를 비롯한 마르크스주의 이론과 정치에서 중심적인 개념이기도 하다. 하지만 이 개념들이 마르크스의 경제학 비판의 전체 체계 속에서 정당하게 자리매김되지 않고, 그 자체로 고립돼 특권화될 경우, 마르크스주의 전통과 상이한 이론과 정치로 귀결될 수 있으며, 이는 반자본주의 운동의 발전에 도움이 되지 않을 수 있다.

예컨대 우리나라에서 주요한 대안세계화운동이라고 할 수 있는 2008년 촛불운동의 경우 반MB, 반자본주의 투쟁으로 나아가지 못하고 미국산 쇠고기 수입 반대 요구도 관철하지 못했는데, 우리는 그 주된 이유를 당시 자율주의자들을 비롯한 일부 참여자들이 '운동의 새로움', 이른바 '다중'의 '직접행동'과 '자발성'을 특권화하면서, 모든 종류의 '지도'를 거부한 것, 그리고 무엇보다 조직 노동계급과의 연대가 이뤄지지 못한 사실에서 찾을 수 있을지도 모른다.[41]

오늘날 대안세계화운동이 진정한 의미에서 '아래로부터 사회주의', '노동자계급의 자기해방'을 지향하는 반자본주의 운동으로 발전하기 위해서는 조직 노동운동을 비롯한 전통적 사회운동과의 연대가 필수적이며, 이를 위한 이론적 수준에서 대안세계화운동의 이념의 핵심 개념들을 마르크스의 경제학 비판의 전체 체계 속에 정당하게 위치 지우고 발전시키는 작업이 요청된다.

후주

서장

1 예컨대 키노시타·무라오카 엮음(木下悅二·村岡俊三 編, 1985), 나흐트바이·브링크(Nachtwey and Brink, 2008) 참조.

2 예컨대 이채언(2002), 브라이언(Bryan, 1995a; 1995b), 카르케디(Carchedi, 1991a; 1991b), 샤이크(Shaikh, 2007), 나카가와(中川信義, 2002a; 2002b; 2002c), 이토(伊藤誠, 2007) 및 이 책 2장, 3장 참조.

3 기존의 마르크스주의 제국주의론 및 세계경제론에 대한 비판적 검토로는 정성진(2004), 스미스(Smith, 2006), 밀리오스·소티로풀로스(Milios and Sotiropoulos, 2009), 하태규(2011), 김공회(Gimm, 2012), 정성진·이진(2015) 등을 참조할 수 있다.

4 기존의 좌파 현대자본주의론에 대한 비판적 검토로는 박승호(2004)를 참조할 수 있다.

5 마르크스의 '후반체계'의 관점에서 세계화 및 제국주의를 이론화하려는 기존의 시도로는 개방적 마르크스주의 경향의 본펠트·사이코페디스 엮음(Bonefeld and Psychopedis eds, 2000), 버넘(Burnham, 2010) 등이 있으며, 최근의 시도로는 프라델라(Pradella, 2013) 등을 참고할 수 있다. 최근 새롭게 전개되고 있는 마르크스주의 세계경제론의 특징과 주요 쟁점에 대한 개관으로는 하태규(2011), 정성진·이진(2015)을 참고할 수 있다.

6 마르크스 가치론의 관점에서 글로벌 가치사슬을 분석한 연구로는 데안젤리스(De

Angelis, 2007), 스타로스타(Starosta, 2010), 셀윈(Selwyn, 2015) 등을 참조할 수 있다.

1장

1 길스는 다른 논문에서 세계화가 2007~2009년 글로벌 경제 위기를 초래했다는 주
   장을 다음과 같이 되풀이한다. "전후 거대한 경제호황이 대체로 1967~1968년경
   (적어도 선진적인 혹은 부유한 북반구 나라들에서) 종지부를 찍으면서, 공황이 더
   욱 빈번해지고 더 체제적으로 되고, 세계적 규모로 확산되고, 점점 더 심각해지고
   파괴적으로 됐으며, 또 더욱 상호의존적으로 되고 동조화돼, 결국 현재 수준과 같
   은 시스템 리스크와 불안정성을 결과시켰다"(Gills, 2010a: 5). 톰슨(Thompson,
   2010), 오즈굴·오젤(Özgür and Özel, 2010) 등에서도 같은 주장을 볼 수 있다.

2 1847년 영국의 공황이 세계적 규모에서 자본축적의 일환임을 입증한 국내의 선구
   적 연구로는 차명수(1983)를 참조할 수 있다.

3 글로벌 자본축적을 연구하는 데서 기존의 국민계정의 일국적 문제설정이 갖는 문
   제점에 대한 논의로는 브라이언(Bryan, 2001)을 참조할 수 있다.

4 예컨대 일본의 쿠루마 사메조(久留間鮫造)는 1930년 마르크스의 공황론은 세
   계시장 수준에서야 완전하게 서술될 수 있다고 주장했다(久留間鮫造, "マルクス
   の恐慌論の確認のために", 《大原社會問題研究所雜誌》, 7卷2号, 1930年 9月號.
   Kuruma(1930)는 이것의 영역본이며, 이 논문은 쿠루마(久留間鮫造, 1965)에 개
   정 출판됐다). 쿠루마 자신은 세계시장공황론의 구체화 작업을 수행하지 않았지
   만, 그가 마르크스의 세계시장공황론의 구체화 과제를 대단히 중시했다는 점은
   자신이 편찬한 《原典對譯 마르크스경제학 렉시콘》(久留間鮫造 編, 1975) 거의 한
   권 분량(제8권)을 '세계시장과 공황' 항목에 할애했다는 사실에서도 알 수 있다.
   일본에서 이뤄진 마르크스 세계시장공황론 연구의 대표적 성과들로는 마츠이(松
   井淸(Matsui, 1970)), 카라도(唐渡興宣, 1979), 무라오카(村岡俊三, 1976b; 1998)
   등이 있다.

5 1970년대 초 서독의 세계시장 논쟁을 주도한 대표적 논자들로는 노이쥐스(C
   Neusüss), 부슈(K Busch), 폰브라운뮐(C von Braunmühl) 등이 있으며, 이 논쟁의
   개관으로는 나흐트바이·브링크(Nachtwey and Brink, 2008)를 참조할 수 있다.

6 예컨대 네그리(1994), 본펠트(Bonefeld, 2006b), 스미스(Smith, 2006) 참조.

7 예컨대 제솝(Jessop, 2010; 2012), 김공회(2012), 김공회(Gimm, 2012), 정윤광
   (2014), 바나지(Banaji, 2013), 프라델라(Pradella, 2013), 로빈슨(Robinson, 2014),

스미스(Smith, 2015) 등 참조.

8 따라서 이 장은 필자가 일전에 제시한 마르크스의 플랜의 후반체계에 기초해 세계화와 자본축적 체제의 모순 및 계급구조의 변화를 연구하는 방법론의 개요(정성진, 2010b)를 공황 부분에 한정해 구체화하려는 시도다.

9 무라오카가 잘 지적하듯이 "[레닌의]《제국주의론》이 사실상 전제했다고 생각되는 마르크스의 '세계시장' 내지 '후반체계'의 射程은, 마르크스가 남긴 이에 관한 범주들 및 그것에 따른 소론의 전개로부터 보면, 분명히《제국주의론》의 그것보다 훨씬 장대하다. 이것은 마르크스 '후반체계'의 최종 범주가 '세계시장과 공황'으로 돼 있는 것에 대해,《제국주의론》은 이를 결여하고 있다는 등의 사실로부터도 분명하다"(村岡俊三, 1985b: 301).

10 따라서 1970년대 서독의 세계시장 논쟁에서 폰브라운뮐이 "세계시장은 다수의 국민경제들의 총합으로 구성되지 않으며, 오히려 다수의 국민경제들을 그 구성부분으로 하는 형태로 조직된다"(von Braunmühl, 1978: 162)고 말한 것, 또 본펠트가 마르크스에서 "세계시장은 다수국가들과 그 '국민경제들'의 총합은 아니며, 그것을 통해 국가들 간의 국제적 관계가 존재하는 조건"(Bonefeld, 2006b: 50)이라고 해석한 것은 타당하다. 무라오카도 다음과 같이 말했다. "국민경제와 세계시장 간의 분리론은 원래 성립하지 않는다고 말해야 한다. 세계시장은 국민경제들의 단순한 집합체는 아닌 것이다. 국민경제라고 말하는 경우에는, 이미 세계시장이 배후에 예정돼 있는 것이며, 세계시장이라고 말하는 경우에는, 그 내부의 지역들이 국민경제들로서 상대적 독자성을 갖는다는 사실이 포함돼 있다"(村岡俊三, 1985b: 267).

11 《잉여가치학설사》 2권의 다음 문장들에서도 마르크스는 "복수의 국민적 이윤율의 병존"을 상정한 듯하다. "예컨대 영국에서 임금 가격의 변동이 임금이 상승하지 않은 캘리포니아에서 금의 생산가격을 변화시킬 것이라고 가정하는 것은 전혀 당치 않다. 일반적 이윤율에 의한 비용가격의 평균화는커녕 노동시간에 의한 가치의 평균화도 이런 형태로는 상이한 나라들 간에 이뤄지지 않는다"(Marx, 1968: 201. 강조는 마르크스).

12 예컨대 키노시타, 무라오카는 물론 '세계노동' 혹은 '세계가치'의 실체성을 강하게 주장하는 나카가와(中川信義, 2002c)나 1970년대 서독의 세계시장 논쟁에서 부슈나 노이쥐스, 최근 제국주의론 연구에서 마르크스 국제가치론의 의의를 환기하고 있는 밀리오스·소티로풀로스(Milios and Sotiropoulos, 2009)도 국제적 생산가격의 성립 경향은 인정하지 않는다 .

13 그로스만은 아시아의 이윤율(21퍼센트)과 유럽의 이윤율(16퍼센트)의 차이에 대

한 마르크스의 언급을 인용한 뒤, 곧이어 다음과 같이 주장했다. "국제무역은 등 가교환에 기초하지 않는다. 왜냐하면 국민적 시장에서처럼 이윤율의 균등화 경향이 존재하기 때문이다. 자본의 유기적 구성이 높은 선진 자본주의국의 상품들은 가치보다 높은 생산가격으로 팔리고, 후진국의 상품들은 가치보다 낮은 생산가격에 팔릴 것이다. 이는 18.5퍼센트의 [국제적] 평균이윤율이 형성되어 유럽의 상품들은 [마르크스가 말한] 116이 아니라 118.5의 가격으로 팔릴 것임을 의미한다" (Grossmann, 1992: 170).

14 국제적 생산가격설은 1929년 그로스만이 《자본주의 체계의 축적과 붕괴의 이론》에서 처음 주장했고(Grossmann, 1992), 1969년 엠마누엘이 확장·체계화했지만 (Emmanuel, 1972), 마르크스주의 국제가치론 논쟁에서는 소수 입장이었다. 하지만 1990년대 이후 국제적 생산가격설은 마르크스의 가치론에 대한 '시점 간 단일체계 해석'(TSSI) 논자 카르케디(Carchedi, 1991a; 1991b), 자율주의자 네그리 (1994), 개방적 마르크스주의자 본펠트(Bonefeld, 2006b), 글로벌 가치사슬 연구자 스타로스타(Starosta, 2010) 등 다양한 입장의 논자들이 채택하고 있다. 예컨대 네그리는 다음과 같이 주장했다. "우리는 자본의 이런 공간적 확장[세계시장 창출 경향]이 다름 아닌 **평균이윤** 구성의 확대 과정일 뿐이라는 것을 발견한다"(네그리, 1994: 233. 강조는 네그리). 필자는 이 책 2장에서 마르크스의 국제가치론의 해석 혹은 재구성을 둘러싼 논쟁을 국제시장가치설(간접적용설), 국제시장가치설(직접적용설), 국제생산가격설 등 세 부류 간의 논쟁으로 정리하고, 세계자본주의의 역사적 발전에 조응해, 국제가치의 현실성이 국제시장가치설(간접적용설) → 국제시장가치설(직접적용설) → 국제생산가격설로 이행한다고 정리했다. 마르크스주의 국제가치론 논쟁에 대해서는 이 책 2장, 3장과 함께 이채언(2008), 나카가와(中川信義, 1999; 2000; 2002a; 2002b; 2002c) 등을 참조할 수 있다.

15 《자본론》 3권의 이 부분은 《잉여가치학설사》 3권의 아래 부분을 그대로 옮겨 온 것이다. "산업자본가는 세계시장에 직면한다. 따라서 산업자본가는 자신의 비용가격을 **국내에서뿐만** 아니라 세계시장 전체 위에서 시장가격과 비교하며 항상 비교해야만 한다"(Marx, 1972: 470. 강조는 마르크스).

16 네그리는 《요강》에서 '세계자본주의-세계시장공황-세계혁명' 테제의 중심적 의의를 다음과 같이 강조했다. "처음 페이지들 이래 《요강》 속에 ─ 이미 "화폐에 관한 장"에서 ─ 세계시장이 나타났고, 그에 관한 **특별한** 책이 고려됐음에도, 각각의 근본적 이행에서 세계시장은 계속해서 제기돼 왔다. …《요강》 속에는 세계시장을 향한 불변의 긴장, 유통과 생산 양자의 영역에서 자본의 확장력을 나타내는 긴장, 정

말 저항할 수 없는 긴장이 있다. … [세계시장의 창출 과정은] 평균이윤율 형성이
계속 확대되는 과정을 나타내며, 세계시장에서는 이윤에 내재한 모순, 그것을 구
성하는 힘들의 적대가 자신을 관철한다. … 세계시장이란 주제는 자본주의 발전이 지
닌 혁명적 경향에 대한 가장 성숙한 예증이다"(네그리, 1994: 231, 232, 234. 강조는
네그리). 본펠트도 마르크스의 세계시장공황 개념을 다음과 같이 정리했다. "세계
시장은 자본의 모순적 구성, 필요노동에 대한 자본의 의존과 반정립이 자신을 신
용공황, 국민적 통화에 대한 투기적 압박으로, 또 금융 혼란과 산업공황이라는 형
태로 관철하는 지반이다"(Bonefeld, 2006b: 63).

17 마르크스가 자신의 초기 세계관, 즉 '세계자본주의-세계시장공황-세계혁명' 테
  제를 이후 수정 혹은 포기했는지 여부에 관한 논쟁에 대해서는 나카가와(中川弘,
  1998)를 참고할 수 있다.

18 이 서술 바로 앞 문단들에서 마르크스는 1840~1860년대 인도, 미국, 호주에서 영
  국으로의 면화 수출에 대한 통계치를 인용하고 있음도 유의해야 한다.

19 예컨대 우노학파의 이토(伊藤誠, 1973)는 자본주의에서 공황의 필연성은, 《자본
  론》 3권 5편 "이자와 기업가이득으로의 이윤의 분열. 이자낳는 자본" 부분에서 완
  결된 형태로 제시된다고 주장했다.

20 예컨대 우노학파인 오우치는 1857~1858년 마르크스의 플랜의 최종 항목 '세계시
  장과 공황'에서 '공황' 부분이 분리돼 '전반체계'로 이동·편입된 것은 마르크스가
  초기의 '세계자본주의-세계시장공황-세계혁명' 테제를 포기한 것을 반영하며, 또
  공황을 이제 혁명과 결부시키기보다 반복되는 "산업순환의 일환" 즉 한 국면으로
  서 "순수자본주의의 내부 분석 속에 정착"시켰기 때문이라고 해석한다(大內秀明,
  1966: 37~38).

21 그로스만의 플랜 변경설(사실상 플랜 폐기설)은 그로스만의 1929년 논문 "마르
  크스의 《자본론》의 원래 플랜의 변경과 그 원인"에서 처음 주장됐고, 요즘에도 라
  피데스(Lapides, 1992), 윤소영(2001) 등에 의해 반복되고 있다. 하지만 그로스만
  의 이 1929년 논문은 그것이 발표된 바로 다음 해인 1930년 일본의 쿠루마의 논
  문(앞의 후주 4번에 인용)에서 철저한 문헌고증에 기초해 논파됐음에 유의해야 한
  다.

22 하지만 토미츠카는 이와 반대로 "원래 '경제학 비판'의 전(全) 체계의 플랜 초안의
  최종 항목에 놓인 '세계시장과 공황'은 거기에서 비로소 '고유의 공황론'을 체계적
  으로 정리해 전개할 것이라고 마르크스가 의도 내지는 예정했다고는 해석하기 어
  렵다"(富塚良三, 1997: 130)고 주장한다.

23 '플랜 불변설'의 입장에서 마르크스 공황론의 구체화를 주장하는 김성구(2008a)
는 공황론의 구체화에서 현실 경쟁과 시장이윤율, 혹은 수급요인을 과도하게 강
조하는 반면, '후반체계'의 계기들, 즉 국가, 외국무역, 세계시장의 계기들을 도입
해 세계시장공황론으로까지 상향하려는 문제의식, 즉 세계시장공황론의 구체화
라는 문제의식은 부족하다. 아울러 '플랜 불변설'은 최근 *MEGA2*의 출판이 진전
되면서 타당성이 의문시되고 있다는 점도 지적돼야 한다. 이에 대해서는 하인리히
(Heinrich, 1989), 피네시(Fineschi, 2009)를 참조할 수 있다.

24 이와 관련해 크래트케는 다음과 같이 말했다. "최초의 세계경제 공황인 1857~1858
년 공황은 세계시장에 이런저런 방식으로 이미 통합돼 있거나 연결돼 있던 세계
의 모든 지역에 영향을 미쳤다. … 《요강》에서 … 1857~1858년 공황은 두 차례 언
급됐다. 즉 일반적 화폐공황 시기에 화폐로서 화폐, 즉 금과 은으로서 그 기본적인
상품 형태로서 화폐가 특히 유일한 국제적 지불수단으로서 결정적으로 되는 시기
의 사례로서 언급돼 있다"(Krätke, 2008: 174~175).

25 1857~1858년 《공황 노트》는 1850~1853년 《런던 노트》와 혼동해서는 안 된다. 마
르크스는 1850~1853년 런던에서 고전경제학과 화폐론, 기술, 역사 등에 대해 《런
던 노트》로 알려진 모두 26권 분량의 방대한 발췌 노트를 작성했는데, 이들 중 일
부(1850년 9월~1851년 8월 작성 부분)는 *MEGA2* IV/7(1983), *MEGA2* IV/8(1986)
로 간행됐다. 《런던 노트》의 주요 내용과 의의에 대해서는 무스토(2010)를 참조할
수 있다. 마르크스는 또 1869년에도 1866년 공황 시기 주요 국가 화폐시장, 신용
시장 동향에 대해 〈이코노미스트〉, 《화폐시장 리뷰》 등으로부터 139쪽 분량의 발
췌 노트 한 권 《B113 노트》(B113은 암스테르담의 국제사회사연구소가 자신들이
보관 중인 마르크스의 원고를 분류하면서 붙인 번호다)을 작성했는데, 드파울라
(de Paula, 2012)에 따르면 이 《B113 노트》는 마르크스가 《자본론》 2권 초고를
수정 보완할 때 상당 부분 이용됐다고 한다.

26 모리(守健二)에 따르면, "마르크스의 〈뉴욕 데일리 트리뷴〉의 기고문 일부는 자신
의 《공황 노트》로부터의 발췌에 기초해 쓰였"으며 "마르크스의 1857~1858년 《요
강》도 《공황 노트》와 〈뉴욕 데일리 트리뷴〉 기고문에서 수행된 경험적 연구의 귀
납과 일반화 과정으로 간주될 수 있다"(Mori, 2012).

27 엥겔스도 마르크스의 《자본론》 3권 30장 "화폐자본과 실물자본 I"에 붙인 각주에
서 당시 진행되고 있던 세계화(세계시장의 팽창)가 한편에서 공황을 완화하면서도
다른 한편에서 격렬한 세계시장공황을 준비하고 있다고 말했다. "지금 우리는 들
어 보지도 못한 정도로 격렬한 새로운 **세계공황**의 준비기에 있는가? 많은 점에서

그런 것 같다. 지난 1867년의 일반적 공황 이래 많은 변화가 일어났다. 교통수단의 거대한 팽창 — 대양기선·철도·전신·수에즈운하 — 은 비로소 세계시장을 현실적으로 확립했다. 종전에 산업을 독점했던 영국 이외에 일련의 공업국들이 경쟁자로 나타났다. 유럽의 과잉자본을 위한 무제한의 각종 투자영역이 세계 각지에 열려 있으며, 이리하여 그 과잉자본은 더 광범위하게 분산되며, 국지적 과잉투기는 더 쉽게 극복된다. 이 모든 것들에 의해 공황 발생의 종전의 온상이나 계기가 대부분 제거됐거나 매우 약화됐다. 이와 함께 국내시장의 경쟁은 카르텔과 트러스트에 의해 후퇴하고 있으며, 해외시장의 경쟁은 보호관세(영국 이외의 모든 주요 공업국들은 보호관세 장벽을 치고 있다)에 의해 제한되고 있다. 그러나 이 보호관세 자체는 세계시장의 지배권을 결정할 최후의 일반적 산업전쟁을 위한 무기일 따름이다. 그러므로 종래의 공황의 재현을 상쇄하는 요인들 각각은 훨씬 더 격렬한 장래의 공황의 싹을 내포하고 있다"(마르크스, 2004b: 603~604. 강조는 필자).

28 무라오카가 말했듯이, "금의 유출입은 공황의 원리적 규정에서 문제가 되는, 호황 말기의 신용에 의한 과잉생산의 은폐 → 상품가격의 전반적인 붕괴 → 현금 통화에의 갈망(=화폐기근) → 중앙은행의 출동(원리론에서 설명하는 것은 여기까지다)이라는 논리가 세계시장에서 관철할 때 취하는 형태"(村岡俊三, 1997: 384)다.

29 무라오카는 이전 논문에서는 세계시장공황을 "세계적 규모의 경기변동 및 그 한 국면인 세계시장공황은 세계적 규모에서 발생하는 과잉생산하에서, 이전의 소재적·가치적 보전관계가 균열이 발생하고, 새로운 국제분업 외국무역하에서 새로운 보전관계를 구축하기 위한 강력한 조정과정"(村岡俊三, 1997: 380)이라고 정의한 바 있다.

30 우노학파 경제학자들은 마르크스가 특수한 사례로 예시했을 뿐인《자본론》3권 15장 "법칙의 내적 모순의 전개"에 나오는 "자본의 절대적 과잉축적" 사례를 일반화하려고 시도한다는 점에서 부적절하다. 마르크스의 자본의 절대적 과잉생산 개념을 특권화해 공황론을 구성하는 우노학파 공황론에 대한 비판으로는 김수행(2006)을 참고할 수 있다.

31 톰슨도 2007~2009년 글로벌 경제 위기는 (동시적이 아닌 연쇄적) 국가별 확산 과정, 위기에 대한 (공조가 잘 이뤄지지 않은) 국가별 대응 등을 감안할 때 진정한 의미에서 글로벌 위기라기보다 "국가 간"(inter-national) 위기라고 주장한다(Thompson, 2010: 131).

32 제솝이 지적했듯이 "세계화라는 관념은 자본의 특정 분파가 세계적 규모에서 실시간으로 작동할 수 있는 능력의 증가와 연관된 질적 변화를 강조하지만 동시에 이

전의 세계시장 통합의 파동들과의 기본적 연속성을 은폐한다"(Jessop, 2010: 39).

33 마르크스는 《잉여가치학설사》 2권에서 공황의 가능성과 실제 발발 과정을 설명하
는 것은 구별돼야 함을 강조하면서, 재생산표식론에서는 단지 공황의 '발전된 가
능성'만을 논의할 수 있다고 말했다. "현실적 운동은 이미 존재하는 자본으로부터
나온다. 여기에서 현실적 운동이란 그 자체로부터 시작하고 그 자체를 전제하는
발전한 자본주의적 생산에 기초한 운동을 말한다. 그러므로 재생산과정과, 이 재
생산과정에서 가일층 발전하는 공황의 토대는 이 재생산과정에 관한 편에서는 단
지 불완전하게만 서술되며, "자본과 이윤"의 장에서 보완돼야 한다. **자본의 총유통
과정 또는 총재생산과정은 자본의 생산국면과 유통국면의 통일이며, 자신의 국면들
로서 두 개의 과정을 지나가는 과정이다. 여기에 가일층 발전한 공황의 가능성 또
는 그 추상적 형태가 있다**"(Marx, 1968: 513. 밑줄은 마르크스. 강조는 필자). 마
르크스 공황론 체계의 구성을 둘러싸고 벌어진 일본 마르크스주의 경제학계의
논쟁에 대해서는 요시하라(吉原泰助, 1998)를 참조할 수 있다. 최근 캘리니코스
(Callinicos, 2014: 235~286)도 마르크스의 공황론을 (1) 가능적 요인(enabling
factors: 상품 유통에 내재한 판매와 구매의 분리에 기인한 공황의 형식적 가능성
과 재생산표식에서 양대 부문 간 교환조건의 교란), (2) 조건적 요인(conditioning
factors: 산업순환 과정에서 산업예비군 및 임금의 상호작용 및 고정자본의 회전),
(3) 원인(causality: 이윤율 저하 경향과 상쇄요인 및 금융시장의 거품과 패닉)이
라는 방식으로 논리적 상향을 통한 체계적 재구성을 시도하고 있다.

34 이 점에서 근본주의 마르크스주의 경제학자들이 이윤율의 저하로부터 무매개적
으로 공황을 도출하는 것에 대한 김성구(2008b; 2010)의 비판은 타당하다. 하지
만 김성구의 경우 마르크스의 플랜 불변설의 입장, 즉 《자본론》=자본일반설을 고
수한 결과, 《자본론》 3권 3편과 5편에서 전개되고 있는 경쟁과 신용을 고려한 '공
황의 필연성' 및 산업순환에 관한 논의들뿐 아니라, '후반체계' 수준에서의 공황분
석, 즉 세계시장공황으로 총괄되는 '공황의 현실성', 즉 현실 공황의 분석에 관한
마르크스 자신의 언급들을 공황론의 구체화 작업에 활용할 수 있는 길을 차단하
고 있다는 점에서 문제가 있다.

35 예컨대 모슬리나 벨로피오르는 이번 위기는 이른바 '마르크스 위기'가 아니라 '민
스키 위기'라고 주장한다(Moseley, 2009; Bellofiore, 2011).

36 이토가 말하듯이 《자본론》의 경제학은 케인스나 포스트 케인스학파를 능가할 정
도로 충실한 화폐(monetary) 경제학의 체계로서의 측면을 갖고 있으며 화폐의 풍
부한 기능들이 자본주의 경제의 동태에서 신용제도의 전개의 기초가 되고, 현실

자본과 대부가능 화폐자본의 대립적인 동태야말로 경기순환과 공황의 해명에 불가결하다는 점에 고찰을 심화했다. … [반면] 포스트 케인스학파의 금융불안정성 가설 내지는 금융공황론에는 협소한 금융 시스템 내부의 동태를 심리적 포트폴리오 선호론에 근거해 과도하게 중시하고 일반화하는 편향이 있다"(伊藤誠, 2009: 116). 이토와 같은 우노학파 경제학자들이 《자본론》 3권 5편의 화폐와 신용에 관한 논의를 재구성·확장해 마르크스의 공황론을 산업순환의 이론으로까지 구체화한 것은 마르크스의 공황론의 구체화에 대한 중요한 기여이지만, 그 구체화가 후반체계로까지, 즉 세계시장공황론으로까지 나아가지 못하고, 전반체계에서 중지한 것은 한계다. 우노학파의 공황론은 마르크스의 후반체계의 주요 계기들, 즉 국가, 외국무역, 세계시장공황을 단지 부차적 교란 요인으로 격하하고, 자기조절적 시장에서 자율적으로 작동하는 경기순환 이론을 구성하려 했다는 점에서도 부적절하다.

37 포츠도 지적하듯이 "이윤율이 호황기에 저하 경향을 보이면, 의제자본에 대한 투자가 상대적으로 더 매력적이게 되는데, 이는 왜 호황이 진행되면서 의제자본에서 투기/거품이 발생하는 경향을 보이는지를 설명한다"(Potts, 2011: 459). 마르크스의 이윤율의 저하 경향을 금융화와 연결시켜 2007~2009년 글로벌 경제 위기를 설명한 필자의 시도로는 정성진(Jeong, 2011)이 있다.

38 2007~2009년 글로벌 경제 위기 이후 주요 국가의 대응에 대한 마르크스주의적 분석으로는 캘리니코스(Callinicos, 2012), 버넘(Burnham, 2011) 등을 참조할 수 있다.

39 이 경우 국민경제는 앞의 플랜 A에서 마르크스가 말한 "부르주아 사회의 국가형태로의 총괄"이라는 국가의 원리적 규정이 자신을 실현한 지역 내지 공간으로 정의될 수 있다(村岡俊三, 1985a: 125). 무라오카는 이와 같은 부르주아 국가의 지역적 내지 공간적 실현에서 토지소유의 독점의 역할을 중시한다. 즉 "부르주아 사회의 국가형태로의 총괄"의 핵심을 이루는 것은 토지의 사적 소유의 확립으로 파악하고 이로부터 국민경제를 "일원적인 토지의 소유 이용체계의 확립에 기초해 일원적인 노동시장이 성립한 범위"(村岡俊三, 1985a: 135)라고 정의한다.

40 트로츠키의 불균등결합발전 법칙 해석과 자본주의에서 복수의 민족국가의 기원 및 전망 연구에의 적용을 중심으로 전개된 신제국주의, 정치적 마르크스주의, 네오그람시안 국제정치경제학 간의 논쟁에 대해서는 캘리니코스·로젠버그(Callinicos and Rosenberg, 2008), 아니바스 엮음(Anievas ed, 2010) 등을 참조할 수 있다.

41 1970년대 서독의 세계시장 논쟁에서도 마르크스의 세계시장에서의 가치법칙의 수정명제에 기초해 환율 변동 및 당시 국제통화위기를 설명하려는 시도가 있었다(Nachtwey and Brink, 2008).

42 이바노바는 2007~2009년 글로벌 경제 위기의 주요 원인을 미국의 주택 금융 부문보다 글로벌 불균형에서 찾으면서 다음과 같이 주장한다. "금융화된 미국 중심의 핵심부와 금융적으로 저개발된 주변부 간의 공생관계에서 전자는 후자의 상품 생산 산업에서 추출한 이윤을 재활용하고 확대한다. … 현재의 금융화 공황은 단지 생산능력과 소비능력 간의 엄청난 불균형을 낳는 글로벌 분업의 더 깊은 공황의 표현이다. … 주변부의 주요 제조업 중심에서 과잉자본의 축적과 핵심부에서 신용 팽창, 금융혁신 및 제도화된 투기는 같은 동전의 양면이다"(Ivanova, 2011: 859, 868).

2장

1 바우어(O Bauer), 그로스만(H Grossman), 엠마누엘(A Emmaunuel), 아민(S Amin), 팔루아(C Palloix), 브라운(O Braun) 등이 이에 속한다.

2 히라제(平瀬已之吉), 나카가와(中川信義), 콜마이(G Kohlmey), 부슈(K Busch), 만델(E Mandel) 등이 이에 속한다.

3 나와(名和統一), 요시무라(吉村正購), 마츠이(松井清), 키노시타(木下悅二), 키하라(木原行雄), 무라오카(村岡俊三) 등이 이에 속한다.

4 우리가 사용하는 불평등교환이란 개념은 부등가치교환과 등가치, 부등노동량교환을 모두 포함한다.

5 베텔하임(Bettelheim, 1972), 필링(Pilling, 1973), 케이(Kay, 1975), 부슈(Busch, 1973) 등은 그 대표적 논문들이다.

6 예컨대 아민은 다음과 같이 말했다. "이전되는 잉여노동은 가치법칙의 기계적 작용으로부터 나오는 것은 아니다. 이전되는 잉여의 가격은 부르주아지 간의 … 권력관계에만 의존한다"(Amin, 1980: 160).

7 예컨대 깁슨(Gibson, 1980), 메인웨어링(Mainwaring, 1980) 등.

8 나카가와(中川信義, 1981), 키노시타(木下悅二, 1982), 키노하라(木原行雄, 1982), 호소이(細居俊明, 1980).

9 한편 키하라도 다음과 같이 말하고 있다. "현재는 세계에는, 세계 공통의 가치를 규정하는 등질의 사회적 평균노동이라는 범주가 성립할 수 있는 현실적 기반이 아

직은 존재하고 있지 않다"(木原行雄, 1982: 84).

10 이상의 논리에서 보듯이 간접적용설에서는 비교생산비의 원리 자체는 인정되고 있다. 비교생산비의 원리는 화폐수량설 없이도 설명될 수 있다. 이 점에서 화폐수량설이 허구이므로 그에 기초한 비교생산비설도 오류라는 샤이크의 비교생산비설 비판 방식은 핵심에서 벗어난 것이라고 할 수 있다(Shaikh, 1980a).

11 대표적 간접적용설 논자인 키하라는 이를 시인한다. "마르크스 자신의 사고방식은 어느 쪽이냐 하면 제1설(직접적용설)에 가까울지도 모르지만 그것은 그다지 중요한 판단기준은 아니다. 중요한 것은 이 두 가지의 기본적 관점 중 어느 쪽이 더 정확하게 국제무역의 현실, 특히 그 국제가격과 환율의 메커니즘을 설명할 수 있는가이다"(木原行雄, 1982b: 77).

12 나카가와는 다음과 같이 말한다. "가치법칙의 수정이란 '노동시간만에 의한 가치의 측정을 수정하는' 것 …, '노동시간의 단순한 길이에 의한 가치의 도량을 변경하는' 것"(中川信義, 1981: 50).

13 앞에서 살펴봤듯이 직접적용설도 나름대로 수정명제를 해석, 수용하고 있기 때문에, '가치법칙 수정명제를 정면에서 부정'했다는 키하라의 주장은 오해다. 그러나 수정명제를 자구에 따라 충실하게 해석한 쪽은 간접적용설이라고 생각한다.

14 그러나 직접적용설이 반드시 비교생산비 원리의 거부, 절대생산비설로 연결되는 것은 아니다. 호소이는 화폐의 상대적 가치의 국민적 차이를 고려하면 직접적용설로도 비교생산비 원리를 설명할 수 있음을 보이고 있다(細居俊明, 1980).

15 따라서 다음과 같은 사우의 주장도 경제주의적 오류를 범한 것이라고 할 수 있다. "양국의 부르주아지에 대한 이윤이 모두 향상돼야만 한다는 것이 자발적인 무역이 발생하기 위한 필요조건이라는 사실이 강조돼야 한다. 그렇지 않으면 무역은 존재할 수 없다"(Sau, 1978: 53).

16 예컨대 나와(名和統一, 1960), 만델(Mandel, 1975), 부슈(Busch, 1974).

17 아민 등 종속이론가들은 주변부의 잉여가치율이 중심부의 잉여가치율보다 높다고 주장한다. 그러나 이 주장은 옳지 않다. 현대자본주의에서 주된 잉여가치 생산방법은 생산성 상승을 통한 상대적 잉여가치의 생산이다. 따라서 생산성이 높은 중심부가 현상적인 고임금에도 불구하고 극도로 저임금인 주변부보다 잉여가치율이 높다고 봐야 할 것이다. 이에 대한 실증은 이즈미(泉弘志, 1983) 참조.

18 하지만 필자는 국가, 외국무역, 세계시장 등 '후반체계'를 단계론이나 현상분석의 대상으로 한정해 원리론적 연구를 거부하는 우노의 견해에는 근본적으로 반대한다.

19 샤이크는 이런 두 가지 효과는 중심부와 주변부 간에 서로 반대 방향으로 작용하기 때문에 종합적 가치이전의 방향을 확정할 수 없다고 주장한다. 하지만 필자는 두 가지 효과가 모두 주변부에서 중심부로 가치를 이전시키는 방향으로 작용한다고 생각한다.

20 "노동의 추상화는 자본주의적 노동과정의 역사적 발전으로 나타나는 자본주의적 생산관계의 소산이다. … 기계화가 자본주의 사회 전반에 걸쳐 노동과정에 확대됨에 따라 추상적 노동의 존재와 노동가치론의 타당성이 확인된다"(Gleicher, 1983: 114, 118).

21 "상품자본 국제화의 단계에서는 … 국제가치는 세계시장에서 평균 가치를 존재하게 하는 상이한 국민적 가치들의 대립으로부터 결과됐다"(Palloix, 1977: 15).

22 "자본이 상품자본의 순환, 화폐자본의 순환, 생산자본의 순환에 상응해 자기를 하나의 사회적 관계로 국제화하면서부터, 국제특화의 고전적 법칙들 ─ 비교생산비 법칙, 헥셔-올린-새뮤얼슨 정리(이들은 상품자본순환의 국제화에 한정된 단계에서는 의미가 있었다) ─ 은 불충분하게 됐다"(Palloix, 1977: 12).

23 최근 스미스(Smith, 2015), 로이센·코프(Lauesen and Cope, 2015) 등도 21세기 제국주의의 새로운 특징으로 글로벌 가치사슬을 이용한 남반구 노동자들의 '글로벌 노임 차익 편취'(global labor arbitrage)에 주목하고, 이를 '노동력 가치 이하로의 임금 지불', 즉 '제3의 잉여가치 증식 형태'로 규정한다.

3장

1 하트와 네그리는 제국의 시대에 제3세계는 "제1세계 안으로 들어가 그 중심에서 게토, 판자촌, 슬럼으로 자리 잡았으며" 제1세계는 "주식거래소, 은행, 초국적기업, 돈과 명령의 고층 빌딩 형태로 제3세계에 이전됐다. … 이것은 미국과 브라질, 영국과 인도가 이제 자본주의적 생산과 유통의 측면에서 동일한 영토임을 말하려는 것이 아니다. 이들 간에는 어떤 본성의 차이는 없으며, 단지 정도의 차이만 존재함을 말하려는 것이다. … 중심과 주변, 남과 북은 더 이상 국제 질서를 정의하지 못하게 됐으며 서로 가까이 접근했다"(하트·네그리, 2001: 340, 433, 435).

2 이하에서 세계적 불평등은 지역 간 불평등(inter-region inequality), 국가 간 불평등(inter-country inequality)과 글로벌 불평등(global inequality) 등을 모두 포괄하는 개념으로 사용한다. 국가 간 불평등은 국가 내 불평등(within-country inequality)을 감안하지 않은 개념인 반면, 글로벌 불평등은 국가 내 불평등을 감

안한 세계적 불평등 개념이다. 1인당 국민소득 하위 10퍼센트 국가들의 1인당 평균 국민소득에 대한 1인당 국민소득 상위 10퍼센트 국가들의 1인당 평균 국민소득의 비율 같은 것이 국가 간 불평등의 척도라면 1인당 소득 하위 10퍼센트 세계 인구에 대한 1인당 소득 상위 10퍼센트 세계 인구의 비율 같은 것은 글로벌 불평등의 척도다. 한편 지역 간 불평등은 OECD 제국의 1인당 평균 국민소득에 대한 사하라 이남 아프리카의 1인당 평균 국민소득의 비율 같은 지표로 측정된다.

3 양동휴(2005: 27~28)도 다음과 같이 주장한다. "1820~1914년 자유무역은 불평등을 감소시켰을 것. … 1914~1950년 세계화의 후퇴는 국가 간 격차를 확대함. … 1950~2000년 세계화된 무역과 이민은 참가국 간 격차를 축소시킴. 불참국은 더욱 뒤떨어짐. 1820~2000년 전체 세계화된 무역과 이민은 참가국 간 격차를 축소시킴. 불참국은 더욱 뒤떨어짐. … 세계화에는 기술이전과 요소가격 균등화를 통해 국가 간 불평등을 감소시킨 면이 클 것이다. 세계화에 불참한 나라들이 뒤떨어진 것도 불평등 심화의 한 요인이다."

4 아리기 외(Arrighi et al, 2003), 웨이드(Wade, 2003; 2004a; 2004b), 서트클리프(Sutcliffe, 2003), 밀라노비치(Milanovoc, 2003; 2009; 2012), 피케티(Piketty, 2014) 등.

5 이 점에서 우리나라 연구자들 중 강남훈·이채언(2005)은 예외적이다. 이들은 마르크스 가치론에 의거해 세계화 과정에서 양극화의 심화를 설명한다. 특히 세계화가 지대 주도 축적 체제를 성립시켜 지대 수취 자본 분파와 지대 납부 자본 분파로 경제를 양극화하는 측면, 특별잉여가치와는 달리 지대는 시간 효과가 없기 때문에 양극화가 시간이 지나더라도 사라지지 않고 더 강화되는 경향, 나아가 세계화에 따라 지대가 더 증가하고 격차 효과를 새롭게 부활하는 측면에 주목한다. 반면 필자는 세계적 양극화가 세계시장에서 경쟁 격화와 가치법칙의 관철에 따른 국제적 가치이전의 증대의 결과임을 강조할 것이다. 브라이언(Bryan, 2003)이 지적하듯이, 세계화에 특징적인 '금융화', '파생금융상품'의 등장 등은 수익성의 원천으로서 가치의 격차를 줄이고 동등화하는 기능을 하는 측면이 있다는 점도 고려돼야 한다.

6 피케티의 〈그림 3-4〉는 1990~2012년 시기에는 세계 평균 1인당 GDP에 대한 아시아와 아프리카 지역 1인당 GDP의 비율이 37퍼센트에서 61퍼센트로 높아져 그 이전까지의 국제적 양극화 경향이 반전돼 세계화 시대 국제적 불평등 완화론을 뒷받침하는 듯 보인다. 하지만 밀라노비치의 연구에 따르면 〈그림 3-5〉에서 보듯이 1990년대 이후 세계화 국면에서도 글로벌 불평등과 국제적 불평등은 완화되지 않았다.

7 1980년대 이후에는 대부분의 나라들에서 임금소득의 분배뿐만 아니라 전체 소득의 분배에서도 불평등이 심화됐다. 미국에서 소득수준 상위 1퍼센트는 1917~1940년 동안 평균해서 미국 총가계소득의 16.9퍼센트를 차지했는데, 이 비율은 1946~1955년 동안은 10.9퍼센트로 저하했고, 1973년 다시 8.4퍼센트로 저하했지만, 2001년에는 19.6퍼센트로 치솟았다(Duménil and Lévy, 2004b: 111).

8 A국과 B국 간의 PPP는 A국의 통화 특정량이 A국에서 구매할 수 있는 재화와 서비스의 양과 동일한 양의 재화와 서비스를 B국에서도 구매할 수 있도록 보장하기 위해서 A국 통화가 B국 통화로 전환돼야 하는 비율을 가리킨다.

9 PPP 조정이 제3세계 민중의 생활수준을 부당하게 과대평가하게 되는 것은 웨이드(Wade, 2004a: 573)가 제시한 다음과 같은 예를 생각해 보면 분명하다. 미국에서 1달러로 구매할 수 있는 것과 동일한 식품 묶음(칼로리와 영양분을 기준으로)을 인도에서 구매하는 데 30루피가 든다고 가정하자. 또 미국에서 1달러로 구매할 수 있는 것과 동일한 서비스 묶음(이발, 마사지 등)을 구매하는 데는 3루피가 든다고 가정하자. 왜냐하면 그와 같은 서비스는 발전도상국에서 상대적으로 매우 저렴하기 때문이다. 식품과 서비스 등의 평균 소비재 묶음에 기초한 현행의 PPP 계산 방법에 따르면 대강 'PPP 1달러=10루피'의 환율이 성립할 것이다. 이는 미국에서 1달러로 구매할 수 있는 평균 소비재 묶음을 인도에서는 10루피로 구매할 수 있음을 뜻한다. 그러나 이는 잘못됐다고 할 수 있다. 왜냐하면 대부분의 소득을 식품을 구매하는 데 지출하는 가난한 사람들은 10루피로는 미국에서 1달러로 구매할 수 있는 식품의 1/3밖에 구매할 수 없을 것이기 때문이다.

10 "세계화는 단지 소득에서의 격차뿐만 아니라 가격에서의 격차도 낳고 있다. 역설적이게도, 조화된 세계시장을 가져다줄 것으로 기대됐던 세계화는 세계적 이중가격 체제를 낳고 있다. 세계화는 임금 비용과 자본 비용을 괴리시키고 있다. 즉 자본 비용의 세계화와 노동 비용의 국지화가 초래되고 있다"(Freeman, 2004: 67).

11 "생활수준(따라서 국제적 불평등 수준)의 정확한 측정은 원리적으로 PPP 방법에 의해 주어진다는 것은 전적으로 분명하다. … 나의 생각으로는 국가 간 혹은 글로벌 세계 소득분배를 시장환율로 측정하는 것은 원리적으로 무의미하고 그렇게 해서는 안 된다. 예를 들어 보자. 1999~2001년 달러화에 대한 유로화의 환율은 약 30퍼센트 하락했다. 이는 미국의 실질소득이 유럽의 실질소득에 비해 30퍼센트 증가했음을 의미하는가? 시장환율 계산 방식은 이 논쟁에서 정말 추방돼야 한다"(Sutcliffe, 2003: 11, 31).

12 사하라 이남 아프리카 극빈국들이 자국의 이해관계가 걸려 있는 국제회의나 협상

에서 자신들의 입장을 제대로 천명하거나 대변하지 못하는 이유 중의 하나는 그들이 워싱턴이나 제네바의 호텔 숙박비, 사무실 임대료, 직원 급료 등을 지불할 능력이 없기 때문이다. 이 비용은 PPP 달러가 아니라 시장환율로 구매된 달러로 지불돼야 하기 때문이다(Wade, 2003: 25).

13 "어떤 나라가 기술적으로 선진적인 나라를 따라잡을 수 있는지의 여부를 결정하는 결정적 요인은 이런 기술을 세계시장에서 구매할 수 있는 능력, 즉 자국의 생산물과 선진국의 생산물이 교환되는 비율이다. 실질 달러 기준 GDP는 이런 능력, 즉 세계시장에서 세계적으로 경쟁할 수 있는 수단을 구매할 수 있는 능력을 측정한다"(Freeman, 2004: 69~70). 웨이드(Wade, 2004a: 581)도 다음과 같이 주장한다. "시장환율 소득은 상대적 웰빙을 측정하는 도구로는 PPP 조정 소득보다 덜 적합하다. 하지만 시장환율 소득은 국가 능력, 국가 간 권력 및 자본주의의 동학을 측정하는 도구로는 매우 적합하다."

14 2004년 중국에서 GDP에 대한 소비의 비율은 42퍼센트에 불과한 반면, 미국은 71퍼센트였으며 중국은 수출의 35~40퍼센트가 미국에 대한 수출이었다(Roach, 2005).

15 "한 나라 안에서 경쟁이 절대생산비의 법칙에 의해 추동된다는 것은 고전파 이론의 중심적 명제다. 즉 단위생산비가 높은 기업들은 절대적 경쟁 열위에 처한다. 이런 관점에서 본다면, 어떤 나라의 고비용 지역의 기업은 경쟁에 노출될 경우 국내 시장 점유율이 감소하게 될 것이다. 그들은 고비용 때문에 지역 외부로 판매('수출') 하기가 어렵고, 자신들의 시장을 저비용 지역에서 온 생산물('수입')에 내준다. 다시 말해서 국내 자유 교환에서 고비용 지역은 '무역' 적자가 증가한다. 이와 같은 적자는 화폐 스톡의 잠식을 통해서 혹은 순수입 필요를 충당하기 위한 자금을 끌어오는 것을 통해서 조달돼야 한다. 이와 같은 지역이 같은 나라 안에서 경쟁력이 더 강한 다른 지역과 교역을 할 경우 실업이 증가하고 실질임금이 저하한다. 고전파적 접근의 마지막 단계는 이런 현실 경쟁의 결과를 국가 간 자유무역의 경우에도 적용하는 것이다. 한 나라의 국제적 교역조건은 단지 국제적 공통 통화 단위의 상대가격일 뿐이기 때문에 이것도 상대가격, 상대적 실질비용과 마찬가지 방식으로 조절된다. 하지만 교역조건은 자유롭게 자동적으로 조정돼 무역 불균형을 제거하지 못한다. 왜냐하면 실질비용 자체가 자동적으로 조정되지 않기 때문이다. 실질비용은 실질임금과 생산성에 의존하는데, 국제무역은 이들에 영향을 미칠 수 있지만, 이들은 다른 사회적·역사적 요인들의 영향도 받는다. 이로부터 규제되지 않은 무역에서는 세계시장에서 경쟁 열위에 있는 나라는 무역 적자가 증가한다. 이는 다시 외채

나 보조금에 의해 벌충돼야 한다"(Shaikh, 2007). 샤이크(Shaikh, 2005)도 참조.

16 "표준적 무역 이론이 주장하듯이 자유무역이 모든 나라들을 동등하게 경쟁적으로 만드는 것은 아니다. 자유무역은 오히려 약자를 강자와의 경쟁에 노출시킨다. 그리고 다른 대부분의 경우에서처럼 강자는 약자를 집어삼킨다"(Shaikh, 2007).

17 "혁신 과정은 다음과 같은 이유 때문에 부국에서 시작되는 경향이 있다. 고소득은 제품혁신에 유리한 환경을 제공한다. 높은 비용은 기술혁신에 유리한 환경을 제공한다. 저렴하고 풍부한 신용은 이런 모든 종류의 혁신에 필요한 자금 조달에 유리한 환경을 제공한다"(Arrighi, 2003: 17).

18 따라서 두셀(Dussel, 1990)이 경제적 종속의 본질을 후진국에서 선진국으로의 잉여가치 이전에서 찾고, 이를 마르크스의 경쟁의 문제설정 속에 위치 지운 것은 타당하다. 즉 "경쟁은 한 부문 혹은 한 나라의 한 부문 혹은 세계시장에서 한 나라에서 상품들의 다양한 가치들이 하나의 가격을 갖게 되는 현실적 궤적이다. 이처럼 모든 가치들을 하나의 가격으로 평탄화(levelling)하는 것은 해당 시장의 다른 구성 요소들 사이에서 상품, 부문 혹은 나라에서 획득된 잉여가치의 분배를 가정한다. 이와 같은 가격들의 평탄화 속에서 종속의 현상을 입증할 수 있다. 종속은 경쟁의 구체적이고 특수한 영역일 뿐이다"(강조는 두셀).

19 마르크스가 말한 세계시장에서 가치법칙의 수정에 대한 논의로는 이채언(2002) 및 이 책 2장 참조. 하지만 자본주의 발전에 따라 세계시장에서 가치법칙의 수정이 완화되며 이윤율의 국제적 균등화 경향이 현실화됨을 인정하는 필자와는 달리 이채언(2002)은 세계시장에서 가치법칙의 수정, 나아가 변형을 강조한다. 세계시장에서 이윤율의 국제적 균등화 및 국제적 생산가격 형성 경향을 인정하는 논의로는 카르케디(Carchedi, 1991a; 1991b) 및 브라이언(Bryan, 1995a; 1995b)을 참조할 수 있다.

20 이에 대한 상세한 논의는 2장 참조. 자유무역과 통제되지 않은 자본의 흐름은 발전도상국의 무역 적자, 채무, 실업 및 저발전을 심화시킨다. 이런 문제는 자유무역의 경향을 제어할 수 있는 국가 개입이 부재할 경우 더욱 악화될 것이다. 장하준(2004)이 지적하듯이, 역사적으로 볼 때, 선진국의 경제발전도 자유무역에 기초한 것이 아니라 보호무역, 보조금, 각종 특허와 지적재산권 보호 조치에 기초했으며, 선진국은 자신들이 세계시장에서 경제적 우위를 확보한 이후에야 자유무역의 기치를 내걸었다. 이런 관점에서 보면 오늘날 신자유주의적 세계화는 부국의 선진적 기업들에게 가장 많은 이득을 가져다주기 위한 전략임을 알 수 있다.

21 나카가와(中川信義, 1994: 233~234)가 다음과 같이 이윤율의 국제적 균등화 경향

의 작용 그 자체를 부정하는 것은 오늘날 세계화 국면의 자본주의 현실과 부합되지 않는다. "국제시장가치론의 전개는 세계시장에서 국민자본들의 경쟁에 관련돼 있다. 국내시장에서 자본들의 경쟁은 일반적으로 그 작용의 관점에서, 첫째 동일 생산부문 내에서 상품들의 동종 및 동일한 품질의 상품들의 상이한 개별가치들로부터 동일한 시장가치 및 시장가격을 성립시키는 작용과, 둘째로 상이한 생산부문들 간에서 상이한 이윤율들을 일반적 이윤율로 균등화시켜 가치를 생산가격으로 전화시키는 작용으로 나뉘지만, 세계시장에서 국민자본들의 경쟁에 관한 한, 그 경쟁에 의한 작용은 첫째의 동일 생산부문 내의 경쟁으로 한정돼야 한다. … 세계시장에서는 … 국제간의 상이한 생산부문들 간의 생산자 간의 경쟁이 이뤄지지 않으며, 세계시장에서 이윤율의 국민적 차이는 이 경쟁에 의해서는 세계적 이윤율로는 균등화되지 않고, 따라서 세계생산가격이라는 허구의 개념은 성립하지 않는다. … 아시아의 섬유 자본은 일본의 철강 자본과, 일본의 철강 자본은 독일의 화학 자본과, 독일의 화학 자본은 미국의 자동차 자본과, 미국의 자동차 자본은 일본이나 아시아의 가전 자본 등과 경쟁하지 않는다. 여기에 엠마누엘 등 프랑스파 '불평등교환'론의 결정적 오류가 있다. … 세계시장 경쟁에서 달성되는 것은 따라서 동일 생산부문 내의 동종의 또 동질의 상품들의 상이한 국민적 생산조건하에서 생산되는 상이한 국제개별가치의 동일한 국제시장가치로의 균등화, 즉 동일한 국제시장가격의 성립뿐이다."

22 뒤메닐과 레비(Duménil and Lévy, 2004a)에 따르면 2003년 미국의 해외 보유 자산에 대한 수익률은 8.4퍼센트로서 기타 세계가 미국에 보유한 자산에 대한 수익률인 3.7퍼센트의 2배가 넘었다. 그러나 2003년 기타 세계가 미국에 보유한 자산의 총액은 2003년 미국 GDP의 72퍼센트인 반면, 2003년 미국이 기타 세계에 보유한 자산 총액은 2003년 미국 GDP의 36퍼센트로서, 미국에 투자되는 기타 세계의 자본이 기타 세계에 투자되는 미국 자본의 2배나 됐다.

23 뒤메닐과 레비(Duménil and Lévy, 2005)에 따르면 2004년 미국의 가계, 기업, 연기금 뮤추얼 펀드 등의 기타 세계에 대한 증권투자 및 직접투자 총액은 4조 2630억 달러였으며 이로부터 획득하는 이자, 배당, 이윤송금 등 소득의 총액은 4120억 달러(수익률 9.7퍼센트)였으며, 미국 기업 전체가 미국 영토 내에서 획득하는 세후 이윤 총액 6030억 달러의 68.3퍼센트나 됐다.

24 제레피 외(Gereffi et al, 2005: 83)에 따르면 시장과 위계 간에는 모듈적 가치사슬, 관계적 가치사슬, 포로적(captive) 가치사슬 등 세 가지 가치사슬(value chain) 유형이 존재한다. "기업들 간의 시장에 기초한 관계와 수직적으로 통합된 기업들(위

계)은 명시적 조절 스펙트럼의 양극단을 형성한다. 이 양극단 사이에는 네트워크 관계가 가치사슬 거버넌스의 매개 양식으로 기능한다. … 네크워크 범주에는 모듈적인 것, 관계적인 것, 포로적인 것(captive) 등 세 가지 구별되는 유형이 존재한다."

25 스미스(Smith, 2003)에 따르면 동등한 체계적 필연성을 갖는 두 경향이 존재할 경우 그중 한 경향의 지배가 계속되면 다른 경향의 지배로 이행하는 개연성도 필연적으로 증대되며, 이로부터 두 경향의 교대의 유형이 나타난다. 제2차세계대전 이후 황금시대 케인스주의 국가의 성공과 동아시아 발전주의 국가의 성공은 그 성공 자체를 붕괴시키는 요인을 포함하고 있었다. 이들 국가형태는 대규모 초국적기업을 육성했으며, 이들은 민족국가의 경계를 넘어 생산된 잉여가치를 전유하기 위한 세계적 자본순환에 참여했다. 산업과 금융 부문에서 주도적 기업들은 국가에 압력을 가해 자본의 더 큰 자유를 부여하도록 했다. 그리하여 지난 세기말은 세계시장 경향이 지배하는 시기로 되돌아갔다. 하지만 다시 이와 같이 세계시장이 지배하게 되면서 심각한 금융 위기가 빈발하게 됐으며 이는 또 한 차례의 역사적 역전, 즉 국가주권의 강화 요청을 낳게 됐다. 즉 세계시장의 지배 경향이 압도하면 할수록 자본축적 과정의 교란을 비롯한 국민경제의 사회적 해체 현상이 심화되며 결국 이와 같은 현상을 효과적으로 완화할 수 있는 국가정책이 도입된다.

26 '포스트 워싱턴 컨센서스'는 금융 규제, 건전성 감독, 거버넌스, 반부패, 행정개혁, 사회적 안전망 등의 '제도' 도입의 중요성을 강조한다는 점에서는 신자유주의 '워싱턴 컨센서스'와는 차별적이지만, 이들 '제도'의 도입을 통해 자유무역과 세계화, 시장을 더욱 확대 발전시키는 것을 목적으로 한다는 점에서는 '워싱턴 컨센서스'와 동일하게 부르주아 무역이론에 기초하고 있다. 또 경쟁 우위의 관점에서 보면 선진 기술과 풍부한 자본이 '포스트 워싱턴 컨센서스'가 강조하는 '제도'보다 더 중요하다. '포스트 워싱턴 컨센서스'에 대한 비판으로는 파인(Fine, 2001), 사드-필류(Saad-Filho, 2005), 안현효(2005) 등 참조.

27 아리기(Arrighi, 2003: 27)는 세계적 양극화에 관한 자신의 글을 다음과 같이 마무리한다. "동아시아의 부상은 유럽의 식민지적 제국주의하에서 생성됐고 미국 헤게모니하에서 공고하게 된 극단적인 세계적 불평등이 궁극적으로 더 공정하고 평등한 세계로 바뀌게 될 것임을 보여 주는 가장 희망적인 신호다."

4장

1 2001년 8월 21일자 〈워싱턴 포스트〉(The Washington Post) 보도에 따르면 "최근 일단의 보수적인 국방 전문가들은 미국이 실제로 제국주의적 방식으로 행동하고

있으며, 제국주의적 역할을 기꺼이 떠맡아야만 한다고 주장하기 시작했다"(Ricks, 2001).

2   마르크스의 경제학 비판에서 독점 개념은 주로 자본가계급의 생산수단 소유의 독점 또는 경쟁의 한 형태를 지칭하는 것으로 사용됐다. 마르크스주의 문헌에서 독점을 산업자본과 금융자본이 융합된 자본 분파로 정의한 것은 힐퍼딩의《금융자본》이 처음이며, 이는 레닌의 제국주의론에서 수용되고, 다시 신고전파 경제학 시장조직론의 독점력 개념과 결합돼 스탈린주의 국가독점자본주의론으로 계승됐다. 그리하여 "동학이 비교정학으로 대체됐으며, 일반적 불균형 이론이 부분 균형 이론으로 대체됐다. 또 이윤을 독점력으로 설명하는 것은 동태적인 일반적 불균형 개념의 비교정학적인 부분 균형 개념으로의 전환과 마찬가지로 가격과 노동가치 간의 관련을 끊은 것이다"(Desai, 2000: 5).

3   마르크스 국제가치론의 주요 쟁점에 관한 논의로는 이 책 2장과 카르케디 (Carchedi, 1991a; 1991b), 이채언(2002) 등을 참조할 수 있다.

4   카르케디(Carchedi, 2001b: 155)에 따르면 오늘날 제국주의의 중심에서 가치의 전유는 적어도 다음과 같은 네 가지 방식으로 발생한다. (1) 해외직접 및 간접투자에 대한 이자와 이윤의 송금, (2) 외채에 대한 이자 지불, (3) 국제무역에 내재한 부등가교환, (4) 세뇨리지(seigniorage), 즉 헤게모니 국가의 통화가 국제통화로 사용되는 데 따른 이득.

5   이 절에서 이뤄지는 하트와 네그리의《제국》에 대한 필자의 상세한 비판적 분석은 정성진(2006b) 10장을 참조할 수 있다.

6   "자본주의 발전은 지구적 수준을 획득하면서 다중과 매개 없이 직접 대면하게 된다. 그리하여 변증법, 혹은 현실적으로 한계와 그 조직의 과학은 증발해 버린다. 계급투쟁은 민족국가를 그것이 폐지되도록 몰고 가면서 민족국가에 의해 설정된 경계를 넘어서 제국의 헌법을 분석과 갈등의 장소로 제안한다. 그 경계가 없어지면, 투쟁의 상황은 완전히 개방된다. 자본과 노동은 직접 적대적 형태로 대립한다. 이것은 모든 공산주의 정치이론의 기본조건이다"(Hardt and Negri, 2000: 237. 강조는 필자).

7   하트와 네그리는 제국에는 레닌의 '가장 약한 고리' 같은 것은 존재하지 않는다고 주장한다. "제국의 헌법에는 더 이상 권력에 대한 어떤 '외부'도 존재하지 않으며 따라서 어떤 약한 고리도 존재하지 않는다. … 모든 투쟁은 의미를 갖기 위해서는 제국의 심장, 그것의 강한 부분을 공격해야 한다. 하지만 사실은 어떤 지리적 지역에도 우선권이 주어져 있지 않다. … 제국의 가상적 중심은 어떤 곳에서든 공격할 수 있다"(Hardt and Negri, 2000: 58~59).

8 이 점에서 하트와 네그리의 '제국론'은 그들이 기각하는 레닌의 제국주의론과 마 찬가지로 자본주의 발전의 특정 단계에 대한 이론화, '패러다임화'를 시도한다. 이 와 같은 하트와 네그리의 '패러다임화'된 '제국' 단계론에 대해 같은 '자율주의' 그 룹에 속하는 홀러웨이(Holloway, 2002: 83, 86)는 다음과 같이 비판한다. "자율주 의적 충동은 여전히 살아 있다. 하지만 그것은 실증주의 이론의 중압 때문에 거의 질식될 지경이다. '패러다임' 개념 속에 계급투쟁과 계급구성에 관한 실증주의적 개념이 집약돼 있다. … 패러다임화된 접근은 불가피하게 시간을 동결시킨다."

9 "서비스의 생산은 어떤 물질적·내구적 재화를 결과시키지 않기 때문에, 우리는 이 런 생산에 수반되는 노동을 비물질적 노동이라고 정의한다. 즉, 서비스, 문화, 지 식, 의사소통과 같은 비물질적 재화를 생산하는 노동이 비물질적 노동이다"(Hardt and Negri, 2000: 290).

10 "비물질적 노동은 즉각적으로 사회적 상호작용과 협업을 수반한다. 다시 말해 비 물질적 노동의 협업적 양상은 종전의 노동형태들처럼 외부로부터 부과되거나 조 직된 것이 아니다. 비물질적 노동에서 협업은 노동활동 그 자체에 완전히 내재적 이다. 이런 사실은 노동력을 '가변자본'으로 간주하는, 즉 자본에 의해서만 가동되 고 일관적으로 될 수 있는 힘으로 간주하는 (고전파 정치경제학과 마르크스 정치 경제학에 공통적인) 낡은 관념에 의문을 제기한다"(Hardt and Negri, 2000: 294).

11 "하트와 네그리는 오늘날 미국에서도 트럭 운전수 수가 컴퓨터 기술자 수보다 훨 씬 더 많다는 사실을 모른다"(Henwood, 2001). "미국에서도 정보기술 직종은 2010년에 가서도 직업 전체의 2.4퍼센트 이하 정도밖에 되지 않을 것으로 추정된 다"(Panitch and Gindin, 2002: 34에서 재인용).

12 다이어-위데포드(Dyer-Witheford, 2001), 또는 레스닉·울프(Resnick and Wolff, 2001)를 보라.

13 "이런 요구들의 문제점은 사회적 임금 요구에서 보듯이 그것들이 민족국가의 정부 에 대해 요구될 때에만 의미를 가질 수 있다는 점에 있다. 한편에서는 민족국가가 투쟁의 장소가 될 수 없다고 기각하면서, 다른 한편에서 국가 수준에서의 입법을 통해서만 실현될 수 있는 요구를 제출하는 것은 모순이다"(Proyect, 2001).

14 하지만 1980년대 이후 미국에서 이윤율의 상승은 1960년대 말부터 시작된 이 윤율의 장기 저하 추세를 역전시킬 정도는 아니었으며, 2001년 닷컴 버블 붕괴, 2007년 서브프라임 모기지 위기발 글로벌 경제 위기는 1960년대 말 이후 이윤율 의 장기 저하를 배경으로 한다. 이에 대한 상세한 논의는 클라이먼(2012) 참조.

15 1995년에는 세계 4대 기업이 미쓰비시, 미쓰이, 이토추, 스미토모 등 모두 일본 기업이었지만 2001년에 세계 10대 기업에 든 일본 기업은 토요타 하나뿐이었다. 반면 2001년에 세계 3대 기업은 월마트, 엑슨모빌, GM 등 모두 미국 기업이었다(Hjelt, 2002).

16 오늘날 미국 지배계급의 대표적 이데올로그라고 할 수 있는 〈뉴욕 타임스〉 칼럼니스트 프리드먼(T Friedman, 1999)은 나토의 코소보 전쟁 개전 4일 전인 1999년 3월 28일자 칼럼에서 다음과 같이 주장했다. "세계화 과정의 지속은 우리 국익에 있어서 최우선의 과제다. … 세계화는 곧 미국이다(Globalization-is-U.S.). … 시장의 보이지 않는 손은 보이지 않는 주먹 없이는 작동할 수 없다. 맥도널드(MacDonald)는 F-15 제조업체인 맥도널 더글러스(McDonnell Douglas) 없이는 번창할 수 없다. 그리고 실리콘밸리의 기술을 위해 세계를 안전하게 보호하는 보이지 않는 주먹은 미 육군과 공군, 해군과 해병대다"(강조는 필자).

17 따라서 미국 제국주의의 일방주의에 맞서 유럽 제국주의의 다자주의(multi lateralism)를 옹호하는 것은 조금도 덜 제국주의적이지 않다. "다자주의는 균형된 평화에 대한 필요를 표현하기보다, 현재 부상하고 있으나 아직 상대적으로 취약한 제국주의 블록의 독트린일 뿐이다. 다극적(multipolar) 제국주의 세계가 단 하나의 군사적 초강대국이 헤게모니를 행사하는 세계보다 안전해야 할 어떤 이유도 없다"(Carchedi, 2006: 336).

18 하트와 네그리의《제국》에는 IMF나 세계은행 분석이 거의 없는데 이는 이들 논의의 추상적 성격을 잘 보여 준다.

19 IMF-세계은행은 1980년대 이후 이른바 '병 주고 약 주는' 식으로 역할 분담을 해서 제3세계에 대한 신자유주의적 구조조정을 집행해 왔다. 즉, IMF가 구조조정 계획을 공격적으로 강요했다면, 세계은행은 그로부터 발생한 희생과 저항을 무마하는 조치들을 시행해 왔다. 주지하듯이, 이와 같은 협조 관계는 1997~1998년 동아시아 금융 위기 이후 이에 대한 해석과 처방을 둘러싸고 IMF가 기존의 신자유주의적 시장근본주의를 고집한 반면, 당시 스티글리츠(J Stiglitz)가 부총재로 있던 세계은행은 구조조정과 고금리정책을 무차별적으로 강제했던 IMF에 비판을 제기하면서 갈등을 보였지만, 이는 스티글리츠의 축출로 이내 해소됐다. 스티글리츠는 최근 IMF의 '폐지'(abolition)를 주장하는 데까지 나아갔다. 이 에피소드에 대해서는 스티글리츠(2002) 참조. 스티글리츠의 신자유주의 비판은 신자유주의의 득세가 세계경제의 위기와 불안정을 격화시켜 자본주의 체제 자체의 존속을 위협할 정도에 이르렀으며, 체제의 유지를 위해서는 개혁이 불가피하다는 것을 감지한

부르주아 지식인의 통찰을 보여 준다. 그러나 스티글리츠의 세계경제 위기 분석은 위기의 근본 원인을 세계적 과잉생산과 이윤율의 저하에서 찾는 것이 아니라 이완된 금융 규제에서 찾는다는 점에서 피상적이며 따라서 그가 제시하는 처방인 국제금융기구의 개혁도 미봉책에 불과하다.

20 하지만 이와 같은 '일방주의' 역시 상대적으로 '진보적'인 클린턴 시기에는 없었던 '반동적' 조지 W 부시가 이룩한 '혁신'은 아니다. 유엔과 다른 서방국들이 동의하지 않는 상황에서 미국이 일방적으로 군사행동에 돌입한 경우는 클린턴 시기는 물론 그 이전에도 얼마든지 찾아볼 수 있다.

5장

1 유로존은 유럽연합 국가들 중 EMU에 따라 공동통화인 유로를 국민적 통화로 채택한 나라들로서 오스트리아, 벨기에, 키프로스, 에스토니아, 핀란드, 프랑스, 독일, 그리스, 아일랜드, 이탈리아, 룩셈부르크, 몰타, 네덜란드, 포르투갈, 슬로바키아, 슬로베니아, 스페인 등 17개국을 가리킨다.

2 그리스의 경우 민간 채권자들에 대한 상당한 '헤어컷'에도 불구하고 국가 부채 총액은 2013년 3월 3090억 유로로 2010년 5월 3103억 유로에서 거의 감소하지 않았으며, GDP 대비 국가 부채 비율은 2010년 5월 145퍼센트에서 2014년에는 175퍼센트로 오히려 상승할 것으로 전망된다. 또 2013년 그리스의 실업률은 27퍼센트로 스페인보다 더 높고 18~24세 청년의 60퍼센트 이상이 실업자였다(Michael-Matsas, 2013: 438).

3 *Cambridge Journal of Economics* 2013년 37권 3호 특집 및 *Contributions to Political Economy* 2013년 32권 특집 논문들은 유로존 위기에 대한 케인스주의 관점에서의 연구의 현재의 도달점으로 보인다.

4 예컨대 비엘러 외(Bieler et al, 2006)는 마르크스주의 관점에서 이뤄진 유럽연합 및 EMU 연구의 당시의 도달점이다.

5 현재까지 출판된 유로존 위기에 대한 마르크스주의적 접근으로는 카르케디(Carchedi, 2012), 캘리니코스(Callinicos, 2012), 로버츠(Roberts, 2013) 등이 있고, 국내에서 비주류적 입장에서 이뤄진 유로존 위기 논의로는 박상현(2012), 백승욱(2013), 이정구(2012), 유승경(2012) 등을 참조할 수 있다.

6 마르크스의 세계시장공황론의 현재적 의의에 대한 필자의 논의로는 이 책 2장을 참조할 수 있다.

7 아글리에타는 독일의 신자유주의는 규칙과 규제를 중시하는 이른바 질서자유주의(ordo-liberalism)라는 국민적 전통에 근거하고 있기 때문에 이를 영미식 신자유주의와 같은 것으로 간주해서는 안 된다고 지적한다(Aglietta, 2012: 34).

8 유로의 세계화폐로서의 특수성은 그것이 특정 국가의 국민적 화폐가 아니라 여러 국가들에 의해 '무'로부터 창출됐다는 데 있다. 또 유로화와 함께 출범한 유럽중앙은행은 어떤 연방 정부나 혹은 한 회원국 정부의 지지에 의존할 수 없다는 점에서 매우 특수한 중앙은행이다(Lapavitsas, 2012: 289; Lapavitsas, 2013a: 300).

9 이런 점에서 보면 유로존 위기는 유럽 자본가들에게는 '신의 선물'이었다. 그리스, 아일랜드 등지에서 최저임금이 대폭 삭감됐다(Toussaint, 2013).

10 리스본 전략이 천명했던 완전고용정책조차 더 많은 일자리가 탈규제와 상품 및 자본, 노동시장의 자유화를 통해 창출되는 것을 상정했기 때문에 신자유주의 구조조정 및 경쟁력 강화라는 EMU의 기조와 상충되지 않는 것이었다(Bieler, 2012: 201).

11 물론 그리스가 종속국이라는 말은 아니다. 그리스는 여전히 중진국 경제다(Mavroudeas, 2013: 309).

12 이하의 수식에 관한 상세한 설명은 마브로데아스·파이타리디스(Mavroudeas and Paitaridis, 2013)를 참조할 수 있다.

13 마브로데아스(Mavroudeas, 2013: 310), 라파비차스(Lapavitsas, 2013a: 297), 라스코스·차칼로토스(Laskos and Tsakalotos, 2013: 2, 80) 등 참조.

14 그리스에서 고질적인 조세수입의 부족은 의식적인 친부유층 정책의 결과인데, GDP 대비 조세회피 및 탈세의 비율은 12~15퍼센트에 달한다(Milios, 2013: 199).

15 2008년 이후 이와 같은 공공 부채의 급증은 어떤 민주주의 국가도 감히 1930년대 대공황과 같은 규모의 경제 위기를 자국에 부과할 수 없었다는 사실을 반영한다(Streeck, 2011: 20).

16 1996~2008년 독일의 수출은 유로존 회원국들보다 2배나 빠르게 증가했던 반면, 독일 민간가계의 국내수요는 유로존 회원국들에 비해 매년 1.5퍼센트씩 감소했다(Young and Semmler, 2011: 10).

17 하지만 영과 제믈러는 독일 제품은 전통적으로 수요의 가격탄력성이 낮다는 점을 고려하면, 이와 같은 실질환율 저하가 독일의 수출 증가의 주요인이었다고 보기는 힘들다면서, 유로존 출범 이후 독일의 수출 급증은 유로존 주변부 국가들에 대한 수출보다는 동유럽과 아시아에서 교역국들의 급속한 성장의 결과라고 주장한다

(Young and Semmler, 2011: 19).

18 그리스에서 2000년대 경쟁력 약화 중 36퍼센트가 유로의 평가절상 때문이었다 (Karamessini, 2012).

19 〈그림 5-8〉에서 보듯이 그리스에서 GDP 대비 임금 비율은 유럽연합 최하 수준이 었다.

20 반면, 카르케디는 유로존 주변부 국가들에서 위기 전 무역수지 적자의 증가를 유로 탓으로 돌리기는 힘들다면서, 유로존 주변부 국가들의 무역수지 적자는 중심부 국가, 즉 독일에 비한 주변부 국가들의 후진적 기술 수준 및 낮은 생산성에 주로 비롯된 것이며, 이는 다시 이들 나라에서 자본가들의 기술혁신의 부진에 주로 기인한다고 주장한다(Carchedi, 2012: 307).

21 이 점에서 채무 위기에서 '책임'은 채무자에게만 있는 것이 아니라 채권자에게도 있다는 점이 지적돼야 한다. 즉 이번 유로존 국가 부채 위기의 '책임'은 독일과 같은 경상수지 흑자국이 축적한 대량의 민간 자산을 다시 적자국의 국채에 투자한 것에도 있다(Altvater, 2012: 276).

22 유로존에서는 단일통화 정책으로 명목 금리는 동일하다 할지라도, 물가가 안정돼 있는 독일과 같은 중심부에서는 실질 금리는 경제성장률에 비해 높아서 긴축 효과가 발생하는 반면, 물가상승 압력이 있는 그리스와 같은 주변부에서는 실질 금리는 경제성장률에 비해 낮아서 확장적 효과가 발생했다(Guttmann and Plihon, 2013: 367).

23 자본주의에서 다수국가의 불균등결합발전 및 지정학적 경쟁에 대한 마르크스주의적 연구로는 아니바스 엮음(Anievas ed, 2010)을 참조할 수 있다.

24 출피디스와 차리키도 그리스에서 이윤율의 장기적 저하 추세 및 2007년 이후 이윤율의 급락을 확인했다(Tsoulfidis and Tsaliki, 2014: 9, Figure 6).

25 유로존 위기에 대한 IMF-유럽중앙은행-유럽연합집행위원회의 구제금융 내역에 대해서는 유승경(2012), 박상현(2012), 장세진(2013) 참조.

26 앞의 〈그림 5-6〉에서 2008년 이후 그리스와 스페인에서 단위노동비용의 급감은 유로존 위기 이후 진행된 '대내적 평가절하', 즉 임금 삭감이 얼마나 급격했는지를 잘 보여 준다.

27 유로존 위기 발발 직전 해인 2007년 그리스에서 파트타임 고용과 유연노동시간 계약 비율은 유럽연합 15개국에서 가장 낮았으며, 피고용자 중 한시계약 비율은 유럽연합 27개국 평균 이하였다(Karamessini, 2012).

28 공공자산의 사유화는 다름 아닌 수탈 과정으로서 축적을 추진하고 그리스 국민을 긴축으로 몰아넣기 위한 것이다(Altvater, 2012: 274).

29 예컨대 피케티(Piketty, 2014)는 그 대표적 주장이다.

30 아글리에타에 따르면 드라크마 복귀 후 그리스는 경상수지 적자를 해소하기 위해 약 70퍼센트의 평가절하를 단행해야 한다(Aglietta, 2012: 30).

31 알트파터는 유럽 좌파가 현존사회주의 붕괴 시기의 혼돈과도 관련해 마스트리흐트 조약에 따른 EMU의 성립을 수용한 것은 중대한 역사적 과오였다고 지적한다(Altvater, 2012: 285).

32 하지만 주변부 국가들이 기술혁신을 수행하고 생산체제를 현대화하는 것도 대안이 아닐 것이다. 왜냐하면 이를 통한 생산성 향상 덕분에 이윤이 일시적으로 증가한다 하더라도 이는 생산성이 평균 이하인 자본과 국가로부터의 잉여가치 이전에 기인한 것이며, 장기적으로는 자본의 유기적 구성의 고도화와 평균이윤율의 저하로 귀결될 것이기 때문이다(Carchedi, 2012: 309~310).

33 하지만 글로벌 자본에 대항한 글로벌 노동의 초민족 연대를 강조한 나머지 제국주의 간 모순과 경쟁을 고려하는 것을 모두 국가중심주의적 접근이라고 거부하는 것(예컨대 리오다키스(Liodakis, 2012))은 과도한 글로벌 자본주의론적 편향이다.

6장

1 1939년 스탈린이 감수 출판한 《볼셰비키당사》를 비롯한 구소련의 공식 당사들은 대체로 '트로츠키=사회배외주의자' 혹은 '중도주의' 규정을 반복했다. "[제1차세계대전 당시] 중도주의자들, 카우츠키, 트로츠키, 마르토프 등은 사회배외주의자들을 옹호하고 존경했으며 사회배외주의자들에 합류해 프롤레타리아를 배반했다. 그들은 자신들의 배반을 전쟁에 반대하는 '좌파적' 언사로 은폐하려 했는데, 이는 노동자계급을 기만하려는 술책이었다. 실제로 중도주의자들은 전쟁을 지지했다. … 중도주의자 트로츠키는 전쟁과 사회주의에 관한 모든 중요한 문제들에서 레닌과 볼셰비키당에 반대했다"(Stalin, 1939: 165). "[제1차세계대전 당시] 트로츠키는 '승리도 없고 패배도 없다'는 슬로건을 내세웠는데 그 의미는 모든 것은 그대로 이전과 변함없이 유지되는, 따라서 차리즘도 그대로 변하지 않는다는 것이었다. 이는 명백히 차르 정부의 방위, 옹호를 의미하는 배외주의 슬로건이었다"(황인평 엮음, 1985: 92). "노골적인 사회배외주의 정책은 중도주의자들에 의해 이론적으로 정당화되고 실제로 방어됐다. 독일에서는 카우츠키와 하제(Haase)가, 프랑스에서는

롱게(J Longuet)가, 영국에서는 맥도널드가, 이탈리아에서는 투라티(Turati)와 트레베(C Trevès)가. 러시아에서는 트로츠키와 치헤이제(Chkheidze)가"(Khromov ed, 1983: 523).

2 하지만 서비스는 1915년 9월 치머발트 반전회의에서 트로츠키의 활약은 인정한다. "[치머발트 반전회의에서] 레닌에 비해 트로츠키는 모든 점에서 우월해 보였다. … 레닌은 평화를 열망하는 급진 사회주의자들에게 전혀 인기가 없었다"(서비스, 2014: 262, 268, 270).

3 트로츠키 사상 전반 및 트로츠키의 대안과 관련한 주요 쟁점들에 대한 필자의 논의로는 정성진(2006b; 2009a)을 참조할 수 있다.

4 제1차세계대전 시기 트로츠키 사상에 대한 기존 연구로는 피어스(Pearce, 1961), 다비딘(Dabydeen, 1995), 니시지마 사카에(西島榮, 1995), 드레이퍼(Draper, 1996), 대처(Thatcher, 2000), 유카와 노부오(湯川順夫, 2005) 등을 참고할 수 있다.

5 《전쟁과 인터내셔널》(Der Krieg und die Internationale)은 트로츠키가 1914년 11월 스위스 취리히에 머물던 중 마르토프가 파리에서 내던 신문 〈골로스〉(《나셰 슬로보》의 전신)에 연재한 논설들을 모아 독일어로 번역해 소책자로 낸 것이다. 이 소책자는 1917년 10월 혁명 직후인 1918년 《볼셰비키와 세계평화》라는 제목으로 영어로 번역돼 전 세계에 보급됐다.

6 레닌은 제1차세계대전 발발 직후인 1914년 8월에 쓴 "제국주의 전쟁에서 혁명적 사회민주주의의 임무"에서 "제2인터내셔널(1889~1914년)의 지도자 대다수가 사회주의를 배반한 것은 이 인터내셔널의 이데올로기적·정치적 붕괴를 의미한다. 이 붕괴의 기본적 원인은 프티부르주아 기회주의가 인터내셔널에서 우세하게 된 것"에 있다고 주장했다(Lenin, 1914a: 16. 강조는 필자).

7 예컨대 구소련의 공식 국제노동운동사에는 다음과 같이 쓰여 있다. "많은 기회주의들이 '전쟁을 끝내고' '정당하고' '민주적인' 강화를 맺자는 등의 평화주의 이념을 주장했다. 카우츠키는 '사회주의적 평화주의'의 가장 전형적인 대표자가 됐으며, 트로츠키도 유사한 입장을 취했다"(Khromov ed, 1983: 530).

8 트로츠키는 1915년 자신이 기초했던 "치머발트 선언"에 평화주의 그룹, 레닌 그룹과 절충 타협하느라 유럽합중국을 비롯한 자신의 평화강령의 핵심을 분명하게 담지 못했다. 그래서 트로츠키는 1916년 1월부터 〈나셰 슬로보〉에 "평화강령"이라는 제목의 논설을 1916년 1월부터 4월에 걸쳐 연재해 평화강령과 유럽합중국 슬로건을 중심으로 한 전쟁에 대한 자신의 대안 사상을 전면적으로 전개했다. 이 점에

서 "평화강령"은《전쟁과 인터내셔널》및 "치머발트 선언"의 보완이기도 하다. 그런데 트로츠키는 1917년 5월 이 논설들을 대폭 개정해《평화강령》이라는 제목의 소책자로 출판하면서, 원래 논설들에 포함돼 있던 레닌 비판 부분을 대부분 삭제하고, 대신 멘셰비키와 사회혁명당 비판을 추가했다.《평화강령》은 트로츠키가 볼셰비키에 입당하기 전에 집필·출판됐지만, 초기 코민테른 시기에는 볼셰비키의 공식 평화강령으로 전 세계에 보급됐다.

9   레닌은 제1차세계대전 발발 직후인 1914년 9월 첫 주 스위스 베른에서 열린 볼셰비키 모임에서 발표한 "유럽 전쟁에서 혁명적 사회민주주의자의 임무"에서 전쟁에서 러시아가 패배하는 것은 승리하는 것에 비해 '차악'이라는 혁명적 패배주의를 처음 주장했다. "러시아의 모든 민족의 노동자계급과 근로대중의 견지에서 볼 때, 폴란드, 우크라이나 및 러시아의 다른 많은 민족들을 억압하고 있으며, 다른 민족에 대한 대러시아인의 억압을 강화하고 차르 군주제의 반동적이며 야만적인 정부를 견고하게 하기 위해 민족들 간의 적의를 부추기고 있는 차르 군주제와 그 군대가 패배하는 것이 차악일 것이다"(Lenin, 1914a: 18. 강조는 필자). 레닌은 1914년 10월 17일 실랴프니코프(A Shlyapnikov)에게 보낸 편지에서도 다음과 같이 말했다. "투쟁이 정확하고 명확한 노선에 따라 수행되기 위해서는 그것을 일반화하는 표어가 필요합니다. 그 표어는 다음과 같습니다. 우리 러시아인에게는, 러시아의 근로대중과 노동계급의 이익의 관점에서 볼 때, 차악이 이 전쟁에서 차리즘의 패배라는 것에는 어떤 의문도 없다. 왜냐하면 차리즘은 카이저리즘(Kaiserism)보다 백배나 더 나쁘기 때문이다. … 장교를 쏘는 개별적 행동을 고무하는 것이 잘못인 것과 마찬가지로 '우리는 카이저리즘을 돕는 것을 원치 않는다'와 같은 주장을 용인하는 것도 잘못이다"(Lenin, 1914c: 162~163. 강조는 레닌). 여기에서 레닌이 '차악'으로서 러시아의 패배를 말할 때, 이것이 적국에 의한, 즉 독일군에 의한 러시아의 패배를 의미하는 것은 분명하다.

10   1919년 트로츠키는 자신의 제1차세계대전 시기 논설 모음집인《전쟁과 혁명》을 출판할 때, 레닌을 격렬하게 비판한 이 공개서한(1915년 6월 4일)은 수록하지 않았다.

11   실제로 레닌은 1916년 3월 "평화강령"이라는 제목의 글에서 다음과 같이 주장했다. "우리의 '평화강령'은 이 문제의 주된 민주주의적 요소인 병합 거부가 말뿐 아니라 실천에서도 적용되고 민족적 위선이 아니라 국제주의를 선전하는 데 복무할 것을 요구한다"(Lenin, 1916a: 167).

12   레닌은 1917년 3월 〈프라우다〉에 기고한 "먼 곳으로부터의 편지" 초고에서 2월 혁명이 혁명적 패배주의 슬로건을 입증한 것이라는 자신의 주장을 편집부가 삭제한

것에 대해 아무런 이의를 제기하지 않았는데, 이는 레닌이 다른 볼셰비키들과 마찬가지로 혁명적 패배주의 슬로건을 사실상 폐기한 것을 의미한다(Lih, 2014).

13 1918년 3월 브레스트리토프스크 강화 후 레닌은 다음과 같이 말했다. "우리는 차르 시대에는 패배주의자들이었다. 그러나 지금 체레텔리(Tsereteli)와 체르노프(Chernov) 시대에는 우리는 패배주의자들이 아니다"(Lenin, 1918: 193).

14 트로츠키의 민족 이론에 대한 논의로는 뢰비(Löwy, 1976), 다비딘(Dabydeen, 1997) 등을 참조할 수 있다.

15 레닌이 유럽합중국 슬로건에 대한 애초의 지지를 철회한 이유를 로버트 서비스는 다음과 같이 말한다. "레닌은 처음에는 트로츠키와 동일한 생각[유럽합중국]을 했지만 얼마 지나지 않아 이런 구상을 철회했다. 아마도 트로츠키나 룩셈부르크 같은 인물과 일정한 거리를 두고자 했기 때문일 것이다. 트로츠키의 관점에서 볼 때 레닌의 이런 태도는 레닌이 성공적인 혁명 지도자에게 필수적인 관점을 결여한 기회주의자이며 분파주의자이고 자아도취형의 인간임을 다시 한 번 보여 주는 것이었다"(서비스, 2014: 271).

16 스탈린주의자들은 1915년 레닌의 "유럽합중국 슬로건에 대하여"를 레닌 자신이 일국사회주의론을 지지한 결정적 전거로 떠받든다. 트로츠키도 당시에는 레닌의 이 문건이 일국사회주의론을 함축하고 있다고 비판했다. 하지만 트로츠키는 1924년 레닌 사후 당내 투쟁에서 스탈린주의 일국사회주의론자들에 맞서 레닌을 자신과 같은 세계혁명론자로 제시하려 했고, 이 과정에서 1915년 레닌이 주장한 것은 일국사회주의 혁명의 가능성일 뿐이며 일국사회주의의 장기적 유지 가능성이라는 의미의 일국사회주의론은 아니라는 수정해석을 제시했다. 그리고 이런 수정해석은 이후 트로츠키주의자들 다수에 의해 수용됐다. 하지만 필자는 1915년 레닌의 유럽합중국 슬로건 비판이 일국사회주의론을 함축하고 있다는 트로츠키의 애초의 평가가 정확하다고 본다. 리(Ree, 2010)에 따르면 일국사회주의론은 스탈린이 발명한 것이 아니라 1915~1917년 레닌에 의해 이미 정식화됐다.

17 카우츠키는 1915년 "민족국가, 제국주의 국가 및 연방"에서 다음과 같이 주장했다. "국내시장을 확장하는 최상의 그리고 가장 유망한 수단은 민족국가를 초민족국가로 팽창시키는 것이 아니라 몇몇 민족국가들을 평등한 권리를 갖는 연방으로 집중하는 것이다. 초민족국가 혹은 식민국가가 아니라 국가들의 연방, 이것은 자본주의가 그 최후의 또 최고의 형태에 도달하기 위해 자본주의가 요청하는 거대 제국의 형태이며, 그 속에서 프롤레타리아는 권력을 장악할 것이다"(Kautsky, 1915: 842~843. 강조는 카우츠키). 1916년 트로츠키의 《평화강령》은 바로 이 카우츠키 논문에 대한

비판으로 쓴 것이다.

18 트로츠키에 따르면 1926년까지도 코민테른 출판국은 유럽합중국을 선전하는 공식 소책자를 발행했다. 예컨대 포페르(J Pepper)의 소책자에는 다음과 같이 쓰여 있었다. "우리가 이 부르주아 사회민주주의적 요구('범유럽')에 대해 그 위선적·평화주의적 내용을 분쇄함으로써 비판적 태도를 취할 뿐만 아니라 또 이와 함께 그 것에 맞서 실제로 포괄적인 정치적 슬로건을 이행기 요구로서 우리의 긍정적 슬로건으로서 내거는 것이 매우 중요하다. 다음 시대를 위해 사회주의 유럽합중국 슬로건은 유럽 공산당들의 포괄적인 정치적 슬로건이 돼야 한다"(Trotsky, 1928: 270).

7장

1 '대안세계화운동의 특권화'는 특히 자율주의 계열 대안세계화운동 연구자들, 예컨대 토미(2007)나 네오그람시안들, 예컨대 길(Gill, 2000) 등에서 흔히 나타난다.

2 용산 참사에 대해서는 홍석만(2009), 쌍용차 파업에 대한 평가로는 골드너(Goldner, 2009) 참조.

3 이에 대한 개관으로는 헬드·맥그루(Held and McGrew, 2007), 루퍼트·솔로몬(Rupert and Solomon, 2006) 등을 참고할 수 있다.

4 예컨대 레보위츠(2008), 벤사이드(Bensaïd, 2006), 하르네커(Harnecker, 2007), 카츠(Katz, 2007), 로슬린(Rochlin, 2007), 김수행(2007) 등의 논의를 참고할 수 있다.

5 예컨대 김형기 엮음(2007), 강내희(2007), 곽노완(2008), 강남훈(2009) 등이 그것들이다.

6 예컨대 신진욱(2007), 신정완(2007), 조희연(2007) 등이 그것들이다.

7 물론 '공공성', '공공재' 확대를 아래로부터 사회운동 방식으로 추구하는 접근도 존재한다. 일본의 '새로운 어소시에이션 운동'(New Association Movement, NAM)이나 '코뮌주의'가 그것이다.

8 샬릿 엮음(Schalit ed, 2002), 캘리니코스(2003), 카상(Cassen, 2003), 피셔·포니아(Fisher and Ponniah, 2003), 레자 엮음(Reza ed, 2003), 디 엮음(Dee ed, 2004), 메르테스 엮음(Mertes ed, 2004), 토미(2007), 아무레 엮음(Amoore ed, 2005), 에슐·메이과샤 엮음(Eschle and Maiguashca eds, 2005), 킬리(Kiely, 2005), 보넷(Bonnet, 2006), 맥낼리(McNally, 2006), 헬드·맥그루(Held and

McGrew, 2007), 마더스(Mathers, 2007), 포르타 엮음(Porta ed, 2007), 윌퍼트 (Wilpert, 2007), 윈트르버트(Wintrebert, 2007) 등.

9   조희연·진영종(2001), 윤소영(2003), 정성진(2003b).

10 길(Gill, 2000), 루퍼트(Rupert, 2006), 비엘러·모턴 엮음(Bieler and Morton eds, 2006), 부트코(Butko, 2006) 등.

11 몽비오(Monbiot, 2003), 데안젤리스(De Angelis, 2005a), 클리버(Cleaver, 2008) 등.

12 루퍼트(Rupert, 2006), 모턴(Morton, 2007) 등.

13 본펠트(Bonefeld, 2006a), 클리버(Cleaver, 2008), 데안젤리스(De Angelis, 2007) 등.

14 캘리니코스(Callinicos, 2006; 2008), 캘리니코스·나인햄(Callinicos and Nineham, 2007), 벤사이드(Bensaïd, 2006; 2007) 등.

15 개방적 마르크스주의는 자율주의와 친화적이긴 하지만, 이들은 단지 투기자본의 규제뿐만 아니라 생산적 자본축적의 철폐까지 주장하고 "모든 사회세력의 완전한 민주화" 혹은 "연합한 생산자들 자신에 의한 사회적 필요노동시간의 민주적 조직 화"(Bonefeld, 2006a: 55~56)를 지향한다. 이 점에서 개방적 마르크스주의는 자 율주의와는 달리 아직까지는 마르크스주의의 경계를 벗어난 것 같지 않다.

16 예컨대 포스톤(Postone, 2006), 토마스(Thomas, 2007), 본펠트(Bonefeld, 2006a) 등의 논의를 참고할 수 있다. 네오그람시안과 개방적 마르크스주의 간의 논쟁에 대한 개관으로는 비엘러 외(Bieler et al, 2006)를 참조할 수 있다.

17 영국 사회주의노동자당의 관점에서 이뤄진 신자유주의 세계화에 대한 연구로는 캘리니코스(2011)를 참조할 수 있다. 또 영국 사회주의노동자당과 프랑스 혁명적 공산주의동맹의 혁명 전략에 대한 필자의 비교 평가로는 정성진(2010a)을 참조할 수 있다.

18 예컨대 에르칸·오구즈(Ercan and Oguz, 2007), 페트라스(Petras, 2007) 등의 논 의를 참고할 수 있다.

19 대안세계화운동 이념에 대한 다른 방식의 유형화로는 캘리니코스(2003), 킬리 (Kiely, 2005), 본드(Bond, 2007), 하비(Harvey, 2009b) 등을 참고할 수 있다. 이 장을 읽은 한 논평자는 '세계화'에 대한 대응을 (1) 전면적 수용, (2) 제한적 수용, (3) 반세계화, (4) 대안세계화로 구별하고, 대안세계화는 다시 (1) 구조적 대응, (2) 공동체적 대응으로 구분하는 방안을 제안했지만, 필자는 반세계화는 대안세계화 의 한 범주로 포함시키고 현실적으로 존재하는 대안세계화운동의 흐름들에서 출 발해서 이를 세계화에 대한 인식, 운동의 조직과 전략 등을 기준으로 유형화하는

접근을 채택했다.

20 지역생태주의에 대한 마르크스주의적 비판으로는 김창근(2009)을 참조할 수 있다.

21 사회운동 노조주의에 대한 국내에서의 논의로는 윤소영(2008)을, 마르크스주의적 비판으로는 업처치 외(Upchurch et al, 2009; 2011)를 참조할 수 있다.

22 하트필드(Heartfield, 2003)는 조직 노동운동과 제3세계 민족주의를 1970년대까지 반자본주의 운동의 대표적인 두 흐름으로 분류하고, 1980년대 이후 이들의 퇴조를 배경으로 대안세계화운동이 대두했다고 본다. 하지만 필자는 하트필드처럼 전통적 반자본주의 운동의 관점에서 대안세계화운동의 엘리트주의적 성격, 체제 내적 성격을 과장하는 것에는 동의하지 않는다.

23 이 글의 초고를 읽은 질베르 아슈카르(G Achcar) 교수는 아나키즘을 자율주의와 별도로 대안세계화운동의 특징적 이념으로 검토할 것을 제안했다. 하지만 대안세계화운동의 실천에서 아나키즘은 독자적 흐름이나 조직으로 구현되기보다 지역생태주의 또는 자율주의 형태로 나타나는 경우가 많다. 대안세계화운동에서 아나키즘의 역할에 대한 논의로는 루퍼트(Rupert, 2004), 데이(Day, 2005)를 참조할 수 있다.

24 예컨대 데안젤리스(De Angelis, 2007), 본드(Bond, 2007), 맥낼리(McNally, 2006), 웨스트라(Westra, 2008)의 평가를 보라.

25 예컨대 셰네(F Chesnais) 등은 다음과 같이 주장한다. "'세계는 상품이 아니다'라는 슬로건은 경제를 사회 위에 군림시키려는, 또 시장의 우위와 우수성의 이름 아래 인간의 통제로부터 분리된 가능한 한 더 자율적인 영역으로 만들려는 자본주의 세력과 대결하는 반세계화 정치운동의 입장을 보여 준다는 장점이 있다"(Chesnais et al, 2000). 데안젤리스(M De Angelis)도 시장과 상품세계를 극복하기 위한 공유지 요구와 공동체 구현을 대안으로 제안한다. "공동재산은 사회적 욕구를 충족하기 위한, 즉 사회적 부를 획득하고 사회적 생산을 조직하기 위한 대안적인 비상품화된 수단을 제안한다. 공동재산은 반드시 공동체에 의해 창출되고 유지된다. 여기에서 공동체란 시장 형태로 환원되지 않는 상호부조의 사회적 네트워크 및 연대와 인간적 교환의 실천을 의미한다"(De Angelis, 2003: 5). 대안세계화운동에서 반소비주의 운동 흐름에 대해서는 워스·쿨링(Worth and Kuhling, 2004) 참조.

26 나오미 클라인은 2003년 미국의 이라크 침공 이후에는 반전운동에 적극 개입했다. 또 그녀는 근작 《충격 독트린》(Klein, 2007)에서 신자유주의가 쿠데타, 테러,

전쟁과 같은 충격에 의해 도입·강제됐음을 구체적 사례를 들어 폭로한다. 하지만 그녀가 문제시하는 것은 자본주의와 시장 그 자체가 아니라 그 한 형태, 즉 신자유주의다. 실제로 그녀는 근래 아나키즘 혹은 자율주의에서 케인스주의로 우경화하고 있다. 그녀는 2007년 미국 대선에서 오바마를 지지했다.

27 루퍼트(M Rupert)와 같은 네오그람시안은 심지어 9·11 이후 반미주의와 민족주의의 부상이 대안세계화운동의 잠재적 변혁 프로젝트에 "직접적 걸림돌"이 되고 있다고까지 주장한다(Rupert, 2003: 198).

28 홀러웨이에 대해 우호적인 개방적 마르크스주의 입장의 데안젤리스조차 "상품물신성의 초월의 문제설정은 조직의 문제설정을 지시한다. … 권력(power-over)이 역능(power-to)에 대립되는 어떤 것이 아니라, 서로 맞서 달리는 역능들(powers-to) 간의 충돌의 최종 결과라면 '우리의 역능'에 대한 전략적 사고는 우리 자신의 역능 강화의 계기다" 하고 지적한다(De Angelis, 2005b: 242, 244). 개방적 마르크스주의자인 본펠트도 레닌적 혁명정당은 거부하지만, 조직화 자체는 필요하다고 본다. "오로지 조직화된 부정만이 부르주아적 사회관계 속에서 그리고 그것에 대항하는 계급투쟁의 존재를 인간 역사를 넘어서 변혁할 수 있다. 하지만 이와 같은 조직화된 부정은 자기 조직화된 부정이어야만 한다"(Bonefeld, 2005: 269).

29 하비는 확대재생산에 의한 축적이 기존의 조직 노동운동의 배경을 이루고 있다면, "강탈에 의한 축적"이 오늘날 대안세계화운동의 배경을 이루고 있다고 주장한다. "강탈에 의한 축적은 정치적·사회적 투쟁들과 광범위한 저항을 자극한다. 이들 가운데 많은 경우는 광범위한 반세계화 또는 대안세계화운동의 핵심을 형성하고 있다"(하비, 2005: 156).

30 애시먼과 캘리니코스도 다음과 같이 지적한다. "현대자본주의는 여전히 자신의 이윤을 임금노동의 착취로부터 뽑아내고 있으며, 이런 과정은 여전히 OECD 지역에 주로 집중돼 있고, 최근 중국이 매우 중요하게 추가됐다"(Ashman and Callinicos, 2006: 108).

31 여기에서 개량주의(reformism)란 착취와 공황, 불평등과 빈곤과 같은 자본주의의 기본 모순들의 개선 혹은 완화, 즉 개량(reform)이 자본주의 체제 내에서도, 즉 반자본주의 노동자 혁명에 의한 자본주의 국가의 분쇄 없이도, 자본주의 국가 정책의 변경을 통해서, 혹은 자본주의 유형의 변경을 통해서, 가능할 뿐만 아니라 지속될 수 있으며 이런 개량의 축적을 통해서 자본주의의 기본 모순들의 궁극적 극복 및 초월이 가능하다고 보는 정치적 입장을 가리킨다. 하지만 필자는 개량은 자본가계급과 자본주의 국가에 맞선 계급투쟁을 통해서만 확보될 수 있으며, 또 이

렇게 해서 개량이 쟁취됐다고 할지라도 이는 자본주의 체제와 국가가 유지되는 조
건하에서는 계급투쟁의 역학관계에 따라 언제든지 환수될 있는 일시적이고 불완
전한 성격을 갖는다고 생각한다. 즉, 필자는 자본주의 체제 내에서 개량의 가능성
과 필요성 자체를 부정하지 않는다. 필자는 자본주의 체제 내에서 노동자 대중의
생활수준과 삶의 질의 개선에 기여하는 개량의 의의를 인정하며 이를 위한 투쟁
에 개량주의 정치세력과도 연대해야 한다고 생각한다. 하지만 개량주의와는 달리
이와 같은 개량을 위한 투쟁은 반자본주의 노동자 혁명의 전망과 유기적 연계 아
래 수행돼야 한다고 본다.

32 하비(Harvey, 2009a)는 2008년 세계경제 위기가 1930년대 대공황 수준으로 격화
되자 미국에서는 이미 엄청나게 누적된 재정 적자 부담으로 인해서 뉴딜과 같은
케인스주의적 재정지출 정책이 실행 가능할 것 같지 않다며 자신의 종전 주장을
수정했다. 그러면서도 여전히 중국에서는 방대한 외환보유고 등 재정 여력이 충분
하기 때문에 대규모 사회간접자본 건설과 같은 방식으로 케인스주의적 재정지출
을 할 수 있고 이를 지렛대로 해서 자본주의 세계가 대공황을 회피할 수 있을 것
이라고 전망하면서, 케인스주의를 수용한다. 하비에 대한 마르크스주의적 비판으
로는 김공회(2006), 파인(Fine, 2006), 브레너(Brenner, 2006b)를 참조할 수 있다.

33 이에 대한 상세한 논의는 정성진 엮음(2009)을 참조할 수 있다.

34 '우파 신자유주의자'인 이명박 대통령이 케인스주의 경제학자로 알려진 정운찬 교
수를 총리로 지명했던 것은 그 한 예일 뿐이다.

35 워스·머레이(Worth and Murray, 2009)는 네오그람시안 국제관계론자들이 그람
시의 원래의 헤게모니 개념을 곡해하고 있다고 주장한다.

36 이에 관해서는 부트코(Butko, 2006)의 논의를 참조할 수 있다.

37 실제로 네그리와 같은 자율주의 사상가들은 그들의 '제국' 혹은 '다중'에 관한 논
의에서 보듯이 들뢰즈, 가타리 등의 포스트모더니티(탈근대) 개념과 포스트구조
주의의 문제설정, 조절이론의 포스트포드주의 개념 등을 수용하고 있다.

38 대안세계화운동에서 직접민주주의 및 직접행동의 의의에 대한 논의로는 카터
(2007) 참조. 한편 자율주의와 친화적인 클리버(Cleaver, 2008)는 네크워크
개념의 정태적 한계를 지적하면서 이를 '리좀'(rhizomes) 혹은 '심해류'(deep
currents)와 같은 개념으로 정정할 것을 요구한다.

39 1920년대 '붉은 빈'(Red Vienna)을 중심으로 시도됐던 '문화사회주의' 혹은 '지방
자치 사회주의'(municipal socialism)의 맹점에 대한 비판으로는 일리(2008)를 참

조할 수 있다. 또 1980년대 초 영국 노동당 좌파가 장악했던 런던광역시의회(GLC)의 '지방자치 사회주의' 실험에 대한 논의로는 서영표(2009)를 참조할 수 있다. 우리나라에서 코뮌주의 흐름에 대한 필자의 비판적 검토로는 정성진(2009c)을 참조할 수 있다.

40 아리기의 '비자본주의적 시장경제'에 대한 필자의 비판으로는 정성진(Jeong, 2009)을 참조할 수 있다.

41 2008년 촛불운동은 광우병 우려 미국산 쇠고기 수입 문제뿐만 아니라, 교육·환경·미디어 등 다양한 영역에서 이명박 정부의 신자유주의 정책에 대한 대중적 비판과 저항이었다는 점에서, 한미 FTA 반대 운동에 이은 한국판 대안세계화운동으로 간주될 수 있다. 반면 조정환(2009)은 2008년 촛불운동을 '다중'의 봉기라고 자율주의적으로 해석하는데, 이에 대한 비판으로는 최일붕(2008), 김광일(2009)을 참조할 수 있다. 2008년 촛불운동에 대한 필자의 논의로는 정성진·웨스트라(Jeong and Westra, 2009)를 참조할 수 있다.

참고 문헌

가라타니 고진. 2007,《세계공화국으로》, 조영일 옮김, 도서출판b.

강남훈. 2009, "신자유주의 대안의 정치",《민주사회와 정책연구》, 15호.

강남훈·이채언. 2005, "디지털 혁명과 자본주의 재생산구조의 변화",《사회경제평론》, 25호, 한국사회경제학회.

강남훈 등. 2007,《정보재 가치논쟁》, 한신대학교 출판부.

강내희. 2007, "신자유주의 반대운동, 어떻게 발전시킬 것인가?", 한미FTA 저지를 위한 교수학술공대위 토론회, 4.26.

경상대학교 사회과학연구원 엮음. 2009,《대안적 경제전략과 한국경제》, 한울.

경상대학교 사회과학연구원 엮음. 2012,《세계화와 자본축적 체제의 모순: 마르크스주의적 접근》, 한울.

곽노완. 2008, "대안지구화의 경제적 시공간",《마르크스주의 연구》, 12호.

김공회. 2006, "데이비드 하비의 제국주의론 비판",《마르크스주의 연구》, 5호.

김공회. 2012, "리카도적 틀을 넘어서: 가치이론적 국제경제이론의 개요", 경상대학교 사회과학연구원 엮음.

김광일. 2009,《촛불 항쟁과 저항의 미래: 마르크스주의적 분석》, 책갈피.

김성구. 2008a, "마르크스의 공황론 방법과 주기적 과잉생산공황론",《마르크스주의 연구》, 5권 2호.

김성구. 2008b, "맑스의 이윤율의 경향적 저하법칙 ― 재구성을 위하여",《노동사회과학》, 1호.

김성구. 2010, "산업순환 및 공황론으로서 이윤율저하설의 오류에 대하여",《마르크스주의 연구》, 7권 1호.

김수행. 2006,《자본주의 경제의 위기와 공황》, 서울대학교출판부.

김수행. 2007, "베네수엘라의 '21세기형 사회주의'?",《마르크스주의연구》, 8호.

김수행·장시복 외. 2012,《정치경제학의 대답》, 사회평론.

김창근. 2009, "신자유주의 세계화에 대한 경제적인 지역화 대안: 의의와 한계",《마르크스주의 연구》, 16호.

김형기 엮음. 2007,《대안적 발전모델》, 한울.

나오미 클라인. 2002,《No Logo》, 정현경·김효명 옮김, 중앙M&B.

닉 다이어-위데포드. 2003,《사이버 맑스: 첨단기술 자본주의에서의 투쟁주기와 투쟁순환》, 신승철·이헌 옮김, 이후.

데이비드 맥낼리. 2011,《글로벌 슬럼프》, 강수돌·김낙중 옮김, 그린비.

데이비드 하비. 2005,《신제국주의》, 최병두 옮김, 한울.

레닌, V. 1915, "유럽합중국 슬로건에 대하여", 레닌·스탈린, 1989,《맑스-레닌주의 민족운동론》, 벼리.

레닌, V. 1989,《제국주의론》, 백산서당.

레온 트로츠키. 1930a,《러시아혁명사》, 하, 최규진 옮김, 2004, 풀무질.

레온 트로츠키. 1930b,《나의 생애》, 상, 박광순 옮김, 2001, 범우사.

로만 로스돌스키. 2003,《마르크스의 자본론의 형성 1》, 양희석 옮김, 백의.

로버트 서비스. 2014,《트로츠키》, 양현수 옮김, 교양인.

로자 룩셈부르크. 2013,《자본의 축적》, 황선길 옮김, 지만지.

루돌프 힐퍼딩. 1994,《금융자본론》, 김수행·김진엽 옮김, 새날.

마르셀로 무스토. 2010, "마르크스의 정치경제학 비판의 형성: 1843년의 연구들에서 그룬트리세까지",《마르크스주의 연구》, 7권 4호.

마이클 레보위츠. 2008,《지금 건설하라, 21세기 사회주의》, 원영수 옮김, 메이데이.

마이클 하트·안토니오 네그리. 2001,《제국》, 윤수종 옮김, 이학사.

마이클 하트·안토니오 네그리. 2009,《다중》, 조정환·정남영·서창현 옮김, 세종서적.

박상현. 2012, "유럽통합의 모순과 재정위기의 정치경제",《경제와 사회》, 97호.

박승호. 2004,《좌파 현대자본주의론의 비판적 재구성》, 한울.

백승욱. 2013, "EU의 경제 위기 대응과 신자유주의적 통합의 심화",《마르크스주의 연구》, 10권 4호: 68~104.

사이먼 토미. 2007,《반자본주의》, 정해영 옮김, 유토피아.

서영표. 2009,《런던코뮌》, 이매진.

서울사회경제연구소 엮음. 2005,《신자유주의와 세계화》, 한울.

서울사회경제연구소 엮음. 2013,《세계경제의 변화와 한국경제의 대응》, 한울.

신정완. 2007, "사회공공성 강화를 위한 담론 전략", 《시민과 세계》, 11호.

신진욱. 2007, "공공성과 한국사회", 《시민과 세계》, 11호.

아이작 도이처. 2005, 《무장한 예언자 트로츠키 1879-1921》, 김종철 옮김, 필맥.

안토니오 네그리. 1994, 《맑스를 넘어선 맑스》, 윤수종 옮김, 도서출판 새길.

안현효. 2005, "워싱턴 컨센서스에서 포스트 워싱턴 컨센서스로의 진화: 주류 발전경
제학에 대한 방법론적 비판", 서울사회경제연구소 엮음.

알렉스 캘리니코스. 2003, 《반자본주의 선언》, 정성진·정진상 옮김, 책갈피.

알렉스 캘리니코스. 2011, 《제국주의와 국제 정치경제》, 천경록 옮김, 책갈피.

앤드루 클라이먼. 2012, 《자본주의 생산의 실패》, 정성진·하태규 옮김, 한울.

양동휴. 2005, "세계화의 역사적 조망", 서울사회경제연구소 엮음.

에이프릴 카터. 2007, 《직접행동》, 조효제 옮김, 교양인.

엘렌 메익신즈 우드. 2000, "코소보와 새로운 제국주의", 타리크 알리 외, 국제연대정책
정보센터 옮김, 《전쟁이 끝난 후》, 이후.

월든 벨로. 2004, 《탈세계화》, 김공회 옮김, 잉걸.

유승경. 2012, "유로존 위기의 원인, 전개과정 그리고 전망", 김수행·장시복 외:
259~287.

윤소영. 2001, 《마르크스의 경제학 비판》, 공감.

윤소영. 2003, 《마르크스의 '경제학 비판'과 대안세계화운동》, 공감.

윤소영. 2008, 《금융위기와 사회운동노조》, 공감.

이대근·정운영 엮음. 1984, 《세계자본주의론》, 까치.

이매뉴얼 월러스틴·테렌스 홉킨즈. 1999, 《이행의 시대》, 백승욱·김영아 옮김, 창작과
비평사.

이정구. 2010, "대안세계화운동의 맥락에서 본 자율주의 운동 연구", 《마르크스주의 연
구》, 7권 2호.

이정구. 2012, "유로존 경제 위기의 동향과 전망", 《문화과학》, 70호: 210~235.

이채언. 2002, "맑스의 국제가치론에 관한 재해석", 《사회경제평론》, 제19호.

이채언. 2008, 《마르크스 정치경제학의 새 발견》, 전남대학교출판부.

장세진. 2013, "유로의 위기와 우리의 대응", 서울사회경제연구소 엮음: 249~278.

장하준. 2004, 《사다리 걷어차기》, 부키.

정성진. 1984, "세계자본주의와 불평등교환", 이대근·정운영 엮음: 173~196.

정성진. 1985, "민족경제론의 제문제", 《산업사회연구》, 1집, 한울.

정성진. 2003a, "21세기 미국 제국주의: 맑스주의적 분석", 《사회경제평론》, 20호.

정성진. 2003b, "반세계화의 세계화", 《황해문화》, 겨울호.

정성진. 2004, "'제국': 마르크스주의적 비판",《마르크스주의 연구》, 1권 1호.

정성진. 2006a, "세계적 양극화: 마르크스 가치론적 관점",《민주사회와 정책연구》, 9호.

정성진. 2006b,《마르크스와 트로츠키》, 한울.

정성진. 2009a, "트로츠키 대안의 몇 가지 쟁점",《역사비평》, 89호.

정성진. 2009b, "대안세계화운동의 이념과 마르크스주의",《경제와 사회》, 84호: 183~205.

정성진. 2009c, "R vol.2 — 전지구적 자본주의와 한국 사회: 다시 사회구성체론으로?",《황해문화》, 62호.

정성진. 2010a, "대안세계화운동과 급진좌파 정당 — 영국 사회주의노동자당과 프랑스 혁명적 공산주의동맹의 경험",《마르크스주의 연구》, 7권 3호: 47~86.

정성진. 2010b, "세계화와 자본축적 체제의 모순 및 계급구조의 변화 연구방법",《社會科學研究》, 경상대학교 사회과학연구원, 28집: 87~118.

정성진. 2012, "마르크스의 세계시장공황론: 세계화와 공황의 연구방법을 위하여",《마르크스주의 연구》, 9권 3호: 12~65.

정성진. 2014a, "세계화의 모순과 유로자본주의와 불평등교환", 경상대학교 사회과학연구원 엮음,《자본의 세계화와 축적 체제의 위기》, 한울.

정성진. 2014b, "제1차 세계대전과 트로츠키의 대안: 평화강령과 유럽합중국 슬로건을 중심으로",《마르크스주의 연구》, 11권 3호: 70~102.

정성진·이진. 2015, "21세기 마르크스주의 세계경제론의 최근 동향과 쟁점",《마르크스주의 연구》, 12권 4호.

정성진 엮음. 2009,《21세기 대공황과 마르크스주의》, 책갈피.

정윤광. 2014, "마르크스 현실공황분석의 이론적 함의",《사회경제평론》, 44호: 1~43.

제프 일리. 2008,《The left 1848-2000》, 유강은 옮김, 뿌리와 이파리.

조반니 아리기. 2008,《장기 20세기》, 백승욱 옮김, 그린비.

조정환. 2009,《미네르바의 촛불》, 갈무리.

조지프 나이. 2002,《제국의 패러독스》, 홍수원 옮김, 세종연구원.

조지프 스티글리츠. 2002,《세계화와 그 불만》, 송철복 옮김, 세종연구원, 2002.

조희연. 2007, "새로운 사회운동적 화두, 공공성의 성격과 위상",《시민과 세계》, 11호.

조희연·진영종. 2001, "반세계화 행동주의의 논리",《동향과 전망》, 49호.

존 홀러웨이. 2002,《권력으로 세상을 바꿀 수 있는가》, 조정환 옮김, 갈무리.

차명수. 1983, "산업자본주의 단계의 세계자본주의 체제와 경기순환에 관한 연구: 1840년대를 중심으로", 서울대학교 경제학석사학위논문.

최일붕. 2008, "1987년 6월 항쟁과 2008년 촛불 항쟁, 무엇이 달라졌나",《저항의 촛불》, 4호.

칼 마르크스. 1988,《정치경제학 비판을 위하여》, 김호균 옮김, 도서출판 중원문화.

칼 마르크스. 1991,《자본론》, 1권, 김수행 옮김, 비봉출판사.

칼 마르크스. 2000,《정치경제학 비판 요강》, I, II, III, 김호균 옮김, 백의.

칼 마르크스. 2004a,《자본론》, 2권, 김수행 옮김, 비봉출판사.

칼 마르크스. 2004b,《자본론》, 3권, 김수행 옮김, 비봉출판사.

칼 마르크스·프리드리히 엥겔스. 1990, "공산주의당 선언", 김세균 감수,《칼 맑스 프리
    드리히 엥겔스 저작선집》, 제1권, 박종철출판사.

킴 무디. 1999,《신자유주의와 세계의 노동자》, 사회진보연대 옮김, 문화과학.

피터 고완. 2001,《세계없는 세계화》, 홍수원 옮김, 시유시.

하태규. 2011, "마르크스주의 제국주의론 연구", 경상대학교 경제학석사학위논문.

홍석만. 2009, "용산 참사의 정치경제학",《마르크스주의 연구》, 6권 2호.

황인평 엮음. 1985,《볼셰비키와 러시아혁명 II》, 거름.

泉弘志. 1983, "勞動價値計酸による剩餘價値率の國際比較",《經濟》, 3.

伊藤誠. 1973,《信用と恐慌》, 東京大學出版會.

伊藤誠. 2007, "グローバリゼーションの時代における國際的不等價交換の意義",《アジア·
    日本研究センター紀要》, No 3.

伊藤誠. 2009,《サブプライム世界恐慌からへ》, 靑土社.

宇野弘藏. 1962,《經濟學方法論》, 東京大學出版會.

宇野弘藏. 1964,《經濟原論》, 岩波書店.

大內秀明. 1966,《景氣と恐慌》, 紀伊國屋書店.

唐渡興宣. 1979,《世界市場恐慌論》, 新評論.

木下悅二. 1963,《資本主義と外國貿易》, 有斐閣.

木下悅二. 1982, "國際價値論の課題(I)",《經濟學硏究》, 3.

木下悅二 編. 1960,《論爭·國際價値論》, 弘文堂.

木下悅二·村岡俊三 編. 1985,《資本論體系 8: 國家·國際商業·世界市場》, 有斐閣.

木原行雄. 1982a, "國際貿易にたける不等價値交換について(下1)",《東京經大學會誌》, 6.

木原行雄. 1982b, "國際貿易における不等價交換について (下2)",《東京經大學會誌》, 9.

久保新一·中川信義 編. 1981,《國際貿易論》, 有斐閣.

久留間鮫造 編. 1975,《マルクス經濟學レキシコン》, Vol 8, 恐慌 III, 大月書店.

久留間鮫造. 1965,《增補新版 恐慌論硏究》, 大月書店.

佐々木隆生. 1985, "〈經濟學批判〉のプラン後半體系をめぐる論爭", 木下悅二·村岡俊三 編:

318~332.

サミール アミン. 1982, 《世界は周邊部ヵら変る》, 第三書館.

富塚良三. 1997, "世界市場恐慌", 富塚良三・吉原泰助 編.

富塚良三・吉原泰助 編. 1997, 《恐慌・産業循環 (上)》, 資本論 體系 9-1, 有斐閣.

富塚良三・吉原泰助 編. 1998, 《恐慌・産業循環 (下)》, 資本論 體系 9-2, 有斐閣.

中川信義. 1981, "國際貿易の理論問題", 久保新一・中川信義 編.

中川信義. 1983, "不等價交換と國際價值論", 《經濟》, 6.

中川信義. 1994, "世界市場論と現代資本主義", 林直道 編.

中川信義. 1999, "世界市場および世界価値に関する諸学説(I)", 《季刊經濟研究》, Vol 22, No 3: 17~44.

中川信義. 2000, "世界市場および世界価値に関する諸学説(II)", 《季刊經濟研究》, Vol 22, No 4: 61~102.

中川信義. 2002a, "世界市場および世界価値に関する諸学説(IV)", 《季刊經濟研究》, Vol 25, No 1: 125~150.

中川信義. 2002b, "世界市場および世界価値に関する諸学説(V)", 《季刊經濟研究》, Vol 25, No 2: 1~26.

中川信義. 2002c, "日本,フランス,およびドイツの'国際価値論争' : 世界市場および世界価値に関する諸学説", 《季刊經濟研究》, Vol 25, No 3: 25~62.

中川弘. 1998, "初期マルクスエンゲルス恐慌觀と恐慌分析", 富塚良三・吉原泰助 編: 67~78.

名和統一. 1960, "國際貿易における不等價交換の問題", 木下悦二 編.

西島榮. 1995, "第一次世界大戰とトロツキーの'平和綱領'", 《トロツキー研究》, No 14.

林直道 編. 1994, 《現代資本主義論集》, 青木書店.

細居俊明. 1980, "世界市場の特殊性と國際價值論", 《經濟と經濟學》, 2.

マルクス, K. 1982, 《資本の流通過程》, 中峯照悦ほか 譯, 大月書店.

村岡俊三. 1976a, "信用論と世界市場(中)", 《研究年報經濟學》, 3.

村岡俊三. 1976b, 《マルクス世界市場論》, 新評論.

村岡俊三. 1985a, "國民經濟", 木下悦二・村岡俊三 編: 122~143.

村岡俊三. 1985b, "世界市場", 木下悦二・村岡俊三 編: 265~302.

村岡俊三. 1997, "世界市場恐慌に關する若干の論点", 富塚良三・吉原泰助 編: 377~389.

村岡俊三. 1998, 《資本輸出入・國際金融》, 白桃書房.

村岡俊三. 2009, "マルクスの'世界市場と恐慌'によせて―グロ―バリゼ―ション下の世界市場恐慌", 《經濟》, No 169: 138~158.

湯川順夫. 2005, "トロツキーとヨロッパ聯邦の展望: 多民族の共生めざして",《トロツキー研究》, No 46.

吉原泰助. 1997, "序說〈經濟學批判〉全體系のプランと恐慌論體系の構成", 富塚良三・吉原泰助 編: 2~12.

吉原泰助. 1998, "恐慌論體系の構成に關する諸學說", 富塚良三・吉原泰助 編: 258~279.

Aglietta, M. 2012, "The European Vortex", *New Left Review*, No 75: 15~36.

Albritton, R and Simoulidis, J eds. 2003, *New Dialectics and Political Economy*, Palgrave.

Albritton, R et al eds. 2001, *Phases of Capitalist Development*, Palgrave.

Altvater, E. 2012, "From Subprime Farce to Greek Tragedy: The Crisis Dynamics of Financially Driven Capitalism", *Socialist Register 2012*: 271~287.

Amin, S. 1977, *Imperialism and unequal Development*, MRP.

Amin, S. 1980, *Class and Nation*, MRP.

Amoore, L ed. 2005, *Global Resistance Reader*, Routledge.

Anderson, S et al. 2005, *Field Guide to the Global Economy*, The New Press.

Anievas, A ed. 2010, *Marxism and World Politics: Contesting Global Capitalism*, Routledge.

Apeldoorn, B. 2014, "The European Capitalist Class and the Crisis of Its Hegemonic Project", *Socialist Register 2014*: 189~206.

Arrighi, G. 1994, *The Long Twentieth Century*, Verso.

Arrighi, G. 2001, "Global Capitalism and the Persistence of the North-South Divide", *Science and Society*, Vol 65, No 4.

Arrighi, G. 2007, *Adam Smith in Beijing*, Verso.

Arrighi, G and Silver, B. 1999, *Chaos and Governance in the Modern World System*, University of Minnesota Press.

Arrighi, G and Silver, B. 2001, "Global Capitalism and the Persistence of the North-South Divide", Paper for the 42nd Annual Convention of the International Studies Association.

Arrighi, G, Silver, B and Brewer, B. 2003, "Industrial Convergence, Globalization, and the Persistence of the North-South Divide", *Studies in Comparative Industrial Development*, Vol 38, No 1.

Ashman, S. 2003, "The Anti-Capitalist Movement and the War", *International Socialism*, No 98.

Ashman, S and Callinicos, A. 2006, "Capital Accumulation and the State System:

Assessing David Harvey's *The New Imperialism*", *Historical Materialism*, Vol 14, No 4.

Baker, K. 2001, "American Imperialism, Embraced", *The New York Times*, December 9.

Banaji, J. 2013, "Seasons of Self-Delusion: Opium, Capitalism and the Financial Markets", *Historical Materialism*, Vol 21, No 2: 3~19.

Baxter, J. 1999, "Is the UN an Alternative to 'Humanitarian Imperialism'", *International Socialism*, no 85.

Bello, W. 2002, "Unravelling of the Atlantic Alliance?", www.focusweb.org, 25th September.

Bellofiore, R. 2011, "Crisis Theory and the Great Recession: A Personal Journey, From Marx to Minsky", *Research in Political Economy*, Vol 27: 81~120.

Bellofiore, R. 2013, "'Two or three things I know about her': Europe in the global crisis and heterdox economics", *Cambridge Journal of Economics*, Vol 37, No 3: 497~512.

Bellofiore, R, Garibaldo, F and Halevi, J. 2011, "The Global Crisis and the Crisis of European Neomercantilism", *Socialist Register 2011*: 120~146.

Bensaïd, D. 2005, "On a Recent Book by John Holloway", *Historical Materialism*, Vol 13, No 4.

Bensaïd, D. 2006, "The Return of Strategy", *International Socialism*, No 113.

Bensaïd, D. 2007, "Hegemony and United Front", *International Viewpoint*, www. internationalviewpoint.org

Bettelheim, C. 1972, "Theoretical Comments", in A. Emmanuel, *Unequal Exchange*, MRP.

Bieler, A. 2006, "Class Struggle over the EU Model of Capitalism: Neo-Gramscian Perspectives and the Analysis of European Integration", in Bieler and Morton eds: 119~132.

Bieler, A. 2012, "Globalisation and European integration: The internal and external dimensions of neo-liberal restructuring", in Nousios et al eds: 197~217.

Bieler, A. 2013, "The EU, Global Europe, and Processes of Uneven and Combined Development: the Problem of Transnational Labour Solidarity", *Review of International Studies*, Vol 39: 161~183.

Bieler, A and Morton, A eds. 2006, *Images of Gramsci: Connections and Contentions in Political Theory and International Relations*, Routledge.

Bieler, A, Bonefeld, W, Burnham, P and Morton, A. 2006, *Global Restructuring, State,*

Capital and Labor: Contesting Neo-Gramscian Perspectives, Palgrave.

Blankenbur, S, King, L, Konzelmann, S and Wilkinson, F. 2013, "Prospects for the eurozone", *Cambridge Journal of Economics*, Vol 37, No 3: 463~477.

Boltho, A and Toniolo, G. 1999, "The Assessment: The Twentieth Century-Achievements, Failures, Lessons", *Oxford Review of Economic Policy*, Vol 15, No 4.

Bond, P. 2007, "'Linking below, across and against: World Social Forum Weaknesses, Global Governance Gaps, and Civic Society's Political, Ideological and Strategic Dilemmas", 경상대학교 사회과학연구원 학술대회 발표논문. 5.25.

Bonefeld, W. 2002a, "European Integration: the Market, the Political, and Class", *Capital and Class*, No 77: 117~142.

Bonefeld, W. 2002b, "History and Social Constitution: Primitive Accumulation is not Primitive", *The Commoner*, March.

Bonefeld, W. 2002c. "Globalisation: Crisis of Regulation or Crisis of Capital?" Mimeo.

Bonefeld, W. 2005, "Notes on Movement and Uncertainty", in Harvie et al eds: 265~272.

Bonefeld, W. 2006a, "Anti-Globalisation and the Question of Socialism", *Critique*, Vol 34, No 1.

Bonefeld, W. 2006b, "Social Constitution and the Spectre of Globalization", in Bieler et al eds: 45~67.

Bonefeld, W. 2008, "The Permanence of Primitive Accumulation: Commodity Fetisgism and Social Constitution", in Bonefeld ed.

Bonefeld, W. 2012, "Neo-liberal Europe and the Transformation of Democracy: On the State of Money and Law", in Nousios et al eds: 51~69.

Bonefeld, W and Psychopedis, K eds. 2000, *The Politics of Change: Globalization, Ideology and Critique*. Palgrave.

Bonefeld, W ed. 2008, *Subverting the Present Imagining the Future*, Autonomedia.

Bonnet, A. 2006, "Que sé vayan todos!: Discussing the Argentine Crisis and Insurrection", *Historical Materialism*, Vol 40, No 1.

Boyer, R. 2013, "The euro crisis: Undetected by conventional economics, favoured by nationally focused polity", *Cambridge Journal of Economics*, Vol 37, No 3: 533~569.

Brenner, R. 2002, *The Boom and the Bubble*, Verso.

Brenner, R. 2006a, *The Economics of Global Turbulence.* Verso.

Brenner, R. 2006b, "What Is, and What Is Not, Imperialism", *Historical Materialism*, Vol 14, No 4.

Brenner, R. 2009, "What Is Good for Goldman Sachs Is Good for America: The Origins of the Current Crisis", Prologue to the Spanish Edition of Brenner(2006).

Brooks, S and Wohlforth, W. 2002, "American Primacy in Perspective", *Foreign Affairs*, July/August.

Broué, P. 1988, *Trotsky.* Fayard.

Bryan, D. 1995a, "The Internationalisation of Capital and Marixian Value Theory", *Cambridge Journal of Economics*, Vol 19, No 3.

Bryan, D. 1995b, *The Chase across the Globe.* Westview Press.

Bryan, D. 2001, "Global Accumulation and Accounting for National Identity." *Review of Radical Political Economics*, Vol 33, No 1: 57~77.

Bryan, D. 2003, "Bridging Differences: Value Theory, International Finance and the Construction of Global Capital", in Westra and Zuege eds.

Budd, A. 2014, "Debating imperialism", *International Socialism*, No 144.

Burbach, R and Robinson, W. 1999, "The Fin de Siecle Debate: Globalization as Epochal Shift", *Science and Society*, Vol 63, No 1.

Burnham, P. 2010, "Class, Capital and Crisis: A Return to Fundamentals", *Political Studies Review*, Vol 28.

Burnham, P. 2011, "Towards a Political Theory of Crisis: Policy and Resistance across Europe", *New Political Science*, Vol 33, No 4: 493~507.

Busch, K. 1973, "L'échange inégal. contribution à la discussion sur le taux moyen de profit international", *Critiqe de l'économie politque*, octobre-décembre.

Busch, K. 1974, *Die Multinational Konzerne*, Suhrkamp Verlag.

Butko, T. 2006, "Gramsci and the 'Anti-Globalization' Movement: Think Before You Act", *Socialism and Democracy*, Vol 20, No 2.

Cafruny, A and Ryner, M. 2012, "The global financial crisis and the European Union: The irrelevance of integration theory and the pertinence of critical political economy", in Nousios et al eds: 32~50.

Cafruny, A and Schwartz, H eds. 2013, *Exploring the Global Financial Crisis, Advances in International Political Economy,* Volume 18, Boulder, CO.

Cafruny, A and Talani, L. 2013, "The Crisis of the Eurozone", in Cafruny and Schwartz eds: 13~33.

Callinicos, A. 2002, "The Grand Strategy of the American Empire", *International Socialism*, No 97.

Callinicos, A. 2005a, "Imperialism and Global Political Economy", *International Socialism*, No 108.

Callinicos, A. 2005b, "Sympathy for the Devil? John Holloway's Mephistophelian Marxism", *Capital & Class*, No 85, Spring.

Callinicos, A. 2006, "What Does Revolutionary Strategy Mean Today?", *IST Discussion Bulletin*, No 7.

Callinicos, A. 2008, "Where Is the Radical Left Going?", *International Socialism*, No 120.

Callinicos, A. 2012, "Contradictions of Austerity", *Cambridge Journal of Economics*, Vol 36, No 1: 65~77.

Callinicos, A. 2014, *Deciphering Capital: Marx's Capital and its destiny*, Bookmarks.

Callinicos, A and Nineham, C. 2007, "At an Impasse? Anti-Capitalism and Social Forums Today", *International Socialism*, No 115.

Callinicos, A and Rosenberg, J. 2008, "Uneven and combined development: The social-relational substratum of 'the international'? An exchange of letters", *Cambridge Review of International Affairs*, Vol 21, No 1: 77~122.

Carchedi, G. 1991a, "Technological Innovation, International Production Prices and Exchange Rate", *Cambridge Journal of Economics*, Vol 15, No 1.

Carchedi, G. 1991b, *Frontiers of Political Economy*. Verso.

Carchedi, G. 2001a, *For Another Europe: A Class Analysis of European Economic Integration*, Verso.

Carchedi, G. 2001b, "Imperialism, Dollarization and the Euro", *Socialist Register 2002*.

Carchedi, G. 2001c, "Imperialist Contradictions at the Threshold of the Third Millennium: A New Phase", R Albritton et al eds.

Carchedi, G. 2006, "The Military Arm of the European Union", *Rethinking Marxism*, Vol 18, No 2: 325~337.

Carchedi, G. 2011, *Behind the Crisis,* Brill.

Carchedi, G. 2012, "From the Crisis of Surplus Value to the Crisis of the Euro", *World Review of Political Economy*, Vol 3, No 3: 288~312.

Cassen, B. 2003, *Tout a Commence à Porto Alegre!*, Mille et Une nuits.

Chesnais, F, Serfati, C and Udry, C. 2000, "The Future of the Anti-Globalization Movement", http://www.redflag.org.uk/global/chesnais.html

Chingo, J and Dunga, G. 2001, "Empire or Imperialism?", *Estrategia Internacional*, No 17.

Clarke, S. 2012, "Crisis Theory", in Fine and Saad-Filho eds: 90~95.

Cleaver, H. 2008, "Deep Currents Rising: Some Notes on the Global Challenge to Capitalism", in Bonefeld ed.

Cliff, T. 1989, *Trotsky: Towards October 1879-1917*. Bookmarks.

Cox, R. 1987, *Production, Power, and World Order: Social Forces in Making of History*, Columbia University Press.

Dabydeen, S. 1995, "Trotsky, the United State of Europe and National Self-Determination", in Ticktin and Cox eds.

Dabydeen, S. 1997, "Revolution and Nationality in Trotsky's History", *Critique*, Vol 30~31.

Day, R. 2005, *Gramsci Is Dead: Anarchist Currents in the Newest Social Movements*. Pluto Press.

Day, R and Gaido, D eds. 2011, *Discovering Imperialism: Social Democracy to World War I*. Haymarket Books.

De Angelis, M. 2003, "Reflections on Alternatives, Commons and Communities", *The Commoner*, No 6.

De Angelis, M. 2005a, "The New Commons in Practice: Strategy, Process and Alternatives", *Development*, Vol 48, No 2.

De Angelis, M. 2005b, "How?!?! An Essay on John Holloway's Change the World without Taking Power", *Historical Materialism*, Vol 13, No 4.

De Angelis, M. 2007, *The Beginning of History: Value Struggles and Global Capital*, Pluto Press.

De Paula, J et al. 2012, "Notes on a Crisis: The Exzerpthefte and Marx's Method of Research and Composition", *Review of Radical Political Economics*, Vol 44, No 4.

Dee, H ed. 2004, *Anti-Capitalism: Where Now?* Bookmarks.

Desai, M. 2000, "Rejuvenated Capitalism and No Longer Existing Socialism", J Toporowski ed.

Desai, R. 2013, *Geopolitical Economy: After US Hegemony, Globalization and Empire*, Pluto Press.

Draper, H. 1996, *War and Revolution: The Myth of Lenin's 'Revolutionary Defeatism'*. Center for Socialist History.

Duménil, G and Lévy, D. 2004a, "The New Configuration of U.S. Imperialism in Perspective", www.jourdan.ens.fr/levy/

Duménil, G and Lévy, D. 2004b, "Neoliberal Income Trends: Wealth, Class and Ownership in the USA", *New Left Review*, No 30, Nov/Dec.

Duménil, G and Lévy, D. 2005, "Neoliberalism-Neoimperialism", www.jourdan.ens.fr/levy/

Duménil, G and Lévy, D. 2011, *The Crisis of Neoliberalism*. Harvard University Press.

Dussel, E. 1990, "Marx's Economic Manuscripts of 1861-63 and the 'Concept' of Dependency", *Latin American Perspectives*, Spring.

Dyer-Witheford, N. 2001, "Empire, Immaterial Labor, the New Combinations, and the Global Woker", *Rethinking Marxism*, Vol 13, No 3/4.

Emmanuel, A. 1972, *Unequal Exchange: A Study on the Imperialism of Trade*. Monthly Review Press.

Ercan, F and Oguz, S. 2007, "Rethinking Anti-Neoliberal Strategies Through the Perspective of Value Theory", *Science and Society*, Vol 71, No 2.

Eschle, C and Maiguashca, B eds. 2005, *Critical Theories, International Relations and 'the Anti-Globalisation Movement'*, Routledge.

Fine, B. 2001, "Neither the Washington nor the Post-Washington Consensus: An Introduction", in Fine, Lapavitsas, and Pincus eds.

Fine, B. 2006, "Debating the 'New' Imperialism", *Historical Materialism*, Vol 14, No 4.

Fine, B and Saad-Filho, A eds. 2012, *The Elgar Companion to Marxist Economics*, Edward Elgar.

Fine, B, Lapavitsas, C, and Pincus, J eds. 2001, *Development Policy in the Twenty-First Century: Beyond the Post-Washington Consensus*, Routledge.

Fineschi, R. 2009, "'Capital in General' and 'Competition' in the Making of *Capital*: The German Debate", *Science and Society*, Vol 73, No 1: 54~76.

Fisher, W and Ponniah, T. 2003, *Another World Is Possible: Popular Alternatives to Globalization at the World Social Forum*, London: Zed Books.

Frankel, R, Frankel, J and Knei-Paz, B eds. 1992, *Revolution in Russia: Reassessment of 1917*, Cambridge University Press.

Freeman, A. 2001, "Has the Empire Struck Back?", R Albritton et al eds.

Freeman, A. 2004, "The Inequality of Nations", in Freeman and Kagarlitsky eds.

Freeman, A and Kagarlitsky, B eds. 2004, *The Politics of Empire: Globalisation in Crisis*, Pluto Press.

Friedman, T. 1999, "A Manifesto for the Fast World", *The New York Times*, March 28.

Friedman, T. 2005, *The World Is Flat*, Farrar.

Fröbel, F, Heinrichs, J and Kreye, O. 1980, *The New International Division of Labour*, Cambridge University Press.

Gereffi, G and Humphrey, J and Sturgeon, T. 2005, "The Governance of Global Value Chains", *Review of International Political Economy*, Vol 12, No 1.

Gibson, B. 1980, "Unequal Exchange: Theoretical Issues and Empirical Findings", *Review of Radical Political Economics*, Fall.

Gill, S. 2000, "Towards a Postmodern Prince? The Battle in Seattle as a Moment in the New Politics of Globalisation", *Millenium*, Vol 29, No 1.

Gills, B. 2010a, "The Return of Crisis in the Era of Globalization: One Crisis, or Many?" *Globalizations*, Vol 7, No 1-2: 3~8.

Gills, B. 2010b, "Globalization, Crisis and Transformation: World Systemic Crisis and the Historical Dialectic of Capital", *Globalizations*, Vol 7, No 1-2: 275~288.

Gimm, G. 2012, "World Economy", in Fine and Saad-Filho eds: 384~388.

Gleicher, D. 1983, "A Historical Approach to the Question of Abstract Labour", *Capital and Class*.

Glyn, A. 2005, "Global Imbalances", *New Left Review*, No 34: 5~37.

Goda, T, Onaran, O and Stockhammer, E. 2014, "The Role of Income Inequality and Wealth Concentration in the Recent Crisis", Paper for Progressive Economy Annual Forum, Brussels.

Goldner, L. 2009, "Ssangyong Motors Strike in South Korea Ends in Defeat and Heavy Repression", *MARXISM 21*, Vol 6, No 4.

Gowan, P. 2001, "Neoliberal Cosmopolitanism", *New Left Review*, No 11: 79~93.

Gowan, P. 2003, "The American Campaign for Global Sovereignty", *Socialist Register*.

Gowan, P, Panitch, L and Shaw, M. 2001, "The State, Globalisation and the New Imperialsm: A Roundtable Discussion", *Historical Materialism*, vol 9: 3~38.

Grahl, J. 2011, "The Subordination of European Finance", *Competition and Change*, Vol 15, No 1: 31~47.

Grahl, J and Teague, P. 2013, "Reconstructing the eurozone: the role of EU social policy", *Cambridge Journal of Economics*, Vol 37, No 3: 677~692.

Gramsci, A. 1971, *Prison Notebooks*, International Publishers.

Grossmann, H. 1992, *Law of Accumulation and the Breakdown of the Capitalist System*, Pluto Press.

Guttmann, R and Plihon, D. 2013, "Whither the Euro? History and Crisis of Europe's Single-Currency Project", in Wolfson and Epstein eds: 357~377.

Hardt, M and Negri, A. 2000, *Empire*, Harvard University Press.

Harnecker, M. 2007, *Rebuilding the Left*, Zed Books.

Harvey, D. 2009a, "Why the U.S. Stimulus Package is Bound to Fail", http://davidharvey.org/2009/02/why-the-us-stimulus-package-is-bound-to-fail/

Harvey, D. 2009b, "Organizing for the Anti-Capitalist Transition", *MRZINE*, Dec 15.

Harvie, D, Milburn, K, Trott, B and Watts, D eds. 2005, *Shut Them Down!*, Autonomedia.

Heartfield, J. 2003, "Postmodern Desertions: Capitalism and Anti-capitalism", *Interventions*, Vol 5, No 2.

Heinrich, M. 1989, "Capital in General and the Structure of Marx's *Capital*", *Capital and Class*, No 38.

Held, D and Koenig-Archibugi, M eds. 2003, *Taming Globalization: Frontiers of Governance*, Polity.

Held, D and McGrew, A. 2007, *Globalization/Anti-Globalization*, Polity Press.

Henwood, D. 2001, "Blows against Empire", *Left Business Observer*, No 96, February.

Hines, C. 2000, *Localization: A Global Manifesto*, Earthscan.

Hjelt, P. 2002, "Global 500: The World's Largest Corporations", *Fortune*, July 22.

Holloway, J and Picciotto, S eds. 1978, *State and Capital: A Marxist Debate*, Esward Arnold.

Hudson, M. 2003, *Super Imperialism: The Origin and Fundamentals of U.S. World Dominance*, New Edition, Pluto Press.

Husson, M. 2012, "Exit or Voice? A European Strategy of Rupture", *Socialist Register 2012*: 298~306.

Itoh, M. 1979, "Marx's Theory of Market Value", in D Elson ed, *Value*, CSE Books.

Itoh, M. 1980, *Value and Crisis*, MRP.

Ivanova, M. 2011, "Money, Housing and World Market: the Dialectic of Globalized Production", *Cambridge Journal of Economics*, Vol 35: 853~871.

Jameson, F. 2000, "Globalization and Political Strategy", *New Left Review*, No 4.

Jeong, S. 2009, "Karl Marx in Beijing", *International Socialism*, No 123.

Jeong, S. 2011, "Crisis of Financialization or Crisis of Falling Rate of Profit: A Reinterpretation of the 'Great Recession'", *The Review of Social & Economic Studies*, No 37-2: 107~151.

Jeong, S and Westra, R. 2009, "The Chimera of Prosperity in Post-IMF South Korea and the Gathering Alterglobalization Movement", in Westra ed.

Jessop, B. 2010, "The 'Return' of the National State in the Current Crisis of the World Market", *Capital and Class*, Vol 34, No 1: 38~43.

Jessop, B. 2012, "'The economists … know more than about the future than about the present': Preliminary Reflections on Marx, the World Market, and the Current Crisis", Mimeo.

Karamessini, M. 2012, "Sovereign debt crisis: an opportunity to complete the neoliberal project and dismantle the Greek employment model", in Lehndorff ed: 135~162.

Katz, C. 2002, "Imperialism in the 21st Century", *International Viewpoint*, No 345.

Katz, C. 2007, "Socialist Strategies in Latin America", *Monthly Review*, September.

Kautsky, K. 1915, "National State, Imperialist State and Confederation", in Day and Gaido eds.

Kay, G. 1975, *Development and underdevelopment*, St Martin's Press.

Keucheyan, R and Durand, C. 2015, "Bureaucratic Caesarism: A Gramscian Outlook on the Crisis of Europe", *Historical Materialism*, Vol 23, No 2: 23~51.

Khromov, S ed. 1983, *The International Working-Class Movement: Problems of History and Theory*, Vol 3, Progress Publishers.

Kiely, R. 2005, *The Clash of Globalisations*, Brill.

Klein, N. 2001, "Reclaiming the Commons", *New Left Review*, No 9.

Klein, N. 2003, "Free Trade Is War", *The Nation*, September 29.

Klein, N. 2007, *The Shock Doctrine*, Metropolitan Books.

Kliman, A. 2012a, *The Failure of Capitalist Production: underlying Causes of the Great Recession*, Pluto Press.

Kliman, A. 2012b, "The Falling Profitability of U.S. Multinational Corporations Abroad. Implications for an understanding of Global Profitability and the Great Recession", *MARXISM 21*, Vol 9, No 2: 218~256.

Knei-Paz, B. 1978, *The Social and Political Thought of Leon Trotsky*, Oxford University Press.

Kojin, K. 2003, *Transcritique*, The MIT Press.

Kouvelakis, S. 2011, "The Greek Cauldron", *New Left Review*, No 72: 17~32.

Krätke, M. 2008, "Marx's 'Books of Crisis' of 1857-8", in Musto ed: 169~175.

Krätke, M. 2012, "History, Theory and Empirical Research: How Marx Built his Theory of Crisis", Mimeo.

Kuruma, S. 1930, "An Inquiry into Marx's Theory of Crisis", *The Journal of Ohara Institute for Social Research*, Vol 7, No 2.

Lapavitsas, C. 2012, "Default and Exit from the Eurozone: A Radical Left Strategy", *Socialist Register 2012*: 288~297.

Lapavitsas, C. 2013a, *Profiting Without Producing: How Finance Exploits Us All*, Verso.

Lapavitsas, C. 2013b, "The Eurozone Crisis through the Prism of World Money", in Wolfson and Epstein eds: 378~392.

Lapavitsas, C and Powell, J. 2013, "Financialization varied: a comparative analysis of advanced economies", *Cambridge Journal of Regions, Economy and Society*.

Lapavitsas, C et al. 2012, *Crisis in the Eurozone*, Verso.

Lapides, K. 1992, "Henryk Grossmann and the Debate on the Theoretical Status of Marx's *Capital*", *Science and Society*, Vol 56, No 2: 133~162.

Laskos, C and Tsakalotos, E. 2013, *Crucible of Resistance: Greece, the Eurozone & the World Economic Crisis*, Pluto Press.

Lauesen, T and Cope, Z. 2015, "Imperialism and the Transformation of Values into Prices", *Monthly Review*, Vol 67, No 3: 54~67.

Lazonick, W. 1978, "Exploitation and Equal Exchange", Harvard Institute of Economic Research, Discussion Paper Series, No 598.

Lebowitz, M. 2005, "Holloway's Scream: Full of Sound and Fury", *Historical Materialism*, Vol 13, No 4.

Lehndorff, S ed. 2012, *A triumph of failed ideas: European models of capitalism in crisis*, European Trade Union Institute.

Lenin, V. 1914a, "The Tasks of Revolutionary Social Democracy in the European War", in *Collected Works*, Vol 21, Progress Publishers, 1977.

Lenin, V. 1914b, "The War and Russian Social-Democracy", in *Collected Works*, Vol 21, Progress Publishers, 1977.

Lenin, V. 1914c, "To A.G. Shlyapnikov"(1914.10.17.), in *Collected Works*, Vol 35, Progress Publishers, 1976.

Lenin, V. 1915, "The Defeat of One's Own Government in the Imperialist War", in *Collected Works*, Vol 21, Progress Publishers, 1977.

Lenin, V. 1916a, "The Peace Programme", in *Collected Works*, Vol 22, Progress Publishers, 1977.

Lenin, V. 1916b, "An Open Letter to Boris Souvarine", in *Collected Works*, Vol 23, Progress Publishers, 1977.

Lenin, V. 1918, "Reply to the Debate on the Report on Ratification of the Peace Treaty", in *Collected Works*, Vol 27, Progress Publishers, 1977.

Li, M et al. 2007, "Long Waves, Institutional Changes and Historical Trends: A Study of the Long-term Movement of the Profit Rate in the Capitalist World Economy", *Journal of World System Research*, Vol 13, No 1: 33~54.

Lih, L. 2014, "True to Revolutionary Social Democracy", *Weekly Worker*, No 1006. Retrieved July 1, 2014, from http://weeklyworker.co.uk/worker/1006/true-to-revolutionary-social-democracy/

Liodakis, G. 2012, "Crisis, the emerging new stage of capitalism, and the need of a transnational class strategy for social emancipation", *International Critical Thought*, Vol 2, No 1: 7~22.

Löwy, M. 1976, "Marxists and the National Question", *New Left Review*, No 96.

Magdoff, H. 2002, "The New Faces of Capitalism: Slow Growth, Excess Capital, and a Mountain of Debt", *Monthly Review*, April.

Mainwaring, L. 1980, "International Trade and the Transfers of Labor Values", *Journal of Development Studies,* Oct.

Mandel, E. 1975, *Late Capitalism*, NLB.

Maniatis, T and Passas, C. 2013, "Profitability Capital Accumulation and Crisis in the Greek Economy 1958-2009: A Marxist Analysis", *Review of Political Economy*, Vol 25, No 4: 624~649.

Marx, K. 1968, *Theories of Surplus Value*, Part II, Progress Publishers.

Marx, K. 1972, *Theories of Surplus Value*, Part III, Progress Publishers.

Marx, K. 1983, "Marx to Engels"(1858.4.2.) in Marx and Engels: 296~304.

Marx, K. 1985, "Marx to Ludwig Kugelmann"(1862.12.28.), in Marx and Engels: 435~437.

Marx, K. 1986a, "The Bank Act of 1844 and the Monetary Crisis in England"(1857.11.21.), Marx and Engels: 379~384.

Marx, K. 1986b, "The British Revulsion"(1857.11.30.), in Marx and Engels: 385~391.

Marx, K. 1986c, "The Trade Crisis in England"(1857.11.27.), in Marx and Engels: 400~403.

Marx, K and Engels, F. 1983, *Karl Marx Frederick Engels Collected Works,* Vol 40, Progress Publishers.

Marx, K and Engels, F. 1985, *Karl Marx Frederick Engels Collected Works*, Vol 41, Progress Publishers.

Marx, K and Engels, F. 1986, *Karl Marx Frederick Engels Collected Works*, Vol 15, Progress Publishers.

Mathers, A. 2007, *Struggling for Social Europe*, Ashgate.

Matsui, K. 1970, "Marx's Plan in the 'Critique of Political Economy' and the Crisis in the World Market", *The Kyoto University Economic Review*, Vol XL, No 1.

Mattick, P. 1981, *Economy Crisis and Crisis Theory*, Merlin Press.

Mavroudeas, S. 2013, "Development and Crisis: The Turbulent Course of Greek Capitalism", *International Critical Thought*, Vol 3, No 3: 297~314.

Mavroudeas, S and Paitaridis, D. 2013, "The Greek saga: competing explanations of the Greek Crisis – A Marxist alternative", Paper presented at the 1st World Keynes Conference.

McNally, D. 1993, *Against the Market*, Verso.

McNally, D. 2006, *Another World is Possible: Globalization and Anti-Capitalism*, The Merlin Press.

McNulty, L and Hampton, P. 2013, "What do Socialists say about the United States of Europe?", Retrieved July 1, 2014, from http://www.workersliberty.org/story/2013/04/12/what-do-socialists-say-about-united-states-europe

Meadway, J. 2012, "The Euro: Crisis and Collapse?", *Competition and Change*, Vol 16, No 2: 150~159.

Meillassoux, C. 1981, *Maidens, Meal and Money*, Cambridge University Press.

Mertes, T ed. 2004, *A Movement of Movements*, Verso.

Michael-Matsas, S. 2010, "Greece and the World Capitalist Crisis", *Critique*, Vol 38, No 3: 489~502.

Michael-Matsas, S. 2013, "Greece at the Boiling Point", *Critique*, Vol 41, No 3: 437~443.

Milanovic, B. 2003, "The Two Faces of Globalization: Against Globalization as We Know It", *World Development*, Vol 31, No 4.

Milanovic, B. 2004, "Can We Discern the Effect of Gloalization on Income Distribution? Evidence from Household Surveys", www.worldbank.org/research/inequality , March 11.

Milanovic, B. 2009, "Global Inequality Recalculated: The Effect of New 2005 PPP Estimates on Global Inequality", Policy Research Working Papers, No 5061, World

Bank.

Milanovic, B. 2012, "Global Income Inequality by the Number: In History and Now – An Overview", Policy Research Working Papers, World Bank.

Milios, J. 2013, "Neoliberal Europe in Crisis: Syriza's Alternative", *Studies in Political Economy*, Spring: 185~202.

Milios, J and Sotiropoulos, D. 2009, *Rethinking Imperialism: A Study of Capitalist Rule*, Palgrave.

Mohun, S. 2012, "Rate of Profit and Crisis in the US Economy: A Class Perspective", in Taylor et al eds.

Monbiot, G. 2003, *The Age of Consent*, Flamingo.

Mori, K. 2012, "The 1857 Economic Crisis and the Production Theory of Crisis: A Theoretical Lineage of Wilson, Marx, Aftalion and Hicks", Mimeo.

Morton, A. 2007, *Unravelling Gramsci*, Pluto.

Moseley, F. 2009, "The US Economic Crisis: Causes and Solutions", *MARXISM 21*, Vol 6, No 1.

Musto, M ed. 2008, *Karl Marx's Grundrisse: Foundation of the Critique of Political Economy 150 Years Later*, Routledge.

Nachtwey, O and Brink, T. 2008, "Lost in Transition: The German World-Market Debate in the 1970s", *Historical Materialism*, Vol 16, No 1: 37~70.

Nousios, P and Tsolakis, A. 2012, "The Contested Reconstruction of the Belle Epoque? Europe 2020, Transnational Capitalism and the Political Economy of Global Restructuring", in Nousios et al eds: 243~268.

Nousios, P, Overbeek, H and Tsolakis, A eds. 2012, *Globalisation and European Integration: Critical approaches to regional order and international relations*, Routledge.

Overbeek, H. 2012a, "Sovereign Debt Crisis in Euroland: Root Causes and Implications for European Integration", *The International Spectator*, Vol 47, No 1: 30~48.

Overbeek, H. 2012b, "Global capitalist crisis and the future of the European project", in Nousios et al eds: 218~240.

Özgür, G and Özel, H. 2010, "Can 'Double Movement' Explain Globalization and Its Crisis?" Mimeo.

Palloix, C. 1975, "The Internationalization of Capital and the Circuit of Social Capital", in Radice ed.

Palloix, C. 1977, "The Self Expansion of Capital on a World Scale", *Review of Radical Political Economics*, Winter.

Panitch, L. 2000, "The New Imperial State", *New Left Review*, No 2.

Panitch, L and Gindin, S. 2002, "Gems and Baubles in Empire", *Historical Materialism*, Vol 10, No 2.

Panitch, L and Gindin, S. 2012, *The Making of Global Capitalism: The Political Economy of American Empire*, Verso.

Pearce, B. 1961, "Lenin and Trotsky on Pacifism and Defeatism", *Labour Review*, Vol 6, No 1.

Petras, J. 2001, *Globalization unmasked*, Zed Books.

Petras, J. 2002a, "Nine Eleven: One Year of Empire Building", www.eurosur.org/rebelion/petras.

Petras, J. 2002b, "Empire without Imperialists?", *Links*, No 20.

Petras, J. 2007, "Latin America: The Middle Class, Social Movements and the Left", *Dissident Voice*, May 23.

Piketty, T. 2014, *Capital in the Twenty-First Century*, Belknap Press.

Pilling, G. 1973, "Imperialism, Trade and Unequal Exchange: The Work of A. Emmanual", *Economy and Society*, 5.

Porta, D ed. 2007, *The Global Justice Movement*, Paradigm Publishers.

Postone, M. 2006, "History and Helplessness: Mass Mobilization and Contemporary Forms of Anticapitalism", *Public Culture*, Vol 18, No 1.

Potts, N. 2011, "Marx and the Crisis", *Capital and Class*, Vol 35, No 3: 455~473.

Pradella, L. 2013, "Imperialism and Capitalist Development in Marx's Capital", *Historical Materialism*, Vol 21, No 2: 117~147.

Proyect, L. 2001, "Hardt-Negri's 'Empire': a Marxist Critique", July 10, http://www.marxmail.org.

Radice, H. 2000, "Response to Globalisation: A Critique of Progressive Nationalism", *New Political Economy*, Vol 5, No 1.

Radice, H ed. 1975, *International Firms and Modern Imperialism*, Penguin.

Ree, E. 2010, "Lenin's Conception of Socialism in One Country, 1915-17", *Revolutionary Russia*, Vol 23, No 2.

Resnick, S and Wolff, R. 2001, "Empire and Class Analysis", *Rethinking Marxism*, Vol 13, No 3/4.

Reza, F ed. 2003, *Anti-Imperialism: A Guide for the Movement*, Bookmarks.

Ricks, T. 2001, "Empire or Not? A Quiet Debate over U.S. Role", *The Washington Post*, August 21.

Riddell, J ed. 1986, *The Communist International in Lenin's Time: Lenin's Struggle for a Revolutionary International Documents: 1907-1916 The Preparatory Years,* Monad Press.

Roach, S. 2005, "Hardly a Flat World", *Global Economic Forum*, Morgan Stanley, 21st Nov. http://www.morganstanley.com .

Roberts, M. 2013, "Workers, punks and the euro crisis", Michael Roberts Bolg, March 16.

Roberts, M. 2015, "Revisiting a World Rate of Profit", Paper for the 2015 Conference of the Association of Heterodox Economists, Southhampton Solent University, July.

Robinson, W. 2004, *A Theory of Global Capitalism*, The Johns Hopkins University Press.

Robinson, W. 2014, *Global Capitalism and the Crisis of Humanity*, Cambridge University Press.

Rochlin, J. 2007, "Latin America's Left Turn and the New Strategic Landscape", *Third World Quarterly*, Vol 28, No 7.

Rupert, M. 2003, "Globalising Common Sense: A Marxian-Gramscian (Re-)vision of the Politics of Governance/Resistance", *Review of International Studies*, Vol 29.

Rupert, M. 2004, "Anti-capitalist convergence? Anarchism, Socialism and the Global Justice Movement", in Steger ed.

Rupert, M. 2006, "Reading Gramsci in an Era of Globalising Capitalism", in Bieler and Morton eds.

Rupert, M and Solomon, M. 2006, *Globalization and International Political Economy*, Rowan & Littlefield.

Saad-Filho, A. 2005, "From Washington to Post-Washington Consensus: Neoliberal Agendas for Economic Development", in Saad-Filho and Johnston eds.

Saad-Filho, A and Johnston, D eds. 2005, *Neoliberalism: A Critical Reader*, Pluto Press.

Sau, R. 1978, *Unequal Exchange, Imperialism and Underdevelopment*, Oxford University Press.

Schalit, J ed. 2002, *The Anti-Capitalism Reader*, Akashic Books.

Selwyn, B. 2015, "Commodity Chains, Creative Destruction and Global Inequality: a Class Analysis", *Journal of Economic Geography*, Vol 15, No 2.

Serfati, C. 2002, "War Drive: Armed Globalisation", *International Viewpoint*, No 344.

Service, R. 1992, "The Bolsheviks on political campaign in 1917: a case study of the war question", in Frankel et al eds.

Shaikh, A. 1980a, "The Law of International Exchange", in E Nell ed, *Growth, profits and Property*, Cambridge University Press.

Shaikh, A. 1980b, "Foreign Trade and the Law of Value", *Science and Society*, No 44.

Shaikh, A. 2005, "The Economic Mythology of Neoliberalism", in Saad-Filho and Johnsoton eds.

Shaikh, A. 2007, "Globalization and the Myth of Free Trade", in Shaikh ed.

Shaikh, A. 2011, "The First Great Depression of the 21st Century", *Socialist Register*: 44~63.

Shaikh, A ed. 2007, *Globalization and the Myths of Free Trade: History, Theory, and Empirical Evidence*, Routledge.

Silver, B and Arrighi, G. 2001, "Workers North and South", *Socialist Register*.

Smith, J. 2015, "Imperialism in the Twenty-First Century", *Monthly Review*, Vol 67, No 3: 82~97.

Smith, T. 2003, "Systematic and Historical Dialectics: Towards a Marxian Theory of Globalization", in Albritton and Simoulidis eds.

Smith, T. 2006, *Globalisation: A Systematic Marxian Account*, Brill.

Sotiropoulos, D, Milios, J and Lapatsioras, S. 2013, *A Political Economy of Contemporary Capitalism and its Crisis*, Routledge.

Stalin, J. 1939, *History of the Communist Party of the Soviet Union (Bolsheviks) - Short Course,* International Publishers.

Starosta, G. 2010, "Global Commodity Chains and the Marxian Law of Value", *Antipode*, Vol 41, No 2.

Steger, M ed. 2004, *Rethinking Globalism*, Rowan & Littlefield Publishers.

Stockhammer, E. 2014, "The Euro Crisis and contradictions of Neoliberalism in Europe", Post Keynesian Economics Study Group, Working Paper 1401.

Streeck, W. 2011, "The Crisis of Democratic Capitalism", *New Left Review*, No 71: 5~29.

Sutcliffe, B. 1998, "Freedom to Move in the Age of Globalization", in Baker et al eds.

Sutcliffe, B. 2003, "A More or Less Unequal World? World Income Distribution in the 20th Century", Political Economy Research Institute, Working Paper Series, No 54.

Sutcliffe, B and Glyn, A. 1999, "Still Underwhelmed: Indicators of Globalization and Their Misinterpretation", *Review of Radical Political Economics*, Vol 31, No 1.

Tabb, W. 2001, *The Amoral Elephant*, Monthly Review Press.

Tamaoka, A, Chen, C and Omura, I. 2012, "The Notes of Crisis (1857-1858) by Karl Marx: Edition of *MEGA* IV/14", Mimeo.

Taylor et al eds. 2012, *Social Fairness and Economics: Economic Essays in the Spirit of Duncan Foley*, Routledge.

Thatcher, I. 2000, *Leon Trotsky and World War One: August 1914 to February 1917*, Palgrave.

Thatcher, I. 2003, *Trotsky,* Routledge.

The Zimmerwald Manifesto. 1915, in Riddell ed.

Thomas, N. 2007, "Global Capitalism, the Anti-Globalization Movement and the Third World", *Capital and Class*, No 92.

Thompson, G. 2010, "'Financial Globalisation' and the 'Crisis': A Critical Assessment and 'What is to be Done'?" *New Political Economy*, Vol 15, No 1.

Ticktin, H and Cox, M eds. 1995, *The Ideas of Leon Trotsky,* Porcupine Press.

Toporowski, J ed. 2000, *Political Economy and the New Capitalism*, Routledge.

Toporowski, J. 2013, "International credit, financial integration and the euro", *Cambridge Journal of Economics*, Vol 37, No 3: 571~584.

Toussaint, E. 2013, "The Euro Crisis, Contradictions between Countries in the Periphery and Centre of the European Union", *Global Research*, November 26.

Trotsky, L. 1914, *The War and the International*, A Young Socialist Publication, 1971.

Trotsky, L. 1915a, "Imperialism and the National Idea", in Riddell ed.

Trotsky, L. 1915b, "Open Letter to the Editorial Board of 'Kommunist'", in Riddell ed.

Trotsky, L. 1915c, "The Nation and the Economy", in Day and Gaido eds.

Trotsky, L. 1916a, "The Program of Peace", Retrieved July 1, 2014, from http://www.marxists.org/archive/trotsky/1917/11/peace-fi.htm (〈平和綱領〉, 西島榮 譯, Retrieved July 1, 2014, from https://www.marxists.org/nihon/trotsky/1910-2/p-kouryou.htm).

Trotsky, L. 1916b, "Groupings in Russian Social Democracy", in Riddell ed.

Trotsky, L. 1923, "Is The Time Ripe For The Slogan: 'The United States Of Europe'? (A Discussion Article)", in *The First Five Years of the Communist International*, Vol 2. New Park Publications, 1974.

Trotsky, L. 1928, *The 3rd International After Lenin,* New Park Publications, 1974.

Trotsky, L. 1929, "Disarmament and the United States of Europe", in *Writings of Leon Trotsky 1929,* Pathfinder Press, 1975.

Trotsky, L. 1940, "Manifesto of the Fourth International on the Imperialist War and the Proletarian World Revolution", in *Writings of Leon Trotsky 1939-40*, Pathfinder Press, 1975: 183~222.

Tsoulfidis, L and Tsaliki, P. 2014, "Unproductive Labour, Capital Accumulation and Profitability Crisis in the Greek Economy", *International Review of Applied Economics*: 1~23.

Upchurch, M and Mathers, A. 2011, "Neoliberal Globalization and Trade Unionism: Toward Radical Political Unionism?", *Critical Sociology*, Vol 38, No 2: 265~280.

Upchurch, M, Taylor, G and Mathers, A. 2009, *The Crisis of Social Democratic Trade Unionism in Western Europe*, Ashgate.

U. S. Department of Commerce, 2002, *Survey of Current Business*, July 2002, www.bea.gov.

Van Apeldoorn, B and de Graaff, N. 2012, "The Limits of Open Door Imperialism and the US State-Capital Nexus", *Globalizations*, Vol 9, No 4: 593~608.

Van der Pijl, K. 2001, "From Gorvachev to Kosovo: Atlantic Rivalries and the Re-incorporation of Eastern Europe", *Review of International Political Economy*, Vol 8 No 2: 275~310.

Van der Pijl, K. 2012, "Securitisation as Class Formation - Finance, Geopolitics and the Eurozone Crisis", Paper for the conference 'A Comparative Political Economy of Securitization', University of Amsterdam, 15-16 October.

Von Braunmühl, C. 1978, "On the Analysis of the Bourgeois Nation State within the World Market Context", in Holloway and Picciotto eds: 160~177.

Wade, R. 2003, "The Disturbing Rise in Poverty and Inequality: Is It All a 'Big Lie'?", in Held and Koenig-Archibugi eds.

Wade, R. 2004a, "Is Globalization Reducing Poverty and Inequality?", *World Development*, Vol 32, No 4.

Wade, R. 2004b, "On the Cause of Increasing World Poverty and Inequality, or Why the Mattew Effect Prevails", *New Political Economy*, Vol 9, No 2.

Wade, R and Veneroso, F. 1998, "The Asian Crisis: The High Debt Model Versus the Wall Street-Tresury-IMF Complex", *New Left Review*, No 228.

Wallerstein, I. 2002, "The Eagle Has Crash Landed", *Foreign Policy*, July/August, No 60.

Waterman, P. 2005, "The Forward March of Labour (and Unions?) Recommenced: Reflections on an Emancipatory Labour Internationalism and International Labour

Studies", *Antipode*.

Weeks, J. 2001, "The Expansion of Capital and Uneven Development on a World Scale", *Capital and Class*, No 74.

Westra, R. 2008, "A Primer on the Commodity, Capital and Globalization with regards to Decommodification in Alterglobalization Movement Strategizing", 경상대학교 사회과학연구원 학술대회 발표논문. 5.23.

Westra, R ed. 2009, *Confronting Global Neoliberalism*, Clarity Press.

Westra, R and Zuege, A eds. 2003, *Value and the World Economy Today*, Palgrave.

Wilpert, G. 2007, *Changing Venezuela By Taking Power*, Verso.

Wintrebert, R. 2007, *Attac, La Politique Autrement?*, Edition La Découverte.

Wolf, M. 2000, "The Big Lie of Global Inequlaity", *Financial Times*, February 8.

Wolfson, M and Epstein, G eds. 2013, *The Handbook of the Political Economy of Financial Crises*, Oxford University Press.

World Bank. 2002, *Globalization, Growth, and Poverty: Building and Inclusive World Economy*, World Bank Policy Research Report.

World Bank. 2004, *World Development Indicators*, CD-ROM.

Worth, O and Kuhling, C. 2004, "Counter-hegemony, Anti-globalisation and Culture in International Political Economy", *Capital and Class*, Winter.

Worth, O and Murray, K. 2009, "Re-visiting the Old to Unlock the New? A Gramscian Critque of the Neo-Gramscians", Mimeo.

Young, B and Semmler, W. 2011, "The European Sovereign Debt Crisis: Is Germany to Blame?", *German Politics and Society*, Vol 29, No 1: 1~24.

Zarembka, P. 2002, "Primitive Accumulation in Marxism, Historical or Trans-Historical Separation from Means of Production?", *The Commoner*, March.

찾아보기